总 主 编　李红权　朱宪
本卷主编　李红权　朱宪

近代蒙古文献大系

政治卷

◇ 第四册 ◇

中华书局

目 录

蒙古会议情形

作者不详

蒙古会议业于上月二十九日开幕，三十日即举行第一次大会，已志前报。其第二、三、四、五、六次大会均按议事日程分别举行，成绩甚佳。该会原定七日闭幕，嗣因所有提案，虽已讨论完毕，但付审查之案甚多，迄未审查完竣，决议展长大会日期，并于七日第七次大会停开，上下午均开审查会。兹将各日大会情形分志如次。

第二次大会于五月三十一日下午举行，出席代表及主席团〈主席〉五十三人。各院、部、会列席代表十八人，主席袁庆恩，行礼后，由秘书长唐柯三报告上次大会结果毕，即开始讨论各项提案。

（一）改良蒙藏助产案，决议：除西藏外，余通过。（二）提倡新法种痘案，决议：同上。（三）调查蒙藏卫生状况案，决议：同上。（四）调查牲畜疾病案，决议：同上。（五）狂犬病之防治案，决议：同上。（六）蒙藏应设巡回治疗车案，决议：除第三条取消外，余通过。（七）兴办蒙藏卫生，应先从宣传着手案，（八）严防鸦片暨麻醉药品流毒蒙边案，（九）蒙古农业计划案，（十）蒙古畜牧计划案，（十一）蒙古垦植计划案，（十二）拟请规定蒙藏垦牧为国营事业提议案，（十三）蒙藏林业计划一案，均决议：通过。（十四）蒙古矿业计划案，决议：修正通过。（十五）蒙古工业计划案，决议：原案通过。（十六）蒙古商业计划案，决议：通过。（十七）蒙古交通建设案，决议：修正通过。（十八）蒙古会议关于敷设电信之提案，决议：除西藏保留外，余通过。（十九）恢复蒙藏邮务，以便交通案，决议：全案保留。（二十）采用飞机测量蒙藏地形，以为建设基础案，决议：修正通过。（二十一）改良蒙古司法办法大纲案，决议：并案付审查。（二十二）实行第二次全国教育会议决议蒙藏教育实施计划，以发展蒙古文化案，决议：付审查。（二十三）确定蒙古盟旗财政办法大纲案，决议：付审查。

第三次大会于六月二日下午举行，出席代表及主席团主席五十一人，列席各院、部代表二十余人。主席蒋梦麟，行礼如仪，由大会秘书长唐柯三，报告上次会议结果，及青海代表王士仁昨已抵京，即开始讨论提案。

（一）蒙古盟旗制度案，决议：交第一组审查。（二）改进蒙古行政制度案，决议：交第一组审查。（三）保障蒙原古〔古原〕有制度陈请书，决议：除垦务一项应与关系土地各案并案审查外，余交第一组并案审查。（四）卓索图盟代表李芳等盟旗制度案，决议：除财政一条与关系财政各案并案审查外，余交第一组并案审查。（五）卓索图盟代表吴鹤龄等蒙古盟旗制度案，（六）组织内蒙地方政务委员会提议案，均决议：交第一组并案审查。（七）伊盟准噶尔旗提案，决议：交第一组并案审查。（八）哲里木盟各旗会议建议书，（九）依克明安旗代表提议案，（十）昭乌达盟代表杨荫郇等提案行政制度，（十一）卓索图盟代表那达木德等提议书，均决议同上。（十二）卓索图盟代表陈效良等提议案甲、乙、丙三项，决议：并案付审查。（十三）昭乌达盟代表傅长龄等提议案，一、行政制度，决议：并案付审查。（十四）东西布特哈代表提议案，决议：交第一组并案审查。（十五）呼伦贝尔代表提议案，1. 呼伦贝尔全境应改为一盟案；2. 行政，决议：并案付审查。（十六）哲盟科尔〈沁〉右翼中旗民众代表提议书第三条，决议：并案审查。

第四次大会于六月三日下午举行，出席代表及〈主〉席团主席四十七人，［列席］各院、部列席代表十八人，主席李芳，行礼后，由秘书长唐柯三，报告上次会议结果及山东省政府贺电毕，即开始讨论各项提案。

（一）章嘉呼图克图提议案，决议：第一项改善宗教通过，第二、第三两项均打消。（二）蒙古各旗及平、热等处喇嘛寺庙管理办法案，决议：通过。（三）蒙古喇嘛寺庙登记条例案，决议：除第三条保留外，余通过。（四）伊盟准噶尔旗提案，决议：通过。（五）昭乌达盟代表杨荫郙等提案宗教〔宗教案〕，决议：通过。（六）卓索图盟代表陈效良等提议案，决议：打消。（七）哲盟科尔沁右翼中旗民众代表提议书，决议：修正通过。（九）[①] 伊盟准噶尔旗提案，（十）哲里木盟各旗会议建议书，（十一）依克明安旗代表提议案，（十二）昭乌达盟代表杨荫郙等建议案，均决议：交第一组审查。（十三）卓索图盟代表那达木德等提议案，决议：并案审查。（十四）卓索图盟官民代表陈效良等提议案，（十五）卓、昭二盟代表白圭璋等提议案，（十六）昭乌达盟代表傅长龄等提议案，（十七）辽、吉、黑、热四省代表提议案，（十八）呼伦贝尔官民代表提议案，（十九）哲盟科〈尔〉沁木〔右〕翼中旗民众代表提议书，均决议：交第一组审查。

第五次大会于六月四日上午举行，出席代表及主席团主席四十九人，各院、部、会列席代表二十四人，主席克兴额，行礼后，由秘书长唐柯三报告上次会议结果及各市贺电后，即开始讨论各

---

① 原文如此，前无“（八）”。——整理者注

项提案。

（一）伊盟准噶尔旗提案关于司法方面者，决议：交第二组审查。（二）昭乌达盟代表杨荫郙等提案，（三）卓索图盟代表那达木德等提议案，（四）卓索图盟代表陈效良等提议案，（五）昭乌达盟代表傅长龄等提议案，（六）呼伦贝尔代表提议案，以上各案均决议交第二组审查。（七）伊盟准噶尔旗提案，C关于教育方面者，决议：通过。（八）哲里木盟各旗会议建议书，决议：修正通过。（九）昭乌达盟代表杨荫郙等提议案，决议：同上。（十）卓索图盟代表那达木德等提议案，决议：修正通过。（十一）卓索图盟官民代表陈效良等提议案，决议：通过。（十二）辽、吉、黑、热四省代表提议书（提倡蒙民教育以资增进智识案），决议：通过。（十三）呼伦贝尔代表提议案，决议：通过。（十四）蒙古地方自治实施办法案，决议：交第一组审查。（十五）厘定蒙民自治程序以便筹备自治案，决议：同上。（十六）昭乌达盟代表杨荫郙等提案，决议：交第一组并案审查。（十七）卓索图明〔盟〕代表那达木德等提议案（设立自治委〈员〉会案），决议：交第一组并案审查。（十八）解放蒙古奴隶办法案，决议：通过。（十九）蒙旗土地处理办法大纲案，决议：交审查。（二十）蒙古盟旗保安队编制大纲案，决议：同上。（二十一）昭乌达盟代表杨荫郙等提议案，决议：分别交审查。（二十二）依克明安旗代表提议案（第二项荒地），（二十三）卓索图盟那达木德等提议书（第八项土地），（二十四）辽、吉、黑、热四省代表提议案（第二项未放农〔蒙〕荒宜兼筹农牧案），（二十五）呼伦贝尔代表提议案（第二项呼伦贝尔地方定为牧区案），（二十六）哲盟科尔沁右翼中旗代表提议书（第一项土地），（二十七）昭乌达盟代表傅长龄提议案（第三项土地），（二十八）伊盟准格〔噶〕尔旗提案（关于土地方面者），以上各案均决议交审查。（二十九）哲盟各旗会议建议书

（交通、实业、畜牧），决议：通过。（三十）卓索图盟代表陈效良等提议案（第六项交通），决议：修正通过。（三十一）昭乌达盟代表杨荫郙提议案（警察、边防、卫生、党务），（三十二）卓索图盟那达木德等提议案（第六项蒙兵改为保安队案），（三十三）昭乌达盟代表傅长龄等提议案（第二项保安队），（三十四）呼伦贝尔代表提议案（第六项警察），决议：均交审查。

第六次大会于五日下午举行，出席代表及主席团主席四十八人，各院、部列席代表十九人，主席孔祥熙，行礼后，由秘书长唐柯三报告上次会议结果，及青海代表雅楞不一勒业已到京，函请出席会议毕，即开始讨论。

（一）厘定蒙藏地方暂行法制案，决议：通过，但在蒙藏新法典未颁行前，由蒙藏法规暂行适用。（二）外蒙设治统一行政区划名称案，决议：交审查。（三）奖励内地人材赴蒙边服务案，决议：修正通过。（四）扶植蒙民改良生活，以期渐进大同案，决议：除七、八、九条打消外，余通过。（六）① 请规定蒙边各省省委蒙古名额案，（七）组织蒙藏交通公司建议案，决议：决〔均〕交审查。

《中央周报》
中国国民党中央执行委员会宣传部
1930 年 105 期
（李红权　整理）

① 原文如此，前无“（五）”。——整理者注

内蒙党务特派员工作大纲

——十九年七月三日第三届中央执行委员会第九十九次常务会议通过

作者不详

本大纲根据中央常会通过之《边远省区推进党务暂行办法》及《进行内蒙党务初步办法》制定之。

壹　组织工作

一、关于筹备内蒙党部（在未征收党员以前，应暂缓施行）：

1. 筹备内蒙党部须先拟具计划，呈由中央核准；

2. 内蒙党部之组织，除蒙旗学校及办事处工作人员外，应以内蒙各盟族〔旗〕蒙人党员为范围；

3. 组织党部应以领有中央颁发之党证者为限。

二、关于蒙旗学校及办事处：

1. 特派员须先于多伦设立蒙旗学校一所；

2. 蒙旗学校以培植内蒙党务及政治工作人才为主旨，以便从事于地方训政工作；

3. 蒙旗学校章程、经费等由特派员会商决定，呈请中央核准；

4. 蒙旗学校至迟须于特派员到内蒙后三个月内成立开学；

5. 特派员办事处应设于蒙旗学校内；

6. 特派员须同时担任学校教职员之职务；

7. 特派员办事处工作人员除特殊情形外，应以学校教职员充任之。

三、关于蒙民入党：

1. 凡蒙民信仰本党主义，符合本党总章上规定之资格，请求入党者，经查明属实得介绍入党；

2. 蒙民入党须遵照中央规定之入党手续办理；

3. 蒙民入党由党员二人之介绍，特派员会议之考查通过，呈由中央核准发给预备党员证书，始得为本党预备党员；

4. 介绍预备党员重质不重量，宁缺勿滥，尤应注意蒙民青年中之觉悟分子及社会上之有资望者。

贰　宣传工作

一、关于宣传原则：

1. 阐扬三民主义，指示蒙人以进步之南针；

2. 宣示中央意旨，安定内蒙人心；

3. 启发蒙民知识，并促进其文化；

4. 暴露俄日阴谋，防止帝国主义；

5. 泯除种族、宗教不同之歧视观念；

6. 遵照本党宣传方略、各级党部宣传工作实施方案、本党最近宣传方针，及其他有关宣传之决议案，以为宣传标准。

二、关于党务宣传：

1. 编发各项文字及艺术之宣传品；

2. 翻译并印发各种有关党政之书籍；

3. 召集或参加各种集会，以作口头之宣传；

4. 创办党报及通讯社；

5. 设立图书馆。

三、关于学校宣传：

1. 举行各种讲演会；

2. 附设党义图书阅览室；

3. 编发各种刊物；

4. 举行党义演说竞赛会；

5. 张制壁报及标语；

6. 派遣学生充任假期宣传员。

四、关于宣传方法：

1. 宣传方法之应用，务宜通俗，使能普及于一般民众，且应注意当地之现实问题，举凡政治之设施，人民之生活，社会之情形，民众之组织，以及内蒙之情势，皆须特别顾及，使宣传与事实打成一片，而无扞格不入之弊；

2. 初步宣传工作，务宜切合民心，换言之，即应从民心之所向而加以宣传，渐启其新觉悟，徐易其旧观念，万不可躁急与忽视，对其旧社会制度及所信仰之宗教等，尤不宜歧视攻击，以免除一切障碍与误会，而增进宣传之效能；

3. 对各该地居民之生活及职业，应分别农、牧、工、商等随时施以增加生产知识，及组织之宣传；

4. 对各地民众须将本党所有关于内蒙发展与开发之各项计划切实宣传，使其自愿协助政府以实现之。

叁 训练工作

一、关于民众训练：

1. 参加蒙人一切集会；

2. 设立民众学校，努力识字运动，以国语为中心；

3. 指导蒙民组织各种研究会，研究党义及内蒙党务、政治、经济、教育、社会等问题；

4. 召集蒙民举行总理纪念周，及各种纪念会；

5. 辅助蒙民社会事业之发展，指导蒙民民众团体之组织；

6. 蒙民民众团体之组织，应先拟具计划呈由中央核准。

二、关于党员训练（在未征收党员以前，应暂缓施行）：

1. 依据中央之规定及斟酌内蒙之特殊情形，制定党员训练之工作计划，呈请中央核准施行；

2. 预备党员之训练及预备党员进为党员之标准，应遵照中央规定施行之；

3. 举行党员补习教育及限读书籍，以增进党员之智识与技能；

4. 参加党员讨论会，随时予以指导；

5. 领导党员从事改进内蒙礼俗，筹备进行地方自治等运动；

6. 考核党员未受训练以前、受训育期间及已受训练以后之思想行动和言论。

肆　调查工作

一、根据中央颁发之《社会调查纲要》，并参照内蒙之实际情形，拟定计划分期实施；

二、对于边疆之形势，及日俄帝国主义在内外蒙古之侵略情形，应特别注意调查；

三、关于蒙人对中央政府之希望与态度，应随时注意调查；

四、征求各地通讯调查员，随时报告内蒙各地情形；

五、征集各种出版品及有关宣传之材料，汇呈中央；

六、编制调查报告及统计，随时呈报中央。

伍 其他事项

一、内蒙党务工作之进行，应绝对遵照中央之法令及决议；

二、特派员应随时将执行中央命令及决议之经过与结果呈报中央；

三、执行中央之命令及决议，如遇发生困难时，应即请示中央；

四、各项工作应以蒙旗学校为中心；

五、各项工作应分期推进，并于内蒙适中地点计划活动；

六、特派员不得擅离职守；

七、特派员应遵照《各级党部工作考核条例》，按期呈送工作报〈告〉及会议录；

八、凡遇重要事件，应随时专文呈报中央。

《中央周报》
中国国民党中央执行委员会宣传部
1930 年 111 期
（朱宪　整理）

绥西六县与达旗划分统治权

从此可免许多分争

塞北　撰

（塞北通讯）乌盟达拉特旗与绥西各县犬牙相错，关系密切。绥省府为统治便利起见，特将与达拉特旗接壤之包、萨、临、五、东、大各县〈局〉划分一种统治权办法，免得汉蒙每起暗潮，多至不可收拾。闻所拟办法，汉蒙两益，颇称适当，现已由省府公布六县及达旗。兹将办法列下：

一、查包头、萨拉齐、临河、五原、东胜、大佘太各县局境内，均有达拉特旗蒙地，犬牙相错，穿插其间，所有地亩内有报垦归公丈放者，有归公为永租者，有押质于教堂尚未赎回者，有划拨该旗蒙人户口者，有尚未报垦者，有租与商人私垦者，虽情形各有不同，均应按照原辖区域，一并归入地方政府管辖。达拉特旗除管理本旗蒙人外，对于人民一切诉讼，与地方应兴应革，均不得干涉，如蒙人在地方上犯法，亦应归地方司法处理。

二、各县局管辖境界，如有毗连者，均应会同划清，竖立界石，绘具图说，注明达拉特旗地段情形，呈报省政府备查。

三、达拉特旗报垦地内，已经升科之地，该旗同时征收岁租，该旗已有权利，不得再向地内人民勒取差徭，摊派分文。其报垦地内，尚未升科与征收岁租，或租与地商私行垦种，应将收取蒙兵摊派给养，由该旗酌量规定数目及收取方法，呈请省政府核准，转令各县局政府公布照收，不得私自勒索，如有私自勒索情事，一经人民控诉，该旗应负其责。

四、人民在未经报垦地内牧放牲畜，应遵照各旗征收水利、草费章程办理，不得违背。

五、报垦地内，如有废碱、沙滩、树木、盐淖不堪耕作之地，按照报垦办法规定办理，仍予该旗自收水草之利益。

六、达拉特旗报垦地内，如有该旗办公人员暨蒙兵往来，确系为办理地事与剿匪，按照报垦办法规定，酌为支给草料、米面，如非为地事与剿匪到村，人民概不支应。

七、达拉特旗如查缉拿获匪徒暨枪械，均应送交该管地方政府依法惩办，该旗不得自行处治。

八、地内人民对于所定担负达拉特旗各种义务，均应遵照办理，如有违背，应由该旗送交地方政府惩办，该旗亦不得自行处分。

九、本办法自十九年十月一日实行。

《塞北通讯社稿》（三日刊）
绥远归化塞北通讯社
1930年112期
（李红权　整理）

蒙汉之大惨杀案

绥省府照会达拉特旗令警备部缉凶手归案

塞北　撰

（塞北通讯）内蒙乌盟达拉特旗蒙人满达纠众持械，惨杀包头四区八大村村长高步鸿事，在本年五月间，民众以及高某家族一再呼救力恳绥远省政府严办，因该旗辖于绥境，李主席（培基）极为重视，几经训令包头县彻查严办。乃该旗一味搪塞，李主席认为人命关系，法律所在，不容疏漏，当令警备司令部从速将凶犯获案，借杜暴厉。兹为慎重起见，特行照会伊盟盟长，今觅得原文，即可见蒙汉间大惨杀案形将扩大云：

为照会事：前据包头县第四区第一、二、三、四、五、八村村长副赵暄等联名呈称：查第五村小弹村监察员前往达拉特旗，满达带兵无故扣押，业经呈报在案。兹于五月二十五日该旗暗将高步鸿枪决，抛尸南梁外保尔洞，惨不忍闻，似此任意杀人，若不设法维持，则八大村民均不能安生，请予法办等情。又据包头县县长刘毓洛呈同前情。同时复据高步鸿之子面诉伊父在村办事，素来梗直，以是结怨该旗，竟被该盟旗残害，恳请严追凶犯，依法讯办各等语前来。当经照会该旗贝勒，将凶犯满达解府讯问。旋复据包头刘县长电称：据二中学生高万镒呈称：窃生兄高万涌，人素耿直，务农为业，曾经地方公举为第六村闾长兼甲长，嗣因达拉特旗苛征暴敛，乃出为请求，以恤民艰，孰料该旗不加改革，反生仇视，竟于五月二十五日派白同、满达等率兵十六名驰生家，先将衣服、什物抢劫一空，临行复将该兄高涉〔步〕鸿绑去至该旗第五队兵棚内，用绳捆吊，吊至两日夜，始行枪决，抛尸野外。恳请迅予逮捕法办等情。县长检查属实，理合转请鉴核等情。据此，复经本府照会该旗，将凶犯勒限解府法办。嗣经该旗函覆以高步鸿侄叔有通匪嫌疑，故予枪决，而对于本案要犯满达等，只字未提。查其词意，似欲偏袒擅杀良民，复诬为匪，借以了事。当经本府分别驳覆，并咨请警备司令部派兵前往该旗自行拿解各在案。查该满达等一再残杀人命，实属目无法纪。该旗贝勒身为长官，事前既不严加约束，事后反行袒庇，殊属有忝职责。高步鸿侄叔即有犯罪行为，亦应送交本府法办，不应径由该旗擅行枪决。该贝勒办事，素称明达，而对于本案独异前执，令人不解。该旗蒙汉杂居，良莠不齐，兄宜严束部伍，免生误会，何得纵属殃民，致滋事端。本府为首重人道，维持法纪，对于本案凶犯，决应严行究惩，实难姑宽，除俟警备司令部派兵将该满达等提解到府依法讯办外，相应照会贵盟长、副盟长、亲王查照。此照会伊盟盟长、沙副盟长、阿郡王旗亲王图。

《塞北通讯社稿》（三日刊）
绥远归化塞北通讯社
1930年113期
（丁冉　整理）

绥省宣布戒严令

塞北　撰

（塞北通讯）省政府深以当此国家多事之秋，对于地方治安极应注意，故与警备司令部拟订《戒严条例》，联衔发出《戒严布告》，以保人民之安全。闻必要时，丰镇、包头亦采同样办法。其布告如左：

为布告事，查近日以来，因时局不定，谣诼明兴，以致人心惶惑，动辄惊疑，恐有不法匪徒，乘机构煽，意图生事，若不严加防范，实不足以靖地方而保治安。合依《戒严条例》，自九月二十四日起，宣布戒严，所有画定区域，于戒严期内，统应遵守。各条胪列于后，俾众周知。为此，除分派军警严密查察外，合亟布告各界民众，一体凛遵，万毋玩忽，致干法办。切切此布。计开：

一、暂划定新旧两城内外，及绥远车站周围附近一带地方，为临时戒严区域。

一、凡未经官府允许之集会、结社、聚众、游行等事，概行停止。

一、凡往来邮电，须经检查，方能拍发寄送。

一、凡往来行人寓居旅馆客店，须报经该管区署及军警联合稽查处，查询明确，方能留住。

一、凡住户、商号、庙宇、会所，概不得留住闲人，如实系外来亲朋，须报明该管区署查核，该户号、庙主或首事人负责担保。

一、凡市面流行货币及日用米面、煤炭各价格，须报告商会，转报本府部，五日一次，非经本府部核准，不得任意增减。

一、凡存有自用护身枪支弹药，限布告一星期内呈送本部编号烙印，给照收执，如违查出，以私藏军火论。

一、每晓夜十二钟后，不得无故在街市游行，如实有要事，必须手执灯笼，以为标志，并据实报告经过岗警。

一、无论何人，不得燃放鞭炮，且要小心火烛。

以上各条，自宣布戒严实行日起〔日起实行〕，至解严时，布告解除，合并注明云云。

《塞北通讯社稿》（三日刊）
绥远归化塞北通讯社
1930年115期
（李红权　整理）

张电发后之绥远

秩序极称良好　钱法稍呈恐惶

塞北　撰

（塞北通讯）自沈水张汉卿氏主和电发后，足迹未历西北者，料想有一番小骚动。其实不然，仅就所知，分志于下。

（1）政治　各县政治实察员已依次派出，报告相继而来，除临河稍受雹灾，五、陶、丰、兴较比旱干外，其他各县，秋收甚好。民政厅陈厅长尚拟各县巡视，并同时促立各县局自治讲习所，戒烟、缠足，雷厉风行，工作益紧，并未睹有其他状态。

（2）财政　各税收机关，因秋节在迩，应征应解各项，皆大整顿。塞北关、察、绥两省总稽查处，应解晋垣财政整理处之款，手续一清，并不拖延，市面交易较张家口颇称活动。平、津一带行商，咸集于此，交易数量很大云。

（3）军事　绥区警备司令郭凤山，前赴绥西，对于土匪剿抚兼用，地方极称安静。闻大股土匪率由王某暂统，改编为地方保安队。现郭司令已返绥垣，因移防关系，已行默中戒严，恐有不逞之徒扰害治安。关于电信，实行检查，市廛之间，大有泰然无事之象。

（4）金融　比日以来，惟市面流行钞票偶然跌价，如平市、商会、丰业、山西各钞票，须一元九角，始能兑换大洋一元，一时百物腾贵，人心恐惶，现当局正设法维持。商会与丰业钞票皆有根砥，仅山西与平市两种钞票，市民多起怀疑。但依吾人观之，无论达何程限，当事者必有维持办法。尤其是平市票，刻正筹借兑现，不久即将实行，三五日内，或有一种相当准备。山西省银行已电知总行设法维持矣，不久必有覆电。以该行准备金料之，断不致信用扫地，要皆奸商自扰，投机牟利，以致演成此次金融恶潮，所可怜者，老百姓耳。

《塞北通讯社稿》（三日刊）
绥远归化塞北通讯社
1930年115期
（李红权　整理）

绥远国庆日之盛况

塞北　撰

（塞北通讯）自华北政变之后，绥远秩序如常，军民之间，若在世外桃源，尤其是双十节庆贺的状态异常热烈。是日晨九时，各界推定之主席团及各股负责人员，遂相继入会，会场在省城舍利图召，期前布置极为周密，对于参加者分区划界，秩序井然。九时三十分，军、警、学结队吹笳蜂拥而至，相继而来者，有各机关、各法团，大有人山人海之概。十时开会，省政府李主席（培基）以及其下各厅局鱼贯而入会场，其开会秩序：（一）奏乐，（二）开会，（三）唱党歌，（四）向党国旗行三鞠躬礼，（五）主席恭读总理遗嘱，（六）静默三分钟，（七）李主席报告开会意义。大致谓：今天是十九年国庆日。这十九年中，经过屡次的内乱，民族的团结，国际的增高，物质的进化，确乎不是因内乱而退步的，依我看来，却是进步的。就拿绥远说，前几年土匪荒旱，相继而来，今年天年居然稍获，较比往年尚好。但是以前如此，以后应当如何努力，我自己心里却有种种感想。溯十九年以来，民族、国际、政治，可以说是各有进步。这不是官吏本身能力所致，原是本着革命程序，群众奋斗的结果。但是革命是进步的，不是退步的，人人可以革命，革命就是涤旧图新，譬如一人既嗜鸦片，又好赌钱，外加着傻吃懒睡，他忽然间戒烟戒赌，成天还早起，这就是他个人革命的成功。然后再能本着各个人的精神，为中国辟一新途径，还怕不与列强并肩吗？考世界各国的革命范围甚广，有政治革命、工业革命、农业革命、社会革命，却不像我中国以少数人革多数之命，被革的就是老百姓。这都是老百姓智识不齐所致。要说起近年政治上的设施，可以说是大有进步，无论为中央各省县，悉采委员制度，所惜的人民智识薄弱，对于国内政情，茫然不知。今后只希望革命的努力者，要向乡间去革命，敢说一定是成功的。不然，今日打倒，明日铲除，这种口号就是喊破喉咙也是不成功的。（下略）

李主席演说毕，警备司令部王参谋长与社会教育所长各有恳切之发挥，博得群众掌声不绝。讲毕，摄影，军、警、学、商游行街市，高喊口号，观者为塞，同时大观院演剧助兴，车水马龙，红男绿女悉在党旗之下熙来攘往云。

《塞北通讯社稿》（三日刊）
绥远归化塞北通讯社
1930年119期
（李红权 整理）

蒙藏会工作与蒙藏近况

作者不详

关于蒙藏情形，本报素少报告，盖蒙藏地处边陲，交通不便，消息至为难得也。最近蒙藏会委员在中央扩〔广〕波无线电台报告该会工作及蒙藏情形，兹特转录如下：

蒙藏委员会所负的责任很重大，性质也很特别，原来蒙藏委员会也是行政院属下一个部会，会址虽在南京，而所辖的蒙藏，却远处边陲。国内对于蒙藏的状况，过去是很隔膜，即现在也是不甚了解，返观外国却很注意，譬如英国在西藏，惟就调查书籍而言，已有七十余种，俄、日两国之对于满、蒙，更是极力谋所以侵略之道，不惜派人冒险调查，回视我国，反漠然视之。所幸中央特设本会，蒙藏优秀分子荟萃起来，将蒙藏情形逐渐调查明了，以树建设之基。

在最近关于蒙藏急须建设的，不外两种：一为交通，二为教育。关于前者，铁道之筹设，现因军事关系，一时未能实施，但该会已拟有相当计划，谋逐渐实行。关于后者，现在教育部已特设蒙藏教育司，以专责任。至于学生方面，最近又有一百多名西康学生来京求学，由〈中〉央大学特设特别班，中央训练部特派专员办理训练事宜，于此亦可见中央对于蒙藏教育之重视，很值得我们蒙藏同胞之喜慰。惟教育与交通有连带之关系，不可偏废，如内蒙现有平绥铁路，交通赖以联络，文化借以灌输，生活程度、学术文化，均比康藏较优，康藏接壤四川、云南，川滇边境，交通亦属不便，兼以民国以来，内乱不已，兵连祸结，更无以与中央联络之机会，遑言文化与政治之进步，这是关于蒙藏交通问题，该会也极须设法之一点。且内蒙自上次蒙古会议后，已有相当计划，关于交通者，已与交通、铁道两部洽商，关于政治，已呈请中央酌办。本拟于蒙古会议后，即行筹开西藏会议，以解决西藏一切困难问题，乃以种种关系，未能及时举行。

但现在已得较好之现象，自国府派刘曼卿女士及本会先后复派二人前往慰问，均受欢迎，达赖最近复派姚却仲尼来京晋谒，借资联络，是可知康藏方面，对于政府已得到相当的认识与觉悟。现在关于康藏方面者，仍有最要二点：一、在如何使班禅与达赖联络起来，同力合作。原来班禅本驻后藏，达赖本驻前藏，后因细故，班禅离藏，但现在康藏人民，很希望班禅回去，达赖亦表欢迎，甚希望能合作起来，作国家之屏藩。二、为西康改省问题。西康改省，早经去年中央政治会议决议，与热、察、绥及青海、宁夏，同时改省，通过后，青海、宁夏等处，先后成立省府，政治、经济，均有相当进步，独西康尚未成立。考西康于有清末时赵尔丰治理西康时代，革除旧制，厉行新政，已有相当成效，且曾先后呈请改为行省，是西康在清末已具省之规模，现时成立省政府，更为康藏人民所极力希望者。俟省政府成立之后，政治得上轨道，东可促四川之改进，西可作藏人之模范，国防、外交，均有极大裨益。再蒙藏更有不同之点，内蒙本有盟旗之组织，可作维持人民之权力机关，在此新政尚待推行之际，过渡时期，仍可维持，康藏虽亦有土司及呼图克图之制，有清之季，每几年朝贡一次，余无相当联络，而此等职位，更为世袭制度，生杀予夺，压迫人民，无所不至。当清末光、宣年间，赵尔丰带兵入藏，首废此制，方期逐渐施行新政，会辛亥革命，赵仍回川，一切设施半途而废，至今土司及呼图克图等，早失人民信仰，几成无政府状态，此西康省政府更属早日成立之必要也。蒙藏更有不同之点，即外蒙受苏俄之煽惑、赤党之利诱，与中央之隔膜，更甚于西藏，且时有阴图内蒙古之象，早由局部问题而变为复杂问题，一时恐难解决。西藏则不然，虽受英国种种压迫利诱，终以藏民有宗教关系，未为英国所支配，而藏民之觉悟者，实繁有徒，中央如能善为诱导，藏民之归附可期而待，蒙藏委员会负此使命，现正在详思熟虑，计划努力进行。

《中央周报》
中国国民党中央执行委员会宣传部
1930 年 122 期
（李红权　整理）

察省最近颁布两项规程

塞北　撰

（塞北通讯）察哈尔省建设厅最近两项规程：

甲、各县建设考成办法

第一条　本厅为促进全省各种建设起见，特订各县县长及建设局局长考成办法，以利进行。

第二条　各县县长及建设局局长均应遵照本厅拟订之《各县建设分期进行大纲方案》及本厅随时令办事项切实办理，不得因循敷衍，或置之不理。

第三第〔条〕　各县进行建设事项，由县长负完全督饬指导之责，建设局局长负完全实行遵办之责。

第四条　各县应将办理情形随时呈报，由本厅派员分赴各县考查。

第五条　考成方法分奖励、惩戒二种。

第六条　奖励分左列四等：一、升级；二、加俸；三、记功；四、嘉奖。

第七条　惩戒分左列四等：一、免职；二、减俸；三、记过；四、申诫〔诫〕。

第八第〔条〕　有左列实事之一者，分别给予奖励：一、于限满以前能将应办事项完全办竣且结果十分完美者；二、于限满以前能将重要应办事项完全办竣结果尚属优良，其未办或缓办事项业由厅允准者；三、于某项建设之完成著有特殊成绩者；四、能使款不虚糜、事半功倍者。

第九条　有左列实事之一者，分别给予惩戒：一、因循敷衍，毫无成绩者；二、处理不善致引起重大纠纷者；三、办理失当，虚耗公款者；四、对于所属督饬无方致荒职务者；五、对于应办事项未经本厅允准擅自缓办或不办者。

第十条　受惩戒或奖励者如系建设局局长，则由本厅以厅令行之，并呈报省政府备案；如系县长，则详叙事实，呈由省政府行之。

第十一条　本办法所规定之功过得互相抵销。

第十二条　本办法自呈准公布日施行。

乙、电话分局章程

第一条　察省长途电话分局分左列三等，除经费暨征收电费事项应受所在地之县长监督外，余均受总局之指挥监督：一、一等分局设局长一员，承总局之命管理本局一切事宜；话务员二员，工务员一员，商承分局长办理本局话务、工务及其他事务。二、二等分局设局长一员，承总局之命管理本局一切事宜；话务员二员，工务中一员，商承分局长办理话务、工务及其他事务。三、三等分局设局长一员，承总局之命管理本局一切事宜；话务员一员，工务员一员，商承分局长办理本局话务、工务及其他事务。

第二条　各分局人员如有不法行为时，得由分局长查明，呈请总局核办，如系分局局长，得由总局查明，呈建设厅核办。

第三条　各分局之员投〔役〕薪工、杂员另行规定。

第四条　各分局之经费应由所在地之县政府依照核准预算按月支给。

第五条　各分局之临时材料费应事先列折呈报总局核准，由县发给，如因紧急事务不及呈报时，得由电话请示，事后仍须列折补报。各分局征收电费，须于月终核实交送县政府，并报总局备查。

第六条　各分局对于县政府来往文件须用公函。

第七条　本简章自呈准公布之日施行，如有未尽事宜，得随时呈请修改之。

《塞北通讯社稿》（三日刊）
绥远归化塞北通讯社
1930年125期
（朱宪　整理）

内蒙鄂旗现有之官署

塞北　撰

（塞北通讯）属于绥远之内蒙鄂托克旗，现有官署及局卡，远在内省者，鲜有知其底蕴也。兹经探悉于下：

（一）官署。宁条梁当陕西靖边县的西北，在宁塞堡的北面，地属绥区管辖，治理权则归靖边县。从前宁条梁镇上设县佐，以资治理，现绥省已立设治局于陶乐湖滩就近，名曰沃野设治局。

（二）税卡。宁条梁镇为绥、陕毗连要地，又为商业贸易处所，牲畜、皮毛产量尤多，故靖边县署设有征收皮毛税卡一处，以资征收。经费支出为限，并未专设机关，不过委托商家代办。草山梁南孙家要险处，亦设有征收牲畜税卡一处，从前为商家增盛油房包办，每月包纳税款仅二十元，不无中饱。

（三）税局。鄂托克南部内有白城池、脑包池、苟池等，出产甚富，汉蒙人民运销附近一带售卖，盐质虽逊于阿拉善吉尔泰所产红盐，然一般汉蒙人民莫不图贱购食。所有各盐池，鄂托克旗扎萨克均设有税局一处，委派蒙员常川驻守，专收盐税。按以则例，每斤收取制钱一文，谓之出境税，相沿已久，至今仍照旧章办理。

《塞北通讯社稿》（三日刊）
绥远归化塞北通讯社
1930 年 125 期
（朱宪　整理）

张垣让防后之绥远

秩序良好　治安益固

塞北　撰

（塞北通讯）绥远地接雁门，乃晋北屏藩，太原当局颇为重视。前特委赵承绶氏警备此间，郭师长（鸣周）仍回原任。赵司令前携其参谋长张振午抵绥后，即赴警备司令部，整饬一切，当即召开会议：

（一）调军　除王靖国之一部，及郭鸣周原有之骑马〔兵〕外，并调两师骑兵入绥，除分布要塞外，并酌量情形，派驻各县。在本社发稿时，已陆续开进矣。向之人心惶惶，不知所一，现已告平靖。

（二）剿匪　自前防改变防线后，绥远本系多匪之区，不免因时而动，且有种种复杂分子怂恿其间，因之势渐燎原，现大部军队已到，决先从事肃清。

（三）秩序　一月以来，绥远秩序由表面上观之，大致尚称不差，由内容上考之，实属复杂纷乱已极。反动分子四处潜伏，约分三派：一、拥蒋派，二、迎奉派，三、自主派。所谓拥蒋派者，多为党员，尚含有政治上的意味。其他迎奉派，不过投机分子而已。其实奉军来与否，系华北一种军事、政治大计划，非少数投机分子所能臆度。其次如自主派，即绥人治绥之一流也。吾人视之，只可认为幻想派，殊无实现之可能。惟派别如此之多，秩序当然纷扰，赵司令于莅绥之次，遂颁布下列之通告：为布告事。照得绥区地处边陲，居民复杂，不良分子易于混迹。今春本司令警备是地，诸赖民众协助，地方差尚平安。惟自军兴以来，本司令奉命赴豫指挥军事，而绥区驻军，亦多开赴前方，是以不逞之徒，遂乘机蜂起，或聚集骚扰，为害地方，或造谣生事，淆惑众听，以致全绥人民饱受风鹤之惊。虽经郭代司令尽力维持，随地解释，终以兵少地广，未收烛照之效，余孽犹尚潜伏，后患深堪忧虑。兹者军事幸告结束，驻军陆续回防，本司令复奉命再任绥区之警备，望我全绥民众各安职业，勿为谣言所惑，勿为浪人利用，倘再有不逞之徒为不法之事，本司令定予严拿重惩，决不宽贷。特此布告，俾便周知云云。

《塞北通讯社稿》（三日刊）
绥远归化塞北通讯社
1930 年 126 期
（李红权　整理）

绥远省整饬西鄙

划清沃野设治局区域，并拟整理盐碱之办法

塞北　撰

（塞北通讯）绥远省政府在鄂托克旗开拓沃野调治局后，关于省西边界，极力整饬，边墙以北，盐湖所在，前者高局长俊呈请省府拨归治理。省府指令云：“呈悉。兹经提交本府第一一一次例会，决议凡鄂托克旗境内土地，均属绥辖，应准拨归该局管辖。该地所居垦民，均归该局治理等因。除照会该旗查照外，仰即迅速斟酌情形，会同划拨，并将划拨情形，具报核查。呈请饬垦务总局将垦卷发交查办一节，已令该局照办，其余所拟收回已放弃权力各办法，准由该局长斟酌情形，相机办理，随时具报为要。此令。主席李培基。”并同时拟定整理盐碱暂行办法：第一条，查沃野设治局、鄂托克旗盐池、碱淖计十三处，亟应设法办理，以兴矿利。第二条，鄂托克旗所有盐池、碱淖，应由绥远省政府建设厅与该旗合办，招商采挖，制运行销。第三条，郑万福、董益谦、高士修原包之盐池、碱淖，一律依照第二条之规定收回，再按本办法，另行招商承办，以归一致。其债务由沃野设治局长招集双方根本解决，以清纠葛。第四条，鄂托克旗境内出产盐碱，准任人民采运，销售于包商，但承包商号亦得雇工从事，在湖自行采运。第五条，收售盐碱如有亏折，完全由承包商号负责。第六条，盐碱湖租，按照产量，酌予规定租金，由绥远建设厅会同

鄂托克旗发给租照，一年更换一次，所得租金，以十成计算，内提二成补助沃野设治局地方行政经费，以四成归旗，以四成归公。其归公之四成，拨作鄂托克旗设治境内建筑汽车路暨安设电信一切之用。第七条，承包商号每年应纳租金，由沃野设治局察酌情形，规定等项、数目，咨明鄂托克旗，呈请绥远省政府建设厅核准发给租照，方为有效。第八条，每年收取租金，由沃野设治局经管，分别留支拨解。第九条，盐税系属国家税，应由包商报交该管机关，盐斤食户捐，则交纳绥远财政厅所属征收机关。其运销地点，按照原有境界行销。第十条，应纳碱税，按照税捐章则所定，由商民自行交纳。第十一条，绥远建设厅与鄂托克旗，得派员随时检查承包商号营业状况及进行方法，如有不良，应随时饬令纠正或取消其承包权。第十二条，本办法自公布日实行。

《塞北通讯社稿》（三日刊）
绥远归化塞北通讯社
1930 年 127 期
（李红权　整理）

绥远归绥县拟订办法取缔顶名抗粮

塞北　撰

（塞北通讯）绥远省政府前据归绥县县长呈拟《取缔顶名抗粮办法》六条，恳请核示等情，当经该府今〔令〕行财政厅核议去后。嗣据覆称：查所拟办法，尚属可行，理合具文呈覆，即请转饬遵办等情。闻省府昨已令行该县长遵照办理。兹志归绥县拟订《取缔顶名抗粮办法》如左：

一、蒙民之原拨户口地，凡租与或买〔卖〕与汉民者，当成立之契约〔契约之〕时，双方须报告本镇乡村公所，经镇乡村长查明，确实予以登记，并于契约上加盖镇乡村公所图记，一面呈报县政府备案，如属典卖之地，无契约，并须赴县政府税契，以重定章。

二、镇乡村公所对于登记办法，应立蒙汉租、典、卖地登记簿，将双方姓名、籍贯，及地之坐落、四至、亩数、租、典或卖期限，并地价数目详细记载，以杜纠葛。

三、在本办法未公布之前，蒙民之户口地已租、典或卖与汉民者，均须补报本镇乡村公所登记，悉照第一条办理，其有诡串、隐匿，经告发查明属实，即将地亩充公，以示儆戒。

四、蒙民之原拨户口地，须有原拨地之执照，以资证明。其无执照，或有执照而姓名不符者，不得以户口地论。

五、已经升科之地与户口地不同，倘经辗转典卖，其地主无论汉蒙，均须照章税契，过割粮名交纳官租，有违抗者依法惩办。

六、本办法自呈奉核准公布之日施行，如有未尽完善之处，随时呈请修正之。

《塞北通讯社稿》（三日刊）
绥远归化塞北通讯社
1930年132期
（丁冉　整理）

各市县个人及社团创设戒烟所

绥远省府令民厅转饬遵章办理

塞北　撰

（塞北通讯）绥远省政府前准禁烟委员会咨开：案查敝会前经拟具《各县市个人及社团创设戒烟所简则》草案，呈请行政院核定在案。兹奉行政院第一三八六号指令内开：呈及简章均悉，应准备案，仰即由该会公布施行可也。简章存。此令。等因。奉此，除以会令公布暨分咨外，相应检同此项简则，咨请查照转饬遵照办理，至纫公谊。等因。附《各县市个人及社团创设戒烟所简则》一份。省府准咨后，当经行知民政厅查照，转饬所属各县局遵照办理。并闻民厅已于日前训令各县局及归、包两市公安局遵照办理。兹录《各市县〔县市〕个人及社团创设戒烟所简则》如下：

第一条　凡个人及社团创设戒烟所时，须依本简则之规定。

第二条　凡个人及社团热心烟禁，拟筹设戒烟所时，应先呈由该管市县政府呈请主管机关核准，转禁烟委员会备案后方准设立。

第三条　个人及社团设立之戒烟所，应在该管市县政府指挥监督之下办理戒烟事务。

第四条　个人及社团设立之戒烟所，其一切设施悉依照市县立戒烟所章程之规定办理。

第五条　个人及社团设立之戒烟所，除开办及设备等费外，应有三千元之准备基金，以资巩固基础。

第六条　个人及社团设立之戒烟所，对于戒烟人应限其住院戒除，至戒绝之日为止。

第七条　个人及社团设立之戒烟所，每日戒烟人数、性别、年龄、职业、所用药剂暨戒除结果，应每三个月终列表汇报该管市县政府呈送主管机关转禁烟委员会备案。

第八条　个人及社团设立之戒烟所，如有贩卖麻醉药品及其他不合法情事，应由该管市县政府勒令停办，将主办人员及负责医士等依法办理并呈报主管机关转禁烟委员备案。

第九条　个人及社团设立之戒烟所，办理□官成绩者，应由各该管长官依据《热心地方公益请奖条例》呈请省市政府核奖之。

第十条　个人及社团设立之戒烟所，其办事细则由各该所有一呈报□□□□□府备案。

第十一条　本简则自公布日施行。

《塞北通讯社稿》（三日刊）
绥远归化塞北通讯社
1930年134期
（李红权　整理）

空前未有之图财弑亲案

只为崇拜金钱　忽戕寡母弱弟

塞北　撰

（塞北通讯）包头县东河村有住户尹寡妇者，生有三子，长名宪荣，次名宪华，幼名宪富。当伊夫死后未久，由宪荣提议，遂将家产三股平分，各携妻子自立门户，尹寡妇与幼子宪富仍在该村原寓居住，一年以来，因诸事节俭，是以手中稍有余裕。而其长子宪荣则游手好闲，不务正业，非嫖即赌，无所不为，故未及数月，竟将分得之五千余元财产挥霍净尽。后见其二弟宪华柔懦可欺，乃用尽种种方法，将宪华所得财产亦帮同花完。在此山穷水尽之时，尹宪荣见其老母、三弟景况甚好，乃时往母处请求周济，尹寡妇虽以宪荣、宪华任意挥霍，稍加斥责，然慈母之心，总不忍见亲生子受冻馁之苦，故米、面、财物仍不时与以周济。孰意尹宪荣人面兽心，月前竟使其二弟宪华暗携毒药，往害其老母及三弟，希扫数攫取其母手中之财物，幸尹寡妇得觉尚早，故稍感中毒即灌救得苏，宪华因被村公所扣获，以谋杀直系尊亲未遂罪，拘押于司法公署内，而长子宪荣则闻风远逃。在数日前之某夜九时余，该村忽发现枪声数响，村保卫团及官兵闻声赶至，则匪徒逃窜，闻知尹家已发生枪杀之事，众人入屋，见尹寡妇弹中乳部，毙于血泊中，尹宪富仰卧杭〔炕〕上，腹部中弹，见众人至，则涕泪滂沱，在血泊中泣曰：近日有人给余家送一消息，谓宪荣将用不客气手段夺我家产，是以我家是〔昼〕夜不得安心。前半小时，忽听房上有人行走，心知有异，乃侍母出院，匿〔匿〕于坑内，果见房上有三人，各持枪械，旋即进入余院，闻余妻云：大哥，这是怎么回事？一人言曰：没你的事，快躲到里间去。闻其口音，确系余兄宪荣。继而三人出屋，各处寻觅后，余兄将余母子找见，拖入屋内，不由分说，余兄亲手将母击毙，其余之匪将余击伤，君等不信，可以问她。言时以手指其妻。后询其妻尹贾氏，与宪富所言丝毫无异。过二小时之久，尹宪富因伤重亦毙命。次日，各军警及本县齐实察员均亲往该村调查，证明确系尹宪荣勾结匪人，枪杀生母、胞弟无疑。记者关心社会风纪之心不落人后，故于肇事之次日亦趋赴该村，前往调查，俾明究竟。见尹氏子母之尸仍在屋内坑上仰卧，血迹模糊，惨不忍睹，一时城里城外传为奇闻。是日警备司令部亦将弑母杀弟正凶尹宪荣捕获，送交县政府，经杨县长审讯，即供认不讳，县长旋将该犯送司法公署。当尹宪荣由县政府被押赴司法公署时，所经街巷，人多围观，虽妇人孺子亦莫不咬牙切齿，向尹宪荣唾骂不置云。

《塞北通讯社稿》（三日刊）
绥远归化塞北通讯社
1930年148期
（朱宪　整理）

绥远省县长巡视程序

塞北　撰

（塞北通讯）县长为亲民之官，乡村疾苦必须知而不漏，方能措施达于细微，是以巡视为父母官所不可辞者。惟巡视有巡视之程序，绥省政府曾〔兹〕依照部颁《县长巡视章程》第二条，厘定程序九则，以作各县长巡视之标准：

第一条　本程序依照部颁《县长巡视章程》第二条规定之。

第二条　各县长巡视辖区，除本程序规定外，其余遵照部章办理。

第三条　各县长奉令后须将县境纵横各若干里，村庄若干，山路、平原大概情形，约计可分几次巡视一周，并检同县图，先行分报备查。

第四条　各县长每次巡视应将日期、方向、村数、村名、各村距离里数暨往返日程、出巡时系某秘书或某科长代行职务，先期将上开各项分报，但不必俟奉令准后首途。

第五条　各县长于每次巡视完毕，将回署日期及巡视情形分别呈报省政府、民政厅及主管机关查核。

第六条　凡遇必要秘密巡视时，事现〔先〕得不呈报以防漏泄，事后必将密巡情事分别报核。

第七条　县长巡视旅费由各该县地方款内核实开支，呈报民政厅转呈省政府查核。

第八条　本程序设治局长亦适用公〔之〕。

第九条　本程序自呈请省政府核准公布日施行。

《塞北通讯社稿》（三日刊）
绥远归化塞北通讯社
1930 年 149 期
（朱宪　整理）

外蒙古独立运动之过去与现在

马鹤天　撰

蒙古民族，强悍勇敢，有元一代，武威远及中欧。其后屈服于满族专制之下者数百年。清末民初，外蒙古内愤满族之压迫，外受俄国之鼓动，独立运动以起。俄国革命后，积极援助，得铲除王公、喇嘛，组织政府，近数年来，建设事业次第进展，表面上独立运动，似告成功，然实际上全由俄人操纵利用，不啻苏俄之藩属。际此民族自决潮流，澎湃世界，吾国革命渐次成功，实行总理民族主义之时，外蒙古独立问题，实大有研究价值。鹤天前曾赴蒙考察，往返经年。值中外评论特刊征文，爰述其独立之经过，并略及独立后之政治状况，以供国人之参考焉。

一、清代蒙古民族被压迫之情形

清代以一民族专制于上，对汉、蒙各族，无不利用其弱点，制服而统治之。如对汉人提倡八股诗赋，以束缚聪明才智者之思想，而消灭其民族精神。对蒙人则提倡喇嘛教，以软化其强悍勇敢之习性，使其种族日趋灭亡。派往驻蒙之文武官吏，专事压制剥削，毫不为蒙人着想。以故蒙人无不痛恨入骨，少数有识之士，早已有独立之意矣。

二、民国成立后之外蒙独立运动

外蒙久思独立，苦无机会，值辛亥中国革命，喀尔四部王公、喇嘛等，遂乘机于一九一一年十月三十日，宣布独立。驱逐中国官吏，建设蒙古帝国，推哲布尊丹活佛为君主，不久乌里雅苏台响应，科布多亦于民元八月独立，加入蒙古帝国。外蒙遂完全脱离中国。民元十一月，又与俄国订约，不啻成为俄国之保护国。民国二年，中国与俄国交涉，十一月五日，订定中俄条约，始争得名义上之宗主权。民国四年，中、俄、蒙在恰克图会议，成立恰克图《中蒙俄条约》，其要点有四：

（一）外蒙为完全自治区域，有自治权，但仍为中华民国之一部，中国有宗主权。

（二）改皇帝称号。中国对哲布尊丹博克多汗，〈有〉册封对〔之〕权。

（三）外蒙文书，中国年历与蒙古纪年并用。

（四）中国得派都护使驻扎库伦。

表面上中国虽恢复宗主权，实际上外蒙完全自治，不啻独立。民国八年末，徐树铮率兵至库，外蒙自治取消，但不久直皖战起，又恢复原状矣。

三、俄国革命后之外蒙独立运动

俄国革命后，白党谢米诺夫，穷无所归，于一九一九年，利用蒙古民族企求独立之心理，召集布里雅特、内外蒙等地蒙人代表，在达乌里组织蒙古政府，分四部，设内阁总理。后因不受其指挥，又摧残之。红党乘机鼓动外蒙古与布里雅特蒙古之青年，在恰克图组织蒙古国民党。一九二〇年十月，俄国白党败将巴龙恩琴，率残军攻外蒙，翌年二月，占领库伦，驱逐中国军队、官吏，仍利用活佛为君主，而把持其实权。俄国红党又于此时指导蒙古国民党，招集军队，在恰克图成立蒙古临时政府。并派红军助攻库伦，一九二一年夏，克复库伦，在俄军监督之下，组织外蒙国民政府。仍认活佛为君主，借以收拾人心，实则限制其权力，使之徒拥虚名。于此中国之势力，遂完全消灭。俄国派兵驻扎库伦，党政机关，均有俄人顾问，掌握实权。十一月五日，在莫斯科缔结《俄蒙新约》，承认外蒙独立，否认中国有宗主权。一九二二年一月，苏俄公然派瓦西利爱夫为苏俄驻库全权公使。同年五月三十一日，在北京签订《中俄协定大纲》，其第五条原文为“苏联政府承认外蒙为完全中华民国之一部分，及尊重在该领土内中国之主权”，文字上可谓外蒙又属中国矣。然事实上外蒙至今依然独立，且不啻苏俄之保护国也。

四、外蒙独立后之政治状况

（一）政党 一九二一年以后，外蒙始有政党之组织。初名蒙古国民革命党，继改为蒙古国民党。其组织一仿苏俄共产党，有中央党部、部党部、旗党部、特别党部等。每年开全国代表大会一次，选出四十五人为中央执行委员，并选举委员长。从前党员八千余人，后开除二千余人，一九二七年时，有六千余人。凡新入党者，须经过候补试验期间，其时间视阶级而异，平民四个月，贵族与喇嘛须八月个〔个月〕以上，资产阶级不许入党。军队中有政治训练处。中央党部办有党务学校、党报，并国民俱乐部。

蒙古国民党组织未久，即有蒙古青年革命党之产生。其组织仿苏俄共产主义青年团，限于二十五岁以下之青年。但共产主义青年团，受共产党之节制，而外蒙青年党，则几与国民党并立。其党员多蒙古下级官吏之子弟，初成立时，不过十三人，由俄人指导。三四年间，增至一万余人，一九二六年，始由蒙人主持。每年有全国代表大会，选举三十五人为中央执行委员，并一人为委员长。亦有中央党部、部党部、旗党部，中央党部内设组织、宣传、妇女等部。

一九二五年又有少年党之产生，限于十五岁以下之少年，可谓青年党之候补党。

（二）政府　外蒙初独立时，为君主立宪政体。自一九二四年哲布尊丹活佛死后，即改君主为共和，且采行政合议制，不置元首，仅有内阁总理。分陆军、内政、财政、教育、农商、外交、司法七部及审计院。此外有内防处及学术馆。内防处仿自苏俄之“隔别屋”，专司侦探反革命分子以及危害外蒙者。学术馆为外蒙文化之总机关，内分图书部、博物部、编审处等，并派员搜采古物，测绘地图。至地方行政组织，集十户为阿尔板，为自治单位。五十户为巴克，百五十户为斯猛。再上为旗。有旗政府，再上为部，有部政府。

（三）国会　外蒙国会，即国民会议，分大国民会议与小国民会议。大国民会议，即全国国民代表大会，其议员约有二百余人，分四种：

甲、国民议员，其议员经普通选举法选出。凡男女在十七岁以上者，均有选举权，约一百三十名。

乙、国民党议员，由中央党部执行委员会推选。

丙、青年党议员，由青年党中央执行委员会推举。

丁、内阁议员，即政府各委员。

小国民会议，即国民代表大会所选举之执行委员会，在大国民议会闭会期间，行使国家主权。小国民议会每年开会一次，在闭会期间，其职权由小国民会议干部与政府代行之。

外蒙政治组织，一仿苏俄，其大国民会议，即苏俄之全俄苏维埃大会，小国民会议，即中央执行会员会，其干部等于常务委员会，而政府即苏俄之人民委员会也。故国家最高权力，在中央党部，其次为国会。政府一切较重事项，必经国会通过，而国民党中央执行委员会，更有修改政府命令、否认政治会议议决之权。

又外蒙议员选举，亦仿苏俄，即采各国通行之普通选举制，但对职业加以限制。惟军人及兵士，皆有选举权。

（四）军备　外蒙于民国十年始有军备，因地理关系，仅有陆军，且皆骑兵。常备军一万七千人，除库伦外，分驻苏伦哈尔、科布多等处。其编制六人为棚，有棚长一。四棚为排，有排长一。三排为连，有连长一。五连为一营，内骑兵四连，机关枪一连，合工兵共六百名。三营为一师，共两千人。其军器有野炮三十门，山炮五十门，铁甲军〔车〕二辆，机关枪二百余杆。

外蒙采征兵制度，入伍后训练半年，即令暂回，另征新兵，欲达全国皆兵之目的。故常备军虽不满二万人，临时可征集四五万。其军政机关除陆军部外，有参谋部，为最高军事机关，但参谋总长为俄人康格拉利，军事实权，可谓全操于俄人之手。

库伦有陆军学校，内分炮兵、骑兵、交通、党务四科（养成军队中政治工作人员）。又有工役队（火夫、水夫等）、军乐队等，共四百余人。

（五）财政　外蒙财政收入，逐年增加，独立后，关税自主，土地国有，并设立国家银行、蒙古银行、国家商店、协作公司。故国家收入，年增一年，民国十四年收入八百余万元，十五年，已增至一千余万元矣。

外蒙税捐之最大者，为进口税与营业捐，几全为中国商人负担。因蒙古商家，十九皆汉人也。进口税规定按库伦价格，值百抽六，烟酒加倍，但估价时，随意估计，结果值百抽三十、二十，或五十以上，甚至高出货价。非税款交清，货物不能运出税局，华商往往弃货物于税局。营业捐，分数等，四十万元以上者为一等，年纳一千五百元，三四十万元者二等，年纳七百元。最小资本七百元，年纳十元。此外又有赈簿捐，每千元纳十五元。职业捐，商人、工人每人年纳十二元。人头税，凡外人年纳领票税十二元。并有验照税，商人五元。其他印花税、车马捐、房价捐、地基捐等，均汉商负担最多。以故中国商人，比独立前减去三分之二以上。现仍年年减少。

其次为财产累进税、土地租税等，多由蒙人负担。财产累进税，以牛为标准，十头以下者无税。十一头至二十头者二十元，千头以上者抽十分之一，马与牛同，驼抵二牛，七羊抵一牛。土地仿苏俄办法，全为国有，人民只有租借权，按优劣分别抽税。

外蒙原用中国货币，有殖边银行，独立后禁止外人及私人开设银行，由国家设一蒙古银行，发行纸币，并在俄铸有银元、铜元，抵制中国货币。其银币每元仅重五钱，初与中币价同，继又下令中币仅抵九角，对俄币亦然。

（六）教育　外蒙独立后，积极提倡教育，其经费竟占国家总收入百分之三十。民国十五年时，全外蒙有国立小学约百所，库伦有国民大学、中学校、商业学校等。大学内分师范班、法政班，经费每年九万余元，教员有博士二人，月薪各百五十元，学士四人，各百三十元（内阁总理最高月薪仅二百五十元，各部长百五十元）。小学教员，月薪七十元，学生衣食用品，全由学校供给，可知其对于教育之重视。

自小学至大学，男女同校，余初入外蒙境时，曾参观一旗立小学，学生三十余人，女生几占其半焉。

外蒙原无教育，有之即宗教教育。独立后，认宗教为教育文化之障碍，用渐进方法，取缔减除。且一方普及教育，如对青年喇嘛，设青年学校，每周讲演一二次，促其自觉。对幼年欲充喇嘛者，限制其年龄须在十五岁以上，且须在小学毕业者。而小学教科本中，多描写喇嘛丑态与反对宗教之文字，受此种教育之少年，自然不愿再充喇嘛矣。

五、外蒙独立与今从〔后〕中俄之关系

外蒙第一次独立，由于满清政府对蒙族之歧视，以及所派官兵之压迫，与汉商之欺骗。第二次独立，由于俄国革命，以扶助弱小民族之口号，鼓动诱惑。以理论言，当此民族自决思潮弥漫世界之日，总理民族主义次第实现之时，吾国对于外蒙古独立，自当承认；然由外蒙古民族今日之文化程度、经济情形等等方面观察，绝难于最短期间，真正独立，则外力援助，在所必要。如苏俄能真正援助其独立，吾人固亦赞成，乃今日实际上，外蒙已成苏俄之保护国，或为变相之殖民地，以吾国与外蒙种族、历史等种种关系，并中国国民党的主义精神，不能坐视不救。且外蒙无资本家，无工厂，社会环境与共产主义，绝不相客〔容〕。故一般有识之蒙人，无不主张与中国联合。其国民党主义，大致与三民主义相同，而其党纲中对于中国，又有明显之主张，曰："如有主义相同、政见相合之党派，不论为中国为俄国，皆可互相提倡，互相扶助。至对于中华民国政治上之关系，则视中华民国之如何待遇而定，如中华民国范围以内之各省及各民族，倘能根据民族自决、地方自治之义，采用广义的联邦制度，完成各民族平等之精神，则外蒙政府，毫不反对加入联邦。"可知外蒙国民党，实主张与中国联合。至中国今后待遇外蒙，当然本总理民族平等之精神，或扶助其自治，使渐有自治之能力，或与之联合，以完成以

民族自由联合为基础之中华民国。前在库伦时，曾与其国民党领袖丹巴多尔基晤谈，彼极愿与中国联合，实行自治。并谓中国向对附属民族，无他野心，若苏俄，表面上虽帮助蒙古，口头上虽说扶助弱小民族，实际仍未放弃帝俄时代之侵略主义，故主张远避苏俄，与中国联合。惜吾国政府未能注意及此，苏俄已察觉蒙人有识者之态度，乃于去岁利用在俄留学之青年派，回蒙鼓动，将丹巴派推倒。近日蒙古政府，完全受苏俄之指挥。我政府此时应速负起救蒙古民族之责任，扶助蒙人自治，领导蒙人自决。如长此放任不理，则不仅非蒙人之福，抑亦中国之羞也。

《中外评论》（半月刊）
南京中外评论社
1930年独立21期
（李红权　整理）

蒙古会议开幕

作者不详

蒙古会议筹备已久，于五月三十日在京第一次大会，讨论之中心问题，为财政及教育、卫生以及改革盟旗制度，促进蒙古地方自治诸问题。兹记其代表团名单及重要草案于下。

代表团名单

哲里木盟　共派出代表苏宝麟、乌尔图那、苏图、巴拉丹僧格、阿明武尔图、崇阿、葱明格、阿达穆德、博彦满都、胡格布彦、都格尔札布等十人，又随员乾志愈、胡安亭、孙凤亭、包凤山、高玉岭、包文卿、何士严、白玉棉、严致平等十人。

卓索图盟　共派代表七人，计为李芳、郭文田、戴清濂、恩和阿木尔、陈效良、修济众、白圭璋，随员为葛鸿、王顺庆及李永才等共总十人。

昭乌达盟　共派来代表阿拉腾额奇尔、赵福岳、赵敬慎、鲍福环、杨秀春、龙共寿、常文奎、傅长龄、金有才、杨荫邦及常文魁①等十名，随员为包殿福、伊赛春、杨伯起及和木耳等，共计十四人。

---

① “常文奎”与“常文魁”疑为同一人。——整理者注

依克盟〔明〕安旗　派来代表哈饮苏荣、门德巴雄尔两人，又有随员郭文兴及包德门等，总计为四人。

东西布特哈　派来之代表为德宏、杜双寿及苏兴宝等三人。

蒙古盟旗制度草案

第一章　总则　（第一条）蒙古各盟及等于盟之各部，并各特别旗，均直隶于国民政府，并受所在省之监督。（第二条）蒙古各旗，除特别旗外，均仍直隶于现在所属之盟、部，遇有关涉县之事件，应与县政府会商办法。（第三条）蒙古地方之军事、外交及国家行政，均统一于中央。其由省县办理之事务，关涉盟旗者，应与盟旗官署商洽。

第二章　盟制　（第四条）蒙古各盟盟长，整〔管〕理盟务。（第五条）蒙古各盟副盟长，帮办盟务。扎萨克等缺，一律改称盟务委员，佐理盟务，其额数定为二人至四人。（第六条）蒙古各盟盟长、盟务委员，遇有缺出，由盟民代表会议推选加倍人数，报请蒙藏委员会转呈简补之。（第七条）蒙古各盟盟长，遇有不能执行职务时，须指定盟务委员一人，或由盟务委员互推一人代理之，并咨请蒙藏委员会备案。（第八条）蒙古各盟重要盟务，须由盟务会议决定之。盟务会议，以盟长、盟务委员组织之，盟长为主席，会议规则另定之。（第九条）蒙古各盟盟务会议议定重要事件，应咨请蒙藏委员会及所在省政府查核。（第十条）蒙古各盟一切公文，均以盟长、盟务委员之连署行之。（第十一条）蒙古各盟公署就原有之组织，酌量分处办事。其规则另定之。（第十二条）蒙古各盟为办理各项自治事务，得酌设专管机关。（第十三条）蒙古各盟原有之盟会，一律改为盟民代表会议，每年至少举行一次，其组织及会议规则另定之。（第十四条）蒙古等于盟之部，得改为盟。

第三章 旗制 （第十五条）蒙古各旗扎萨克，一律改称旗长，总理旗务。（第十六条）蒙古各旗协理、管旗章京、副章京一律改称为旗务委员，佐理旗务，其额以二人至六人为限。（第十七条）蒙古各旗旗务委员，遇有缺出，由旗民代表会议推选加倍人数，报请盟长，咨由蒙藏委员会选择荐任之。其特别旗旗务委员出缺，由旗民代表会议推选加倍人数，径行报请蒙藏委员会选旗〔择〕荐任之。（第十八条）蒙古各旗旗长，遇有不能执行职务时，须指定旗务委员一人，或由旗务委员互推一人代理之，并呈报备案。（第十九条）蒙古各旗重要旗务，须由旗务会议决定之，旗务会议以旗长、旗务委员组织之。旗长为主席，其会议规则另定之。（第二十条）蒙古各旗一切公文，均以旗长、旗务委员之连署行之。（第二十一条）蒙古各旗公署原有各项承办文案机关，一律改称科，其印务梅伦、印务参领等缺，一律改称科长，笔贴式一律改称科员，其规则另定之。（第二十二条）蒙古各旗原有之地租局、生计处、教育委员会等机关，仍依事实上之需要，酌量设置，并整理之。（第二十三条）蒙古各旗每年全旗职员会议，一律改称旗民代表会议，每年至少举行二次，其组织及会议规则另定之。（第二十四条）蒙古总管制之各旗，得按照关于旗制之规定改组之。

《黄埔月刊》
南京中央陆军军官学校黄埔月刊社
1930年1卷1期
（李红权 整理）

蒙古与中俄之讨论

天示　撰

引言

自中东铁路事件发生，中俄交涉绝裂以后，黑龙江即受赤俄之蹂躏，杀人放火，用其最残酷而毒辣的手段，来压迫我边民。以先虽然用一种入寇的举动，来扰害，来屠杀，然而我国的损失，已经不算很小了。继着便是扎兰纳尔失守，满洲里陷落，近连博克图也成早不保夕的局面。几日的光景，外军已入腹地，就物质上的损失计，当不在少数了吧！若从外交方面说，则近来又有与苏俄妥协的倾向，此种矛盾式的措使〔施〕，不待说把我国国际地位，又降低了一级，国耻簿上，又增加了一页，结果只落了个劳民伤财，与〔于〕事无补。

至此事件发生以后，据报载，有蒙俄合组的军队，更外使我们起一种异常的悲观。我们知道蒙古是中国的版图，蒙古是五大民族的一族，按理是向着本国战线上走才对，否则亦应保守其固有的常态——中立——间或不能有助于本国，亦应无助于敌邦。然而揆之事实，则确确相反，此不能不归咎于已往的漠视边圉，以为得之无足裨益，失之未伤大体，所以演出一幕如此的伤心把戏来。及至危难的问题光临，才手忙足乱，以求挽救，则已成临渴掘井，毫末无补了。

我们从中国这种毫无远虑的政策，联想到苏俄已往的苦心经营，不能不使人有自惭的心理，和本国无人的感叹了。夫俄国的经营蒙古，已非一日，而外蒙的独立与中东路的轇輵，又非一朝一夕的事，然而举国上下，无一个人，于祸机未发动以前先事预料，更无一个人，于事变既发动以后，主持国是。束手相视，坐待割宰，而乃呼号应付于刀锯既下以后，这是如何失策的一件事啊?!假如国人平日稍能注意到边疆的重要，和外交失败的由来，则绝不待此次事件发生以后，作无味的张皇，自有具体的擘画，和迎刃而解的办法。兹故不揣谫陋，将蒙古与中俄的各种关系，用客观式的比较，分条叙述之，以为今日供〔研〕究蒙事者的一助，并证明俄人的无理取闹、得寸进尺的阴谋，与我国的毫无方针、因循贻误，为可耻可叹了。

一　关于主义的比较

蒙古的文化不发达，社会不进化，较中国而落后；中国的文化落后，社会不安定，较西欧为不及。可是我们从近年来观察中，能得到一种可靠的判断，就是中国在全世界虽然是个不开化的国家，前途危险而悲观的很，可是自孙先生主义阐明后，革命潮流澎湃全国，同时政治也似乎渐渐上了轨道，换句话说，就是“正在过程中努力”。而蒙古则尚醉生梦死，度数百年前的游牧生活，不但未进步到过程的程度，恐怕连发端二字，也谈不到哩。

自苏俄共产主义实现已后，国际间社会的现象为之一变，而旧日维持社会的制度根本推反。于是资产阶级与劳动界，露骨的划出一道鸿沟，立于对敌的方向。在这一个期间，一般人都承认产业发达的国家，如英、美、德、法、日，不久准发现特别的变化，和发生激烈的冲突。可是到了现在，她们仍然能够维持她们原来的现状，这不能不使一般学者发生疑问，和与该社会主义一种重大打击。此问题虽不能立刻与以具体的答覆，然而足资证明其第一步已失败于产业发达的国家了。

若在产业未发达的中国，可否实用和可否实行等问题，自可依据中国的经济情形否定之。目下中国之情形如何？孙先生于民生主义中，已有明了之讲述：

> 我们解决社会问题，一定是要根据事实，不能单凭学理。在中国的这种事实，是什么呢？就是大家所受贫穷的痛苦。中国人大都是贫，并没有大富的特殊阶级，只有一般普通的贫。中国人所谓贫富不均不过在贫的阶级中，分出大贫与小贫，其实中国顶大资本家，和外国资本家比较，不过是一小贫，其他的贫人，都可说是大贫……可见中国人通通是贫，并没有大富，只大贫小贫的分别。

准此，我们以断定中国无有实行私有财产的社会化——即共产主义——的可能，而不能不用别种因地制宜的方□，努力［实］使孙先生所创的民生主义上所采取的方法——平均地权，节制资本——早日实现，以求挽救中国目下的全国皆贫。中国尚且如此，那么推而至于蒙古，说到私有财产的社会化，和要提别〔前〕实行共产主义，揆之事理，岂非笑话。然而苏俄竟用各种诱惑的方法，使外蒙效法他的主义，使一般欠缺判断力的蒙民，为其所愚，实行他们南辕北辙的政治；反使我国的合乎实际、顺应环境的主义不能及远化人，这是如何痛心的一件事啊！

此种宣〔喧〕宾夺主造成的趋势，完全由于中国年来内战的影响所致，无人顾及边地的重要，又无人担负这种重大的责任，所以俄人，明目张胆，甘冒不讳〔韪〕，公然实行其蚕食政策，文化侵略的主义。在事前我们既没有充分的预备，和预防的方法，已算很大的失策；事后如何的挽回，如何的整顿，也应当有个具体的计画，和指导的方针，一面使国人有所遵循，一面使蒙人了解已往的误谬，然后循序渐进，消极的防止“赤化”，积极的灌输党义。一旦蒙人知利害的所取舍，哪怕他苏俄的煽惑利诱，日本帝国主义的设计侵略，彼时内部充实，团体坚固，牵一发而全身动，外人虽狡，亦无隙可乘了。由此观之，俄蒙的不可合，可以断定，而中蒙的不可分，亦可以臆测了。

二 关于地理的重要

蒙古为我国领土，这是无可讳言的。蒙古占本国领土的三分之一，也是可靠的。只是我国无精确的调查，所以至今，人皆知其大，而不知其究竟大到什么程度。以方哩计，几十万或几百万呢？到现在，上自政府，下至百姓，无一人能言其大略。其余如疆界的模糊、社会的组织如何、文化的进退、物产的多少、人种的多寡，以及政治、经济、教育、宗教的改良，没有一件不是急应当调查，急应当知道，和急应当设法的。但是从已往到了现在，虽然革命的曙光，遍照全国，然而蒙古的急应当的设使〔施〕，因为个人自私的关系，内战无已的结果，至今尚付缺如。例如一个很普遍很重要的党部，一年来还未见设立，蒙古还有振顿的希望么？

假如再用锐利远大的目光，深一层的观察蒙古，则蒙古在地理上的重要，更外显著，有科学头脑者，绝对的同情于此言。其最主要的原因，不外与苏俄接壤，计：东西绵延，不下五千余里，为世界第一最长的国界。界内便是广大地域的蒙古，界外也是一片空阔的原野——俄领西伯利亚——可是我们把这两块广大的地域，合笼来比较比较，其优劣自可洞见。兹为清析起见，简单的列表如下：

地名 种类	蒙古	西伯利亚
气候	较冷	极冷
人口	较多	极少
物产	较富	少
土地	较肥沃	瘠薄

从上表的比较，西伯利亚从各方面说，都不及蒙古，要是在中国，如西伯利亚这样荒凉的区域，早已置之化外，还有什么心计去修那样长的铁路，虽然有不少的林业，也因为得不偿失的缘故，和工程浩大的困难，以眼前的不利，绝不轻于举办。可是已往的俄罗斯帝国，现在的苏维埃联邦，都没有轻［可容］易弃掉，一则创之于前，一则经营于后，一个天然荒芜的废地，近数十年来，以人为的经营，已逐渐的变为可以垦殖、可以生活的有用的区域。同时，西伯利亚铁路落成已后，欧亚交通因之勾通，而该地亦被影响，行旅的往来，冲破昔日的岑寂和荒凉，加之木材的输出，百物的输入，商业也日渐发达。近闻该地居民也日渐繁夥了。所以我们从苏俄的苦心经营西伯利亚已往的成绩，便可以感觉到事在人为，更可以感觉到蒙古的危险岌岌，中国的措置潦草，和苏俄的野心勃勃了。

试想，苏俄对于西伯利亚，尚且如此，对于蒙古，可想而知了。西伯利亚不及蒙古，已经是确实的事实，那么苏俄之对于蒙古，岂不是更〔格〕外眼红，格外垂涎么？足见近来的文化侵略、政治伸入，主义为虐，武力为患，那更不是理想之谈了。

反之，若从中国方面着论，蒙古称塞外，其人种不名曰夷狄，即呼为匈奴，忽而胡名，忽而鞑唤，总之没有很好的名字相加。这种封建的、不民族主义化的思想，久而久之，惹出各民族间的隔阂，酿成激烈的冲突，蒙人恨汉人为南蛮，汉人恨蒙人为北狄，因为互相轻视人民的问题，一变而牵涉到轻视地理的问题。因感情用事，便不能用客观的态度观察和研究，更不能取其所长弃其所短，负责任的来经营蒙古，致使一年一年的蹉跎下去。俄国见有机可乘，当然乐于承受。在中国的视蒙古，以为是一条鸡筋〔肋〕，不过是弃之可惜，食之无味而已。然而要是在苏俄的观察，不啻一块大而又肥的肉，恨不能立刻到嘴，以求枵腹一饫了。

况且蒙古介于中俄之间，与春秋时代之郑国仿佛，附楚则楚胜，附晋则晋胜，地虽小，所占有的地位却十分重要，中国亦不必视如内地般的重要，即以藩篱目之，亦不可忽略视之。其理如下：

1. 土地广大——外兵不敢深入数千里要地。

2. 人民强悍——可以抵御外侮，可以固守边圉。

3. 社会简单——有战事亦不至受巨大的损失。

4. 山脉横亘——有险可守。

故论蒙古地理，仅以普通观念而观察，则蒙古地理上，毫无价值之可言，若从另一方面言之，则蒙古者，实中国不可不经营的一块地方。

三 关于历史的批评

蒙古民族与中国发生国际关系，比较详细可靠，当自匈奴始。匈奴与中国发生国际关系，始于西汉初年，此后屡年屡代，在中国史上，都有蒙古的记载。或因疆界的划分，或因军事的争斗，或因其他……等等，皆有密切的关系。至元朝入主中夏，与中国深一层的合并，便造〈成〉中国与蒙古在历史上关系最切的事实，所以每当国事紊乱的时代，蒙古民族，必乘机南下，略取疆土，虽在统一的时候，亦常常与中国争雄。若从中国方面言，蒙古一地，实为中国事变的起源，凡根据蒙古以立国的，莫不以中国为唯一的目标，其势力的消长，与中国国势，时有联带的关系，而中国似常受其害。但自反面言之，南侵后每多与汉族同化，不仅处处模彷，及血胤亦多混淆，根据民族史的论断，则今日的汉族，已非原来的纯粹汉族了。

所以数千年来，蒙古与中国的关系从未断绝，而中国与世界亦公认蒙古为本国的一部，若早年注意于前，现在经营于后，蒙古当不至多事。惜乎！满清用羁縻的政策欺骗、削减其实力，专使其人口减少，政治腐败，以希望其自然的淘汰，无形的消灭。此种专顾目前的利益，利用政策的办法，根本就不能收效于永久。所以结果于清末的时代，外蒙仍然独立。民国时虽然曾有一度的取消独立，可是抚驭的官吏，仍沿用前清的旧习，再加上国内年来的变乱频仍，无暇顾及，终于还是没有办法，任其独立。以致俄人乘机而入，演成今日不可收拾的局面，以历史的眼光观察，中蒙有如此久远的历史关系，而竟能一但〔旦〕如此，岂非一件很奇怪的现象么？

虽然俄国的经营蒙古，亦时势所迫，有不得不如此之势，前于第二节业已说明。兹即专向年代讨论，俄蒙接的原因亦不在近日起。

自日俄战后，俄人一转其侵略满洲的方针，专注意蒙古方面，一面利用宗教，笼络活佛，一面扩张商业，贷蒙人以资本，而厚其利息，或竟以财产、地皮为抵押。故单以生计一方面，蒙人以〔已〕久隶于俄国势〈力〉范围之下了，结果由商业渐渐握到政权。

次序其原因，亦不只限于一种。兹将所见到的，统统列举分述如下：

（一）远因

A. 中国边吏之驱民政策，实为俄蒙接近的第一个原因。从前政府派的边吏，历任以搜刮聚敛为务，正供之外，又有各种杂项差徭，蒙人受其鱼肉，道路以目，而一入俄籍，则一切负担悉免，故近年来蒙人的挂籍俄国的，日多一日，而对于中国的感情，日坏一日。

B. 凭时〔借〕武力，不知收拾人心，为俄蒙接近之第二原因。中国既对蒙古失抚驭的效力，而一方面又想实行干涉主义，在库伦积极设备军队的各种需要，又创办新式巡警，蒙人不知警章，常受处罚，军警依势凌人，待遇蒙民极惨酷，致使引起不少的纠纷。结果蒙民方面请求撤去扰害人民的巡警，此事，在原则上是没有不对的地方，在蒙民亦不为非。根本的错误，在用人的不当，和当事者的不知收拾人心为急，使俄人的借词挑动，中蒙恶感益深，益促其决定外内的观念。

（二）近因

C. 宣传的不力。中国的革命发动于广东，当时黄河、长江一带，尚在军阀势力之下，不但蒙古无以享三民主义的濡染，即各省、县、市亦未敢公开宣传，但是俄国的赤色主义，早已布满外蒙。试想一个文化不开的民族，脑筋是非常单纯，若投以新的思想，如获至宝，因其无智识，不能判断良恶，而且根本就没有第二种思想，所以没有力量抵抗。以开明见进国头脑复杂的人，向未开化的蒙昧民族，传播急进的思想，自然是很容易的。

D. 强迫式的开垦。蒙人皆以游牧为生，不谙耕种，若必强之如此，等于打的鸭子上架，不但没有一点效果，反而生出不好的反应来。

以上所述，不过就消极方面的原因来说，若把俄人的积极侵略指出，那更不知有多少原因，多少时期，和多少的牺牲，才做到这样的程度。由此足以证明她们的神通惊人了。

四　关于种族的系统

蒙古本种族名，其后渐渐转到地名，现在则混族名、地〈名〉为一，通称为蒙古了。

考蒙古种族，相传为夏禹王少子淳维的后代，淳维封蒙古，但无确实考据，不能信其为绝是，然而也不能证明其绝非。只以古史未曾详载，蒙古开化较晚的原故，所以无从稽核。不过我们从历史上观察下来，虽不能证明其必是夏禹王的后代，然而其与汉族同一由帕米尔高原分来，可以说绝无问题。

按人类之发源地，为欧亚交界上之帕米尔高原，当时简单分别，只有两支。向西去者，便是今日之欧洲民族，向东来者，即今日之亚洲民族。嗣后欧亚两大民族，又各分好几派，中国五大民族，就□亚洲民族一支中的五派，蒙古也就是各派中的一派。可见蒙古民族与中国□很久的历史，与中国〈是〉联带的关系，至于蒙古何以证明其为民〔中〕华民族的一派，理由如右〔左〕：

1. 历史的根据，中国上古史书中，称蒙古为夏［先］后〈氏〉之苗裔。

2. 地理的观察，蒙古地在亚洲，且西北有乌拉山、阿尔泰山脉横亘，绝不能与欧洲民族混淆。

3. 生理的相同，皮肤黄，头发黑色，眼不深，鼻不高，与汉人同，与欧洲人，均然不同。

4. 团体的坚固，蒙古团体素称坚固，汉人谓之“认话不认人”，意即，只要蒙古人大家就慨然帮助。

由上四点，我们至少可以得到大部的判断，不至把蒙古猜疑到外来种族。

复次，蒙古种族是从匈奴脱出来的，匈奴在西汉时与汉族便有很多的来往，如昭君出塞，和历代公主的和亲，苏武北海牧羊，都是蒙汉通婚的证据。其后各代，皆有类是的事件发生。到五胡乱华时代，则蒙汉间血统，用混淆不分，所谓今日的汉族，已非纯粹的汉族了。

蒙古为亚洲民族最强的一族，当元代时，震撼全亚，旁躏欧洲、非洲，□人至今有“黄祸”的称呼。到现在一般论人种的，犹以蒙古代表亚洲全体民族，名之曰“蒙古利亚民族”，是蒙古民族的声誉，不仅在中国史上增光，即在世界史上，亦推尊为有史以来第一强盛民族。

所以西洋现在说国名当然知道——China——中国。若说种族名，提起汉、满、回等族，则大都不甚知道，提起“蒙古”二字，未有不知为亚洲一大名族。同时西洋的社会一般人，每以黄色人种，亦以为是蒙古民族。从这一点观察下来，蒙古同时可以代表汉族，代表亚洲民族于世界了。

可是我们永没有听到，蒙古可以代表俄国，或俄国可以范围蒙古，蒙俄的种族不同，全世界没一个人不知道的。我〈们〉暂且不用管俄国是斯拉夫民族，或其他民族，只是用概括的来说，她的确是欧洲民族，不用说是［是］白种人了。欲寻俄国相同的民族，或相近似［相近］的，在欧洲中部［的］或西部，可以随便的指了出来，可是在东方亚洲来我〔找〕，是无异于缘木求鱼，不但是蒙古种族没有俄国的种族参入，就是东方任何种族，也没俄国种族的参入，而且自古迄今，从上列历史、地理、生理三点的证明，她也没有参入的丝毫证据。而且蒙古民族，团体素称坚固，凡风俗、习惯、信仰，皆与之根平〔本〕差异。即或用其锋利的工具，政治威迫、经济侵略，也不过是暂时的，如昙花的一现吧了。

根本的问题，还是在孙先生所说的“语言文字、血统信仰、风俗习惯”自然力造成的民族为根据。如果上述五种自然力没有失掉，则民族绝不至灭亡，反之，不待他人之侵略，而灭亡可立而待。

所以近日蒙古尚可以乐观者，惟此民〈族〉问题之牵涉故也，否则，蒙古亡矣。蒙古亡，中国亦难能高枕无忧。

（未完）①

《蒙古月刊》
北平蒙古文化改进会
1930 年 1 卷 1 期
（朱宪　整理）

① 此文未完，但该刊仅见一期，故此文无续。——整理者注

随便谈谈改进蒙古的先决问题

田华　撰

刺骨的寒风，不住的在怒号，不禁令人心惊胆战起来！四壁的气压这样的紧张，而且沉重黑暗。处于如此的环境之下，怎能甘心蜷伏呢？

呵，蒙古人原来是处于如此底环境里！此不待言，即由于蒙古文化不开，知识浅陋的缘故。然而还有一般青年，成日间沉醉于不正当欢乐之中，过着醉生梦死的生活，而不觉得自己的地位可怜，不晓得自己的境遇危险，更不以为整个的蒙古人所处的环境之恶劣了：那么他对于蒙古一切一切的问题，尤其尤其不曾过问了。

如果我们要想使全蒙觉悟，应先从个人方面振作起；由少成多，自会及于蒙古全体的；然何以由个人方面振作呢？青年人士们，你且不要心急，也无须着惶，只要你平心静气地去干，那是很容易办得到的；所以其先决问题，不能不谈到知识了。

女子是全体之一，其知识又如何？自提高女权的声浪澎湃以后，一般禁固闺中、闭门不出的女子，渐有出外读书的机会，汉人女子日见其多了；反观蒙古女子，仍如凤毛麟角！言之愧煞!!

知识是人生基础，是解决问题的工具，是处社会的护身宝剑，享自由幸福的捷径；知识的重要，有言语不可尽者。知识的补救涵养，当然在于教育的设施如何，至于关于教育的一切进行方法，已有极详细的论述（本刊中），不必再来赘言，只希望当求学时代的青年，不要把至珍贵的光阴忽视了！我们具有前趋向上的能力，本着毅勇坚强的志气，毫无畏艰难的前进吧，自有光明的灯，照亮我们的路，否则那狰狞狞的四足兽，就要向你进攻了，呵！危险呀，危险!!

它怕你读书机会多了，知识高了，起来推翻诸封建势力的压迫呢；它们的心乃是如此——恨盼不得，一般青年学子，日渐失学了，愚腐了才心满意足哩。

它们对于我们的希望是如此，则我们当如何？努力的干，不要心急，也无须着惶，只要平心静气地去干，努力地去干吧！总会有我们见光明的一日!!

《蒙古月刊》
北平蒙古文化改进会
1930年1卷1期
（朱宪　整理）

从呼伦贝尔问题说到苏俄对华底阴谋

项致远　撰

最近有一个值得我们非常注意的问题，就是呼伦贝尔脱离中国关系，实行组织所谓“呼伦贝尔苏维埃共产政府”，一切组织完全仿照外蒙，干部的领袖人物，亦都是苏俄卵翼的“青年党”！我们起初以为苏俄在国际间遗留的污点，已经不算少了。这次呼伦贝尔的事件，仍旧是苏俄的主使，只想把中国肥美的领土，一块一块的宰割到手，方才称了它的心愿；至于所谓“国际道德”，“世界公理裁判”，都可置之不问。不知一般同胞们听到这种的消息，有没有强烈的感觉！

我们应当知道，苏俄垂涎那呼伦贝尔，已不是一朝一夕了，因为那呼伦贝尔是中国东北唯一的重要屏藩，也就是北满边界的锁钥，位在黑龙江的西部，版图又极广阔，面积计有七万六千英方里，并且土地肥美，物产丰富，尤其是矿产、森林是中国的利薮所在。苏俄一面固然是艳羡那地方的富厚，一面又想把那地方弄到自己的手中以后，对于中国腹部的侵略，亦有极大的便利。所以一到〈中〉东路事件发生，便趁大举犯边的时候，鼓动青年党为前驱，将久思染指的呼伦贝尔攫取到手，趁此中俄正式会议没有开幕以前，先将呼伦贝尔蛊惑成功，然后便可任情的宰割，便可逐渐向我腹地进展。苏俄底“东方政策”的妙用，也就在这种地方整个的表现出来了。我们只要一回溯当年苏俄共产党西进计划的失败，就知道苏俄除了中国以外，简直没有第二条的出路可寻了。

苏俄共产革命的成功，是在一九一七年，所谓“苏维埃共产政府”也就在那年成立了。当时一般共产党人，都感觉着单靠苏俄一国实行共产制度，根本上还是不能巩固，必须全世界都成为共产主义化，使产业先进的几个国家，有多量数的无产阶级爆发革命，都呈了分崩动摇的现象，那末，苏俄的国基才有巩固的可能，于是便戴起了“扶助弱小民族”的假面具，向西欧方面去煽动，哪里知道西欧的壁垒，异常森严，共产党所抱的企图，完全失败，煽动所得的结果，不过使德国、匈牙利共产革命，昙花一现，不久便归消灭。同时列宁政府虽然又向波兰进攻，企图实现“赤化”欧陆的理想，但是苏俄所谓“西进政策”仍旧不能成功，便不得不移注其目光，转向东方来，侧重于东方的煽动，就拿中国来做它们的“东方政策”活动的最后舞台了。

苏俄改变了策略，侧重于东方的煽动以后，就先从外蒙入手侵略。在民国九年时候，以进剿白党为名，从恰克图攻入了外蒙古后，便组织了彻底赤色的“青年党”，作为“赤化”外蒙的工具，那时外蒙当然已经变成苏俄的“囊中物”了，但在苏俄看来，还不过是“东方政策”初步的实施罢了，还须逐步的向我腹部进展，求它们的最后的出路。近年来苏俄在华宣传“赤化”运动的猛进，其最后标的，就是要促成所谓“东方政策”整个的实现，可见苏俄对华侵略，是没有止境的，亦决不因环境的变换而放弃其企图的阴谋，再以呼伦贝尔事件证之，尤其可以看到苏俄对华的阴谋，真是层出不穷了。

去年游历东亚的美记者好华特氏，曾在美记者公宴席上发表说是：“苏俄内部稳固以后，其全副目光，即将移注于中国，此美、英、法三国所以应互相联络，以维持国民政府抵制此外来之均势也，否则恐不出五年，中国恐将共产化云云。”从美记者口中，已将苏俄对华阴谋，揭发无遗，国际间对于这“包藏祸心”的苏俄，已有极严重的注意了。然而环顾国内的一般同胞们，对于苏俄的怀抱，反不大去理会，就像呼伦贝尔事件和俄人最近在哈尔滨种种逾越国际条约的行动，似乎都有不值得去注意的模样，到了这般时候，国民的感觉还是这样的麻木，还是不知道去提防，我们的民族前途，真是太危险了！

我们要晓得，弱小民族被帝国主义者的侵略，是常有的事，不是一种无法救济的绝症，惟有被帝国主义者侵略而不知道去奋斗，求生存，那才是真正的危险。我们总还记得土耳其，从前在那种分崩颓丧，被宰割的残局下，也是被压迫到极度的一个弱小民族，后来突然在安戈拉起事，同时并利用了它的历史上的敌人——苏俄——和英法各帝国主义作殊死战，结果解脱了帝国主义的羁绊，恢复了国家的自由，最后又采取严厉手段去制伏了“包藏祸心”底共产党，使苏俄“赤化”土耳其的企图，完全归于失败。现在居于弱小民族的“中国”，也应当完固我们的壁垒，无论对于任何帝国主义者，只要有侵略或宰割我们尺寸领土的行为，就本民族自决的精神，一致的去裁制它，那末，就是要把中国做最后活动地的苏俄，也就无法施其技了。

一九，一，十三，作

《心声》（月刊）
杭州浙江省政府秘书处心声读书会
1930年1卷1期
（赵红霞　整理）

蒙古会议后之政教争潮

作者不详

顷据蒙古某代表谈及蒙古会议后情形，据云，蒙古会议所议决各案，已送呈政府，将来施行方法，仍须候政府决定。惟蒙古会议后，有一事足述者，即在蒙古会议后已引出一政教争潮是也。缘蒙藏俱为信奉佛教之区，活佛称教主者有四，后蒙〔藏〕达赖最尊，次则前蒙〔藏〕班禅，又次则库伦活佛，又次则西宁活佛。此四活佛，皆有极大之潜势力。达赖为后藏教主，班禅为前藏教主，库伦活佛为内外蒙古教主，西宁活佛为青海教主，皆有绝高之教权。至于政权，前清时，并置驻藏办事大臣、驻库伦办事大臣、驻西宁办事大臣，专掌西藏、蒙古、青海政务。而蒙古政教，向来分之尤晰，蒙古政权，皆属各盟盟长、各旗扎萨克掌管，而喇嘛仅能专管教务，不能干涉行政。民国成立，改办事大臣为办事长官，政教仍旧划分，至库伦、拉萨独立，外蒙与后藏，将驻在办事长官驱逐，遂并夺得政权。然外蒙独立，系受俄人所嗾使，后藏独立，系受英人所嗾使，故外蒙独立未久，库伦活佛，即被俄人所废，由青年党改组外蒙政府，哲布尊丹巴，卒以郁恨而死。后藏达赖，自独立后，事事为英人所挟，已感觉极不自由，将来是否不步丹巴后尘，非联合中华民族，以图自立，前途甚可悲观也。前藏班禅，为英人所忌，现尚驻锡辽宁，返藏遥遥无期。所幸仅一西宁活佛，仍得安坐禅床，享得青海教主之尊荣，盖亦幸西宁办事长官虽撤，而镇守使在焉，其教权赖有镇守使之保护耳。至于北平大国师章嘉呼图克图，在前清时，其制原与教主异，盖达赖、班禅、库伦、西宁四活佛，俱有领地，而章嘉所管，仅北平、东陵、西陵、沈阳、多伦等处大庙十座。章嘉呼图克图者，为北平八大国师之一。清制，北京有呼图克图八（即八大喇嘛），或封国师，或封禅师，名号不等，俗统称为八大国师，而章嘉呼图克图，为呼图克图首领名号，即喇嘛印务处掌印是也。印务处，有掌印一，副掌印二，皆由理藩院于八大喇嘛中选派，三年一易其人。其差事，系专供内廷唪经，至于管理属庙钱粮，则有兼行章京任其事。兼行章京者，系理藩院所派，盖本为理藩院章京，而兼印务处事也，领放各庙钱粮实权，多操自此辈章京。掌印、副掌印签定之事，非得兼行章京训署盖印不能发，即发出，亦不生效力。民国成立后，理藩院改为蒙藏院，印务处仍属蒙藏院，管辖如旧，惟钱粮多不能按时照发，印务处经费短绌异常，章嘉乃恒至内蒙布施维持，与内蒙喇嘛始生关系。因民国破除迷信，对喇嘛不重视，故掌印三年一易之制遂废，章嘉乃得无形连任迄今。迨革命军到北平，白云梯以此项机关，实为无用，欲行将其封闭，后由刘朴忱为向政府关说，始得为获免取消，并保章嘉为蒙藏委员会委员，又月拨各庙钱粮八千元。章嘉得此钱粮巨款，并不转发各庙，即将印务处改为喇嘛事务处，扩充组织，设两厅，曰庙务厅，曰事务厅，并设六科，置卫兵，骤然成一煊赫之衙门矣。章嘉既得政府如此重视，遂俨然以黄教首领自居。近以蒙古会议，各盟旗选派代表，多未与之接洽，故对此次蒙古会议，颇多不满之词。然蒙古方面，以为政自政，教自教，况章嘉地位，平日所管，不过北平一城，其教权且不过如是，今欲干涉蒙古政权，蒙古代表，俱愤不能平，已具呈国府，对于章嘉，亦不免有所攻击。现在国府对于此项呈文，尚未批示，将来对于此项政教之争，尚不知如何解决云。

《黄埔月刊》
南京中央陆军军官学校黄埔月刊社
1930年1卷2期
（朱宪　整理）

呼伦贝尔独立之隐患

天任　撰

蒙古青年党于上月二十七日，实行组织呼伦贝尔苏维埃共产政府，其制度一如外蒙，委员共七人，委员长为阿〔富〕明泰，以下分为军事、交通、财政、政务四委员会。委员中有四人属于内蒙古青年党，一人属于外蒙古青年党，二人为苏俄青年党，计军事委员长为成德，财政委员长为外蒙青年党领袖德隆阿。内蒙古各旗，除少数仍存观望未服从该党外，其余已大部归附。此次我国东北防俄军，由满洲里撤退之际，呼伦蒙旗青年党首领富明泰，乘机思逞，大事宣传，遂将步兵第十七旅韩光第部全旅军械，掳掠一空，就该旗原有保卫团组织骑兵约有一师之众，分布要隘，势甚汹汹，戒〔戎〕装、旗帜，均用赤色。由以上情形观之，蒙古青年党受赤俄的煽惑，宣告独立，其真相已明。我们要知呼伦贝尔是中国黑龙江省之一部，东界大兴安岭之山脉顶，西襟额尔古纳河，与后贝加尔州接壤，北临黑龙江本流，南连索岳尔吉山，西南与外蒙车臣汗部为境，广袤约一万方里。该地决无独立自治之余地。我们从历史上言之，即可明了呼伦贝尔在十六世纪前为车臣汗之领土。十七世纪初，俄国曾据其地，同世纪末叶，关于其归属事，中俄间发生纷争，至以干戈相见。一七九八年订立《奈金斯克条约》，规定为中国领土，中国奖励移民其地，设立旗制，颁布自治制，于海拉尔设副都统辖之。一八九六年中俄缔结中东路条约，后因俄国势力侵入渐盛，中国于一九〇七年颁布黑龙江省制，简派巡抚，翌年派呼伦贝尔副都统，置道台，改该地为呼伦道，派兵驻海拉尔、满洲里，取消其自治行政权。入民国后，受外蒙独立影响，宣言独立，恢复副都统自治制，苏俄暗中援助，中俄间因此发生纠纷。一九一五年中俄条约缔结后，俄于该地享有甚大利益，一九一七年俄国革命，中国派兵占领外蒙，续于一九二〇年派兵于呼伦贝尔，再取消其自治制；同年四月收回中东路等利权，名责〔实〕俱归中国管辖，以迄今日。不料赤俄最近野心又起，实现其昔年之迷梦，东铁战争发生，不过是一种导火线，给予一种机会而已！现今，这种严重的形势，我们应一方面将赤俄之阴谋宣布于世界各国，使咸知最近赤俄之煽惑举动甚炽，在另一方面，我们应该要督促外交当局厉行对俄交涉并兼顾呼伦贝尔问题；我们民众，当一致群起声援，尽扩大宣传之责任，忠勇的替外交当局为后盾。

《时代》（半月刊）
国民党上海特别市党部宣传部
1930 年 1 卷 7 期
（朱宪　整理）

地方鳞爪

鸣　撰

（一）本年六月和八月香山慈幼院和上海红十字会曾在绥招收了灾童三百余名，意在半工半读，一方面既能使这伙穷苦无告的小孩子免除饿莩之虞，他方面还能使他们受一点普通的教育，学习一点实用的技术，两全其美，是在〔再〕好也没有了。谁想这伙灾童，赶来到北平后，内中有许多灾童思思谋谋的想偷跑，一时令人口瞪目呆〔目瞪口呆〕，莫名其妙。后来慢慢的打听，才知道这许多要跑的灾童，大都是些少爷派。因为他们的父兄太会瞅盘子了，以为他们的儿童如能被这两个团体收去，既可免去他们自己的负担，还可使他们的儿子受相当的教育，学习相当的技术。而在办赈的先生们，也不知道是他们未曾注意及此，抑是要卖弄人情，模模糊糊的就收下了。反正由他们这两方面一对付，无形中在保送灾童中，保送了不少的少爷。少爷们如何能受下这苦，怪不得要思思谋谋的想偷跑。啊！绥远保送灾童原来还参杂少爷！

（二）现在匪患不是已弥漫了全绥省么？不然，何至于今日这里抢了，明天那里劫了，几乎连针尖大的一块地方也不脱空！据近日的消息，说今岁的土匪，比往年愈横暴，且愈顽强，居然敢发出朗言，声称如果本省驻兵不来剿我们，我们还讲一点面子，在省城（归化城）较远一点的地方骚扰；如果他们来剿我们，惹怒了一直就闯进归化城，给他个落花流水。这种话发出来大概也有一个多月了吧？然而迄今未见绥远维持地方治安当局者出兵剿除。所以现在有许多的人很怀疑的说："这是官兵怕土匪的势大，被朗言骇住了。"在我想总以为不是这样的，大概是因现在兵力尚未预备充足，不敢轻动，动则恐受重创；一侯〔俟〕兵力预备饱了，然后再蠕动的出发，小百姓多受几天苦，那有什么要紧。

（三）绥远教育厅，津贴学生的章程，倒没有什么可疑问的地方。可是在今年实行津贴学生的事实，倒引起我大大的几个疑问（不但我，恐怕人人都要有这种感觉的）。按教厅津贴学生之章程，凡旅外各国立大学本科生及各国立专门学校学生及由教厅指定的几个私立大学本科生及各国立大学预科女生，皆能享有省津贴。但并未提及本省高中学生，亦应享有该项补助。然而本年教厅实行发津贴时，本省高中学生亦包含在内。由理论说，本科生年级较高，预科女生因绥省女子教育幼雅〔稚〕，为鼓励之，享有该项补助，皆有可原谅之余地。而本省高中学生，即以高二、高三而论，始与各大学预科学程相等，而亦能享有津贴，对于预科生则丝毫无补，此种理论，不知从何而根据。由实际而论，旅外学生之费用，非但不下于本省学生，且有过之。更以经济力而论，旅外学生之穷况，概已彰昭北平矣。而教厅独津贴本省高中学生，弗顾旅外预科学生，其用意之深奥，实令人莫解。可是现在有许多人是这样说："因本省高中的学生，距教厅近，能直接发生关系。并闻本省高中学生，曾亲自全体包围了教厅一次，才领到津贴。预科学生，只不过上一道呈文，最好亦不过派上一个代表，这如何能领得到津贴呢？"按他们的说法，只有〔要〕全体包围教育厅，施行这个方法，就能领到津贴。至于理论与实际那都满不在乎。在我想大概不是这样吧！皇皇的教育厅，一省教育行政最高机关，决不至做出那样不顾理论与事实的事吧？！

（四）绥远去岁征收之烟捐二五附加，原案为补助教育经费，自征收之日起到现在，概已一年有余矣，收入之总额，吾虽不能确定一个正确的数，但大概说起来，也总有数万之多。除今年补助本省高中学生挪用此款一千余元外，别处对于教育方面之设施，从未见到。当此省教育经费奇窘，无法维持之秋，当局者应速拨此款归教育界，救教界之燃眉之急，恰〔切〕再勿存放到那里，使他无用的过日子。

（五）赈务会办公员，每日车马费两元，人言啧啧以此为非。我以为不然，办赈的先生们，都是绥远富有名望的伟人，来给大官僚、军阀跑腿子，才不失先生们的身份。本来给这伙将要饿毙的灾民来跑腿子，已够失身份了，而每日仅仅用上两元的车马费，你们还要喃喃发愿，太不给人讲面子了！

（六）国府编遣债券，此次分配到绥远五十万，教绥远人民分担，啊！想缓〔绥〕民的干骨头上，还能榨出油来么?!

（七）绥远学界联合运动会，前后共开有三次。但哪一次也不能顺顺意意的开完，第一次运动会，算是开的有了个结果，但开会间彼此感情之绝裂，实难形容。第二次运动会，开到第二天的时候，弘达、育德和省立一中打起架来了。第三次运动会（即这次运动会），又听说中途停止了。究竟〈是〉怎么［是］一回事，总是这样呢?

一九二八，十二，廿三，乱写于平

《绥远旅平学会学刊》（月刊）
北平绥远旅平同学会
1930年1卷11、12期合刊
（李红权　整理）

也可想见我们的当局了

咕噜　撰

在一般平民茫昧无知，地方士绅腐头晕脑的绥远普遍情况下，当然的，人民的“生杀予夺”、“祸福安危”，这大权是要操在每一个县里边县长之手的。

固阳，绥远省的固阳，恐怕就要是这种“独裁政治”下的唯一牺牲者了。

现在县长于文甲，半年来在固阳，挟其卑鄙龌龊的手段，阴险恶毒的胸怀，害民媚上的惯技，勾通由丐徒变到土棍、劣绅，全县第一个害民贼的刘万，不惜违法、渎职，毫无顾忌的去屠杀、剥削固阳一般人民；明枪、暗箭，翻云覆雨的去挑唆地方士绅，以致久经灾患、百劫难返的固阳，现在更加上了这一层人为的摧残，人民的生命，全县的前途，其悲惨，其暗淡，自在意想中耳！

压力大，反抗力自然大，实在“忍”难以再忍了，今年九月间，全县人民代表，全县各区代表，全县旅平、绥的学生，分头的将于贼文甲呈控于我们的当局——省政府民政厅，在下列十大罪状中：

第一，袒护公安局长，同通作弊。

第二，私收土匪，从中获利。

第三，违抗公令，侵吞匪产。

第四，任用私人，实行敲诈。

第五，匪刑拷打，鱼肉乡民。

第六，勾通奸商、劣绅，强买百姓烟土。

第七，位置私人，玩忽公事。

第八，害民营利，以廉价勒买百姓粮食。

第九，不发包花，私吃包花费二千余元。

第十，扣款不缴，侵吞烟款一万五千余元。

岂想，事过境迁将快满三月了，我们的当局，不但是没有依民意按法惩办，而且竟连一纸查办的明文都未见。我们所看到的，只是官样文章的“省政府第几次会”，议决某案交某厅核办。

这里，某厅，我们当然是不反对的；核办，我们更是一万二千分欢迎的。但，不兑现的支票，光议不办，这却未免叫我们那几万无辜的人民失望！寒心！

尤令我们刺心难安的是：“告”，而不生效。这样，在老百姓，实在的是，自找倒霉，自寻灰气，在被告者，无异的是，给他作伥，给他添翼。所以，现在的于贼文甲，早已在固阳是变本加厉，大肆宰割，以图报复于一时了。人民是呼天不应的任于贼凌虐，稍能代表民意的人，不是畏于贼的暴力逃之遥遥，便是潜伏着一语不发，——发，也是无济于事呵！

结果，刀俎下的固阳人民，也只好是任于贼堂哉皇哉的杀戮了。

本来，在目前这是非不明、公理难讲的年头，几万人的财产、生命，原不如大人物们的情属乡，友，寅，学，世，戚，谊的这关系重要。但，由此，我们总也可想见我们的当局了。

一九三〇，十二，十一，于北平

《绥远旅平学会学刊》（月刊）
北平绥远旅平同学会
1930年2卷1期
（李红权　整理）

敬告吾绥青年

健民　撰

一　前言

滚滚的潮流，一时不息地在狂奔着，世界底一切，显明地昭示给我们，自然间的所有，时时在交替更换它底旧观和新态，步着进化的程途，一幕幕地开展与闭合；虽然它底一切的变化因空间时间的关系，有先后缓急的不同现象，但是它所遵循的一条自然的大道——社会进化的铁则——恰是处处一样，丝毫不爽的。

适者生存，不适者灭亡，这就是在这条大道上演进的公例。

放大了眼光，看到世界，看到全国，再转回来，看看我们绥远。事事估量，样样比较，果能彻底的做了这番观察，那么请你静静地想一想，你还是要前进，还是要落后呢？

我常常因为照这样观察、估量、比较，很觉得对不起我们绥远！千斤重担，现在正应当担负在我们底肩上；一生的事业，正应当从这儿——绥远——作起。我认为果能作一个绥远底努力前进的健全分子，不用说，的确无疑的是中国底一个健全分子，也就是世界人类底一个健全分子。二十世纪的今日，一刹那间，都须有奋斗的决心，前进的毅力，才能够有支配你生存中的一切条件的把握，何况我们处于不幸的绥远，种种方面，已经是落后而又落后的呢?

所以不避浅陋，很愿意把我认为吾绥青年应有的觉晤〔悟〕，简明地，直爽地写在下面，对于吾绥底青年朋友们，作一点小小的贡献!

二　一切的教训

历史告诉我们，我们要探讨将来，必须要追忆过去。一切现实的动的表现，都有它所以如此表现的因果条件中的必然性，我们把绥远过去的一切，追忆一下，把它所以沦于如此不堪收拾的境地的原因，作一个概括的追述，那末便是以下的这个样子:

绥远社会的经济基础，整个的呈落〔露〕着一种幼稚或萌芽的状态。不用说过去是如此，即就现状之下观察，仍是依然如故，根本还未脱掉游牧与农业初期的形态，当然在言语、文字、艺术、哲学、宗教、道德、习惯、法律、思想，科学的精神、文化方面，一切的表现，仍然显示着游牧与农业初期的社会意识形态。在此种落后的情况之下，我们知道唯一要件，必须要有修明的政治，促进一切文化的进展，充分地努力一切事业的建设，尽量地谋一切生产的发达，才会走到开化以至于文明的路上。

当然在我们的希望是这样;但事实方面，则大谬不然。过去的绥远，她整个居于附庸的地位，她自己没有自立的能力和可能，纯粹处于恶势力的野心家的宰割、剥夺与敲榨之下，数百万民众，只在这非人类的生活中，任人残害、压迫、蹂躏而已。迨至北伐成功，全国统一，虽边远而落后的绥远，政治上渐渐地呈现出一种新的景象。那时候全绥民众均有一种乐观的表现，也曾有人提到文化的促进，事业的建设，实际上虽然没有多大的成效，但我们总觉得差强人意。不幸战乱又起，如火如涂〔荼〕，全国又呈混乱状态，而这块可怜的边隅之区，同时亦受了莫大的影响，如此一来，把她原有的一点可以发展的生机，遂陷于万劫不复的境地了。固然是中国全局的变化，为政者亦无可如何；但全绥的贫苦民众，所受的痛苦，真令人不堪设想啊！

不幸祸不单行，更加以数年来天灾的流行，更予以最残酷最无限制的一种不可避免的灾祸。除去些治标的临时的赈济方法以外，在此种混乱局势之下，民众的痛苦，真是有增无已。这些，这些，都是绥远所以不幸的总因，也就是明白地给与我们的教训——自觉的教训——这样地自然地引起的反映，也可以说是她底结果，便是以下的情形。

三　社会的反映

中国民族是世界被压迫民族底一分子，绥远民众是被压迫的中国民族中更落后的一部分，在此重重压迫的社会里，她底自然的反映，便是匪氛遍地，杀人越货，悍吏叫嚣，差繁赋重，兵燹荒旱，灾疫流行，乡村丘墟，城市荒凉，鬻妻卖子，死亡倒毙。这些，这些目不忍睹耳不忍闻的奇离怪异的事实，不知演现过多少次数，诚令人罄竹难书。再把她分析开来说，用一种深的追究。

本来绥远文化的落后，生产的幼稚，这是无可讳言的。因为如此，所以农村中所有的一般农民，已〔依〕然守着耕田而食凿井而饮的老笨方法，丰收之年，衣食仅可自给的，也实在是很少很少的。现在呢？天灾人祸，一齐来临，一些幼稚的经济组织，势必破碎无余，实难免去颠沛流离之苦。

至于所有的几个城市：

工业方面，完全未脱掉手工业的组织。它底经济的倚赖，完全建筑在农村经济之上。现在呢？农村经济根本破产，它便失掉它底生命的渊源，无疑地必然地走到生活的末路，失去了它底经济的保障。

商业方面，大多数仍是小本营业。一切商品的输入，纯系经过种种苛捐杂税的剥削；而它所有的消费场所，同样的必须建筑在幼稚的农村中。所有的商品既经过重税的剥削，势必在幼稚的农村消费场中重价出售，以期博得一点蝇头小利——这儿便已给它一个没有发展营业可能的条件；何况幼稚的农村经济已是破产，它底仅能生存的一个保障，也便失掉了，同样地走到衰落的路上。

所以城市的荒凉，是必然的结果。

四　明白我们所负的使命共同努力

我们孕育在这种矛盾的不合理的不幸的环境中，社会赐予我们的一切，惟有贫困、欺骗、敲榨、剥夺；而我们所感受到的，惟有痛苦、悲哀、烦闷、凄惶。那末这样不幸的遭遇，有无方法使它变更与转换？这个问题，便说到我们底责任上面。我们所负的使命，究竟是什么？应尽的责任是什么？我相信吾绥底青年朋友们一定异口同声地回答说：

"改造绥远，便是我们所负的使命，是我们应尽的责任。"

不错，这个答案的确是不错！不过说到"改造"，谈何容易？我们若没有坚忍不拔的志气，自强不息的精神，牺牲奋斗的决心，对于社会一切矛盾现象的体验，对于纯洁坦白的人格的修养，纵使你引长脖子大着嗓子空喊，那是毫不济事的。你须要把你所处的环境认清，对于现实的世界，加以深切的认识，有一个明白的见解；对于人类历史底延绵绝灭的真正动力，有一个彻底的观念存在；同时要把卑鄙、恶劣、投机、狡猾、欺诈种种可耻的行为与邪念去之净尽，恢复了人类的本来面目，然后担负着你底使命一往无前地做去。这样的青年，绝不至没有出路，也绝不至陷于错误、堕落的途径。

这是对我们内心的修养和自身的体验方面，也就是负着我们底使命尽我们底责任的急应具备的几个条件。

吾绥的青年朋友们！过去我们的错误，一方面不明白伟大的使命，一方面眼光不能放大，这两方面互相很有重大的关系和影响。你如果不明白你所负的伟大的使命，难免走到偷闲苟安自私自利的路上去，那末你底一切的表示与行动，无形中陷于狭小的地位，随着你底眼光便不能往大处看；反过来说，你底眼光不能放大，实难走到一视同仁大公无私的路上去，那末你底一切的表示与行动，无形中暴露了只顾自己不顾他人的鄙陋的态度。苟且偷安还是小事，甚至坠落于妒忌、仇视、骄矜的败类行为之中，更何能谈得到伟大的使命？

总之，眼光不大，不明白自己的［底］使命，在你一生的程途上已布满了棘荆，挖遍了陷坑，事事掣肘，步步难行，这就是自己陷害了自己。一人如此，人人如此，自取灭亡，无可讳言。但是从我们绥远的过去事实观察，很有些地方是这样情景，往往因小小意见的争执，遂意气用事，各持偏见，各走歧途，把我们应负的使命，抛去九霄云外，无聊地、无味地闹出诸多的笑话。对外，暴露了自己的幼稚不能团结的弱点；对内，表示出自己的自私自利的丑态。是多么可怜，多么无意义，多么危险呀？因此，得到两种结果：

1. 在可怜的、幼稚的绥远教育状况之下，所有的受过教育比较有知识的少数青年，质量上生了莫大的病症。就是：

精神涣散，没有亲爱精诚、团结一体的表现。

意志薄弱，缺乏进取发展、一致向前的本能。

互相倾轧，易起无聊无味的纠纷。

结果，危机四伏，一事无成。

2. 在他人，即绥远范围以外的人们（除去一般知识崇高的分子以外）的观察之下，便是：

边野荒区，尚在野蛮未化的时代。甚至不知今日之中华民国有绥远。

噫！吾绥底青年朋友们！想你们早已有以上的这种感觉吧！我们所处的环境是那样的不幸，所受的遭遇与批评，又是这样的可耻。我们还是坐视不理、自取灭亡呢？还是要一致奋起，向觉悟的程途上干去？我相信青年朋友们一致的要喊出一声“共同努力”！

好了！吾绥底青年朋友们！你们果能“共同努力”，那末一致地鼓起勇气来——

五　跑到水平线上，享受人底生活

我们知道，在人类底历史中，常常可以看见社会已经达到了很高度的文化阶段，其后也不免有没落有崩坏，没落与崩坏的原因，有的是自己解体，有的是外敌袭击，大多数是由于这两种原因同时并起，同时我们认定人类社会发展到某一阶段的时候，因为种种的障碍，便会把它进展的速度减低；若有种种的力量把它督促着，它底进展的速度，也便会增高。

现在我们绥远社会，一切的社会意识，何况还在很幼稚的时代，而且她底环境如此不幸，不好的条件应有尽有。在这个阶段里，数百万贫苦民众的生活，无疑地必然地要站在水平线下，过着非人类底生活，已到了一个生死存亡的重大关头了。吾绥底青年朋友们！时至今日，绝不要再来犹豫，绝不要再来退缩，认清楚人生的路线，本着我们“共同努力”的原则，担负着我们伟大的使命，一直地向那水平线上跑去！那儿才是人生的乐园，才能享受人生底真正快乐。

六 尾语

吾绥底青年朋友们！这篇不成文章的文章，写在〔到〕这儿，我不愿再写了，我认为绥远底一切现象和我们应觉悟的地方是这样。我底认识的错误与真确，我不愿自己来表示，尽听着青年朋友们底批判吧！不过有一件，我以为被压迫之下的青年人，尤其是绥远的青年，应当自觉。

1930,7,8 写于北平

《绥远旅平学会学刊》（月刊）
北平绥远旅平同学会
1930 年 2 卷 1 期
（李红菊　整理）

所不解于绥远当局者

心火　撰

在我未说本题以前，我有几点要声明：第一我不是带有政治意味的，第二我不是受人怂恿的，第三我不是具有主观色彩的，第四我不是故意要与绥远当局为难的，我完全是就诸客观的事实，本着良知来说话的。

我们只要闭着眼一想，就知道绥远当局过去的错误；整个的说起这种错误来，自然是"恒河沙数"，难以在这小小的篇幅上说尽的，我们现在只不过就它其中一点行政上的错误拣了出来，以见其余一般便了。原来一省的行政是要整个统一的，绝不容丝毫的纷歧羁杂在里面的，可是绥远当局对于全省的行政简直是不统一的；我们很可以武断的说一下，决没有整个统一的这么一回事，只不过随波逐流，东西乱倒就是了。现在我们实地观察一下，是不是这种情形。就按当局对丰、凉、兴、陶、集五县来说一说，就可知道绥远当局自身对于行政的紊乱，与夫居心之所在了。

老实说，原来丰镇等五县划归绥远，为的是行政上的便利，并不是要去受宰割的，并不是要去做奴隶的，若是为做奴隶生活，偌大的原野，哪里做不了，还一定要去绥远吗？这些话表面上看起来，似乎有点牢骚气味存在里边，但是就骨子里看来，很可以玩味的，很可以用思索的；并不是无的放矢，凭空掉下来的，是有事实可以证明的。就以所谓国民政府发行的编遣公债来说吧，我们绥远担任了五十五万，在那赤地千里、哀鸿遍野、极悲惨、极悽凉的绥远摊配这笔大宗款项委实是不容易的，想来当局在事前也多用过脑子，煞费苦心了。但是摊配的结果，似乎是未曾用过思索的，为什么这么一宗大款，除了丰业、平市两银行借了三十余万元外，其余都配到丰镇等五县呢？——尤其是丰镇一县竟然配到十二万元，这是什么道理？难道说一个灾区统辖之下的，五县独富么？丰镇更富么？这真是索解莫由，难以揣测的了。

我们再看看当局对这五县的不平等，恐怕要使你不寒而栗、毛耸发指呢。我们就当局所谓金融赈款来说吧，更是离奇的不〈得〉了。五县的烟苗税捐——所谓金融赈款——竟征到二十元有余，就以丰镇来说，上地每亩竟然有二十三元八角之谱，并且还要现洋，其余各县未曾听到有十六元以上者，而且要的还是平市钞票。这又不知道是什么道理。难道说五县特别钱多吗？设有造币厂吗？每天有无数的“袁头先生”产出吗？这又是使我们不解的一点。还有一点更是我们意想不到的，就是那威威烈烈的军事特捐，全省总数是四十八万余元，五县勒派二十九万余元，其余十九万派到其他各县，以五县与十一县一局的地亩比较起来，相差何止几倍，而摊款的标准，地亩少的反而摊的多，地亩多的反而摊的少，为什么要用这种反比例呢？莫非这是行政上的便利吗？故意要使行政紊乱吗？真是坐在一个万籁无声的野外，用九思的工夫，想上“三年六后晌”，崩坏脑子也想不出来呵！

说到这里似乎也该停止了，可是目前又发现了一个最大的不平等的问题，使得我们真有平原走马、易放难收之势，这个问题是什么呢？一想便知，现在不是冬天吗？正是征粮的时候吗？五县粮赋征收的办法又与其他各县纷歧了；五县是以现洋、晋钞各半征收，其他各县是以绥钞八成、晋钞二成征收，谁不晓得“绥八晋二”便宜，“晋现各半”吃亏。这种办法究竟有什么根据？假若说五县不流通绥钞，那末也无怪乎实行“晋现各半”的办法了，但是事实上除了丰镇一县，早已通行绥钞，那四县当然不成问题；就是丰镇也不成问题，只要有收绥钞的地方，它就有来绥钞的地方，供求相应，那是绝无问题的。——然而当局独独的对五县加以如此奇离的处置，真是莫明其妙。假若说五县因为有现洋，所以要征收现洋，那末根本粮赋就用不着来征收，甚而至于一切都不用费事，自可迎刃而解，只要看见某一个地方有什么，就向它要什么就行了，何必悃悃款款的去定那些无聊的办法呢?！毕竟是否可以这样办去？若说可以的话，那就无须再费唇齿〔舌〕了。不然，那还是走不通的路子；须要另想办法才行，绝不能视其所有而求呵。

自从五县划归绥远，马马虎虎的快要二年的光景了，我们在民间看去，感情倒是不错，真能共同合作，彼此也莫有什么封建思想，更没有互相诋訾的地方；然而政府方面总是要认五县为“附庸”，处处要使五县来吃亏，处处要使五县的民众站在水平线下，到了次“次殖民地”的地位，好来顾那“诸主”的光荣与威严，这够多么无聊呵！本来一个新划归的地方，往往民间就有歧视的现象，就有封建集团的组织，而今民间没有这种现象，政府正应当看怎样来“导民以政”，使得他们感情日益浓厚，思想日益进步，而今不但不能这样做去，反而自己本身担上紊乱行政之名，给民间造成封建势力之实，这是使我们不能原谅的，也就是使我们痛心疾首的。当局诸公呵！不知你们作何感想呀?！

《绥远旅平学会学刊》（月刊）
北平绥远旅平同学会
1930年2卷1期
（李红权　整理）

那才是我们今天开这个欢迎大会底真正价值呢！

1930,11,30 演说于绥远旅平学会欢迎会

重之　演说

主席，诸位新旧同学：

兄弟早想来跟诸位聚谈，可恨〔惜〕不是没有时间，便是遇不着机会！真难得我们今天，既是星期日，又被本会通知来这里开欢迎新会员大会，况兄弟是旧会员，来欢迎诸位新同学，更是义不容辞的。真料想不到我们新旧两方面出席底同学，能够像这样的踊跃，像这样的多，又都现着很快乐底笑脸！我们彼此恰好像两位交情最浓厚，关系也最密切底异性朋友，正在这里等候着要举行结婚礼似的，也要显明的来表示出我们两方面志同道合底青年，从今天起，不但有形式上的联络，而且更有精神上的结合，继续着往下过我们很快乐的生活！

兄弟窃以为我们今天并不算是我们大家开始快乐底一天；今天实实在在是我们大家“卧薪尝胆”，欲有所为底一天，试想一想我们绥远近几年来，究竟变成一个怎样底绥远了？试就我们大家曾经眼所见，耳所闻的来说：我们底绥远，是不是已经就变成一个乱七八糟，一贫如洗，家家害着穷病底绥远了?！试举几件事实来把它证实一下：

我们绥远许多父老们，是不是都因这一贫之下，就把许多已成

年及未成年，对于我们绥远底家庭组织上，人种繁殖上，都是很重要底女同胞们，尽没奈何的让那些外省人收买去；又把我们绥远许多年精〔青〕力壮，都很可以经营我们绥远底男同胞们，也都因生计所迫，去替那些徒为争权夺利，忍心祸国殃民底恶劣军阀们去送命，或因不得已而误入于歧途，牺牲了一切，去作恶为匪；其余的那些老幼残疾，无法移挪底男女同胞们，都整天起来，脚忙手乱的去罗雀挖鼠，剥树皮，掏草根，拾野菜，用那些猪狗不吃底东西，当作他们唯一底食品，来延度他们底瘦〔寿〕命？

试问我们从前号称米粮川，皮毛出产地底富饶绥远，何以当下就会穷到这步田地呢？除过是因为我们绥远底工业不发达，科学不发达，无法来防御那几次水灾、旱灾而外，其余是不是因为近年来，有恶劣军阀到我们绥远刮地皮；有贪官污吏，串通劣绅土豪，去设法敲榨我们绥远底父老兄弟们；再加上无人负责去剿灭底那些很蛮横，又很残忍底盗匪的随处抢掠，绑票勒索，简直害得我们绥远底父老兄弟们不能够安居乐业，所以才发生出这样目不忍睹，耳不忍闻底悲残〔惨〕现象来呢？

再试问我们现在欢聚一堂底诸位同学：

我们是不是都曾经直接或间接，或间接而又间接的蒙荷过我们绥远父老兄弟们底帮助？我们绥远底许多父老兄弟们，是不是现在正处在欲生不能，欲死不得底恶环境之中，都昂着头，切盼着我们来替他们解除痛苦？我们大家是不是就应该要去为他们解除痛苦？如果我们大家要认为那的确是我们应该去做的一件事情，那末我们就赶快鼓起我们底精神来共同研究我们怎样去做的方法吧！

或者诸位要起来质问兄弟说：我们都是些赤手空拳底穷学生，既没有很利害底机关枪，又没有很轻便底自来得，我们怎样能够干去呢？

兄弟谨按照我们现在所处底环境，及我们底能力所能达到的，暂先提出来请大家共同修正，或另想较好的办法，就是：

（一）救急的　我们大家要尖着眼睛，长着耳朵，去精细的观察观察，打听打听我们绥远现在究竟有没有徒霸地盘，刮地皮底恶劣军阀？有没有只为当官，来剥削我们良民底贪官污吏，和一般欺压平民底劣绅土豪？我们每人再准备着一支秃笔，若要遇着或是听着确有其人的时候，我们就赶快把他底黑幕，或是劣迹，一层一节的，详详细细的来写在我们这个刊物上：一方面可以当做他自己底“座右铭”；一方面去让我们绥远全省的男女同胞们来平心静气的去认识认识他究竟是个怎样底怪物？一方面我们再来研究研究我们要用什么方法去对付他？

（二）根本的　我们大家要互相砥砺着，积极的去努力我们底学业，改造我们底人生，锻炼我们将来与恶环境一直奋斗到底的精神！希望着我们数年之后，都变成些名实相符，有专门学识，有高尚人格，有做事能力底真正优秀分子，能够问心无愧的回去见我们绥远曾经帮助过我们的父老兄弟们，或可相辅上在我们绥远公共认为是有学识、有人格、又有做事能力的当局，和我们绥远的先进老前辈们；再领导上我们绥远的后进青年们，及一般民众们，同谋合力，奋勇直前的去向各方面开化我们绥远，建设我们绥远，发展我们绥远，让我们绥远一天一天地富足起来，再一天一天地无论对于物质上，或精神上，都使文明到与内地各省底文明同站在一个水平线上！把现在被人家每提到我们底省名，就要给它加上那些“很荒凉的”、“很落后的”、“很贫穷的”……很难听的形容词；我们要把它一洗刷而让人家再谈到我们绥远，就会连想到它的头衔是：“很富足的”、“很进化的”、“很文明的”……

刚才所说过的这两种办法，虽然有点近乎理想，只要我们大家精神一贯的，换一句话说，就是下着决心的，照着我们这个目标奋勇地做去，兄弟敢武断的来说：我们总有成功的一天来到我们眼前！那时我们绥远的父老兄弟们，不特没有物质上的痛苦，而且还要有精神上的快乐！料想我们那时的快乐，也一定要百倍于我们的今日，那才是我们底真正快乐！那才是我们今天开这个欢迎大会底真正价值呢！

《绥远旅平学会学刊》（月刊）
北平绥远旅平同学会
1930年2卷1期
（李红权　整理）

绥远旅平学会执委会特别启事

作者不详

本会本促进地方文化之宗旨，为民众图谋福利，为同学砥砺学行起见，特创办学刊。历年来努力之方向，对民众痛苦，极力向外宣扬，以谋振救之方；对地方当局，设法多方建议，以尽公民之责；对同学品行，勉力规磨锻炼，以期互助之益。虽不敢言足以为民众喉舌，当局鉴镜，同学指针；然本会全体同学期期之心、殷殷之念从未敢稍释也！而本会全体同学努力奋勉、共策进行之精神，亦未敢稍懈也！惟此小小刊物，一线生机，端赖各方之捐助。前蒙各界热心公益者之乐捐，得以延绵寿命于今日，感激之忱，永矢弗忘！不幸本会存款告罄，致此小小刊物，大有奄奄一息之势。本会同人睹此惨状，良以吾绥一线光明，顿呈幻灭之象，深引为痛！为地方前途计，为吾绥青年前途计，不得不向各界表示热烈之呼号！除特派代表携带捐册回绥劝捐外，甚望热心公益者深明此义，乐予捐助，使此一脉光明，永垂不朽，则吾绥幸甚！本会幸甚！特此敬启。

《绥远旅平学会学刊》（月刊）
北平绥远旅平同学会
1930 年 2 卷 1 期
（李红权　整理）

蒙古之王公制度

Y. P. 撰

蒙古二字，为种族之称。用以代表蒙古民族占有疆域之名词，实自元世祖忽必烈始。其地位于长城迤北，在沙漠南省〔者〕号内蒙古，在沙漠北者号外蒙古。内蒙古二十四部，分为六盟四十九旗，旗设扎萨克为之长。附属之旗十三，未设扎萨克而直辖于各官厅，共为六十二旗。外蒙古五部，分为七盟八十二旗，旗设扎萨克。游牧之地三十旗，未设扎萨克者五旗，共为一百十七旗。外蒙古形同化外，各部落统辖者方在开门揖盗，引狼入室，其制度将随某色而改观，已无叙述之必要，故本篇仅就内蒙古论之。

内蒙古之经界　内蒙古之疆域，经历年之开拓，已逐渐划归东三省及热、察、绥所管辖。虽现仍各据有方圆不过百里之荒原所谓留界地者，然无显明表示，且已形成已开发县份之一部。故舆地上虽仍有显示遗痕之内蒙古三字，实已无其经界之记载。至各旗所编入之省份，有如下表：

盟别	盟名	部名	旗数	编入省份
东四盟	哲里木盟	科尔沁	六	辽宁
		扎赉特	一	黑龙江
		杜尔伯特	一	黑龙江
		郭尔罗斯	二	前旗吉林，后旗黑龙江

续表

盟别	盟名	部名	旗数	编入省份
东四盟	卓索图盟	喀喇沁	三	热河
		土默特	二	热河
	昭乌达盟	奈曼	一	热河
		巴林	二	同
		扎鲁特	二	同
		阿鲁科尔沁	一	同
		翁牛特	二	同
		克什克腾	一	同
		喀尔喀左翼	一	同
		敖汉	一	同
	锡林郭勒盟	乌珠穆沁	二	察哈尔
		浩济特	二	同
		苏尼特	二	同
		而〔阿〕巴噶	二	同
		阿巴哈纳尔	二	同
西二盟	乌兰察布盟	四子部落	一	绥远
		茂明安	一	同
		乌喇特	三	同
		喀尔喀右翼	一	同
	伊昭克〔克昭〕盟	鄂尔多斯	七	绥远

内属蒙古（即附属之内蒙古旗）如察哈尔八旗、归化城土默特二旗等，均已分别编入察哈尔、绥远等省区。因无扎萨克，与本问题无关，故不赘。

内蒙古各王公之爵秩　所谓王公者，扎萨克爵秩之名称也。爵号不仅扎萨克有之，然本篇所论列者，则专就扎萨克之爵号而言。其与政务无关之散置各王公，一如满清现在袭用之爵号，其存废问题，直不足道。故本篇研究范围，仅限于在留界地内尚拥有尊号、领有管辖权者而言之耳。

各盟旗之爵号　皆满清所赐，历代相袭，至今无替。王也公也，爵秩之不同耳，实权究无轻重之可分。兹将各旗王公爵号，表列于左：

盟 名	旗 名	通 称	扎萨克爵名
哲里木盟	科尔沁右翼中旗	图什业图旗	和硕图什业图亲王
	科尔沁右翼前旗	扎萨克图旗	多罗扎萨克图郡王
	科尔沁右翼后旗	苏鄂公旗	镇国公
	科尔沁左翼中旗	达赖〔尔〕罕旗	和硕达赖〔尔〕罕亲王
	科尔沁左翼前旗	宾图王旗	多罗宾图郡王
	科尔沁左翼后旗	博王旗	和硕博多勒噶台亲王
	扎赉特旗		多罗贝勒
	杜尔伯特旗		固山贝勒
	郭尔罗斯前旗	南郭尔罗斯	镇国公
	郭尔罗斯后旗	北郭尔罗斯	辅国公
卓索图盟	喀喇泌〔沁〕右翼旗		多罗都楞郡王
	喀喇沁左翼旗		多罗贝勒
	喀喇沁中［翼］旗		辅国公
	土默特左翼旗	锦王旗	多罗达尔罕贝勒
	土默特右翼旗		固山贝子
昭乌达盟	奈曼旗		多罗达尔罕郡王
	巴林右翼旗		多罗郡王
	巴林左翼旗		固山贝子
	扎鲁特右翼旗	东扎鲁特	多罗贝勒
	扎鲁特左翼旗	西扎鲁特	多罗达尔罕贝勒
	阿鲁科尔沁旗		多罗贝勒
	翁牛特右翼旗	西牛翁特	多罗都楞郡王
	翁牛特左翼旗	东牛翁特	多罗达尔罕贝勒
	克什克腾		头品台吉
	喀尔喀左翼旗		多罗贝勒
	敖汉旗		多罗郡王

续表

盟　名	旗　名	通　称	扎萨克爵名
锡林郭勒盟	乌珠穆沁右翼旗	西乌珠穆沁	和硕车臣汗亲王
	乌珠穆沁左翼旗	东乌珠穆沁	多罗额尔德尼贝勒
	浩济特左翼旗	东浩济特	多罗额尔德尼郡王
	浩济特右翼旗	西浩济特	多罗郡王
	苏尼特左翼旗		多罗郡王
	苏尼特右翼旗		多罗都楞郡王
	阿巴噶左翼旗		多罗卓尔克图郡王
	阿巴噶右翼旗		多罗郡王
	阿巴哈纳尔右翼旗		多罗贝勒
	阿巴哈纳尔左翼翼〔旗〕		固山贝子
乌兰察布盟	四子部落旗	四子王旗	多罗达尔罕卓哩克图郡王
	茂林〔明〕安旗		镇国公
	乌喇特前旗	乌喇特西公旗	镇国公
	乌喇特后旗	乌喇特东公旗	镇国公
	乌喇特中旗	乌喇特中公旗	镇国公
	喀尔喀右翼旗	达尔罕旗	郡王
伊昭克〔克昭〕盟	鄂尔多斯右翼前旗	杭锦旗	固山贝子
	鄂尔多斯右翼中旗	郡王旗	多罗郡王
	鄂尔多斯右翼后旗	达拉特旗	固山贝子
	鄂尔多斯左翼前旗	准噶尔旗	固山贝子
	鄂尔多斯左翼中旗	鄂托克旗	固山贝子
	鄂尔多斯左翼后旗	扎萨克旗	多罗郡王
	鄂尔多斯左前末旗		固山贝子

王公府之组织　各旗之扎萨克，备有种种爵号。于是潜王公之尊严，习宫府之礼制，俨然王者，遇事夸大。于是王府公府，各形成一小小统治机关。究之大者拥百余里，小者拥数十里之荒凉原野，牧畜其间，与原始式之部民，共享极劣等之生活，实无所谓尊严也。府邸蒙古包三五，土房数椽，与全部臣僚，聚处于斯，更何拟于宫府。各旗扎萨克名号王公，实不过一酋长耳。所有卿佐，不过酋长下之头目耳。虽官吏众多，并无所事，只为名

号王公，不得不故设多官，以自夸耀耳。其组织如下：

（A）统治全旗之扎萨克　扎萨克者，为一旗之长。统治其领域内之一切政务。简以王公、台吉之爵号，世袭无替。其爵号最尊者，为亲王为郡王，其下为贝勒、贝子，为镇国公为辅国公，为一二三四等品台吉。扎萨克不得称汗，汗者皇帝之义也。

（B）府内官

（甲）协理台吉　辅佐扎萨克办理旗务，通常为二人或四人。平时一人值班，遇大事则协议行之。

（乙）管旗章京　由盟长任〈命〉其一，扎萨克任命其一。盟长者，盟内各扎萨克选其中齿德高劭者任之，以处理各旗间之重大事件者也。管旗章京辅佐扎萨克及协理台吉，掌理旗内庶务及其他之一切行政。

（丙）和硕梅伦　承协理台吉、管旗章京之命令，从事庶务，通常二三名。

（丁）扎兰　主任府内兵务，普通二三人。

（戊）章京　位于扎兰之下，直接管理部民。常时三四名至五六名。

（己）骁骑校　又名坤都，为扎兰之助手。

（庚）笔帖式　保管文书卷簿，普通二名至十名。

（C）地方官

（甲）地方梅伦　从事于地方事务之管理，通常二人或三人。

（乙）扎兰　统制地方兵役，无定额。

（丙）伊科达　大屯长也。管理远隔王府之村落之一切事项。

（丁）达赖加　类似乡约，兼办课税事项。

（戊）家亲达　承达赖加之命，办理各屯内杂务。

此外有邸内任杂务之哈巴及包衣达，处理邸内金钱物品等事，而不预旗务。

至各种职官之数目，则依佐领之数而定。佐领者，军制之单位也，每兵百五十人为一佐领，设佐领一员，领催六员，骁骑校一员，骁骑五十人。每旗佐领若干，则视兵役多少而定。最多者为土默特旗，其右翼旗竟达九十七个。最少者为喀尔喀旗，其左翼旗仅有一个。以乌喇特中旗论，全旗由六佐领合成。其组织，扎萨克一人，协理台吉四人，管旗章京一人，副章京一人，参领一人，佐领六人，骁骑校六人，领催三十六人，骁骑三百人。

王公制度之由来　蒙古之有王公制度，自满清始。蒙古之所以形成今日之残局，实此王公制度之所赐。在蒙古方面，削弱一分，即此制度之效力实现一分，蒙古方面削弱到十分，即此制度之效力实现到十分。此王公制度实满清对蒙之怀柔政策，而蒙古之有今日，不得不谓为满清对蒙政策之成功也。至于满清对蒙怀柔政策之目的，不外二端：一在使其秩序安宁，勿扰清室；一在令与汉人疏远，专助满廷。因满清入主中原，所惧者蒙古之倔起与汉人之复兴也。倘汉人得蒙古之助，则清室随时可以倾覆。故满廷对汉人则征起贤异，对蒙古则肠〔赐〕爵王公，所以媚舐之道无不至者，求其社稷之安宁耳。其对蒙古之手段，除各赉赐王公，以骄惰其气，而解散其大团体外，为优遇喇嘛教，以消灭蒙民勇猛敢战之习风，而减杀慑伏全欧之气慨〔概〕。为保护牧蓄事业，限定牧界，以离间邻旗之情感。不许开垦，而杜绝汉人之侵蚀。为满蒙婚姻政略，满蒙互相联姻，以期关系密切，禁与汉人结婚，而免彼此亲近。为禁习汉文汉语，限制贸易，以免汉蒙提携。若此诸端，均已充分实现。蒙人迄今不解汉语，对汉人无同情心，对满廷则二百年不叛，而其人民脆弱异常，贫乏特甚，皆不外满清怀柔政策之赐予。而蒙民始终不悟，深可悼惜。

王公制度与蒙古之关系　蒙古自有史以来，即为整个民族。虽初甚弱小，修贡辽、金，未尝分旗自治。洎乎铁木真继耶速该而侵掠诸部，袭取和林，称汗之后，更奋神勇，征服诸部，盟于敖嫩河岸，即帝位，号成吉思汗。复伐金，陷中都，服西辽，降花喇子摸〔模〕，沿印度河攻击俄罗斯，拔波斯，并高加索。以至讨金灭宋，掩有内外蒙古，满洲，中华北部，天山南北，中央亚细亚之全部，西伯利亚之一部，及于欧洲之小部，领空前未有之版图。在未列爵分封以前，固无所谓旗之编制也。然军书一至，克日集合，胡笳一鸣，即时进发，内外联为一气，上下合成一体，其势之大，拔山盖世，宜乎所向披靡，功高千古。设无王公制度之产生，虽有明末叶蒙古种族统一之力渐衰，已露结合小团体之趋势，然不难徐图恢复，重事振兴。乃满廷虑其复兴，扰攘社稷，遂利用此离群趋势之弱点，分划为众多之旗，饵以崇爵，以削其势。各旗长爵位相同，彼此不相系属，各自为政，无所提携矣。满廷更明定牧地界限，严禁各旗越界游牧、狩猎，以离其群，彼此猜忌益深，俨然仇敌矣。其后蒙旗活动，直不可能，有由也。

自王公制度实现以来，蒙古民族削弱万状。其弊害之昭然者，为各旗间失去大团体之结合，致无对外发展之可能。为各旗长养成骄纵之习惯，无努力上进之思想。为推崇喇嘛教，潜移默化于神权，将勇猛善战之民族，化为懦弱萎靡，而不知进取。为拘泥牧畜，不事开发事业，浸至无生活之能力。为疏远汉人，无从接受文明，乃日退入野蛮境地。若此种种，皆为灭亡种族之原素，而为王公制度之结果。是王公制度之于蒙古，实有百弊而无一利也。

王公制度与中国之关系　中国民族由五民族集合而成。蒙古为中国之疆土，蒙民为中国之人民。蒙古开发，则中国富矣；蒙民图强，则中国强矣。是蒙古与中国，究非两国，蒙民与汉人，实系一家。既化同一统治之下，势难容多个小统治权之存在，此多个小统治权不能消灭，则中国即不能谓之完全国家。此王公制度有关于中国进展者一也。各旗习其旧惯，留界地内行政各权，仍操之王公。蒙民知识日减，已不能与汉人等观。旗内生产毫无，大利弃诸山野，此宝藏万千之蒙旗，竟为觊觎者施行鼓惑伎俩之场所。而限于王公制度下之权限问题，政府又无法补救，坐视蒙族同胞水深火热。其影响于国家之进展，至为重大。此王公制度有关于中国进展者二也。各旗留界地内之治安，王公实无维持之能力，遂使形成特别区式之蒙旗，变为胡匪之渊薮。各旗自身惑〔感〕痛不论矣，邻近县份，亦莫不深受其害。其影响于国家之安宁秩序，实非浅鲜。此王公制度有关于中国进展者三也。中国现在救国之第一要着，为民族之自强。此所谓民族，为合全中国各民族之通称，即认五族为一中华民族，无汉、满、蒙、回、藏之别也。其中之落伍者如蒙族同胞，应由他族提携之，扶植之，以跻于同等地位，而便合力对外。如蒙古无王公制度之一层障碍，则汉蒙一家，无所谓蒙古、蛮子（汉人呼蒙人为蒙古，蒙人呼汉人为蛮子）之分，耳濡目染，不数年即无畛域。只为多此一层障碍，遂至蒙族同胞永沦苦海，而中国之自强，亦因而迟缓。此王公制度有关于中国进展者四也。他若因卫生之不讲求也，而人种之逐渐退化，而人数之逐渐减少，因生活之简陋需要之单纯也，而人无进取心，无奋斗心，无研究心，及其他之种种关系，亦皆影响于中华民族之生存，而为王公制度之所赐也。

王公制度之存废问题　考王公制度之由来，与王公制度与蒙古及中国之关系，其存废问题昭然若揭，惟苦无较善之继承者耳。论其由来，既非自然之成因，而为满清削弱蒙古之一种政策，则满廷逊位，压力撤除之时，应即恢复其满清前固有之状态。彼时既未自然改制，此时而论王公制度之存废，已为过去之问题。此制度对于蒙古固有百弊而无一利也，然蒙古人民将何以处分此制度，更将何物以替代此制度。此制度对于中国之进展固有若干之影响也，然政府将何以处分此制度，更将何物以替代此制度。今之主张蒙古王公制度无存在必要之说者，固有其相当之理由，然若以蒙古民族之生存为前提，则当以提高蒙古之地位为目标。废王公制度而能提高蒙古之地位也，则废之可矣。存王公制度而无碍于提高蒙古之地位也，则存亦何妨。

论者皆谓王公制度为治理蒙古之障碍物，而不及治理之方法，及废此制度后即能治理得法之保证。设治理之法合宜，亦未尝不可行使于王公制度之下，不见夫各蒙旗之逐渐开辟为县治也，又何尝因王公制度而停止。不见夫兴安区屯垦之进行也，又何尝因王公制度而失败。此其故在治理而得其法，则无往而不通；治理而不得其法，则无往而不塞。是故蒙古之能否治理，在方法之如何耳，不得谓为完全制度之影响也。

蒙古人民亦有知王公制度之不利于蒙古者，然未闻有要求改制者，其故何哉？以蒙民大多数不谙汉文汉语，当然避讳与汉族杂居，改制后而欲保守其自封之形式，势有难能。况蒙民十九保守性成，知识有限，原不知何为怀柔政策，何为王公制度，只以习久相安，而未察其弊害所在，与谈改制，乌呼可。王公中不乏明达之士，亦未闻有毅然实行改制者，其故何哉？以王公骄纵尊大，累世相沿，家天下之心理，牢不可破，一旦削去王号，而退跻平民，非至万不得已之时，自难出此。况环境关系，亦有不容任何王公单独实行者。政府知王公制度之有碍于中国之进展也，然未闻强制改制之议，其故何哉？若无安善之方法以替代之也，若政府径行积极政策，大刀阔斧，固无不可，然又恐举措多乖，贻人口实。此虽为妇人之仁，实亦有瞻顾之必要，外蒙古之独立，即其实例。

曩者有改蒙旗为县治，任王公为县长之议。虽其办法，未曾觅得，揆其用意，要不外县治可以随意治理，县长可以随意任免，一转移间即易王公制而为县制，以改县办法为改制之过渡也。噫！计已愚矣。以羊易牛，其不智一也。设谓县治可以随意治理，蒙旗又何尝不可随意治理。可不可治理，固不在蒙旗与县治之分，而在治理之方法为何如耳。设谓县长可以随意任免，王公亦何尝不可随意任免。若恐任免王公而发生蒙民之暴动，则任免以王公而充任之县长，又安知其不致发生暴动耶。同一蒙民，同一王公，改县之事办通办不通不论矣，试问因改县而引起王公及蒙民以何种感想。以县长之尊，不逮王公也。王公下之臣僚，概归闲散，其不怀好感也，恐尤甚于往昔。况王公下之臣僚，皆蒙古之知识阶级，有号召愚钝蒙民之能力，赋闲之后，岂能安分耶。似此而谈治理，而谈任免县长，其不戛戛乎难哉。

迩来蒙古王公、各代表，会议于长春，会议于沈阳，又参与南京之蒙藏会议，最近且有在北平招集开会之举。席中各员对于王公制度作何感想，有何主张，要不外王公片面的，固不足以代表蒙族。然若纯为整个民族发展上着想，纯为蒙民生活上设法，而无徒利王公妨碍〈蒙民〉之计议，则政府亦应有相当之表示，从而赞助之，提携之，为蒙族造福将来。切不可履行满清故智，行使怀柔政策，更不可任其自然消涨，而不加以协助也。倘有能令蒙族繁荣，他日蒙民得到优生活地位之方法，虽今日须小小开刀割治，则亦须隐忍其痛，不必左右瞻顾。

蒙古者，蒙族同胞之生著地也。王公者，蒙民信仰之集中点也。蒙古王公不愿自家地位提高则已，如愿自家地位提高，应率领全旗人民，努力向开发途上走去。先破坏致蒙古死命之各项制度，而另成有生发性之新组织，则新蒙古之振兴，不为无望。蒙古人民不愿其生著地繁荣则已，如愿其生著地繁荣，应协助王公整理庶政，万众一心，群策群力，则来日新蒙古之人民，自然得到优越之生活。要之，蒙古之问题，蒙古人民宜自决之，其制度之应改善者，宜自主之，第三者之力，不足特〔恃〕也。

蒙古，中国之领土也。蒙民，中国之人民也。汉蒙一家，本共存共荣之精神，互相提携，互相扶植。蒙古问题，蒙人自主自决固宜，然政府亦不能漠不相关，直接间接皆须加以助力。尤其破坏旧制度后之建设办法，更应以全国家之力促其成功。倘蒙民执迷不悟，不知刷新之道，中国现在虽限于环境关系，不得不求其相安于无事，然为中华民族着想，为蒙古民族着想，殊有不能已于行者。

《屯垦》（月刊）
辽宁兴安区屯垦月刊社
1930 年 2 卷 1 期
（李红权　整理）

治蒙刍言

邢事国　撰

王君无为者，有心人也，尝漫游内外蒙，对于蒙事研究有素，归著《蒙古旅行记》一书，胪陈事实，寓针砭于说部，卓识伟见，诚不可及。而于歧视蒙人一事，更有深切之发挥，而引为深憾者。兹举其所言曰："汉人之经商于蒙古者，类皆以贵族自居，而视蒙人为贱人，对于蒙人之未受普通教育者，但知加以轻蔑，而不屑加以教诲。即此一端，已足令蒙人怀憾于我，况犹有甚于此者乎？"

余（王君自称）尝遇一中州关姓者，其人在前清捐账，得一知县衔，其腹便便。据其自云，亦略识诗书之味者，而对待蒙人之酷，则匪吾人意料之所及。先是，关氏至彼营商，颇有积聚，归途行装尽为蒙匪所劫，关氏欲归不得，欲止未能，几于引绳自经。幸有土著一富翁，见而怜之，助以资斧，使其他适。以恒情而论，关氏即不感激涕零，每饭不忘此富翁，亦当思所以报德矣。顾关某因富翁之慈祥，而反鱼肉之，侦知富翁家有一玉罄〔磬〕，系前清大内之物，即令一无赖，饰为中贵人，向之索罄〔磬〕。彼时富翁虽知中原之正朔已改，以清帝名位犹存，殊不敢必清帝之已无权势，卒以罄〔磬〕予无赖。无赖既得罄〔磬〕，关某益以富翁为可欺，复令无赖向之索马千匹，谓苟不供此，则必尽斩其全家。已则佯为之调处，令富人出马三百匹，以了其事。富人不予不已，卒竭其家资以应之。关某之计既售，立成富豪，而其所遇之富翁，则反贫无立锥，未几即自杀，家人十余口，半为饿殍，又其半则流落他处而丐食也。夫以汉人中之诗书满腹者，待遇蒙人尚如是之酷，则不受诗书之陶镕，纯为内地恶社会所制造之欺诈专门家，其鱼肉蒙人之手段，可想而知矣。

一蒙古贝勒尝诘余（王君自称），谓在蒙汉商，与之约不足征其信，委之财不足征其廉，临危则苟避，见色则思淫，无理足喻，惟利是歆。中土四维素张，胡为有此不习礼义廉耻之徒，岂政府果视蒙古为化外，故以穷极无赖者，皆驱入我蒙，令其鱼肉我良懦，蹂躏我风俗，破坏我纪律，扰乱我治安乎？余（王君自称）闻是言，汗流浃背，而不能措一辞，迄今思之，犹耿耿不能自安也。

尚有一事，亦蒙人之所痛心者，则无论任何汉人，皆以夷狄视蒙人是也。蒙人为组织民国之一分子，地大而族众，正以不能加入于政治运动为憾，而汉人又从而夷狄之，其痛心亦固其所，甚愿我人之早日觉悟云云。

王君所云，确系经验之论。是项宿嫌，若不设法解除，则诚为将来之隐忧，狡焉思逞者，又从而播弄之，未有不酿成巨患者。

夫人心善恶不同，品质良莠不齐，虽不能一概置论，惟国人狃于习惯，其稍拥资产者，或微具学识者，谁复肯向莽莽蒙疆，觅其生活耶？以是至蒙经营者，诚如前述，大多为地痞盗贼之辈，鬼蜮多端，欲壑难填，于是蒙民苦矣，怨嫌日深，胥因于此。

人性好恶，靡不相同，设有人凌辱我、鱼肉我，则我岂能甘之？己所不欲，勿施于人，古垂明训，今乃不知反省，何国人之昧昧若是也。

以上所述，凡足妨害蒙汉感情者，均系细微之处，有为法律所不及防范者，盖我人之交接酬酢，皆关于个人之心理及观念，换言之，即在私人之学识与道德若何耳。国人读是篇者，当知所谓五族者，原出于一统，唯因厥后所处位置之不同，致有是项之区别，实则自形其离奇，诚觉大可嗤也。

吾尤望蒙古同胞读是篇者，当知昔日感情之未洽，实由于无智识辈之造成，而我政府于革新之际，早已策划周至，无所谓汉族与蒙族也。是盖非有历史学识者，恒不能化此偏见也。吾今进而谋善后之策，以与国人共商榷也。为今之计，首宜将在蒙不良分子，详加检查，如有迹涉欺诈者，皆予放逐。在留之商人，宜多予蒙人以友爱，勿妄自尊大，俾蒙人对于汉族，无仰之弥高之感，则其爱群爱国之念，亦必油然而生。此外则多派志趣纯正、学识优良之青年，入蒙经营各种企业，以谋感情之日臻融洽，而作日后治蒙之引阶。

夫此种办法，虽若不甚重要，实则关于民心之向背者甚大。谚云："得民者昌，失民者亡。"此语寓意深长，观乎邻国之乘机市惠者，思过半矣。是以余之直陈不讳者，原冀乎国人之洞悉蒙汉相处情形，以谋补救而同情于余之说也，幸甚。

《蒙旗旬刊》
沈阳东北政务委员会蒙旗处
1930年2卷2期
（朱宪　整理）

为东铁事敬告蒙古同胞书

袁铁麟　撰

中东路案发生之后，东西各国，轰动一时，其所以眈眈注视者，诚以中俄之决裂，足以惹起世界之纠纷耳。吾国近年来国势岌岌，方谋建设，路案发生，诚有不得已者在焉。盖因赤俄接替管路以来，不惜弃信背义，武断路政，且利用路收，宣传“赤化”，红色恐怖，祸乱弥天，似此若不早为之计，则将来不但吾国之路权丧失殆尽，即“赤化”之祸国，更难堪设想。是以当局毅然出以搜查使馆、驱逐局长等手段，以杜后患也。肇事之后，吾国匆匆谋和平之对付，以期唤起赤俄之觉悟，讵意狼子野心，变本加厉，始则动兵示威，以扰害我国之边境，继则巧辞文饰，而炫惑欧美之听闻，面目既揭，残凶立现，证诸已往，可知赤俄狡诈手段，所谓司马昭之心，路人皆知，是不仅为中国之仇寇，抑亦破坏世界和平之公敌。今吾东北民众所处之地位，首当其冲，关系切肤，而对于东铁问题之真相，建筑之起因，及路案发生之经过，不容不剖析利害，胪述曲直，用供吾蒙旗同胞之有所奋激耳。

一　东省建筑之起原

在昔帝俄尼古拉二世时，急图极东之发展，乃用欺骗种种手段，与满清缔结密约，竟由俄之道胜银行，与中国合办之名义，在吾国东北国土上建筑中东铁路。

甲，干线　横贯吉、黑两省，西自满洲里入境，东至绥芬河出境。

乙，支线　斜贯吉、奉两省，北自哈尔滨，南至旅顺、大连止，俄之西比利亚铁路远绕极边，物质缺乏，东铁之建，可得成一直线，由赤塔直达海参崴，交通一便，其经营极东之野心，大可遂矣。

二　东铁路成中国所受之影响

此路成立，不惟吾国直接受其政治上、经济上、军事上种种侵略，且地处要冲，致惹起日俄之斗争。嗟，吾一片净土，遂为狼虎奋斗之场，当时吾国间接所受无代价之损失，至重且巨。

甲，日俄战时　吾国居中立地位，而东北民众之生命财产，受其蹂躏，而牺牲为无量数。

乙，日俄战后　俄以战败之结果，竟将两国合办之铁路，由长春至旅大间之支线，转让与第三国，即今之所谓南满铁路者。

他如各国出兵西比利亚之役，美国曾唱共管之说，几波及东北，陷入国际共管之地位，［后］若日之〈后〉藤新平赴俄，亦曾密议，售哈尔滨南段与日本，此则虽未见诸事实，具见苏俄阴谋，其宁将路转给他国，以陷吾国于不利地位，而决不使吾收回，其居心也险，其为患也深，诚令人闻之痛心，言之切齿。

三　《中俄》、《奉俄》两协定之情形

俄自革命后，赤白两党交哄于东铁，国势濒危，乃以其假面

具，向吾表示和平，以图恢复其国际地位，当将东铁问题，于无可解决中，以求解决之道，遂有《中俄》、《奉俄》两协定之成立。内容概要，不外铁路所得，暂不归哪一国，用人行政，种种权利，平等分配。而赤俄自接路后，竟变更态度，渐趋强硬，路权之把持，谋种种不利于吾国，遂使堂皇协定等于空空两纸矣。

四　发生路案之经过

甲，路案发生之原因　第一，苏俄违背协定，用人行政，不以平等待遇—路局各处职员分配，赤俄势力，蒙盖一切，吾国终未操得实权，且路收之款，更为其专权处理，多消费于“赤化”之宣传。第三〔二〕，苏俄假东铁以为宣传“赤化”之机关—“赤化”如洪水猛兽，世有戒心，当其被拒于西欧，乃转务于东亚，利用铁路交通，及路款接济，以东铁为灌输“赤化”之根据地。幸当局感得种种异征，当五月二十七日，乃有驻哈俄使馆之搜查，东铁局长之驱逐，轩然大波之中俄交涉，即由此起焉。

乙，路案发生后吾国所受之损害　路案交涉，吾国总期以和平解决，履行协定，未始非正当途径。讵知赤俄毫无诚意，一味用其虚声恫吓之惯能，悍然犯吾边境，数月以来，西袭满洲里，东炸绥芬，更沿黑龙江、松花江，到处打劫，烧杀无辜。近查吾边境所遭之损害，炸火满地，日有惊耗。似此有意挑衅，是置国际公法于不顾，视《非战公约》如具文，其凶悍如此，我边境一带，无抵御之同胞横遭惨害，朝不保夕，诚所谓求生不能、求死不得矣。

丙，吾国对路案解决之态度　吾国欲图提高国际地位，避免他国渔人得利起见，必须自求振作精神，以图贯彻，近虽取得国际上之同情，嗣后交涉，无论变化至任何程度，将由赤俄负责，而吾国政府，亦决不以因负责在俄故意苛求无理，仍以和平方法，始终对待。是以中央政府，决定对俄方策：（一）以和平方法解决一切；（二）一切均依协定办理；（三）援助留俄被压迫之华侨。凡此均为正当办法，并无过分之求，俄如同意讨论，吾国自可接受。否则仍事变诈，而在边境逞兵蠢动，吾国民众，自〔只〕有牺牲一切，以采相当之方法，决不能任其蹂躏也。

五　东铁问题与蒙古之关系

查东铁贯通东北垓心，蒙古疆域，毗连俄境，诚吾东北军事门户。《中俄》、《奉俄》两协定中，特为注重，是有东铁平等待遇及外蒙退兵两大问题，双方签约，明载条文。乃俄既违约以行暴，又煽惑外蒙背亲向疏，窥其阴谋，殆将牺牲吾国至灭亡之途径，以遂其并吞极东之野心。东北一带，满、蒙、汉各族杂处其间，唇齿相依，荣辱与共，试思赤俄扫除，如不勠力同心，则城火池鱼之惨，孰能幸免？况且外蒙自受煽惑独立后，迄今所遭之惨酷蹂躏，足鉴前车，外蒙同胞，今纵感觉痛苦，急谋内向，但被牢笼之深，最近仍莫脱离危境。今值路案发生，一旦中俄交绥，苏俄必嗾使外蒙引兵内犯，彼时吾外蒙同胞，岂甘为白人作嫁，自残同种欤？抑能倒戈向俄，同仇敌忾欤？吾深望其早醒酣梦也。

综观东铁问题，如此重大，赤俄之凌辱，如此紧急，诚所谓累卵之危，祸必旋踵矣。然查赤俄改变政策，内则民贫粮乏，已呈不稳之现象，外则受列强之摈，自失国际之威信，乃竟甘冒不韪，肆无忌惮，而摧残吾国者，要以吾国年来，内乱频仍，虽拥四万万之民众，而势如散沙，虽号五族之共和，犹同床而异梦，故其借无抵抗之余暇，作乘火打劫之暴举。嗟吾同胞，既受凌辱，又遭小觑，有不愤而兴起者乎？所谓往事可鉴，来者当追，则此东铁问题，正与吾辈觉醒，促成团结之机。语云：“国家兴亡，匹夫有责。”况东铁者，乃国家之东铁，亦即全国人民之东铁，东铁之问题，诚吾国生死关头之问题也。为谋生存计，全赖吾全国同胞急起直追，本五族团结之精神，共同奋斗，尤以蒙族同胞与俄接壤关系特甚，况素性勇猛善战，成吉思汉之余威，何难再见，务以勠力同仇，铲除赤氛，俾路权及早收回，边圉益臻巩固，则东北民众幸甚，中华民国幸甚！

《蒙旗旬刊》
沈阳东北政务委员会蒙旗处
1930 年 2 卷 3 期
（李红权　整理）

开幕中之蒙古大会

希瑜　撰

此次中央召集蒙古会议，根据于第三届中央执行委员会第二次全体会议之决议案，原定于十九年三月以前召集旋因道途辽远，时局变迁，及交通阻滞种种困难，延至最近，始行开会。蒙古代表不辞风尘，远道来京，吾人除钦佩其精神外，均抱有热烈之诚意，与极大之希望在。

蒙古土地面积约一千万三百余方里，几占全中国领土四分之一而有余，天产丰富，素以工业原料地见称于世。时至今日，蒙地尚多旷废之区，蒙人仍多以游牧为业，坐令人不能尽其材，物不能尽其用，货不能畅其流，地不能尽其利，政治、经济及文化，落人之后。近更受赤白帝国主义之压迫侵略，使蒙古地位，岌岌可危。故此次召集会议之重大意义，以及蒙古同胞所负之使命，明哲者自能见之。

以蒙古既往历史之光荣，畴昔声威之强盛，而其坚忍不屈、奋斗图强之精神，尤足为吾民族生光。嗣以幅员广阔，统治不良，交通阻梗，以致情形隔阂而多误会，遂为列强所觊觎。赤白帝国主义者，窥此天然之宝藏，莫不眼中火热，垂涎侧旁，运用其威胁利诱之方法，以冀攫为己有。征之外蒙独立，呼伦事变，去年中俄交涉，甘心为虎作伥者，在在使吾人惊惕。中央秉承总理遗训，对于内部民族，不分畛域，不分种别，而创造一大中华的民族国家。此次会议，即开五族融合，通力合作之先河，际此训政时期，建设猛进蒙古因地理之关系，尤应有特殊之计划。

曩昔政府对于边圉，不加重视，然揆其原因，厥有三端：(一）中央政令鞭长莫及，以致各盟旗各自为政；（二）国内祸乱频仍，满〔汉〕蒙感情无力沟通；（三）内政未上轨道，以致国防空虚，文化落伍，经济窘绌，易为各帝国主义之诱胁。换言之，今后蒙古当如何兴革，能破除以上三端之障碍，则有注重：（一）教育之设施，能化除畛域观念；（二）交通之建设，能开发天然物产；（三）殖民以实荒，可使婚姻以融合民族界限；（四）改良经济组织，可使灌溉耕地以安定其生活。凡此种种，皆有望于此次蒙古会议，不偏急进，不执己见，能兼顾各方之利益，以适合本党主义与世界潮流为依归，以使光明灿烂之大中华民族，得提高在国际上之地位，则在国际间庶几乎可达求得自由平等之目的，国内可完成国民革命以实现三民主义。

《时代》（半月刊）
国民党上海特别市党部宣传部
1930年2卷3期
（丁冉 整理）

敬告外蒙民众书

黄之明　撰

外蒙自一九二一年脱离中国，而建立外蒙社会主义共和国，八年来不消说是有很多惊人的成绩，因为外蒙三百年来的历史，大都入于沉寂之中，我们以为外蒙民族，将永于沉寂下去了，一旦能够重新振作起来，实在是令人值得赞叹的一件事。我们于此很可以知道，外蒙是决不可轻视的，很可以推想到，元朝的历史还有重演一幕的可能。

虽然外蒙的复兴，固足令我们赞叹，而外蒙政治的现状，实在伏有莫大的隐忧，因为外蒙虽然是脱离中国而独立，实际并没有建立一个完全独立自主的国家，并且较从前，反加上一重枷锁。我们要问外蒙的政府，是不是外蒙民众的政府？外蒙所行的政治，是不是根据民意的政治？外蒙的立法、司法，是不是根据民意的立法、司法？外蒙的军队，是不是代表人民的力量的军队？外蒙的教育，是不是启发外蒙文化的教育？外蒙的经济，是不是以民众生活为标准的经济？我可以拿客观的态度，为他们答覆：外蒙的政府，实在是俄国御用的政府。外蒙行政，实在是俄人独裁的行政。外蒙的立法、司法，实在是标准俄人意旨的立法、司法。外蒙的军队，实在是保护俄人在外蒙的特殊势力的军队。外蒙的教育，实在是俄国用为“赤化”侵略的工具的教育。外蒙的经济，实在是以俄国政府银行为转移的经济。请外蒙的民众想想，外蒙已无异于是俄国的外蒙，外蒙民众，已无异于做俄国的奴隶。

固然一个国家，或一个地方的种种建设，不能不赖于友邦之提携。但是提携与支配是不同的，受友邦的提携，主权仍操于自己，果能适当运用，还可以得到提携的利益。被支配于人，是以主权奉之于人，对于自己的利害，自己反不能定取舍，这便是甘于受人宰割，这便是甘于做人奴隶，这样不但不足为自己民族增光，反来要给民族过去的历史，加一种污辱。

现在外蒙民众，对于俄人或者还在憧憬之中，或者勉强要理解俄人是提携外蒙的，是加惠于外蒙的，因为他们只听见俄人的扶植弱小民族的呼声，他们只看见俄人贡献给他们的一点物质文明，他们全不觉察到俄人正是一种养肥猪的手段，养肥可以多出些肉。其实俄人作威作福、杀戮欺污外蒙民众的情形，外蒙民众本可以随处见到，而俄人利用他操纵新闻的力量，随时宣传自己的作威作福、杀戮欺污是合法的，如此则知识缺乏的外蒙民众，反要认为自己是错误的，反要认为自己是应受俄人的杀戮欺污！

现在外蒙民众，第一样应该觉误〔悟〕的，苏俄实在怀有吞并外蒙的野心，他的野心在二百年历史中，随处可以见到。即令我们不拿较远的证据，证实俄国的野心，就拿一九一七年，俄国革命后新订的对外政策，也可以分明的发觉出来。他们现在的对外政策，是一种变相侵略政策，他想要利用弱小民族，利用各国劳动阶级，向各国进攻，以期达成他的统制全世界的目的。所以外蒙民众，决不应受他的欺骗，做他的牺牲品，就应该联合起来，排除俄人的势力，造成个纯粹民治的外蒙政府。

现在外蒙民众，第二样应该觉悟的，应与中国始终合作。固然从前的中国政府，毫不知顾及外蒙民众的利益，以致失掉外蒙民众的信仰，而自立外蒙政府，这也是未可厚非的事。至于将来外蒙仍应归顺中国政府统制，抑或永久脱离中国而独立自主，这也是另一问题，暂不讨论。不过外蒙民众应该知道与中国始终合作，才是外蒙前途的光明，才是外蒙民众的幸福。因为以颜色的关系，汉蒙同系黄人，将来世界黄白人之对峙，是必定实在的事。黄人如果自行分裂，实在是自取灭亡，而黄人受制于白人之下，更足表示黄人之自甘卑贱。以历史的关系，元朝因为蒙汉合作，才演出那样光荣的历史，现在蒙古欲发扬其固有的精神，仍非与汉人合作不为功。以地理的关系，现在世界渐由国与国之对峙，而进于洲与洲之对峙，故亚洲各民族应加紧固结，以保持亚洲固有之势力，必如是才是亚洲的幸运，才是黄人的幸运，才是中国与外蒙的幸运。

现在外蒙民众，第三样应该觉悟的，便是外蒙民众，应该信仰三民主义。将来外蒙民治的政府成立后，应该实施三民主义。外蒙社会的情形，与中国内地相同，所需要的不是社会主义，而是民族、民权、民生主义。民族主义，是主张国内各族一律平等，国际间各民族一律平等，中华各民族一律平等，互相提携，实在比受支配于俄人好得多。民权主义，是主张国家政治，归人民执掌，外蒙政治，由外蒙人民执掌，实在比将政权授之于俄人合理得多。民生主义，是主张发展国家实业，平均地权，节制资本，较之外蒙以经济权完全操之于俄人之手，实在也高明得多。所以三民主义是救中国的良药，也就是救外蒙的良药，若要造成个健康的外蒙，非接受这种良药不可。

最后我要向外蒙民众高呼三个口号，请觉悟的外蒙民众，都要唱和：打倒操纵外蒙政府的俄人的势力！中华各民族联合起来！信仰三民主义！

《蒙旗旬刊》
沈阳东北政务委员会蒙旗处
1930年2卷4期
（李红权　整理）

卓索图盟喀喇沁东旗之新建设

王永贵　撰

前清宣统年间，有该旗总管许君华圃深知教育为拯救落伍民族之要素，特集该旗蒙民绝产公地，拨作教育永久基金，即于该旗常平仓旧址，建修学舍百余间，创立高级小学校一处，聘师授徒，颇极一时之盛，并将该旗划分十区，每区设立初级小学二三处，办理教育，促进文化，今已十余年矣。其前后毕业学生数百名，旅京升入大学毕业肄业，或留学东西洋者，亦不乏人，实为内盟〔蒙〕各旗之先进者。兹闻该旗扎萨克默尔赓额，青年有为，力图更新，特于今岁元旦，召集全旗人民，并在外留学员生，大开会议，议决事项。除改良一切旗务外，首先创立该旗教育委员会，对于教育基金之保存、教育普及之方策，历历进行，并拟将该旗仿照新省县制改为委员制，为内盟〔蒙〕四十九旗之倡云。

《蒙旗旬刊》

沈阳东北政务委员会蒙旗处

1930年2卷4期

（朱宪　整理）

昭乌达盟克什克腾旗之维新

作者不详

克什克腾旗前札萨克布克吉雅因案褫职后，即以该近支辅国公诺拉噶尔札布汉名即包文明承袭，闻该札萨克袭爵伊始，即开全旗民众会议，讨论蒙旗一切维新事宜。当即表决，该旗制度，虽各仍旧，而教育之振兴，财政之公开，实业之提倡，农牧之改良，逐一立时表决施行，其他开放贵族、平民之阶级，权利义务之平等，犹系余事。该旗蒙民骤渥数千年未享之幸福，均都口碑腹鼓，欢跃崩角云。并闻该札萨克诺拉噶尔札布虽系贵族，自幼曾受相当训练，民间疾苦，洞悉无遗，且自前清末年游历到辽，蒙前张大元帅聘充蒙事咨议，驻辽有年，耳濡目染，颇知政体。想各王公都如此奋勉，蒙旗前途，自无量也。

《蒙旗旬刊》
沈阳东北政务委员会蒙旗处
1930年2卷5期
（丁冉　整理）

中央关怀边陲

作者不详

自中俄战事发生后，呼伦贝尔受赤俄蹂躏殊甚，中央关怀边陲，特派蒙藏委员会专门委员恩和阿木尔偕同随员于一月底到沈，经东北政务委员会派蒙旗处副处长许卓声协同前往，于三十日由沈北上，赴呼伦贝尔慰问，现已公毕回沈，谒见张主席后，即回中央覆命云。

中央蒙古会议日期缓至四月举行

蒙古会议，原定本年二月举行，刻以蒙古地方距京穹远，各盟代表恐难如期赶到，业已展期至本年四月举行云。

颁发布里雅特旗关防

布里雅特蒙部，土地、人民原属中国，于前清康熙年间，中俄划界，始将该部土地、人民划归俄有。至民国十年，有布里雅特之米济特多尔济者，以该部人民之风俗习惯与俄不合，先率领四佐人民约一千余口，由俄属赤塔附近之苏古拉达僧归附祖国。复于十六年招抚该部四佐计人民亦一千有余，均在呼伦贝尔兴安岭迤西一带游牧，经贵都统呈保，即以米济特多尔济为该部总管。

此次中东路事变，赤俄煽惑呼伦贝尔青年独立，东北政务委员会派蒙旗处袁处长庆恩前往宣慰，经米济特多尔济之面恳，颁发关防，业经袁处长签请，蒙准颁给布里雅特总管之关防云云。

《蒙旗旬刊》
沈阳东北政务委员会蒙旗处
1930年2卷5期
（朱宪　整理）

论蒙古人宜明法律

张子赓　撰

处此人心不古，变诈百出之世，而徒高谈性理，墨守诗书，不明申韩之学，与现代之法律，其不为人所愚者几希。蒙古人民，经累世王公之压制，受昔日官吏之淫威，富于服从性，固属美德，第恐印入于脑筋者过深，充其流弊，必至由服从性，一变而为奴隶性，设遇强凌众暴，往往以不明法律之故，忍痛含冤，无由得白，则未免怯弱矣。在一般驯良蒙众，思想简单，熟读《圣谕广训》，和乡党以息争讼，果无蹊田夺牛之恨，道旁杀马之仇，游牧相安，出入相友，岂不甚善？讵知品流各异，人类不齐，我虽与人无争，无端横逆之来，既不可以理遣，又不可以情恕，必待诉诸法律，始能解决。夫法律所以济道德之穷，如秉公正廉明之吏，片言折狱，是非立判，两造和息，各安生业，虽有诉讼，何害于人？万一遇吏虎而冠者，鱼肉良民，羁押讹索，案情虽小，完结无期，在昔司法未经独立，有司擅理民辞，吾人因此败家亡身者，不知几何矣。推之蒙旗诉讼，此等情弊，更数见不鲜。嗟嗟，吾民何辜，罹此冤抑，兴言及此，能不太息痛恨专制流毒之甚也！今何幸吾与蒙众同胞，共居青天白日之下，胡越一家，人民平等，司民牧者，果有恤民之心，惠民之政，吾当称颂其盛德至善，以至没世不忘。否则蒙旗之札萨克，内地之县知事，一小公仆而已，主人如有过失，公仆可依法纠正之，公仆如不称职，主人当依法驱逐之。历观各省之职司执事，因贪赃枉法，被人民检举而惩撤者，不胜枚举，触类而推，蒙旗执政诸公，如有妄自尊大，不知勤政爱民，以及种种不法行为者，当受法律之裁判，谓予不信，宾图王之削职，非其明征欤？然而不明法律，犹徒手博虎，恐不能捋一虎须，反为虎所噬矣。

《蒙旗旬刊》
沈阳东北政务委员会蒙旗处
1930年2卷6期
（朱宪　整理）

治蒙之刍议

邵俊文 撰

蒙古民族，夙号强盛，版图辽阔，跨有三洲，中外人士，罔不慑服，故今日西人仍以蒙古利亚民族代表黄种人也。惜其习于游牧，进化迟滞，政治、教育，竟而落伍，向之称雄于世界者，今则寂无声息矣。非第寂无声息已也，且生计之艰窘，交通之梗塞，文化之落后，前途悲观，不一而足，关怀蒙事者，每惄焉忧之。东北政务委员会张主席有鉴及此，汲汲然以注意国防、提携蒙古为前提，于百政之先，特设蒙旗处，以董其事；深恐蒙旗之教材缺乏也，设蒙旗师范以培养之；蒙旗民智之锢蔽也，创《蒙旗旬刊》以诱导之；交通之梗塞也，筑洮昂、洮索路以运输之；地利之荒芜也，立屯垦公署以开发之；感情之隔膜也，信使往返以联络之。治蒙之方策固已巨细靡遗，本无庸记者刺刺饶舌，作老生常谈语也。第以天下兴亡，匹夫有责，愚者一得，缄默难安，用是不揣谫陋，爰将治蒙刍议，缕述于左，愿注意蒙事者，一采纳焉。

1. 宜化神权思想为民权政治。

2. 宜由游牧生活变化农工生活。

3. 各旗执政，宜具有改进之诚意，且须登庸青年之健者。

4. 各旗宜力行新政，须添设新政主任及办事员。

5. 各旗宜由省政府酌添新政指导员。

6. 各旗宜筹设小学职业学校及巡回图书馆，以促进文化。

7. 各旗宜添设巡行讲演员、影剧团及各项展览会，以资比较。

8. 各旗每年宜开赛马、体育等会，以保存尚武之精神。

9. 各旗宜筹设工艺传习所及各种工厂，以资提倡。

10. 各旗宜筹设生产物合作公司，以资合作。

11. 各旗宜筹设电报、电话及轻便铁路，以利交通。

12. 各旗宜奖励耕作，利用机器，以收事半功倍之效。

13. 各旗宜改良畜种，及其牧养方法，以资蕃衍。

14. 各旗宜组织参观团，赴通都大邑参观，以广见闻。

以上各种办法，虽属老生常谈，于事无补，万望各旗执政者作为参考之资料，勿河汉斯言也，幸甚。

《蒙旗旬刊》
沈阳东北政务委员会蒙旗处
1930 年 2 卷 7 期
（丁冉　整理）

蒙古行政制度概略

邢事国　撰

际兹训政伊始，百凡图维，设官分职，莫不以便利民生、趋顺舆情为攸归。惟我国以幅员广大，民情各异，间有未能以同一制度律之也，是则不得不因地制宜，各谋其是，虽统治有分歧之嫌，为国家政治之窒碍，然应亟谋改良，渐趋一致，俾底丕治，奚有难哉？设不此之图，仅急急于外表划一，则非特有削足就履之讥，亦且足以偾事，是在谋国者当加审慎也。

我之喋喋于此者，实有所感而云然。尝闻今之谈蒙政者，每以蒙政之窳败、旗务之不良为隐忧。欲各民族之同一进步，非由于政治之改良不可。此说也，余因〔固〕深韪之，盖蒙政之未尽适宜，无可为讳，是则亟谋改革之不容或缓也。但改革之法，必有其道，未可躐等以进。欲谋适合之改革，则应详究其既往之历史，熟审其利害，截长补短，以为他日厘订蒙政之借鉴，初未可眩于时代之潮流，妄思效颦。不观乎外蒙失足，堕人术中，难以自拔，利未蒙而害已深，良足为前车之鉴，吾人对之当如何慎重将事耶？

蒙古向以游牧为生，故其文物制度，不无稍逊，而其行政之组织，尤极简单，不过如一酋长及一家族长之集合而已，相沿迄今，一仍旧制，数千年如一日。其积弱不振之原因，虽非一端，而其政治之未能改良，要亦其显著者也。兹将蒙古行政制度搜集成编，俾得共同研究，详考其利害得失，谅亦为关心蒙事者之所乐闻也。

官爵　蒙古各旗官爵，共分六等，曰亲王，曰郡王，曰贝勒，曰贝子，曰镇国公，曰辅国公，六等之外又有汗、台吉（元宗室）、塔布囊（元驸马，此名仅存于喀喇沁），汗列王公之右，台吉、塔布囊同爵而异其名，列王公之下，亦有四等之分。在昔凡列官爵者，年各有俸，今则因财政支绌，已无余廪可食，复因其官爵多世袭，故其闲散王公甚多，殊足骇异，亦为世所罕闻也。

盟制　蒙古分内外二部，部各有盟，其数不等。盟有长，以王公充之，其位世袭罔替，总理本盟各项事件。在昔盟长由各旗扎萨克轮流充任，以六年为一任，但此制近年来渐已废除，盟长得终身兼任。盟有兵勇千名，直属盟长统辖，故盟长多兼兵备扎萨克名目。惟依克昭盟，因成吉思汗陵寝所在，每岁三月，例由该盟长办理祭祀，故独兼吉农名目。盟长外又有副盟长一人，帮办盟务一员，均由各旗推选。盟长出缺，即由下级依次递升。盟内事务甚简，仅各旗有不能解决之事，然后由盟内承办，至于各旗扎萨克及官员等之任免，盟长仅能呈请调补，不得擅自专行，故实为监视行政之机关耳。

旗制　旗为行政之单位，如内地县制然。每旗设扎萨克一员，由王、贝子、贝勒、公或头等台吉等充任之，掌管本旗行政、司法各事宜，其官爵世袭罔替。每旗设协理台吉二员，佐理旗务，管旗章京一员，掌管兵备暨行政事宜。梅伦章京二员，掌管庶务、文牍等项。上述五员为旗内主要职员，掌管旗内一切事务，以一月为值，互相轮替，遇事之无关紧要者，即能独断办理，重要者则共同商议，然后提交于扎萨克，须得其同意，始为有效。倘扎萨克有所主张，亦须征求章京等之同意，方能执行，是乃行政权分配之大略也。复有扎兰章京，管理地方事宜，类似各县之区长，白通达办理府邸事务，笔帖式办理文书，伊科达（汉意族长）办理村落户口等项，哈番、包衣达则专管私邸杂务，及奴隶等事。

各旗之下，设有若干佐领，以分治之。凡佐领之丁百有五十，每佐领设领催六人，什长每十家一人，满六佐领以上者，设章京一人，十佐领以上者，设章京二人。以上各员俱由扎萨克拣放，轮流驻班，襄理旗务。其授职方法，凡协理择由台吉中明敏而有才干者当之，缺出，由扎萨克呈请盟长保举送院请补，管旗章京由佐领及同级官员内选充，经扎萨克委用或由梅伦升补之。

会议　每岁春秋二季，由扎萨克举行会议，将全年旗务之概略及应改善之处，提出讨论，届期旗内各员，均出席与议。此制颇与现代政治相吻合。但考其实际，旗内官员，仍为〔惟〕高级者马首是瞻，以是未能畅收实效。

官俸　旗内员役，均无定俸，公家所需，悉由民家摊派，其所出之多寡，恒依是年事务之繁简，而无一定。近年以来，蒙荒渐辟，国税等项，始有收入，近如东蒙各旗，及热、察、绥之一部，渐知效法内地，其官员亦定饷额，惟甚低薄，且各旗参差不一，故难列表统计耳。

财政　蒙地财政出纳，向无预算，遇公家有所需要，临时按户征收，且其所纳者为牲畜，而非现金，以是更难考据。现虽荒芜渐辟，交易频繁，然对于财政之出纳，仍不讲求，即有一旗稍加注意，亦仅如私家账房然，秘不公开，非特为地方之黑暗，亦且于政治进展上，大足妨害，盖政治之如何，莫不以财政为其背景，吾人安可忽视焉耶？

兹将盟旗制度列表如左，以醒眉目。

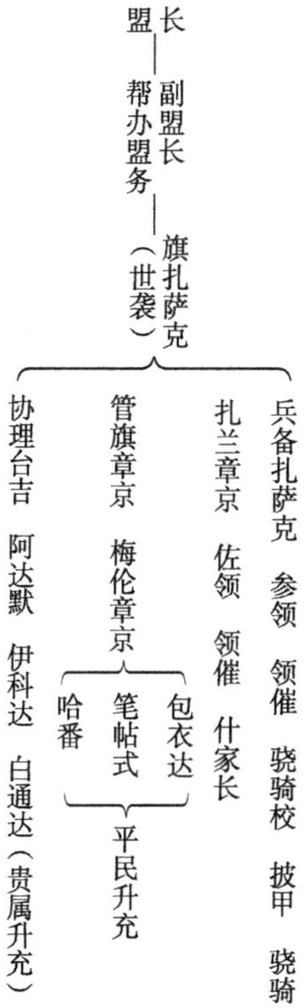

《蒙旗旬刊》

沈阳东北政务委员会蒙旗处

1930年2卷8期

（丁冉　整理）

今后蒙族人士应有的觉悟

黄成垗　撰

予曾见日人金川耕作、夏永宪次同译之《蒙古语童话集》，其第四十八课云：“有一老人，儿子甚多，数子之间，不相亲善，时常互相攻击。其父欲使儿子们亲善，设了许多方法，均未收效。他父亲把诸子们招集到一处，拿了几只箭，拴在一块，向他那诸子们说：‘我看你们能把这拴在一处的箭折断么?’儿子们听罢父命，就用了极大的力量去折；然而不能折断。他父亲看了这个，于是乎就把拴在一处的箭解开，一个一个散着说：‘你们现在把这散开的箭折断，能不能呢?’他那些儿子们，稍微用一点力，就把散开的箭，极容易的折断了。他父亲说：‘几只箭合在一块不结实么？一个一个的散着折，不极其容易的么？这个道理你们晓得么？物既如此，人亦一样，你们弟兄亲善，任何敌人，均不能以伤害，若你们各自为谋，随便一个敌人，均可以欺压你们啊。’”我汉蒙结成兄弟，将及七百年，方今外蒙脱离政府独立，譬诸兄弟析居另炊，虽然偶而失和，终当一处共爨。推想兄弟析居之原因，多半由于妇人之挑唆。请先言兄弟析居之弊，再言挑唆之词万不可信。从前汉蒙世世相仇，固属事实；其后成吉斯汗发祥于幹〔斡〕难河，元世祖建都于北京，统一中国，固以蒙人为亲信；然亦不以外人待汉人，非一视同仁乎？结成兄弟者八九十年，而元皇回籍矣。终明之世，虽有一二不肖之徒，擅入内地任意抢夺，然为时颇暂，汉民未曾大受其害，与明约为兄弟者，亦复不少，兄弟之情，未尝隔绝。前清入主中原，蒙古相继来归，视汉蒙皆兄弟也。三百年来，安居乐业，未曾滋事生端。其后清皇德薄祚尽，任用群小，全国变动；外蒙之独立也固宜。夫不但蒙人独立，即汉人亦不服从满清之命令矣。民国四年，取消外蒙独立。九年，外蒙王公情愿撤消自治，兄弟重行回〔同〕室共爨，幸甚幸甚！讵意日、俄两国，见我汉蒙亲善，妒嫉成性，包藏祸心，故用种种挑唆之词，以离间汉蒙。物必先腐也，而后虫生之；人必先疑也，而后谗入之。假如其时，徐树铮不以武力压制蒙民，则人虽有言，何自而入？但事已既往，不咎可也。现在内地各省，亦尚不相亲善，干戈扰攘，迄无宁日，外蒙独立，亦不足怪！俟内地统一之后，我蒙古同胞，再行回屋同度，亦美事也。惟是谗言不除，终无亲善之一日。

（1）挑唆者必曰："蒙古地方，东西一万余里，南北亦三四千里，地甚大矣，虽脱离汉人，亦足自雄。"此言不可信也，何则？日本之国小于印度者，不知凡几，而日本雄强，印度灭亡，国不国矣。蒙古虽大，沙漠地多，不生水草，矿产虽有，未曾开掘；若云开掘，又无资本，向外人借债，须给利金，矿未开竣，债已山积，而利权操之外人矣。且开垦之地，虽间有之，然而甚少，一国度支，全须征自牧群，是否足用？请看首次独立时所借俄债簿记，便知梗概，此财用不足，不能独立者一。立国固不在大小，如有人才，则又何难？顾蒙古原少学校，欲学专门之技能，却无可学之处所；借重客乡，则非我族类，其心必异，不免有种种之流弊；内蒙及呼伦贝尔之贤能，虽属可用，但其头颅间不忘故国，数年之间皆行回籍矣。此人才缺乏，不能独立者二。或曰："外蒙此次独立，历时数载，政府固莫如之何，并未中途撤销。"此盖内地军阀皆在梦中未之醒也！醒则兴师一二十万，不难以武力收抚库伦，但有伤于手足之雅，不忍施此辣毒手段耳。

（2）挑唆者必曰："屯垦移民，实属灭蒙之最毒方策。盖蒙地严寒，惟宜游牧；故蒙古千百年来，游牧之风，迄未变更。户口众庶之地，即牛羊繁殖之所，其地实难耕种，间有可耕之地，一年可耕之时，不逾百日；百亩之获，不及内地五亩，一人必耕田千百亩，方足赡一家之用。气暖可耕者，惟内蒙哲里木、昭乌达、卓索图三盟各旗，自前清即有汉人来贸易者，其后相率来垦，移居蒙地之汉民既多，土著之蒙民，反失游牧之厂；生计困难，流离失所，壮者迫而为匪，老弱转乎沟壑，室毁人亡者，不知凡几。间有困于乡里，勉学为农者，亦以习惯不同，子种弗宜，以致入不敷出，不数年间，田产荡然无存，散而之四方者，又不知凡几。垦田所至之地，即蒙民被逐之所，移民屯垦布满蒙境之日，即尔蒙族逃亡灭绝之时。"不惟日、俄谗人以此为挑唆之词，即蒙族同胞附和其说者，亦复不少。实则外人言之过矣，蒙族同胞未之思也，请申其说。（甲）蒙境固暖地甚少，寒地极多，外蒙较内蒙为尤甚。我曾旅库数载，其地极热时候，可着夹衣，冬则非重裘不暖。地寒不可开垦，垦则五谷不生，无已，方依旧习，游牧为业，非不欲开垦也，不然，恰克图、科布多同为外蒙之地，垦地何为而独多耶？惟地寒之原因亦有二种：一、库伦居于高原，风巨足以致寒；二、地未开辟，人烟稀少，亦足致寒。我辽省当前明之际，地广人稀，气候至为寒冽。其后田地渐辟，人烟渐聚，今日气候，已属温暖，不似从前坠指裂肤之严寒矣。职是两种原因，库伦之寒，亦可知矣。假使在库屯垦移民，数十年后之气候，必与今日之辽宁同；不惟库伦一处为然，其他各地莫不如斯。现在蒙古境内，气暖之地，未尽开垦，似此严寒之区，固宜照旧游牧。常见侨库汉商，贸易之外，亦从事于游牧事业，数百匹之马群，驰驱于茫茫瀚海之间者，不仅蒙人也。由此可见寒地何必开垦，照常游牧可也。是故政府对于蒙境，非令处处垦田，不给蒙人留牧场也。（乙）游牧以四牲为业，逐水草而居，殊无固定之居室，用地实多，有春居之处，有夏居之处，有秋居之处，有冬居之处，水草佳则居之，否则迁之，一年之间，至少须移四次，一家数百头马牛，即须四处可牧数百马牛之地。现在蒙古地广人稀，尚可适于游牧，若同日本国小人多，尚有如许之地以牧畜乎？即内地每县三四十万人口者，常常有之，若同蒙古以游牧为生，则地不敷用，以牧为业可乎？蒙族常此人少，永不滋生，则亦已矣；否则数百年后，地大犹如斯也，而户口则增加倍蓰，游牧亦有不足维持生计之日。至彼时则人多牲少，膻肉酪浆，足充饥渴乎？欲不树谷得乎？此则蒙境现在纵不耕种，将来终须变牧为耕也。（丙）哲、卓、昭三盟地暖，五谷皆可种也，外蒙天气严寒，他谷纵不生长，宜可种麦。内地种麦，第一年秋种之，第二年夏则收获，收获之后，犹可种以他谷。蒙境纵严寒，每年耕种一次，当可熟也，所获之利，亦可观矣。必种千百亩，方足赡一家之用，未可以为信也。（丁）蒙境农夫，谓无蒙人乎？哲、卓、昭三盟之庄家汉，固多汉人，蒙人何曾少也？其不愿耕种，仍游牧于朔方者，固无穷乏之人，留守桑梓者，岂乏富家翁耶？余有亲戚某蒙人，其家既饶于地，又多有金银珍贵之品，蒙人富者岂少也哉？以王公之资产观之，哲、卓、昭三盟王公所属地，几尽开辟，收租亦多。科尔沁达尔罕王，每年征收地租，可达百万余元，其一举一动，俱见富豪。至锡林郭勒、乌兰察布、伊克昭三盟，垦田之处所少，王公之收入亦少。鄂尔多斯某王以一王爵，向汉人王四驴借银三千两，迄今本利尚未清偿，使其旗垦田尚多，当不至向汉人借银三千，即借，亦不至多年不能清偿也。（戊）垦田移民，汉蒙杂居，足以增蒙人之学识，裨益蒙民，岂浅鲜哉！内蒙垦田多于外蒙，其俊杰贤能，亦多于外蒙，哲、卓、昭三盟垦田，多于其他三盟，故读书识字者，及百工商贾，无不多于其他各盟也。（己）奸诈汉民，容或有之，讵能人人皆奸诈乎？余意任何民族，忠奸之人，当各有之，若因汉人之中有一二奸诈者，即恶汉人，则蒙族奸诈之人，独无一人乎？若有一二，即足代表全蒙乎？蒙境开垦，汉蒙杂处，非坏事也，汉蒙各有所长，各有所短，若马上驰驱之术，老少皆擅能之，勇猛善战，长于游牧，旅客相投，不论识与不识，一体招待，不分你我，不索酬报，若遇迷失路径者，必亲切指示，有暇则亲为护送，当兵纳税，视为当然，此皆蒙人之优点也。我汉人师其优点，效而行之，不亦善乎？汉人讲孝悌，任何奸诈之人，莫不孝于其亲，恭其长上，妇人于其夫之死也，稍有生活之资，莫不为之守节。其家资贫窭，子女全无，誓志不嫁者，亦复不少。女子于归之后，纵遇人不淑，有仳离之叹，而稍藏他心，即足贻人讥笑。谚云："寡欲多男。"职此之故，汉人最多矣。内蒙距内地近，风俗稍好，外蒙仍其旧风，不重礼义，父母固有养子之义务，子女无须报称于其亲也，故父母年力既衰，子女恒奴仆视之，死后不敛以棺，不窆于穴，有火葬者，有弃之于野，任狼犬之残食者，风俗未可谓美。即云欧西各国，子女亦不必孝养其父母，蒙人之行，固不足怪。人死葬之以火，尚亦犹可，惟葬之于犬腹，未免残忍耳。若以汉人为师，则此种恶习，可决然无之。全蒙户口仅三百万，过少矣，兄弟三人，则一二人为僧侣，其一二人已无生子之望，此人少之一种原因。内蒙尚有婚嫁之典礼及仪式，妇人不安于室者，固多桑间濮上之行，然犹知所顾忌，不敢彰明也。若外蒙则正式夫妇甚少，双双男女，多半临时结合，相处十数年，妇人犹梳发辫，乡间尚好，城内则风俗极坏。予在库数年，不曾见结婚之典礼，处女无论矣，妇人亦任意与人结合，夫亦不怪也。若处女结交之人，不过二三十，犹堪称贞女。其交合既漫无选择，即易传染花柳症，生子不极难乎？外蒙妇人产子二三人者，少乎其少。此为外蒙人少之一大原因。若学汉习，妇女多知守贞，则寡欲多男，外蒙人数可即时增加。（庚）被迫而为匪者，纵有之，而亦不多。彼不守分安命者，虽家资亿万，亦常起好乱之心，以行险徼幸，循良之辈，虽贫无立锥，亦素乎贫贱，勉强维持，不起好乱之心，不生徼幸之念。若蒙古少壮为匪者多，好犯刑章、触法纪之徒，虽其乡里照常游牧，彼亦不甘与牛马为伍。其为匪也，可谓政府迫之乎，习性未改故也。

（3）挑唆者必曰："蒙境设县，则王公权利立时减少，汉员任意向蒙民征收赋税，种种压制蒙民，郡县所在地方，目中直无蒙古之王公。"此言不足信也。盖自前清以还，汉蒙已成一家，汉员可管蒙民，蒙员亦可管辖汉民，由此言之，蒙古境内垦田之汉民，即可径归蒙古王公管辖，何必设县置汉员耶？此亦有故，哲布尊丹巴之沙毕人士与王公所属之公民，杂处一旗，而王公不能管辖沙毕，啦嘛僧［止］不能管辖公民，僧俗互讼，则啦嘛官之宰桑，须与王公会审，会审何为？公民有公民之习惯，啦嘛有啦嘛之习惯。习惯规矩，既不相同，是以僧官俗吏，各有所管。知乎此，则蒙地设县，不言而喻。夫啦嘛与蒙古之公民语言相同，犹须分官而治。若蒙古与汉人风俗不同，言语全异，蒙古境内若不设县，则蒙员视为应管者，汉民未必服从，汉民认以为是者，蒙员反判之为非，官不治民，民不服官，纷纭扰攘，将无宁日，蒙员不获一日之安，而谓政府忍乎？初内蒙尚未垦田之日，未设县治，聚民未多之时，亦未设县，其后田则渐垦，民则渐聚，方设县以治汉民，不辖蒙民，不废蒙旗，盟旗之制，仍旧存在。王公仍旧管辖蒙民，汉蒙诉讼，县署不能直办，蒙民虽可拘之于署，然须候王公派员到后，方能开始审判。汉员不得压制蒙民，王公权利依旧存在，所谓减者，果何指耶？汉民在蒙垦田，照例须给王公纳租，不可违也。缴租稍迟，王公不怒犹可，怒则一书之寄，送诸县署，轻则罚款，重则办罪。王公除管辖蒙民外，尚能管辖汉民，可谓欺压汉民乎？藐视汉员乎？我说一句至公至正之语，科尔沁王公敬昌图、梨树等十数县之知事乎？抑昌、梨等知事，敬科尔沁王公乎？王公不礼知事则可，知事敢不礼王公乎？一盟如此，各盟皆然。

（4）挑唆者必曰："汉员在内地服官，尚欺压汉民、鱼肉汉民，不观夫各省长、督军乎？孰不殷富，家财百万，犹曰穷困，其有能方〔力〕学问者，皆在内地致富矣，无能力又无学问者，方派之来外蒙仕职，到库之后，一味发财，欲其不讹诈蒙民，其可得乎？遇有要事发生，措置不合机宜，故事愈滋愈大。库伦失守矣，彼等逃走矣。前清驻扎外蒙华官无汉人，皆满人，亦如斯也。蒙人如不独立，将无发展之日。"斯言固不谬，然欺压蒙民、鱼肉蒙民者，予不惟不加赞成，且极痛恨而詈骂之。顾官库之汉人，不能谓之皆怀利心也。若谓无一能者，及以良心对待蒙人者，亦不可也。予自维学识谫陋，能力薄弱，然在库一年，恰克图二年，官则主事，兼木税委员，位小禄薄，而未尝以坏心对蒙，收税七八月，敢云分毫无私，不愿舞弊，亦不知舞弊也。予兄成埒，由库署主事，而秘书、司长，升至唐努乌梁海参赞，在蒙年限比予尤多，七八年间，对蒙未尝一事怀有坏心也。所得之俸薪，皆系分内所应有。唐努乌梁海大喇嘛达克丹谒库伦陈使曾云："若不将黄大人保升本处参赞，则吾此次回唐，将无颜以见父老。"凡属蒙民，谁不知晓，余虚言矣乎？官库之汉人，无才能，而又怀藏利心者固有，如我弟兄，以公正心理对待蒙人者，亦所在多有。往者不可谏矣，来者犹可追也。政府此后不欲收抚外蒙则亦已矣，欲收抚则压制蒙民者勿用之，怀压制蒙民之心者，亦勿用之。蒙人皆曰不可者，勿用之，鱼肉蒙民者，亦勿用之，是所望于政府者也。寒地固不可耕，勿谓暖地亦不可耕。移奸诈之汉民固不可，勿谓移安良之汉民亦不可也。恶贪渎之汉员也可，恶全体之汉员、汉民也不可。谓无汉民之处不得设治也可，请勿谓移民众多之地亦不可设治。此所望于蒙古同胞者也。

（5）挑唆者必曰：“蒙古自古即据朔方，建国称雄，强秦犹筑长城以御防之；其后愈传愈胜，至元朝则统一宇宙，臣服中外，勋威名震于殊俗，天下莫强焉。从前欧洲各国，知东方惟蒙人最著耳。现在蒙古衰弱至矣，设不独立，必如满洲同化矣。”此语骤闻之，似亦有理，及审思之，则毫无理由。何则？一家气运盛衰互有，一国运气亦有盛衰，人才岂易出耶？寻常人材犹不易出，矧出类拔萃者乎？中国自有史以来，五六千年，如大成至圣之孔子，能有几人哉？成吉思汉之武功，古今中外，谁能比拟万一耶？汉族之秦始皇、汉武帝，满族之康熙、乾隆，西洋之拿破伦，恐亦自叹弗如也。现在蒙族同胞，有能及成吉思汉者乎？虽使成吉思汉复生，以三百万之人口，能削平世界各国乎？以征自四牲之赋税，能供连年用兵之兵费乎？岂但不能胜耶？即胜而财尽耗矣，人尽矣，所得之民，孰理之，所据之地，孰居之？若同汉人合作，则汉人即可补助，蒙人勇猛善战，任前线之劳，汉人运筹帷幄，〈任〉参谋之职。既胜之后，百汉人助一蒙守之，未为不可。惟如此，则似汉人极逸矣，蒙人极劳矣，劳逸不均，且汉人无功受禄，寝食不安。与汉人合作犹且不可，矧单独行之乎？劝蒙人不迷于武方〔力〕，中国未统一以前，山西晋国、陕西秦国、两湖楚国，地丑德齐，频年对敌，欲不设防可乎？彼时所谓蛮夷戎狄者，即现在之东三省、甘肃、江苏、浙江、广东、广西等省，今则谓之内地矣。由此观之，呼蒙地为内地，必见于将来也。至若言闻〔语〕不一，未足为病，夫福建、广东两省语言，直与外国无异，然不得谓之非汉人，故虽蒙人蒙言、回人回言、满藏人满藏之言，不可谓之非中国人也。若蒙古言语易于习说，则五族皆用蒙语，谓非中国话可乎？谓汉、满、回、藏灭亡可乎？满人习汉语，即谓非满人乎？径谓汉人，讵有妨碍。由此说来，五族用五种文言也可，用四种三种两种亦可，只用一种，谓不可乎？夫满人用汉文说汉话，非自民国成立之后，前清入主中原，即用之矣，满人称帝之时，能谓满族灭亡乎？元世祖建都北京时，蒙古王公、官吏习汉文汉语者，必有其人，能谓蒙族灭亡乎？吾故曰：蒙人仅用蒙古文言也可，兼用汉文汉语也可，甚至废蒙文而径用汉文也亦可。予在西方，教授蒙文，所书者蒙文，所言者蒙语，能呼予为蒙人乎？即呼予为蒙人，然蒙古为中国一部分，能谓非中国之文言乎？我中国人能书外国字、说外国话者，不知凡几，谓其人为亡国奴可乎？现在世界国太多矣，会二三十国之言语文字，皆有可用之处，惟一人之精神有限，不能尽学各国之语言文字，爰有世界语之发现。此语言统一也。我国五族用五种文言，实觉太多，应无论何种，去四留一可也。若以四族灭亡，归咎于我，我不承认也。此吾所谓初闻之似亦有理，详思之实无理者也。

（6）挑唆者必曰："现在世界潮流，实许民族自决之时机也。蒙古既为一族，即应脱离汉人而自决。"此言过矣，误解民族自决之真义矣。夫汉、满、蒙、回、藏，名虽为五，实皆中华民族也。譬之兄弟五人，皆可主持家务，惟外人不得参加，故汉人可以治蒙人，蒙人可以治汉人。总而言之，中国人可治中国事，外国人无论如何，不能治我国事，亦不能管我国事也。若如谗者所言，则中国五族，应立国五，内地二十二省，应立二十二国，一省有百县，即应立百国，蒙古应立三大国，内蒙六盟立六国。外蒙四部落，合科布多、乌梁海，应立六国。青海蒙古应立一国。谓之地方自治尚可，谓之民族自决，万不可也。夫各自为国，不相统辖，能御外侮乎？欲不灭亡得乎？五族若合作，犹之箭拴一处，为力既大，虽遇外侮，不足为害。若五族立为五国，犹之散开之矢，一一折之，不极易乎？外蒙果立六国，皆能自立乎？且外蒙独立，能不用内蒙一人乎？能不用科布多、乌梁海之一人乎？如车林多尔济其父，实山西之汉人也。彼现为外蒙国务总理，因其母为蒙人，呼之为蒙人固可，若其父为山西人，呼车氏为山西汉人，独不可乎？车林多尔济在外蒙，由小吏以至总理，二三十年间，办事不为不多矣，妨害蒙人者有之乎？若父母皆汉人，其子服官于蒙古，必以黑心待蒙古人乎？汉蒙果合作，不论汉蒙，惟才是用，办事自公，谁曰不宜。

（7）挑唆者必曰："汉满人果以良心对蒙人，则不惟弗以兵力、财力助之，反以武力压制蒙人。由蒙地征收赋税，是厉民以自养。于用人也，惟汉满是用，蒙人虽有才，不得大用，或用也，不过小吏，司大权者，蒙人未之有也。谓之为奸，讵不可乎？我俄、日于蒙，至为善亲，蒙署财政缺乏，向吾借款一万，未尝以九千九百九十九付之。频年借款，我不厌烦，借款已达数百万，不可谓弗以财力助之也。借兵则兴师动逾万千，未尝以饷糈责之以蒙人。借用军械则大炮、小枪、机关枪均带子弹以付之，不可谓弗以兵力、军械助之也。吾若不助以兵以财，尔外蒙能独立乎？谓非良心对蒙人可乎？"我蒙族同胞，闻其言也，请以一言问之曰："闻汉人云俄国助兵有助兵之条件，其条文：（一）蒙古政府，聘俄国军官廓洛维慈，为蒙古陆军总指挥官，月俸五百元；（二）库伦政府须以上宾待廓氏；（三）以一年为限；（四）一年后军事教育尚未完全，再续一年；（五）事繁，除廓氏外，应聘副指挥数人，但以俄人为限；（六）廓氏回国，库伦政府应送酬谢费六万元；（七）期限以内，发生战事，廓氏有指挥各部军队之权。借款亦有借款之条约，其条件：（一）外蒙各种矿产，准俄任意开掘；（二）外蒙各地方无论何时，准俄人敷设铁路；（三）俄国于蒙古境内，有架设电线之权；（四）俄人在蒙贸易，有免缴租税之权；（五）俄人在蒙，有买地开垦之权；（六）俄人在蒙有割草、渔猎及架设桥梁收费之权。此其大者，其余俄人在蒙享有特别之条文尚多，不及赘述。条约外尚有附带条件，即聘俄国财政顾问是也。凡外蒙支款事项，须经该顾问允许，方能拨款。借款不径交外蒙政府，先由该俄人财政顾问分配，自聘俄顾问后，财长已无权矣。”此约信有之乎？彼不能曰无，亦不〈能〉曰虚伪造作之言。请再问曰：若不许以权利，则以财兵助之乎？彼必曰不助之也。观乎此，则俄人有良心乎？无良心乎？可知也已。民国七年，外蒙自治时代，欲偿俄债，而无现款，曾由北京政府借款百万。其时俄国内乱，驻库伦俄兵已全数撤回，库伦治安危险达于极点矣，曾由政府请兵一团，有何条件耶？撤治之后，虽由外蒙征收赋税，然入不敷出，不知财政部拨款几许矣。外蒙王公年俸，曾由财部领取矣。自徐树铮离库之后，有以武力压制蒙民者乎？各官署办公人员，有一署无蒙人者乎？各处参赞，汉蒙之人皆有之。乌里雅苏台参赞札王、副参赞陈问策，陈以汉人反居蒙人之下，谓政权非蒙人操之乎？前清第一任乌里雅苏台将军，非三音诺颜亲王策凌乎？能者方在大位耳。噶尔丹攻破外蒙之时，外蒙王公士庶，皆失游牧之所矣，无处可投，方归清皇，当即授之以地，赈之以款，使之不失生计。厥后数年，兴师数十万，费无数之金钱，始将准噶尔之噶尔丹讨平之，使外蒙王公还牧故土，所牧〔收〕之赋税，能及万分之一乎？如此犹曰汉满〈不〉以良心对蒙人，未免忘恩负义耳。

（8）挑唆者必曰：“六百年前之蒙古如彼强盛，现在之蒙古如此衰微，黄教使之然也。前清畏惧蒙古，遂使一策以制之。其策维何？即崇信黄教，使蒙人皆从事于经典也。夫蒙人之聪明者，皆为啦嘛矣。终日捧〔奉〕佛诵经，不暇顾及别事矣。其余公民男女老少，亦皆惟佛是信。刚强之性，化为柔驯矣。民国以亦〔亦以〕崇信黄教，为愚弄蒙民之最好方策。”出此言者，请唾之。夫黄教为佛教之一派，其宗旨固佛教也。先儒朱子曾言：“释教不管天地四方，只是理会一个心，不可谓非正教也。”元朝各帝，有一不信佛者乎？有一不崇啦嘛为上人者乎？蒙古崇信啦嘛教，已数百年矣，非一朝一夕也。彼啦嘛而红衣冠者，惯习符咒，使用邪术，实非正教也。自宗喀巴起，讲黄教，遍传于西藏，而黄教盛矣。宗喀巴有三弟子，达赖、班禅额尔德尼、哲布尊丹巴呼图克图是也。土谢图汗赴西藏迎哲布尊丹巴呼图克图于库，而黄教盛传于外蒙矣。蒙人信黄教者皆曰：“心善则福禄自至，心恶必罹灾殃。”犹我汉人说：“积善之家必有余庆，积恶之家必有余殃。”前清见其教旨中正，于斯益崇黄教，并于北京、沈阳等处，建筑啦嘛寺院。民国成立，亦以黄教为正教，故照旧任蒙人之崇信，不之禁也。夫信教自由，各国皆然，若蒙人不信黄教，信耶稣教，政府亦不之禁也。若依从前习惯，虔诚信仰黄教，政府可得禁止之乎？内地诚心供佛者，亦不乏人，则信佛教者，岂独蒙人乎？至果能礼佛得福与否？不暇计也。坏者有之，活佛之有能力者有之，无能力者亦有之，孰敬孰轻，是蒙族同胞自审，固不得谓之愚弄也。

（9）挑唆者必曰：“前清禁止蒙人读汉文，恐增蒙人之知识也。汉文为用，至大且广，设或读之，则知识立增，不惟不受命，且将凌满人也。若汉文不足以增知识，则满人读之，何为不禁耶？满人为帝，任满人读汉文，不令蒙人读汉文，非害蒙人乎？”此言固是。然往者已不可谏，来者犹可追也。我国五族人民，不欲增知识则已，欲增知识，舍汉文则莫能之。中国人民知识，增至平等地位，不更佳乎？无论何族，愿学汉文者听之，东西各国皆然，而况于蒙人乎？夫兄弟五人，皆有能力，其家必愈兴盛。中国五族人民之知识，如能增至平等，则国势必日见富强，何用愚民政策为也。不独文字如此，话亦如斯。能操汉语，我极赞成，若汉、满、回、藏皆操蒙语，用蒙文，我亦极端赞成，惟蒙文浅陋，不足于用，不如汉文之为用博也。

（10）挑唆者见予此文之后，必曰："著此文者，必汉人也，故说汉人之是，日、俄之非，其实各有用意耳。为此文者，官位必小，不得行其志，故为此文，以述其所学所言，不足信也。"予诚汉人，现无官守，然向不纯说汉是蒙非之人也。若予所言之理为是，谓为汉人亲蒙之作也可；如以为非，不可信也，请仍联日亲俄。谗者之言，既不可信，则外蒙即可自动的撤销已经成立之政府乎？汉蒙合作，可实现乎？予敢曰不能。何则？内地尚未统一，同族汉人，尚不相容，况蒙古乎？况外蒙乎？现在纵或能之，数年之后，仍分立也。届时日、俄佞人，又有挑唆之词矣。譬如一家之中，有老弟兄五人，少弟兄十数人，同产弟兄犹不能相亲相善，停止攻击，欲伯叔兄弟互相亲善，其可得乎？汉、满、蒙、回、藏五族，犹同胞之弟兄也。汉人之二十八省与蒙人之漠南、漠北、漠西、青海，就一小部分言之，犹伯叔兄弟也。今汉人二十八省，犹同床异梦，是少数同胞兄弟尚不相亲善，矧能与外蒙亲善乎？勉强合之，心亦不一，不如暂时离开；惟不必曰分，自治可也。外交大事，仍南京政府办之，俟内地统一之后，再行同室共爨，不亦可乎？且自治与独立，所差仅属毫厘，虽自治矣，而用人行政，仍可自专，不过遇有外交大事，仍由中央主持耳。在中央仅获宗主权之虚名，在外蒙实可得外交之后援，兵力、财力如有不及，仍可自中央接济，既不损伤权利，又不必立有条约。驻库华官，不妨仍用都护使之旧制，以管辖侨居外蒙之汉民，视执政者之优劣如何，再定是否服从之标准。不即不离，自治实觉〔较〕独立为上。外蒙如果自动撤销独立，中央断无不许自治之理。湖南省宪，既已颁布，援以为例可也。即依旧恢复民四自治亦可。不观夫内蒙乎？既未独立，又未自治，然热、察、绥三都统，实不能干预内蒙六盟地方行政，旗内一员一吏，都统均不能任意更动，虽命令上见有都统保荐字样，而实际上照例承转，不加可否。外蒙如果自治，驻库都护使，决不干预地方用人行政也。当此自治期间，境内膏腴，万勿仍前荒芜。夫优胜劣败，强存弱亡，天演公例，五洲万国，莫不由牧夫而进于农夫，决无千秋百代，永以畜牧立国者。在外蒙亟宜径招汉民垦种，我汉民亦可直接与外蒙官府商酌租田垦种办法，似此自动的汉蒙杂居，不惟足以改良风俗、增进人口，蒙人可仿汉人之察天时，何时布种，何时收获，相土宜，用器械，将来纵即脱离汉人，亦可以耕为业。汉人仿蒙人之牧畜，以谷草及料豆，为饲畜之食，一面耕种，一面牧畜，将来纵蒙人收田地为己有，而汉人牧畜技能，既已贯通，一旦失其所耕，则茫茫沙漠之中，尚不乏生计之方。是耕牧方面，汉蒙人民可实行合作也。其他商工事业，如能事事合作，则事事皆可达到发展之希望。蒙人除游牧之外，农工商贾，一无所能，所产之毛革乳酪，既无就近畅销之所，则价格必廉，汉人资本家，诚能于库、乌、科、恰诸城镇，设立皮毛牛乳公司，制造绒呢、毡毡〔毯〕、罐头、乳肉，所费资本有限，博得利息无穷。公司所在地点，毛革乳肉价格，必可稍为提高，纵游牧，亦足致富也。吾犹为蒙人告者，蒙人只知听天由命，不知人定足以胜天，即游牧为蒙人之特长，然亦不过听其自然生孳，故其硕大茁壮者，今已化为蹇劣。森林所在地方，不知加意保护，任人之残伐，其无森林者，白沙满目，欲求一木，而不可得。由张家口至库伦，几三千里，而不见一树一木，良可怪矣。然亦无他，不知树植之故也。以言教育，则读书识字之人，百不得一，不特汉文茫然，抑且不识蒙文，其受学于喇嘛庙者，梵文以外，即学诵经，并不通习汉蒙文字。坐此数因，遂致知识阏塞，风俗颓败，不求研究之术，不知改良之方，遂致生计艰难，日趋于贫困凋耗之途而未有已。方今中外交通，无事不出于竞争，若不整顿牧业、讲求林业、振兴教育，实不足自立于今日之世界。

夫蒙人置马群于荒原大漠之中，任其自为生活，而无专人守护，夏则赤立于炎天烈日之下，冬则露处于冰天雪地之中，马体长年被冷暖之激刺，及遇大雪，既无青草之可食，又无干草之储积，马群已有倒毙之患，其幸而仅存者，受病已深，狼入群中，既被噬矣。兼之用时，不惜马力，往往极重之车，仅以一马服辕，而以余马缀于车尾。此马力竭，然后再易彼马，消耗马力，莫甚于此。种既疲乏，复纵之随时孳配，精耗本薄，或孕育之期，恰值寒时，驹伤尤甚。间有病马，不知剔除，任其传染，马种遂日益劣下。就予所见，整顿之法有六：（一）夏野，使自觅食，毋需割草。苜蓿为养马佳料，干高二三尺，叶如槐叶而小花紫，最宜饲马，且可任意洒种，不烦耕耘。（二）大群宜分，因大群觅食难，小群觅食易，而半耕半牧，最为适宜。种田三五顷，牧马数十匹，两相得也。（三）牝牡宜分二群，使牝为一群，牡为一群，不使任意孳配。马可年年孳生，骆驼隔一年孳生一次，牛则三年孳生四次，羊则半载孳生一次。且牛马自配至育，均须三百日。须令七八月间孳配，至次年四五月间产育，驹犊不受伤，方能硕健。（四）节马力，量车载之重轻，酌增马力，则马力自不疲乏。尝见奉天大车，载四五千斤者，须驾马六七匹。蒙古常以千余斤之车，使一牛或一马驾之，另一马牛，缀诸车尾，与其疲后再换，孰若未疲之先，以二牛或二马驾之耶？（五）疫症流行，医院皆设隔离所，不使病者与未病者杂处，恐其传染也。至于牛马，何独不然？蒙古牧群，虽有疫马，恒不隔离，以致一马罹疫，全群恒皆病死。是以群中如有病马，应即立时剔除，使与无病者隔离，方不至传染。（六）管理马匹，须有专人负责，不可一家老少，谁有余暇，谁赴场看视，甚至数百匹之马群，置诸荒野，若无人管者，如有遗失，谁尸其咎耶？

数年前，予乘汽车赴库，见沿途所经道路，无不平坦易行，乘车无翻荡之虞，非人力修成之汽车路、天然马路，不待修治，惟是风多气燥，夏则酷热，冬则严寒，昼夜之间，温热迥殊，寒暖不齐，皆由无树，于人于畜，皆不适宜，故蒙地林业不可不讲也。有树则天地气通，可以致雨，是为有益于天时。树能吸收水内炭质，沙碱可变为膏腴，是为有益于地利。树能散放养气，能变空中干燥为温和，且绿荫茂密，有荫可借，是为有益于人畜。他若筑室制器，为用尤宏，蒙古包虽以毡为幕，然无木柱以竖之，即不足以御风雨。薪炭为吾人生活上必需之物，库伦以南，因无森林，故燃马粪，库伦以北，因有森林，故燃木柴。两相比较，燃柴为佳，腾出之粪，可作农田之肥料，于垦种大有裨益。至铁路、电线，用木尤多，是交通及战事，均不可须臾离木。顾库伦迤东肯特山，以及布拉罕哈那山之间，千数百里，森林丛密，不知利用，任斧斤之入山林，不加以若何之限制，是于天然林不知爱护也。大漠南北，一二千里，直无一树，坐视气候严寒，风沙为害，是不知以人力造森林也。夫蒙古地方，虽有沙漠，不生水草，然面积偏狭，就全蒙视之，直是一小部分。倘由各盟旗，传令各佐，于道旁平坦之地，树植柳栽，宜无不生。再于沙漠之地，溯源凿井，勤加灌溉，诚能变严寒为温暖，化瘠田为腴地，不于天时地利两有裨益乎？试观萨哈拉大沙漠之亚尔鸠地方，几占全非四分之一，向为无水不可耕凿之地也。又经法人占领，溯源凿井，不乏水泉，遂使种植可施，草木繁殖。况蒙古沙漠，小于亚尔鸠者，不知凡几，诚能实行种树，并溯源凿井，当收法人事半功倍之效，安见水草不生之沙漠，非利用厚生之土地乎？蒙古素以武建称雄，前清入主中原，及穆宗中兴，蒙人从征将士，屡建大功。其勇猛善战，实为蒙人之特色。惟是承平已久，仍沿故俗，不复研究文字，以开通知识，多有台吉世职，并蒙文亦不识者，更何论汉文、英文乎？至于旗内公民，更可知矣。全旗数万人口，仅有一二私塾，教授之书，不过《三字经》、《名贤集》、《圣谕广训》及《吏治辑要》等三五种而已，于世界大势、中外情形、浅近科学、普通知识，均茫无所知，即成吉斯汗之盖世武功，徒凭口说而已。前则外蒙独立，活佛称帝数载，亦无国史可言。当今时势，非有普通知识，决不能自立，自立亦不免受人愚弄，被人欺凌。欲有普通知识，非读书识字不可。喀喇沁贡王，曾任蒙藏院总裁，其旗首先创办学校，聘请中外通人，授以新文化新学术，并选旗内子弟之颖秀者，赴日本及内地各省留学。其人民知识，已与汉人平等矣。翻书籍，造铅字，蒙文有印刷之处所。近闻库伦亦设大学，惟不完全，各旗中小学校，尚未设立，教育尚未普及。课本或仍是《圣谕广训》，教授法或仍是私塾性质，似宜由教育家特编课本，首重五族共和、汉蒙亲善，然后参以蒙古史地材料。且蒙文集音成字，集字成语，言文不甚歧异。蒙人识字母、习拼音、联单字，不二年间，即可词达。是蒙人之教育，比汉人尤易普及也。蒙人如听吾之忠告，请即从事于上列三事。地方如果富庶，知识如果提高，安有不能独立。彼英吉利，实美利坚之祖国，而美脱于英，不惟足以自立，而且富强之状，不让于英。顾蒙古现在地方未尽开辟，教育尚未振兴，农工商兵，均无自立之力，故为外蒙计，实不如取消独立，仍为自治也。若仍听人离间，受人愚弄，结果所得，不过为朝鲜之续耳！

《蒙旗旬刊》
沈阳东北政务委员会蒙旗处
1930年2卷9—17期
（李红权 整理）

蒙古会议之纪录

作者不详

马福祥主席致开幕词，中央、国府代表致训词

空前盛大之蒙古大会，已于五月二十九日上午九时，在励志社大礼堂举行正式大会开幕典礼，出席者五百余人，至十一时礼毕散会。定三十日下午三时开第一次会议，讨论各项提案。闻该会会期，暂定一星期，如遇有特别事故时，可延期讨论。兹将二十九日开幕各项情形分纪如次：

开会秩序　蒙古大会，于二十九日上午九时在励志社举行开幕典礼，兹将其开幕秩序录下：一，开会。二，全体肃立。三，奏乐。四，唱党歌。五，向总理遗像及党旗、国旗行三鞠躬礼。六，恭读总理遗嘱。七，静默三分钟。八，主席致开幕词。九，训词。十，演讲。十一，答词。十二，奏乐。十三，礼成。十四，摄影。十五，茶谯。十六，散会。

会场布置　蒙古大会，开幕式假励志社礼堂举行。在该礼堂门首，悬有彩扎白布匾额一方，上书“蒙古会议会场”六字，左右设有代表、来宾、新闻记者等签到席。进场内，中心排有代表坐位三行，共六十座，左右列有来宾坐位数百座，在前中为速记席，左右设有新闻记者及秘书席。台上设总理遗像，中为主席，桌椅

各一张，后面环列靠椅数十张，为中央代表、国府代表、各院部代表及主席团之席位云。

出席代表　出席蒙古大会之代表及主席，二十九日全体出席，并各机关推派代表参加。兹录其名单如下：蒙古各盟旗代表苏宝麟、乌尔图那苏图、阿明武尔图、崇阿、巴拉丹僧格、葛明格、那达穆德①、博彦满都、朝格布彦、都葛尔扎布、李芳、郭文田、戴清廉、吴鹤龄、那达木德、恩和阿木尔、陈效良、佟济众、白圭璋、陈效蕃、阿拉腾瓦齐尔、赵福岳、赵敬慎、鲍福环、杨秀春、龚寿、傅长龄、金有才、杨芬、常文魁、福龄、彭楚克、达孟达、吉克苏伦、乌勒俱巴图尔、吴双海、敖霖泰、苏嘎尔、布彦托克托胡、哈钦苏荣、门德巴雅尔、郭文兴、杜双寿、德宏、苏兴宝、袁庆恩、李芳春、徐霖、王士仁，主席团主席马福祥、孔祥熙、张我华、蒋梦麟、吴鹤龄、克兴额、袁庆恩、恩克巴图、李芳。

列席代表　各机关代表谭延闿（中央）、朱培德（总部）、张凤九（立法院）、汪镐基（训练总监部）、袁绩熙（参谋本部）、雷飚（军政部）、田士捷（参事处）、陈世金（卫生部）、许宗灏（考试院）、陈郁（农矿部）、马衔（最高法院）、英鸿昌（编遣委员会）、方文政（外交部）、韩运章（监察院）、王广圻（内政部）、薛瑞骧（警察厅）、李伯鸣（中央宣传部）、魏长庚（市政府）、库耆隽（教育部）、张铎阳（首都建委会）、朱天森（海军部代表）、陈大锡（考试院）、徐廷湖（农矿部）、王树荣（司法行政部）、孙抒情（交通部）、班禅（萧必达代）、罗桑监赞（蒋致余代）、陈汝森（财政部）、陈匪石（工商部）等数百人。

致开幕词　奏乐后，即由蒙古大会主席团主席马福祥致开幕

① 似即下文“那达木德”。——整理者注

词，原文如下：关系党国大计之蒙古会议，历无数波折旋回，乃得于今日实行开幕，凡我国人，宜无不欢欣鼓舞，额手称庆。而蒙古诸代表，以素习大陆生活之民族，此次竟不惮艰险，浮海南来，出席大会，此种坚忍不屈、奋斗图强之精神，尤足为吾民族生色。本席谨代表委员会全体委员及职员，极表欢佩之忱，并致无穷希望之意，幸垂察焉。本会之产生，根据十八年六月十七日第三届中央执行委员会第二次全体会议之决议案，召集之期，原定十九年三月以前，嗣因道路窎远，时局变迁，及交通阻滞，种种困难，迭经本委员会呈准展期，直至今日，竟达开会目的，洵幸事也。其在各院部会咸派重要人员，会同本委员会通力合作，共策进行，足见我中央政府，重视边疆，迥非从前帝制、军阀时代之虚与委蛇，不关痛痒者可比。吾辈侧身兹会，建设新蒙古之责任，若能竭智倾诚，为全蒙人民谋久大之幸福，则上可副中央殷殷图治之心，下可慰全蒙喁喁望治之意，此项成绩，将与内外兴安岭，同峙不朽。反之若虚应故事，隐挟私心，或含意而莫伸，或固执而不化，则坐失良机，将不免有噬脐无及之虞，是不可不熟虑也。本会任务在研究蒙古实况，而为训政之推行，建设之猛进，所有一切应兴应革事宜，自应本此范围，于开会时，逐一提出讨论。惟本席于此不能不有一言，尤为我全体会员诸君告者，即中央与地方各代表，务请于开议时，捐除双方固有之己见，对于一切问题，均以客观的态度为解决标准。中央代表于不违背本党主义之可能范围内，须充分顾虑蒙古地方之特殊情形，而不偏于急进，蒙古代表于保留固有良善制度之中，亦应于本党主义、世界潮流为依归，力体中央统筹兼顾之苦心，而不偏于保守。如是则内外协调，新旧互原，既不贻胶柱鼓瑟之讥，复可免削足适履之诮，自可获十分美满之结果。区区愚忱，尚希我明哲诸会员共鉴纳之。

十余辆，前往朝阳门外恭谒总理灵墓，并献花圈，至五时许始返云。

恩克巴图主席通过八案

前夕中央党部招宴，各中委致辞。

蒙古大会，业在励志社大礼堂举行开幕典礼，于三十日下午三时，在该处开第一次大会，出席全体代表苏宝麟、李芳、阿拉腾瓦齐尔、福龄、哈钦苏荣、郭文兴、袁庆恩、李芳春等四十六人，主席团马福祥、张我华、恩克巴图等九人，各院部会列席代表张凤九等二十四人。由恩克巴图主席，如仪行礼后，开始讨论各议案。兹将探得之各种消息，分志如后。

第一次大会 一，签定席次，决议通过。二，讨论本会议事规则，决议通过。三，讨论本会议审定规则，决议通过。四，讨论本会议会场规则，决议通过（休息十五分钟）。五，认定分组审查员，（另余）决议通过“提案”。六，蒙旗卫生局组织大纲案，决议原案通过。七，为请由蒙藏边疆选派青年子弟能通汉文汉语者，来内地专习医学卫生学科，俾学成返回原地，执行医务，办理卫生事业案，决议通过。八，促进蒙藏卫生教育案，决议通过。

审查员名单 第一组吴鹤龄、朝格布彦、杜噶尔礼〔扎〕布①、苏宝麟、李芳、郭文田、杨荫郇②、哈钦苏荣、门德巴雅尔、杨秀春、陈效良、乌尔图那素〔苏〕图、崇阿、陈效蕃、格桑泽仁、恩克巴图、克兴额、戴清廉、博彦满都、那达木德、李凤岗、恩和阿木尔、普尔布、春德、福龄、彭楚克、达孟达、吴双海。第二组李芳、龚寿、傅长龄、葛明格、巴提〔拉〕丹僧格、

① 似即前文之“都葛尔扎布”。——整理者注

② 后文又有“杨荫春”、“杨荫村”，似为同一人。——整理者注

佟济众、白圭璋、常文魁、阿拉腾额〔瓦〕齐尔、德宏、诺那、那达木德、戴清廉、李凤岗、吴双海、彭楚克。第三组恩齐〔和〕阿木尔、吴鹤龄、郭文田、阿期〔明〕武尔图、乌尔图那素〔苏〕图、那德木德、那达木德、德宏、金有才、赵福岳、郭文兴、赵敬慎、杜双寿、苏宝兴〔麟〕、鲍福环、李培天、杨荫郕、博彦满都、福龄、达孟达。

全大会日程　五月二十九日（星期四）上午九时举行，大会开幕式。三十日（星期五）下午三时至六时大会。三十一日（星期六）上午八时半至十一时半分组审查会。下午三时至六时大会。六月二日（星期一）上午八时半纪念周，十时至十二时分组审查会。下午三时至六时大会。三日（星期二）上午八时半至十一时半分组审查会。下午三时至六时大会。四日（星期三）上午八时半至十一时半分组审查会。下午三时至六时大会。五日（星期四）上午八时半至十一时半分组审查会。下午三时至六时大会。六日（星期五）上午八时半至十一时半分组审查会。下午三时至六时大会。七日（星期六）上午八时半至十一时半大会。下午二时举行闭会式。（附告一）如有变更，乃详细案目临时编印分发。（附告二）大会场假励志社大礼堂，审查会会场在励志社楼上。

中央欢宴纪　中央党部于二十九日晚七时，在该部会食厅欢宴蒙古代表，由中委胡汉民、戴季陶、陈果夫、邵元冲、余井塘、克兴额等亲自招待代表，共四十余人，由主席马福祥率领，于七时半到齐，旋即入座，席次由戴季陶致欢迎词，胡汉民演说，并由代表博彦满都答词。原文均见另条。

袁庆恩主席通过二十三案

明日举行分组审查会。

蒙古大会于三十一日上午三时在励志社大礼堂举行第二次大会，出席代表及主席团主席马福祥、袁庆恩、张我华、苏宝麟、李芳、福龄、哈钦苏荣、徐霖等五十三人，各院部会列席代表张凤九等十八人。主席袁庆恩如仪行礼后，由秘书长唐柯三报告上次大会结果毕，即开始讨论各项提案。今日例假休息一日。明日下午继续举行第三次大会。兹将三十一日各项消息，分志如次：

第二次大会　各案如下：一，改良蒙藏助产案，决议除西藏外，余通过。二，提倡新法种痘案。（决议同上）三，调查蒙藏卫生状况案。（决议同上）四，调查牲畜疾病案。（决议同上）五，狂犬病之防治案。（决议同上）六，蒙藏应设巡回治疗车案，决议除第三条取消外，余通过。七，举办蒙藏卫生应先从宣传着手案，决议通过。八，严防鸦片暨麻醉药品流毒蒙边案，决议通过。九，蒙古农业计划案，决议通过。十，蒙古畜牧计划案，决议通过。十一，蒙古垦殖计划案，决议通过。十二，拟请规定蒙藏垦牧为国营事业提议案，决议通过。十三，蒙藏林业计划案，决议通过。十四，蒙古矿业计划案，决议修正通过。（休息十五分钟）十五，蒙古工业计划案，决议原案通过，延长一小时。十六，蒙古商业计划案，决议通过。十七，蒙古交通建设案，决议修正通过。十八，蒙古会议，关于敷设电信之提案，决议除西藏保留外，余通过。十九，恢复蒙藏邮务以利交通案，决议全案保留。二十，采用飞机测量蒙藏地形以为建设基础案，决议修正通过。二十一，改良蒙古司法办法大纲一案（内容见议案第一册司法类），决议并案付审查。二十二，实行第二次全国教育会议决议蒙藏教育实施计划，以发展蒙古文化案（内容见议案第一册教育类），决议付审查。二十三，确定蒙古盟旗财政办法大纲案（内容见议案第一册财政类），决议付审查。

三次会议程　蒙古大会，定于六月二日下午三时开第三次大会，兹觅录议程如下：一，继续议上次未完议案。二，蒙古盟旗制度案。三，改进蒙古行政制度案。四，保障蒙古原有制度陈请书（上三案内容全见议案第一册民政类）。五，卓索图代表李芳等盟旗制度案。六，卓索图代表吴鹤龄等蒙古盟旗制度案。七，组织内蒙地方政务委员会提议案。

举行审查会　蒙古大会业已举行两次会议，交付审查各案甚多，该会现定于明日（星期一）起开始，举行审查会，并同时推举各组主任。该会秘书处已通知各员，即希准时到会。录通知如下：径启者：查本会议各组审查员，业经分别认定，兹定于六月二日上午十时至十二时在本京励志社楼上，开第一次分组审查会，三组同时推举主任及文书员。除分函外，相应函达，务希贵代表届时按时到会为荷。

蒋梦麟主席通过十六案

各组审查会昨分别举行。

第三次大会　蒙古会议二日下午三时在励志社大礼堂举行第三次大会。

（出席人员）　出席者为各盟旗代表戴清廉、杨荫春、杨秀青等四十九人，主席团到有蒋梦麟、袁庆恩、马福祥等八人，各院部会代表到有陈天锡、王〔张〕凤九等二十一人，主席蒋梦麟开会如仪。

（报告事项）　一，第二次会议录。二，江苏省商民协会整理委员会贺电一件。三，请假达孟达、郭文兴二人。四，司法行政部请转托蒙古代表分任调查蒙古司法状况函一件。五，内政部、教育部为送汉藏文国民历，请分发函一件。六，新到热河省政府代表王士仁一名。七，今日到会代表共四十九人。

（讨论事项）一，蒙古盟旗制度案，决议交第一组审查。二，保障蒙古原有制度陈请书，决议分别交审查。三，改进蒙古行政制度案（此案本经原提案机关内政部撤回，嗣复经该部修正提出），决议并交审查。四，卓索图盟代表李芳等提蒙古盟旗制度案，决议分别并案审查。五，卓索图盟代表吴鹤龄等提蒙古盟旗制度案，决议付审查。六，组织内蒙地方政务委员会提议案，决议付审查。七，伊盟准噶尔旗提案，甲、关于行政方面者，决议付审查。八，哲里木盟各旗会议建议书第一节至第七节，决议付第一组审查。九，依克明安旗代表提议案第一节，决议并案付审查。十，昭乌达盟代表杨荫春等提案，行政制度，决议并案付审查。十一，卓索图盟代表那达木德等提议书第一案第二案，决议付审查。十二，卓索图盟代表陈效良等提议案，甲乙丙三项，决议并案付审查。十三，昭乌达〈盟〉代表傅长龄等提议案，一行政制度，决议并案付审查。十四，东西布特哈代表提议案，决议交第一组并案审查。十五，呼伦贝尔代表提议案，一、呼伦贝尔全境应改为一盟案；二、行政，决议并案付审查。十六，哲盟科尔〈沁〉右翼中旗民众代表提议书，第三条，决议并案审查讨论。至此因宣告延长之时间已到，遂即宣告散会。

（二）四次会议程　一，续议上次未完议案。二，伊盟噶尔旗会议提案。三，哲里木盟各旗会议建议书。四，依克明安旗代表提议书。五，昭乌达盟代表杨荫春等提议案。六，卓索图盟代表那达木德等提议案。七，卓索图盟官民代表陈效良等提议案。八，卓、昭二盟代表白圭璋等提议案。九，昭乌达盟代表傅长龄等提议案。十，辽、吉、黑、热四省代表提议案。十一，呼伦贝尔官民代表提议案，十二，哲盟科尔沁右翼中旗民众代表提议书。十三，伊盟准噶尔旗提案。十四，昭乌达盟代表杨荫春等提案。十五，卓索图盟代表那达木德等提议案。十六，卓索图盟官民代表陈效良等提议案。十七，昭乌达盟代表傅长龄等提议案。十八，呼伦贝尔代表提议案。十九，伊盟准噶尔旗提案。二十，哲里木盟各旗会议建议书。二十一，昭乌达盟代表杨荫春等提议案。二十二，卓索图盟代表那达木德等提议案。二十三，卓索图盟官民代表陈效良等提议案。二十四，辽、吉、黑、热四省代表提议书。二十五，呼伦贝尔代表提议案。二十六，蒙古地方自治实施办法案。二十七，昭乌达盟代表杨荫春提议案。二十八，卓索图盟代表那达木德等提议案。

（三）审查组开会　蒙古大会各组审查会，于昨日上午九时纪念周后，即同时举行。各组审查会分别审查大会交下之各案，并第一组推定郭文田为主任，李芳为文书。二组袁庆恩为主任，徐霖为文书。第三组因无案审查，故未开会云。

李芳主席通过议案十八件

国府各院部连日招宴代表。

鲁省府电大会致贺。

蒙古大会于三日下午三时，在励志社举行第四次大会，到有代表及主席团主席苏宝麟、徐霖、赵福岳、福龄、李芳、马福祥等四十七人，各院部列席代表张凤九等十八人。主席李芳行礼后，由秘书长唐柯三报告上次会议结果，及山东省政府贺电毕，即开始讨论各项提案。兹将昨日所得消息志后。

（一）第四次会议　一，章嘉呼图克图提议案，决议第一项改善宗教通过，第二、第三两项均打消。二，蒙古各旗及平、热等处喇嘛寺庙管理办法案，决议通过。三，蒙古喇嘛寺庙登记条例案，决议除第三条保留外，余通过。四，伊盟准噶尔旗提案，决议通过。五，昭乌达盟代表杨荫村等提案，宗教，决议通过。六，卓索图盟代表陈效良等提议案，决议打消。七，哲盟科尔沁右翼中旗民众代表提议书，决议修正通过。（休息十五分钟，延长一小时）八，伊盟准噶尔旗提案，决议交第一组审查。九，哲里木盟各旗会议建议书，决议同上。十，依克明安旗代表提议书，决议同上。十一，昭乌达盟代表杨荫郙等建议案，决议同上。十二，卓索图盟那达木德等提议案，决议并案审查。十三，卓索图盟官民代表陈效良等提议案，决议交第一组。十四，卓、昭二盟代表白圭璋等提议案，决议同上。十五。昭乌达盟代表傅长龄等提议案，决议同上。十六，辽、吉、黑、热四省代表提议案，决议同上。十七，呼伦贝尔官民代表提议案。十八，哲盟科〈尔〉沁右翼中旗民众代表提议书，决议同上。

（二）第五次会议　一，续议上次未完议案。二，解放蒙古奴隶办法案。三，蒙古土地处理办法大纲案。四，蒙古盟旗保安队编制大纲案。五，昭乌达盟代表杨荫郙等提议案。六，依克明安旗代表提议案。七，卓索图盟那达木德等提议书。八，辽、吉、黑、热四省代表提议案。九，呼伦贝尔代表提议案。十，哲盟科尔沁右翼中旗代表提议书。十一，昭乌达盟代表傅长龄等提议案。十二，伊盟准格尔旗提案。十三，哲盟各旗会议建议书。十四，卓索图盟代表陈效良等提议案。十五，昭乌达盟代表杨荫郙等提议案。十六，卓索图盟那达木德等提议案。十七，昭乌达盟代表傅长龄等提议案。十八，呼伦贝尔代表提议案。

（三）昨开审查会　蒙古大会第一组审查会，于昨日上午八时在励志社开会，由郭文田主席，李芳为文书记录。关于蒙古制度草案，讨论甚久，结果改为“蒙古组织法”。审查通过七案，今日仍将继续审查。

昨举行第五次大会，克兴额主席通过三〈十〉四案

第一组审查会讨论无结果。

蒙古大会第一组审查会于六月四日上午九时在励志社，对蒙古制度各案讨论甚久，无具体结果。下午三时开第五次大会，出席代表及主席团主席李芳、苏宝麟、徐霖、吴鹤龄、阿拉腾瓦齐尔、哈钦苏荣、马福祥、克兴额等四十九人，各院部会列席代表张凤九等二十四人。主席克兴额行礼后，由秘书长唐柯三报告上次会议结果及各市贺电后，即开始讨论各项题〔提〕案。兹将各项情形分纪如次：

第五次大会　一，伊盟准噶尔旗提案下（关于司法方面者），决议交第二组审查。二，昭乌达盟代表杨荫郇等提案。（决议同上）三，卓索图盟代表那达木德等提议案。（决议同上）四，卓索图盟官民代表陈效良等提议案。（决议同上）五，昭乌达盟代表傅长龄等提议案。（决议同上）六，呼伦贝尔代表提议案。（决议同上）七，伊盟准噶尔旗提案（关于教育方面者），决议通过。八，哲里木盟各旗会议建议书，决议修正通过。九，昭乌达盟代表杨荫郇等提议案。（决议同上）十，卓索图盟代表那达木德等提议案，决议修正通过。十一，卓索图盟官民代表陈效良等提议案，决议通过。十二，辽、吉、黑、热四省代表，提议书（提倡蒙民教育以资增进知识案），决议通过。十三，呼伦贝尔代表提议案，决议通过。十四，蒙古地方自治实施办法案，决议交第一组审查。十五，厘定蒙民自治程序以便筹备自治案。（决议同上）十六，昭乌达盟代表杨荫郇提议案，决议交第一组并案审查。十七，卓索图盟代表那达木德等提议案（设立自治委员会案），决议交第一组并案审查。（休息十五分钟，延长一小时）十八，解放蒙古奴隶办

法案，决议通过。十九，蒙旗土地处理办法大纲案，决议交审查。二十，蒙古盟旗保安队编制大纲案。（决议同上）二十一，昭乌达盟代表杨荫郙等提议案，决议分别交审查。二十二，依克明安旗代表提议案（第二项荒地），决议交审查。二十三，卓索图盟那达木德等提议书（第八项土地），决议交审查。二十四，辽、吉、黑、热四省代表提议案（第二项未放农荒宜兼筹农牧案），决议交审查。二十五，呼伦贝尔提议案（第二项呼伦贝尔地方定为牧区案）。（决议同上）二十六，哲盟科尔沁右翼中旗代表提议书（第一项土地），决议交审查。二十七，昭乌达盟代表傅长龄提议案（第三项土地），决议交审查。二十八，伊盟准格尔旗提案（关于土地方面者），决议交审查。二十九，哲盟各旗会议建议书（交通、实业、畜牧），决议通过。三十，卓索图盟代表陈效良等提议案（第六项交通），决议修正通过。三十一，昭乌达盟代表杨荫郙等提议案（警察、边防、卫生、党务），决议交审查。三十二，卓索图盟代表那达木德等提议案（第六项蒙兵改为保安队案），决议交审查。三十三，昭乌达盟代表傅长龄等提议案（第二项保安队），决议交审查。三十四，呼伦贝尔代表提议案（第六顶〔项〕警察），决议交审查。

六次会议程　一，继议上次未完议案。二，厘定蒙藏地方暂行法制案（第一册）。三，外蒙设治统一行政区划名称案（第一册）。四，奖励内地人材赴蒙边服务案（第一册）。五，扶植蒙民改良生活，以期渐进大同案（第一册）。六，请送班禅早日回藏案。七，请规定蒙边各省省委蒙古名额案。八，组织蒙藏交通公司建议案。

蒙古会议第一组审查会于昨日上午九时继续举行，对蒙古制度各案，有长时间之讨论，尚无具体结果。下午三时开第六次大会，出席者主席团孔祥熙、马福祥、恩克巴图、张我华、李芳等，代表吴鹤龄等三十九人，列席者各院部代表张凤九等十余人。主席孔祥熙。秘书长唐柯三报告第五次大会会议录，工商部上海商品检验局寄来印刷品，及青海代表报到书。当推定马福祥、张我华、吴鹤龄、陈效蕃、巴根等五人，审查青海代表出席资格。戴清尘〔廉〕等临时提议，前次哲盟等所提关于宗教一项，原有喇嘛不得干政，改为“原无旗封之喇嘛不许干政”。次主席报告工商部上海商品检验处，请各代表于开会后到沪参观，并介绍医畜药方。报告毕，开始讨论各项议案。

六次会决议案　一，内政部提厘定蒙藏地方暂行法制案，决议通过，但加“新法典未颁布以前旧法可暂时适用”一句。二，禁烟委员会提外蒙设法统一行政区画名称案，决议交审查。三，禁烟委员会提奖励内地人材赴蒙边服务案，决议通过，交蒙藏委员会相机办理，文字交秘书处修改。四，内政部提扶植蒙民改良生活以期渐近大同案，决议七、八、九三条删去，前六条通过。五，吴鹤龄等提请送班禅早日回藏建议案，决议通过。六，吴鹤龄等提议请规定蒙边各省省委蒙古名额案，决议交审查。七，李培天等提组织蒙藏交通公司建议案，决议交付审查。

今日大会停开。嗣由秘书长报告议案甚多。今日全日开审查大会，大会停开，主席即付讨论，决议通过。至五时散会。

又讯。该会以此次提案甚多，明日大会，恐不能讨论竣事，拟延长一二日，以便从容讨论云。

请送班禅回藏案文　蒙古会议代表吴鹤龄、李芳等，因班禅来内地数年，不易回藏，兹为便利达赖、班禅等接洽起见，特向蒙古大会建议，转请国府派员护送回藏，业经昨日（五日）第六次大会决议通过。兹觅录原案如下：为建议事，查班禅前来内地，业经七载，因不惯内地生活，遂移住蒙地，现尚留滞沈阳。虽中央与东北当局优礼有加，蒙古人民亦供应不缺，然班禅一日不回藏，其本人及随从之千百藏人，即一日不宁。去岁内蒙六盟盟长曾联衔电请中央，早日护送班禅回藏，嗣因时局多故，又搁置至今。现在时局行将解决，拟请中央先简派大员，护送班禅到达接近西藏之青海或西康之地方，借期达赖、班禅相护〔互〕接洽之便利，而并〔于〕西藏问题之解决。是否有当，请公决。

《蒙旗组织法》经完全通过。

胡汉民昨夕招宴各代表

上午　蒙古大会昨（六日）日上午九时，在励志堂开审查会，出席委员吴鹤龄等三十七人，主席克兴额讨论审查蒙旗组织法草案，共三十三条，自一条起至十九条止，由主席逐条朗诵，关于组织内容，各代表屡有辨〔辩〕论，结果文字上略有修改，条文完全通过，至十一时半散会。

下午　下午三时起，复开审查会，出席代表如前，主席李凤岗。继续审查蒙旗组织法案，自第二十条起，至三十三条止，完全通过，定提出今日（七日）大会报告，至午时一刻散会。今（七日）晨九时，仍开审查会，审查蒙古土地法草案。下午三时开第七次大会，继续讨论未通过各案，大会开时延长，问题亦将于今日大会中决定。

晚间　又立法院院长胡汉民于昨日（六日）下午六时，在立法院西花厅，宴请蒙古大会全体代表，对此次蒙古大会意义，有极长演说云。

蒙古大会，昨（七日）上午九时起，至下午六时止，在励志社大礼堂开两组审查会，兹志其详情如左：

第一组开会　于昨（七日）上午九时蒙古大会开第二组审查大会，出席吴鹤龄、袁庆恩等三十七人，李凤岗主席。讨论大会交下关于司法审查案。一，伊盟准格尔提案。二，改良蒙古司法大纲案。三，昭乌达盟代表杨荫郙等提案（第二节）。四，卓盟代表那达木德等提议案（庚项）。六，昭乌达盟代表傅长龄等提议案（第五项）。七，呼伦贝尔代表提议案（第七节）等八件完全通过。十时半宣告休息。十时三刻继续开第二组审查会，杨荫郙主席，审查实行全国教育会议决议案，完全通过，至十一时半乃散会。

第一组开会　下午三时改开第一组审查会，出席代表如前，主席李凤岗。讨论蒙古盟旗土地处理办法，关于“处理办法”四字，出席各代表争辩甚烈，结果保留该案。由主席报告该案至辛项为止，因时间已届，而各代表发表意见甚多，审查不及，遂改订在会外时间作详细研究，再提出审查会报告，至六时一刻散会。

明日仍审查　蒙古大会原定昨日（七日）下午三时举行大会，嗣因无重要议案，遂由上午审查会临时决议，仍改开审查会。今（八日）星期停开，明（九日）上午九时开第一组审查会，审查民政、财政、党务各案。下午三时开第三组审查会，审查交通、实业各案。大会延期问题，刻尚未决定，须俟各案审查竣事，再行酌量情形办理。

昨晚之宴会　昨（七日）晚六时行政院院长谭延闿代表国府主席蒋中正在励志社设宴欢宴蒙古各代表，与宴者除各代表外，尚有农矿部长易培基、教育部长蒋梦麟、内政次长张我华及院部代表等共六十余人，席间宾主极为欢洽。七时筵终，并由励志社开放各种军事电影，以娱来宾云。

蒙古大会昨行闭幕典礼

主席马福祥朗读大会宣言。

孙科、谭延闿代表中枢致训。

八次会议　蒙古会议，作日下午一时在励志社举行第八次大会，出席主席团马福祥、张我华、恩克巴图、吴鹤龄、李芳、克兴额及代表四十余人，列席代表十余人。由吴鹤龄主席，开会如仪。秘书长唐柯三报告第七次大会议事录，及出席、缺席人数毕，由第一组作审查报告，关于土地、财政、党务各案。（一）关于第一组审查土地各议案，决议照审查会报告通过。（二）关于第一组审查财政各议案，决议照审查会报告通过。（三）关于第一组审查党务各议案，决议照审查会报告通过。次吴鹤龄、恩和阿穆尔、戴清廉、陈效审〔蕃〕、杨秀春、陈效良等临时提议，请将留日学生余额作为蒙古定额案，决议通过，至二时散会。

下午三时在励志社［并］举行闭幕典礼，颇极一时之盛［会］。到会者计有谭延闿、孙科、马福祥、张我华、恩科〔克〕巴图、克兴额、吴鹤龄，外交部代表方文政、交通部代表洪瑞钊、中央组织部代表杨承年等，暨该会议全体代表，共约百余人，由马福祥主席，行礼如仪后，首由主席致闭幕词，次由秘书长唐柯三代主席马福祥读宣言。

大会宣言　蒙古会议闭幕宣言如下：蒙古位居华北，为国屏藩，据我国四分之一之广大领土，与汉、满、［蒙、］回、藏，同为中华民族之一部，民风敦厚，勇敢勤朴，久为国人所称许，天产优裕，韫藏丰富，尤为举世所羡称，非特居国防上之重要地位，亦实为发展实业之中心区域。今后蒙古地方政治之进步与否，实与中华国运前途有莫大关系焉。曩昔逊清政尚愚民，专事羁縻，罔知开发整理之道，终清之世，虽幸相安，然蒙古之文化进展，实受重大之阻遏，流弊所及，即今日政治、教育、经济种种之落后，未始非满清羁縻政策之有以致之也。先总理外观世界潮流，内审中国现状，创建民族主义，主张中国民族自求解放，及国内各民族一律平等，并郑重申明“承认中国以内各民族之自决权，对于反对帝国主义及军阀之革命，获得胜利之后，组织自由统一之中华民国”，昭示中外。本党同志，秉承以上诸意旨，年来力向国外各帝国主义者及国内军阀奋斗之中，无时不顾及边民利益，我蒙古同胞，亦深信本党扶植之诚意，竭全力以拥护中央，以求中国国际地位、政治地位、经济地位之自由平等。惜以僻处边陲，情形隔阂，文化、政治、教育、经济等，素皆落后，兼之因袭封建时代之一切旧制度习惯，俱足为文明进步之障碍。今日欲谋新蒙古之建设，必自力图解放始，举凡政治之改革，实业之建设，以及经济、教育之种种设施，实为训政时期惟一之要图，所不可一日缓者也。第三届中央执行委员会第二次全体会议，根据上述需要，决议蒙古会议之召集，其意义以整理蒙古事体重大，深虑闭门造车之理想，改革未必适合，于具有特殊情形之蒙古，为将来推行尽利计，不得不作事实之详细讨论，此本会议之所由产生也。本会议于五月二十九日在京开幕，六月十二日举行闭幕，为时不逾两周，前后共开大会八次，讨论议案至一百二十五件之多，各代表以所负使命，至为重大，罔不慎重将事，所有讨论各案，悉本持平客观之态度，力求切合实际之需要，既不敢徒尚高论，亦不敢拘守成规，于不违背本党主义之中，充分顾虑蒙古地方之特殊情形，复于蒙古民众一致所要求者，力体中央之主义与政策，务期理论、事实双方兼顾，中央、地方意见融洽，采渐进之方式，作改善之步骤，此本会议经过之大略情形也。此次会议本属空前创举，各次议案，不敢谓为详尽完善，要度〔亦〕时期之不可或缺者。顾为政不在多言，而贵实行，倘能本此初步计划，逐一施诸实行，敢信未来之蒙古，必不至如前此之危弱不振也。本会犹不能已于言者，蒙古东邻日本，北接赤俄，在两大帝国主义者侵略之要冲，环境险恶，匪言可喻，往昔因循苟且之心理，实不足以图存于今日，惟有同心努力，与国内各民族团结一致，共同参加中国国民党所领导国民革命，方能得到光明之出路。我中央亦垂念蒙古关系国家前途之要重，及其地方民众之痛苦，在精神上、物质上，充分扶植其教育、经济之设施，交通实业之建设，庶凡〔几〕国基巩固，富强可期，自不患国际帝国主义者侵凌压迫也。愿共勉之，谨此宣言。

中央训词　中央代表孙科致训词，略谓：此次蒙古之会议，系空前盛举，在昔蒙古民族强胜时代，欧洲尚在其势力支配之下，自被满清压迫以后，蒙古民族即形衰弱。更北有苏俄，东有日本，鹰瞵虎视，危若累卵，现在不但蒙古同胞欲恢复民族之强盛，亟宜联合内地各民族一致御侮，即中国全体，就抵御帝国主义之侵略，亦不能不于蒙古同胞切实联合。故中央召集蒙古代表，在首都开会，在中央指导之下，讨论具体办法。此次会议的重大意义，不仅为蒙古民众谋幸福，且为中华民国全民族谋幸福。希望本此次会议各案，切实施行，在三民主义旗帜之下，谋中国之统一，使汉、满、蒙、回、藏，一致联络，使中国在国际上得到独立平等之地位云云。

国府训词　国府代表谭延闿致训词，略谓：今日为蒙古会议闭会之日，蒙古会议自开会迄今，不过二周，即成得此成绩，足见各代表之热心与努力，有足为吾人所钦佩者。且此次议决各案，一面既无背本总理遗教及中央法令，一面又能以各代表之实地见闻，产生切合蒙地具体办法，绝无闭门造车之弊，尤为难能可贵。望此后各代表回旗，不但将各议案带回就算了事，亦对民众有切实宣传，务使蒙地上自王公下至平民，均抱同一宗旨，在一条战线上，共同努力。现在无论何处，均有两种人，一是保守者，以为旧的法令，均为百年不变之大计，宜永远遵守，一是趋新者，以为旧有法令，均不适用，必须全体改革，二者均不宜各走极端，均须宜客观环境，互相谅解，以求得最良好之办法，而完全吾人所负之使命。本党孙总理所创之三民主义，即最切合吾人之需要，望各代表努力宣传，逐步推行，以达到中国完全自由平等之目的。至蒙古方面地处边陲，民智未开，现在急切之需，即为交通与教育，教育普及，民智方能发达，交通便利，民生才能提高，关于此点，中央当视力之所能，努力进行。此次各代表远道来此，甚不容易，闭会后，请到各处游历参观，彼此互相交换知识，为将来回去之参考。今因蒋主席因事未回，国府准本人参与此盛大之典礼，略陈所见如此，即祝诸位健康云云。

委员讲演　蒙藏委员会委员格桑泽仁演说，略谓：汉、满、蒙、回、藏，有共存共亡之势，现在中央与以前迥然不同，各代表此次来首都，蒙中央各机关之欢迎，党国之要人亲爱，足以表示中央对各民族一律平等。至本党总理不仅为中华民国之父，且为全世界弱小民族救星，故国内弱小民族，不能自决，须待中央扶助，若贸然自治自决，实贻帝国主义者以侵略之机会，希望中央本总理扶助弱小民族政策，地方亦应受中央之指导，共同努力国民革命云云。次奏乐摄影，礼成散会。

《蒙旗旬刊》
沈阳东北政务委员会蒙旗处
1930年2卷9—11期
（李红权　整理）

我对于蒙事会议之感言

邵俊文　撰

民国自建元以还，虽号称五族共和，实则外蒙独立，西藏外向，蒙藏两族，已零落不全，复以地处边陲，交通梗塞，政治文化，完全落后。在袁政府时代，对于蒙藏，虚与委蛇，不加改革，政治习俗，一仍其旧。倘长此终古，则五大民族，将成畸形之发展，影响于国家之地位者，良非浅鲜，故国民政府，有鉴及此，遵奉总理遗教，及国民党历次宣言议决案，以扶植蒙藏民族，使之自决自治，与国内各民族实行团结为整个的大中华民族，爰开蒙事会议于南京。记者服务于蒙旗处，对于蒙旗之关系较切，故舍藏而论蒙。兹将我对于蒙事会议之感言，缕述于左，是否有当，殊不敢必，尚望我明达之各旗代表，酌予采纳也，幸甚。

一、各代表提议案宜确守会议标准勿逾范围

此次蒙事会议，确予蒙人以自决自治之机会。然各代表提议案，须遵守蒙藏会议标准，而不可操之过切，惹起旧有人物之反对，亦不可故步自封，致违现代潮流之趋势，必须慎重将事，在可能的范围内，斟酌情形，确合于蒙古之需要，分别缓急，逐渐改革，蒙古前途，庶有豸乎？

二、各代表会议时宜和衷共济勿分党派

会议之精神，原贵尽量发表，各抒己见，决不可党同伐异，互相攻讦。今各旗之代表，均为明达之士，对于蒙旗之关系，利害切己，解决蒙事，一切问题，和衷共济，付之公论。万不能纷纭聚讼，莫衷一是，因党派之纷争，影响蒙事之进行，此记者之盼望，亦我可爱之代表所赞同者也。

三、各代表提议案宜注意实行勿徒托空言

言之匪艰，行之维艰，古有明训，我明达之各代表，早鉴及此，无庸记者鰓鰓过虑，作老生常谈语也。顾政见分歧，主张各异，徒唱高调，无补实际，故记者盼望各代表提议案件时，斟酌蒙古现在之实际情形，分别缓急，逐渐改革，万不可一蹴而几，致蹈空谈之讥也。

四、大会通过之议案各代表回旗后宜竭力提倡勿视为具文

我国历来会议，在场时则言之有故，持之有理，期在必行，不稍通融。迨至事过境迁，等诸具文，实行与否，概所不问，仅存会议之名，毫无会议之实，前车之覆，可为殷鉴。故记者极望各代表，对于此次蒙事会议可决之议案，回旗后始而宣传，继而实行，终而贯彻主张，务使议案成为事实，习俗顿改旧观，凡百政治，咸与维新，与先进民族，同享乐利，不让汉人以独步，勿蹈坐而言之，不能起而行之之覆辙也，幸甚。

《蒙旗旬刊》

沈阳东北政务委员会蒙旗处

1930年2卷10期

（丁冉　整理）

敬告蒙古会议代表

沈雪崖　撰

此次中央召集空前之蒙古会议于首都，不佞以某项工作，得参预其盛，耳闻目击，感触良多。兹者大会已告闭幕，结果尚称圆满，代表诸君于欢欣鼓舞之中，各挟其由会议所获得之建设方案，归而陈之于吾蒙古同胞之前，快慰奚如。惟不佞尚有欲言者两端，谨为吾代表诸君贡一得之愚，聊当赠别云尔。

一、中国国民党对内政策有云："国内民族一律平等。"吾总理倡言革命，历尽艰险，与一切反动势力相搏斗，数十年如一日者，其目的含对外为打倒帝国主义、取消一切不平等条约、跻中国于国际地位平等而外，对内为实现此"国内民族一律平等"，盖亦革命目的最要之一耳。在曩昔专制与军阀时代，以其所施政策之专横，或不免使我蒙古同胞，感觉重重压迫，日久结成恶感，由恶感而仇视，是则或亦年来种种隔阂之所由生也。虽然，今日之中央，乃接受吾总理全部遗教之中央，已深恶痛绝过去专制与军阀时代之专横，不但欲"联合世界上以平等待我之民族共同奋斗"，且负有扶助弱小民族共事革命之职责，以期达到世界大同之目的，况国内民族乎？且也三全大会政治报告决议案第五项蒙藏与新疆案内有云："吾人今后必力矫满清、军阀两时代愚弄蒙古、西藏之恶政，诚心扶植各民族经济、政治、教育之发展，期同进于文明进步之域。"是则更足表现吾中央最近思有以扶助蒙藏发展之切心矣。抑尤有进者，吾中华民族，溯诸史载，是整个的，决不是分歧的。其所以有今日之邪说异言者，无非帝国主义者，逞其阴险狠毒、挑拨离间之恶计耳。故吾蒙古同胞，无论为本身利益计，或为保持中华民族光荣计，均当与吾奉行三民主义之中央相互团结、相互奋斗，俾使帝国主义者，无可乘之隙。此为不佞所欲言者一也。

二、蒙古地大物博，为吾国东北首屈富饶之区。近百年来所以蹒跚鲜进者，风气闭塞，教育莫繇发展，实为其症结所在。是以此次蒙古会议，乃有《甄拔蒙员单行办法案》之通过，俾予蒙同胞以便宜与通融，而取得参政之机会。法虽善，意虽良，窃愿吾蒙古同胞，勿以此而沾沾自喜，当以此引为深忧，何哉？盖骤令一无充分学识与经验之人，取得政权，究其结果，必徒有参政之名，而无参政之实，或且招“抢官做”之讥。吾人为求国家政治前途修明计，此种治标的策略，只可认为过度的办法，势不能恃为治本的久远计。然则将何所治本乎？曰：“惟有吾蒙古青年同胞，孜孜于学问上，努力之一途耳。”盖科学为驾驭自然、征服自然、建设一切文明之基础，固不仅参政已也。吾亲爱之代表诸君乎！其愿建设新蒙古者，曷不以普及教育为先鞭之着耶？此为不佞所欲言者二也。

此外如盟旗制度与垦荒等重大问题，均因迫于时，迫于势，尚无相当解决，不无憾事。但往者已也，来者可追，愿与会诸位，一本总理奋斗、图进之精神，于第二次蒙古会议开会时，将今日认为最重问题，得以迎刃而解，则失之东隅者，未尝不可收诸桑榆耳。达尔文曰：“适用者生存。”想吾明哲代表诸位，当能深体斯意行矣。吾亲爱之蒙古代表诸位乎！其共勉旃！

《蒙旗旬刊》
沈阳东北政务委员会蒙旗处
1930年2卷11期
（丁冉　整理）

今后各旗执政者之使命

邵俊文　撰

年来内蒙各旗执政者，对于政治，率皆锐意改革，力谋建设，提高蒙旗之地位、发扬蒙旗之文化，实蒙旗同胞前途之幸福，亦我大中华民族所鼓掌赞同者也。独是人数既多，政见各异，各旗执政者，力行新政、实事求是者，固居多数，而墨守成规、不求改进者，亦所难免。用是不揣谫陋，爰将一得之见，贡献于各旗执政者之前曰：

1. 注重民生　时至今日，蒙古之民生问题，至关重要，倘不设法解决，行见游牧生活，益形凋敝，工商事业，尚未发轫，则蒙旗生计之困难，将不知伊于胡底。为今之计，各旗执政者除改良牧畜外，其他如开矿产、采药材、制咸盐、造毛革、辟森林、组织银行、设立屯垦公司，积极经营，获利无既，提高生产之效率，享受物质之文明，此我贡献于各旗执政者一也。

2. 提倡教育　教育为陶冶国民之工具，促进文化之导线，夫人而知之矣。乃各旗执政者，认真办学，固属不少，而一味因循，亦不乏人。故今后各旗执政者，宜抱定办学之诚意，打破成见，积极进行，筹措经费，力谋建设。先于札萨克所在地，设立高级小学一处，各参佐所在地，设立初小一二处，而中学，而师范，而职业教育，而社会教育，分期举办，努力进行，行见以强干之民族，受优良之教育，文事武备，两擅其长，讵知忽必烈第二不再复生耶？此我贡献于各旗执政者二也。

3. 改革政治　蒙旗设官分治，各有专责，办一事也，须经札萨克、印务协理之同意，始克调印。询一案也，必经协理、管旗章京、参领、印务札兰之认可，方能判决。法美意良，蔑以加兹。乃日久弊生，札萨克遂独断独行，不顾民意，欲救其弊，惟有将札萨克、协理等制度，改为委员制，纯由民选，既不限定贵族，复不用指派，且每旗筹设参议厅，代表民意，为舆论之喉舌，将管旗章京改为行政厅，推行新政，为行政之机关。制度改组，民权伸张，旗务之日臻上理者，指顾间耳。此我贡献于各旗执政者三也。

4. 登庸青年　各旗执政，借口青年偾事，每不之用，而一般青年，不见纳于本旗，非北走俄，即南奔日，衔恨王公，结党反对，一旦暴发，不可遏止。为今之计，惟各旗执政，对于青年之健者，卑礼厚币，延为己用，因材器使，各奏尔能，楚材楚用，人地相宜，旗务之发展，亦意中事耳。此我贡献于各旗执政者四也。

各旗执政者，多一时明达，对于今后所负之使命，自能锐意革新，力谋完善，加之南京蒙事会议，关于各旗行政制度，亦主张改组，是则蒙旗之制度改组，而执政者之使命与曩昔当有不同，故记者不揣谫陋，爰将一得之见，贡献于各旗执政者，是否有当，未必自信，尚希各旗执政者酌予采纳，勿以野人之献，而弁髦视之可也。

《蒙旗旬刊》
沈阳东北政务委员会蒙旗处
1930 年 2 卷 12 期
（朱宪　整理）

蒙古会议后之新蒙古

邵俊文　撰

民国自建元以来，虽号称五族共和，实则外蒙独立，西藏外向，蒙藏两族已零落不全，复以地处边徼，交通梗塞，政治文化，完全落后。在满清暨军阀专政时代，处理蒙藏，虚与委蛇，文物制度，悉仍其旧，倘长此以往，则我五大民族，将成三族半矣。主权丧失，在在堪虞。故国民政府有鉴及此，遵奉总理遗训，暨国民党历次宣言，以扶植蒙藏民族，使之自决自治，与国内各民族共享乐利，实行团结为整个的大中华民族，爰开蒙事会议于南京，各旗官民代表，不惮跋涉，出席与议。关于政治、教育、交通、实业，均拟有详细之方案及计划。脱能按步就班，实际施行，则不十年间雄霸欧亚之蒙古，复见于今日。简言之，未来之新蒙古，实产生于此次之会议，兹将其荦荦大端，可促进各旗之改善者，而缕述之。

一、思想之激发也　蒙古地处边陲，交通梗塞，文化输入，既非易易，思想锢蔽，亦固其所。故自有清以迄于今，政尚专制，崇拜喇嘛，混混噩噩，如羲皇上人。纵有少数青年，呼号奔走，力谋改造，终以杯水车薪，无补事实。今各旗代表，率皆各旗之健者，济济多士，萃聚一堂，聆当代名流之讲演，睹世界思潮之趋势，以及夫物质之建设，文化之蔚兴，莫不激昂慷慨，有动乎中，回旗后定能将所见所闻，尽量宣传，上而王公，下而台壮，革新其耳目，激发其思想，睡狮一吼，环球震慑，讵知忽必烈第二不再复生也耶？

一、政治之维新也　自欧战告终，思潮顿变，专制政体，淘汰几尽，共和政体，应运而生，故“德谟克拉西”之声浪，弥漫于两大陆矣。若我蒙古虽为中华民国五族之一，而实际上仍王公独断独行，一味专制，民权民生，均不之顾。此次蒙古会议，对于盟旗之组织，虽无具体之变更，然对于民权民生，亦积极提倡，各代表受潮流之鼓荡，环境之刺激，触目惊心，不稍宽假，回旗后当然〔能〕痛陈利弊，力谋改造，凡百政治，咸与维新，诗云：“周虽旧邦，其命维新”，其新蒙古之谓乎？

一、教育之振兴也　教育为促进蒙旗文化之工具，拯救蒙古民族之宝筏。故此次各代表，均认定教育为当务之急，咸异口同声，大声疾呼曰“振兴教育”。教育及各部院首领尤万分赞同，积极援助，故教育部设蒙臧〔藏〕教育司，以董其事。各旗执政者，果能闻风兴起，继起直追，行见游牧部落，诵声时起，榛莽地带，文化昌明，黄祸可畏之荣誉，将复见于今日矣。

一、实业之提倡也　蒙古幅员辽阔，物产丰富，宜乎实业振兴，民生裕如。惜其惑于风水，成见极深，大好利源，竟而抛弃，居其地者反戚戚然，以生活困难相号呼。致使外人觊觎，伺隙而动，非多方调查，代我开发，即经济侵略，诱人以饵，语云“太阿倒持，授人以柄”者，此也。今蒙古会议，对于实业问题，全体通过，果能积极提倡，尽量开发，提高生产之效率，享受物质之文明，与先进民族，同享乐利，此新蒙古产生之主要原素也。

一、交通之创办也　交通事业与地方政治之关系，至重且大，诚以交通梗塞，则文化之输入不易，经济之发展困难。故此次蒙古会议，对于交通一项，力谋建设，举凡汽车也、铁路也、电话也、电灯也、电报也、邮政也，以及其他关于交通者，罔不经营筹画，逐渐推行，务使议案成为事实，习俗顿改旧规，教育、实业，有不期发展而自发展者也。

一、卫生之注意也　内蒙卓、哲、昭三盟，蒙汉杂处，起居饮食，颇知讲求。而锡、伊、乌三盟，仍逐水草而居，食肉饮酪，虽得天然之营养，实少人力之调护，偶罹疾病，非延聘拘泥成方之喇嘛医生诊治，即焚香祈祷以求免灾。甚至时疫流行，不加预防，任其传染，死人无算，岂不良可慨哉？故卫生部有鉴及此，对于蒙古宜注重卫生案，郑重提出，除个人、家庭、社会竭力宣传，促起反省外，并组织巡回治疗车，法良意美，至堪嘉尚，果能实事求是，则新蒙古之产生者，有由来也。

《蒙旗旬刊》
沈阳东北政务委员会蒙旗处
1930年2卷14期
（朱宪　整理）

北平蒙旗党务维持会招待新闻界详情

作者不详

蒙古各旗党务维持会联合办事处，已在北平桃条胡同八号成立办公处，并于七月二十日下午三时，假大陆春饭庄招待平市新闻界。到十余人，至四时五十分开会，由主席亢仁报告该会成立经过，略谓该会于六月十日开代表大会，参加者三十五旗，当即宣告成立，此后工作，不但使五百万蒙民均明晓三民主义，并当本其主义，而实行打倒帝国主义者及其他一切障碍。欲达此目的，虽一面赖乎同仁之努力，而仍有赖乎新闻界之提携云云。

《蒙旗旬刊》
沈阳东北政务委员会蒙旗处
1930年2卷14期
（丁冉　整理）

内蒙人民迁居外蒙之感言

孙守铭　撰

据某报载，内蒙人民迁居外蒙者，每年不下数千人云云。初以为传之非真，未足深信。继以为接近外蒙一部分蒙民，不明势理，任意迁移，亦无足怪。终则恐继续不已，积至十年，不下数万人，其危害诚有不堪言状者。人民虽有出籍入籍居住之自由，而出于幽谷，迁于乔木，与下乔木而入幽谷，其相去奚啻霄壤。内蒙虽非乔木，亦非幽谷，外蒙实同幽谷，更非乔木，冒昧迁居，恐将噬脐无及矣，窃期期以为不可。兹将内蒙人民，不可迁居外蒙之理由，胪陈于左，敬为我蒙古同胞忠告之。内蒙与外蒙语言、文字、风俗、习惯虽属相同，而其种族则均我黄种也。今外蒙被赤俄种种诱惑，脱离中国，名虽独立，实同俄属，非我族类，其心必异，所厚者薄，所薄者厚，未之有也。以普通之黄种人与白种人较，尚且落后，或横被压迫，几同天然淘汰，退居劣败地位；况我蒙族朴厚成性，怠惰成习，日在赤俄卵翼宰割之下，而不知猛醒，其不为印度、安南、朝鲜之续者，恐仅时间问题耳。此就种族之危险言，内蒙人民不可迁居外蒙者一也。

蒙古与中国有悠久之历史，前可无论矣。即自元太祖入主中原以来，七八百年，几无丝毫间隙之可言。前清更为亲密，只以蒙汉不通婚姻，未能相互同化，是为憾耳。民国成立，五族一家，优待之条件不废，通婚之先例已开，借地养民，则阡陌连亘，地价税捐，均有提成，自由牧畜，则牛、马、羊、驼，往来贸易，毫无滞难。自外蒙独立，赤俄横加干涉，种种限制，外蒙人民，尚有不堪其扰而思他徙者，内蒙人民，曷可不加思索，率尔迁入，自取苦恼哉？此就历史之关系言，内蒙人民不可迁居外蒙者二也。

蒙古与中国壤地毗连，犬牙交错，自西徂东，延袤数千余里，在在有辅车相倚、唇亡齿寒之密切关系，近自铁路畅修，汽车通行，航路开辟，轮船互驶，文化次第输入，实业逐渐振兴，内蒙地方，大有日见发达气象，外蒙气候冱寒，五谷不生，沙漠湖沼，行旅维艰，徒事牧畜，绝不足以资久远，倘遇变乱，则交通不便，内无实力，外无救援，不得不仰俄人鼻息，一任其自由处分，其痛苦为何如也？此就地理之利害言，内蒙人民不可迁居外蒙者三也。

中国对于蒙藏异常重视，毫无轩轾，较之对于汉、满、回等族，且有过之无不及焉，如保存王公封号，允许土地自主，为之立学校，修道路，开矿树林，改良牧畜，暨去岁长春王公会议，本年南京蒙古会议，无非为蒙人谋福利，使之蒸蒸日上也。他如中俄变起，国民政府暨我张长官迭派代表，前往海、满一带慰问，并筹拟抚恤救济办法，米总管来觐，发给关防，格外优待。去岁班禅活佛莅辽，全城欢迎，随来之锡盟德王以下，均有馈赠。本年班禅诞辰，文武彩觞庆贺，开从来未有之盛举。至于东三盟各旗王公，均赠予辽垣商埠地号，西三盟各王公，亦不时往来，互有赠仪等项，均足以表示实行提携亲善之至意，不得谓之随意笼络也。闻外蒙政府，对各王公，业已取缔，实行共产主义，商业则统归国际贸易公司经理，税捐异常繁苛，民不堪命已久，曾闻有与俄人巷战之举矣，内蒙人民岂可再投法〔罗〕网哉？此就国家之待遇言，内蒙人民不可迁居外蒙者四也。

“天视自我民视，天听自我民听。”“民为邦本，本固邦宁。”

又曰："因民之所利而利之。"是凡为国者，莫不以民为依归。我国数千年来，虽历各朝，亦莫不以此为准则。即近行三民主义，五权宪法，亦皆所以为民也，未有民不庶、不富、不教，而国可与图强者。外蒙受俄鼓惑，被俄胁迫，不知"赤祸"为可畏，而毅然行共产主义，凡百事业，皆归国有，人民不得积有私产，将来国富民穷，鲜有不变起闾阎、祸发萧墙者，此就政治之得失言，内蒙人民不可迁居外蒙者五也。

中国地大物博，原料丰富，自海禁大开，外人争来贸易，以故各国侨民，几无省无之，而以我东三省为最多，利之所在，人争趋之，势理然也。近年朝鲜及白俄人民，不能忍受帝国主义及共产政策之压迫，相率而入我国籍者，比比皆是。他如布里雅特人已属俄国多年，近由米济特多尔济总管，率三千余人，归我呼伦贝尔管辖后，尚继续而来者不绝。华商之在外蒙受共产实祸，不得归国者，不可胜数。现在尼泊尔受英人唆使，侵我西藏，藏人求救于中国政府，拨给饷械若干，以资防御，闻达赖且亟欲迎班禅回藏，共同主政焉。是外人且欲迁居或归化中国，中国抱大同主义，且一视同仁，我蒙古同胞，岂可自外生成乎？此就国内外人民之趋向言，内蒙人民不可迁居外蒙者六也。

以上六者均系实在情形，我内蒙同胞，可以深长思矣。或曰："内蒙人民因蒙古荒地，逐年开放，汉人争来垦殖，牧地变田，牧畜不便，加以蒙汉杂处，习惯不同，且多龃龉，不得不徙而之他，徙无可徙，不得不迁居外蒙，以寻其游牧生活。"吾谓不然，试观满、回二族人民，散居内地各省，上焉者士农工商官吏，下焉者兵弁仆役杂流，无不日与汉人共处，各谋衣食，往来酬酢，相安无事，且有互通婚姻，世称通家者，未闻其与汉人冲突，望望然去之若浼也。即如朝鲜及白俄人民之侨居，或入我国籍者，亦无日不与我汉、满、回人杂处，共同操作，虽至贱役，且优为之，是外人尚不厌恶汉人，况我亲爱之蒙古同胞乎？只以蒙人怠惰成性，知识锢蔽，墨守游牧成规，不知改良职业，故不能与汉人争衡也。倘能翻然改观，一变其向来面目，随时随地，变更职业，士农工商，量材器使，不第不避汉人，且迁居内地各省，以与各族人相竞争，安知不驾而上之，非不能也，是不为耳。今之热河凌源、朝阳等县，先进蒙人，即其标的也，欲迁居外蒙之蒙民盍鉴诸？

《蒙旗旬刊》
沈阳东北政务委员会蒙旗处
1930 年 2 卷 15 期
（朱宪　整理）

蒙旗司法制度及今后改良之方针

邢事国　撰

蒙古昔日之诉讼，由各旗札萨克理之，不决则报盟长，公同审讯，或札萨克判断不公，亦准两造上诉，倘再不决，则将全案呈送蒙藏院，秉公处断，待经蒙藏院判决后，则为最终之决定，犹大理院之对于民事审判然。外蒙古各地，驻有司法官者，其狱讼则由司法官会同札萨克审断，内蒙古则由都统署审理之。若蒙古人民与内地人民之诉讼，则由内地地方官会同札萨克判断。

刑，有罚，有遣，有死，罚有十二等，或以马，或以牛，若牲〔牛〕马不足数，则鞭以代之。鞭不逾百，既鞭，又须令其旗内官员设誓，言犯罪者之真无牲马也，若隐匿后经发觉，则设誓之人亦罚。其发遣以河南、山东为一等，两湖、福建、江西、浙江、江苏为二等。云南、贵州、广东、广西极边等处为三等。其死刑则以绞为一等，斩为二等，斩枭为三等，凌迟处死为四等。罪至发遣者，札萨克、盟长不得自专，须报于蒙藏院，候院会审。若死罪应减等者，发附近盟长给台吉为奴。王公以下，犯罪罚俸以代牲，其等有四，罚三月为一等，六月为二等，九月为三等，一年为四等。

上述各项，为昔年蒙藏院之定制，嗣以屡经政变，地方不靖，蒙古各旗，不相隶属，每以该地方之长官意旨是瞻，渐有各自为政之风，司法制度，愈无改善希望。待十七年全国敉平，奠都南京，蒙藏委员会，有鉴于此，爰有左列之议：

> 蒙藏地方，应本司法独立之精神，先设简易司法机关，采用陪审及巡回审判制度。凡蒙藏地方，现在代行司法权之机关，须将司法权交由新设之司法机关行使，以期蒙藏人民，与内地人民受同一法律之保障。至司法人材，尤应就地积极培养，以备改良司法之用。

查此项议案，为今岁蒙古会议提案标准之一，经蒙古会议后，当能畅行全蒙，一洗前此积弊，实为蒙民之福。盖以前会审制度，不特妨害司法独立之精神，抑且易滋种族间之疑虑，而其印象之深，终难破除，实为国体上之怪象。惟以汉蒙风俗人情，间有不同，故以陪审制度出之，似可兼顾，然亦为过渡之一法。其最要者，莫若就地积极培养司法人才，以资改良司法之用，俾无分汉蒙，人民受同一法律之裁判，得同一法律之保障。盖陪审之法，为一时治标计，而培养司法人才，实为治本之要道，是则我人允宜加以充分注意者也。

东北一带，以地位关系，开化程度，年有进步，故其间人事之纠葛，权利之分〔纷〕争，亦因之而庞杂，断非以前之法规所能裁制。故于司法之改良，不容或缓。改良之法，亦惟从培养司法人才为入手要策，而就地取才一端，尤为急务，余因是而有所陈议焉：

东北大学，为东北最高学府，每年招考，惟蒙生限于程度或资格，每难录取，故各旗宜选青年聪俊者，商请该校另辟一班，从事研究司法，待毕业后，分送内地各司法机关见习，积有经验，然后派赴蒙古各地，充当司法职务，以之解决地方司法，不特人地两宜，且可一秉司法独立之精神，大公为怀，去蒙民之疾苦，复能泯除汉蒙间之嫌怨。如是行之，陪审制度，自可废置，全国同轨，人权之保障，愈形巩固。吾甚愿该校当局，首先创办，是则某之所翘企而望之也。

《蒙旗旬刊》

沈阳东北政务委员会蒙旗处

1930年2卷15期

（李红菊　整理）

改良蒙政应由之途径

邢事国　撰

苏俄自侵入外蒙而后，于兹十载，其间一切设施，罔不竭其全力，罄其心志，俾置蒙民于万劫不复而后已。如“赤化”之宣传，使蒙民之思想为之激变，而其政治乃趋于苏维埃主义之下。经济之侵略，使蒙民之生活为之操纵，而其工商各业，尽入苏俄掌握之中。凡此诸端，固昭彰人目，而恒散见于报章者。第我人仅讶其成功之速，实不知彼之一切设施，莫不依据于考查之结果，为适当之处置，庶无隔阂之虞，而成功方有可期。故其考查完成之日，亦即其计划成功之期。苏俄之致力于此项工作者，既详且尽，有如左列：

苏俄研究蒙事机关新解剖

蒙事政治机关——莫斯科蒙务讨论会（一九二五）

布蒙共和国政府蒙古政分会

西伯利亚蒙务讨论会（一九二五）

蒙事学业机关——伊尔库次克大学蒙务科

西伯利亚舆地学会蒙事股

伊尔库次克天文台蒙古分台

伊尔库次克学务局考验入蒙教习

蒙事商务机关——西伯利亚商务局东蒙科库伦分局

西伯利亚贸易总局设分局于外蒙

西伯利亚皮毛公司设分公司于外蒙
远东商务局设分局于库伦（一九二四）
蒙事航务机关——伊尔库次克航空局
库伦及乌拉撒堆设苏联航政局（一九二四）
蒙事调查机关——西伯利亚政分会蒙务调查会（一九二六）
喀萨勾尔湖调查委员会（一九二五）
拉研提夫河调查委员会（一九二六）
密泊山农务调查会（一九二四）
佛兰瑟觉夫卫生调查会（一九二六）
币制调查委员会（一九二六）
道路调查委员会（一九二六）
萨瑶特乌梁海附近人种调查委员会
伊尔库次克卫生局蒙古调查队

苏俄对于蒙事之研究，如此其努力，反顾国内，匪特无特设机关，以供研究，即国人心目中，真能了解蒙古情形及存心注意研究者，又有几人？纵有一二所大学及研究团体（民国十七年天津南开大学满蒙研究会之组织，嗣改为东北又〔及〕蒙古探险团，为中美所合组，并非纯系国人自办者），鉴于国家现状，特加注意，然大多非实地之考察，仅由于书本或历史上之研究，至其所得效果，是否适合于现时，则又不可必。盖潮流所趋，不特民情风俗，随时有变迁之虞，即地质、气候，亦每生若干之差异。须知蒙古风情，原与内地不同，以言宗教、语言、文字、风俗、习惯，本如凿枘之不相容。曩者陈毅及徐树铮治蒙之失败，虽非一端，要亦昧于蒙情之故耳。至于今之谈蒙事者，不曰移兵实边，即曰驻兵屯垦，此说也，固为治蒙之要策，然其实施方法，及各部筹划，则尚有待乎调查之结果者实多。为今之计，一方面由政府当局，广集人材，专门研究蒙古情形，及其语言文字，使之熟悉蒙情，以为他日治蒙之干材；一方面组织多数之考查队与调查委员会，将蒙古一带地理，形势、语言、风俗、民生疾苦，以及其他种种社会状况，详细考查，巨细无遗，然后通盘筹划，以确立嗣后治蒙进行之方案。否则仅谬于历史之观念，因袭古代之羁縻政策，其不蹈前辙者鲜矣。

《蒙旗旬刊》
沈阳东北政务委员会蒙旗处
1930 年 2 卷 17 期
（朱岩　整理）

治蒙刍议

墨痕　撰

一　引论

蒙古问题，是我们的中国北方边陲上一个重大的问题，同时也可以说是东方国际间一个待决的问题。最痛心的，就是近二十年以来，饱受着两个帝国主义的侵略，在两漠（漠南、漠北，即内蒙受日本侵略，外蒙受苏俄剥夺）舞台上，差不多主要的角色，都由他们装伴〔扮〕，由他们排演，至于蒙古同胞们，不过是打旗的和敲鼓的而已。所以现在两蒙的政权〔治〕、经济、文化……诸多的事业，几乎站在一种完全被支配的地位，不然，最少也要有一部分的相当的势力。同胞们，蒙古的袍泽们啊！现在我们落伍到万分了，我们存亡问题，目下即含有爆发可能性了！在此等状态之下，如果我们自己不想出善良的方法和政策，去解决这个难题，排除外围的势力，建设将来的幸福，那么饱餐奴隶的风味，也就可立而待了。因此我以极浅陋的学识，很不量力的来探讨这个大的问题，我很知道是“班门弄斧”，免不掉要贻笑大方，不过我以为蒙古与内地势居唇齿的关系，民族有血缘的同盟，我们略具觉悟认识的青年，就应当有守望相助的天职。所以我逞着大胆冒险的心理，就所知道的，来与读者共同的研究，以期对于蒙胞的思想上，给个小小的供献，这也是动笔写此问题的主要动机。

二　蒙民族历史上的关系

蒙古民族的出现，大约在有史以前，就老早的发现于外蒙的杭爱山（Khangai Mts）麓的附近，而在民族史上，就有相当的活动。不过在《东洋史》上记载，到了黄帝时候，即与汉族发生关系，内中经过许多的战事、调和，及文化的融和，与血族的蜕化，可以说历代皆有。到了元朝时候，蒙族入主中国，建设了空前的蒙古大帝国。而当时的武功，波及了全球，踏遍了亚欧二洲，在国际的政治舞台上站第一位角色，所以当时西人称蒙古为“上帝之鞭”，又什么“黄祸”，这些字样的名称。到了民国以来，在民族血缘方面，又直接的接洽，所谓“五族（汉、满、蒙、回、藏）一家”，建成一个整个的中华民国。不过近几十年来，日本唾〔垂〕涎于内蒙（旧之三特别区，今改行省），苏俄阴谋外蒙的利权，蒙地同胞，多为愚惑，剥夺压迫……所以政治、外交上多不断的发生问题和冲突，这是最近的情形。总之汉蒙民族在历史上的关系，极为密切，在古代的社会，即有进展、攻击、调和、蜕化……等等的关系。如此，我们对于与我们有关系的弱小的同胞，当然要负有匡救提携之责任了。

三　蒙族落伍的原因

蒙古是我们中国五大民族中最强悍的一种民族，为什么现下便这等的沉沦呢？如此的愚弱呢？在历史上看来，当然有不振的背景，而反映出来现在的结果和形势。究其主要的原因，大概不外两种毛病：（一）属自然方面，受自然环境的影响；（二）属人文方面，思想制度的束缚。属于第（一）方面，又可分为数项去研究：（1）地势之峻险——两蒙区域，完全为高原的性质，尤是其〔其是〕外蒙高原，高出海面三千尺乃至五千尺，可谓世界上有数的高原地带。两蒙境内山脉绵亘，满布着各处，主要有阴山山脉(Inshan Mts,)、杭爱山脉（Khangai Mts）、唐努山脉（Tonnuoea Mts）、肯特山脉（Kentet Mts）及萨阳岭（Sayen Mts）……我们看看蒙古境内，有这么样多的重山峻岭，当然影响人类的生活、交通、文化、教育、社会组织……诸多的方面，这是形成形蒙族不发达的第一原因。（2）土质之荒凉——蒙境虽然有许多地方是草原，但是沙漠不毛之地，亦不居少。因为地质生产寡量的关系，影响到蒙民经济生活的困劳，故造成极低的生活程度。因之文化不得发展，农业不能普遍的发达，所以现代还有多数过游牧的生活（中以外蒙为最）。（3）纯大陆性气候——我们知道地理上气候的分别，大概不外大陆气候和海洋气候两种。大陆气候，寒暑俱烈，对于人生的安适，及学术思想的进展，大有障碍；海洋气候，寒暑温和，颇能调剂人生，增进文化。这是大陆气候不如海洋气候之点。蒙古地势险高，沙漠绵亘，当然气候为大陆性，所以也足以促成蒙古不发达的一个原因。属于第（二）方面，也可以分作三项去研究：（1）社会的组织不良——蒙古在历史上是个很长时期的游牧民族，留居无定（择水草以居），所以社会制度的组织方面，总少有一个合理化的规划（现今内蒙我国政府已有规画），有时受苏俄的穿〔牢〕笼和袒护，倡言独立（一九一一），建设帝国，但是不过几时，便涣散而仍依中国，或者依伏苏俄。总之，在彼自己方面，老是罕有相当的政治组织，差不多是“朝作东家奴，暮为西家仆”，永久归依他人。不过近来外蒙的权利，完全在苏俄垄断之下，良可痛心！（2）阶级制度的悬殊——阶级制度，我们都知道它是一桩万恶的东西，因为它一切行为，都是有不平等的表现，和尊卑的悬殊现象。所以在法国有争自由平等的革命运动；美国有独立的工作。这都是受阶级压迫的反应作用的产果。蒙古的阶级制度，有平民、王公之分。平民阶级，当然要受贵族阶级的支配；劳动阶级，同时也要受所有阶级的支配，因此奴主贱贵之分，愈形显〔著〕。虚荣（贵族）暴弃（平民）之心，亦即因此而养成矣！（3）宗教之信仰力过深——蒙古在清代以前，崇尚的是佛教，后来到了清代，朝廷治者利用愚民的政策，奖励信喇嘛教的信徒，所以蒙人对于宗教信仰力日形巩固；而他们英壮之风气，便因戒杀，及习梵的关系，结果澌灭殆尽，迷信日深。综上以观，蒙民受自然环境和文人思想的影响或束缚，以致有近代的落伍、愚拙、颓弱……的现象，而假外势侵入的机会，实吾华民共负的咎责，共有之遗憾也。

四　中国以前对蒙的政策

照上面所说的来看，我国与蒙古的关系，差不多没有一个朝代不发生纠葛，而当时要解决这个外交上之纠纷的问题，就不能不产生出一种主义及政策，去对待他们，我现在就历史上的观察把那些归纳起来，大约有四种政策：（一）闭关政策（封锁政策）——这种主义是中国旧式最初的主张，因为恐怕外力的侵扰，内力又没有能力去对待，所以要采取封锁，不开放主义，与他们断绝往来，不过这种主义，只能行诸片面，何以呢？我们不外侵则可，至于外人的内侵，无论思潮和行动，我们难道就能扼止得住吗？故此时必得重想方法去应付他们，于是清朝便利用消极的办法，就是（二）愚弄政策——这种政策在表面上看，觉得无足轻重，而实在是很利害、很苦〔毒〕辣的手段，所以这个方法以行，影响蒙古的民族，都变成宗教迷信的生活，失掉了他们的旧有的雄武之风，甚至于种族日见消亡，那完全是这个政策的结果。（三）敷衍政策——敷衍这件事情，是例来中国人最坏的根性，对于事物的发生，不趁势找个完全的解决方法，而抱定苟且偷安的态度，敷衍塞责，马马虎虎把一个重要问题，轻轻的放过了，就像在辛亥革命的时期，俄人便鼓吹蒙古独立后，来到了民国四年的时候，《中俄蒙条约》的成立结果，我国得个空主权的虚名，俄国得着了经济上的实力（所以后来发生许多的问题）。到了民国十年，苏维埃又援蒙古国民党的革命，去实行社会主义，所以现在蒙古的经济地位，主要归苏俄所垄断，政治区划制度，差不多为苏维埃联邦之一。根据以上的情形，我们可以显然看出蒙古受外势的侵入，及染〔演〕成国际的种种恶剧，差不多都是这个敷衍政策的产儿。（四）压制政策——此策是政治手段，而以武力为后盾的。在这政策的下面，当然要生出两种对立的阶级：（1）征服者；（2）被征服者。征服者拿着一种严厉的威胁的手段，去催压被征服者。结果必定影响出被征服者的革命，把征服者打倒，以恢复他们的自由平等。所以小徐（即徐树铮）收回库伦（Urga）以后，便采用此政策，结果归于失败。总之我以上所说的多半关于历史上面的，是消极的使用的政策，都是不彻底的主义，并且也不足为开发蒙古的根本的办法。这样说来，那么你还把陈腐不适用的老法子，写来作什么呀？不过我以为拿一些不适宜的政策，要反证推演出适宜的政策，也就是利用破坏的政策，而产生最适宜之新建筑，这是历史背景所不可忽略的，所以第五节便提到了。

五　今后治蒙之政策

以前的政策，我们已竟〔经〕明了了，它是过渡的，而又不适用的啦！所以要循着时代性追求，便产出新的政策，换言之，就是产生今天的治蒙政策，解决目下的蒙古问题。现在分两方面去研究：A. 积极方面，B. 消极方面。属于A一方面的，可以说是“武力政策”，是对蒙古的外围势力而言；属于B一方面的，可以说是“团体政策”，是对于蒙古的内治改进而言。可是我们实行政策的步骤，第一步应用武力政策。因为就现下的环境说，武力是解决问题的主要的工具，而且含有万能性，同时也是帝国主义的护身符。固然我们中国不愿当个没落时期的一个帝国主义者，然而为自全计（因蒙古为中国边陲，实有唇齿莫离之势）不能不用武力，排除帝国主义及第二〔三〕国际的势权，如果将外势铲除后，继之以团结政策，调和双方感情，将民族的界限，根本打消，而变成五族一家之灿烂的新中国。今仅将实行同化政策之注意点，及步骤，分述于后：

（1）实行团结政策，极应注意之点有三：A. 教育方面——汉人对待蒙人应亲爱真诚，担负启迪指导的责任，以破其蒙。B. 婚姻制度——这点更是要紧的。主要的就是倡行蒙汉人民通婚，使血族混合蜕化，并可以调和感情、风习、言语……此外这种婚制，在优生学上讲，足以改善优良人种，而造成普通的血统观念。C平等待遇——汉民族赶快把旧的政策和印象打消，而使汉蒙民族在政治上、教育上、经济上、法律上……完全享受平等待遇及权利。

（2）实行团结政策的步骤，可分为三期：A. 预备时期，此期应注意下列五项：1. 慎择人才——当此任的必定是和平正直，兼有才干、毅力之人始可。2. 屯兵要塞——如将势力恢复时，当屯重兵，防备亲俄派及亲日派的反抗，但蛮野军人，最足引乱，亦宜注意。3. 严防反动——此项专对于亲外派之防备。4. 巩固国防——整理边陲上重地，以阻外势的侵入，并于各要厄之地，安建炮台，建筑濠垒。5. 设置政府——此项专就外蒙而言，即将俄势的，或受俄势赞助的政府打倒，设立与各省一样的政府。不过蒙民知识幼稚，当先由中央选派良善及有能力的蒙人，暂设过渡的政府。B. 建设时期，此期应有的建设，主要的为下列五种：1. 兴修铁路，及交通上其他的工具——蒙地荒凉，交通不便，所以欲开发此地，必先修铁路及汽车路，及其他交通事项（如电线……），尤其是最好完成张恰路（小徐提议），再著〔筑〕一条由满洲里（Manchuel）经库伦（Urga）、乌里亚苏台（Wtiasutai）、科布多（Kcbao）而至阿尔台之横断线，而后对军士调遣、商业运输、文化沟通、行旅往来，始能大感便利了。2. 大举移民——移民是实边的一个最好办法，一方面可以减少内地人口的密度，一方面又可以垦拓荒原，增加生产，救济贫民的生计，并且可以减少国内失业问题，故今日治蒙，移民实为先务之急。其办法，使关内难民，移于蒙境，使他们耕种、牧畜……以致富，更可补救国防空虚，尤其是于感情的调和，文化的互换，以及婚姻通结，大有帮助。3. 厉行教育——近年来俄人要麻醉蒙人的心理，使之向己，所以在外蒙实行强迫教育。而内蒙方面，日本亦竭力的施行其［的］文化侵略。不过中国应当急速收回两蒙教育权，而厉行本国的教育。但主要的，可使受教育的人，要汉蒙合校，汉蒙文并授，这是因为蒙民守旧性较大，故不能不取缓进的态度。4. 兴办实业——蒙古的物产，最为丰富，如盐业、渔业、牧业、毛业……无一不是绝大的富源。日本人所谓“满蒙为处女的生产地”，信诚不误，我们如果毕力的兴办，则于经济上最关重大。5. 改化〔划〕行省——蒙古行政的区域的划分与名称，多沿清之旧制，与内地异，不过到相当程度，就可把全蒙政治区划，与内地各省同样，而以前的过渡政府，自然取消。6. 完成时期——如果按所拟的步骤，照样去实行，都完全作到，那么自然的就到了完成时期了。不过此政策的实行，并非一天半天就可作得到的，必须经过长久时期（至少须在三十年以上）始可办到。

六 尾声

总束以上所讨论的，把他归纳起来，得一个清楚概念，给读者一个相当认识。本问题所研究的范围，共分六项：第（1）项是介绍本文的先声，使我知道蒙古问题的重要，同时也要知道有研究的价值和必要。第（2）（3）（4）三项都是从历史方面去观察，找他的因果关系，叙述的办法，是从消极方面入手，和病态方面去着眼，而及〔反〕映出来。第（5）项的文字，此项是治蒙的主要政策，也是此篇文章的中心。根据上三项的历史关系，想出目下的政策和主义去改造两蒙，去唤醒两蒙的袍泽，打出帝国主义的侵略……全归此节讨论，所以此节也可说是现在的是积极的，是解决蒙古问题的主要工具。但是读者不要误会前几节，不是不用的，而不必注意了，这是错的。上面已经说过有历史的因果关系，才能由不适宜的政策，思想出适宜的新政策。

由消极的办法，才能改进，用积极、消极并用的办法（武力同化政策），如果没有以前的因，绝不会产今日的果。所以前几节，可以说有同等的重要。好了！已经很拉杂说了不少了，最后我希望汉蒙同胞们，应共同的努力！肉搏！奋斗！打出我们的仇敌！提高我们的国际地位！

附白：上述之文字很多，内中自然要有庞杂、支离、矛盾……之处，望读者垂教，而有片言之赐者，皆吾师也。墨痕白。

一九三〇双十节脱稿于附中

《蒙旗旬刊》
沈阳东北政务委员会蒙旗处
1930年2卷19期
（李红权　整理）

蒙古青年的出路

纪肇斌　撰

蒙旗各处的地方，教育大半没有普及，所以蒙胞也没有相当的机会去研究各种根本〈以〉解决问题，对于有志青年，更觉得生活干燥，没有相当的出路呵！像蒙人所有很耐苦、耐劳、刚毅和静默的特性，因为没有出路，所以也寂寂无闻了，好多的人都说要促进蒙胞的进步，总须改善牧畜和振兴实业、便利交通，种种问题，虽然都是很要紧的，但是据鄙人看起来，都嫌过于空泛，不是一时一刻就可以办到的。那末“知难而退”、“因噎废食”，就不要提倡了吗？若是这样一来，简直是没有进步的一天了。我们要想振兴实业、交通和种种建设，先要打算培植各种的人材，才能够陆续着手建设。向来没有不下种籽，就能得着良好收获的了。那末一来，我们先要得着相当的教育，了解一切的常识，再进一步，我们更要研究含有科学的基础，像这种根本问题，若是能够解决之后，其他关于交通、实业、种种需要的问题，也就连带办到了。所以要研究以上各种的知识，必须有相当的教育和训练，像那些“粗识皮毛、难窥奥窍”的学校，必须再有升学的学院，才算可以。至于大学或研究院里，经过训练的学生，虽然未必都是好的，总有相当智识，可以算为有用的青年人物了。但是调查各旗的教育，虽然有一二处或二三处小学校，已经是“寥若晨星”，可以算有出路吗？至于学校里面设备如何，办学人员是否富有办学的经验，尚且不能知道。对于将来学生毕业之后，是否可以应付社会一切需要，实实在在没有把握，或是很有志趣的学生，将来有没有升学的希望，这都是蒙胞青年最要紧的出路，不可以不彻底计划呵！所以张主席因为培植蒙胞的苦心，设立东北蒙旗师范学校，哲盟扎赉特旗巴王也在黑龙江省城设立一个师范学校，其他各旗的王公也就互相提倡起来，添设许多小学校。南京中央大学，因为奉到国民政府的令文，打算将来各旗学生升学的途径，所以特设蒙藏班，一年之后，就可以升入大学部，受同等的教育。这不特是当局培植蒙胞的苦心，也是蒙古青年绝好的出路呵！注意!!!

《蒙旗旬刊》
沈阳东北政务委员会蒙旗处
1930 年 2 卷 20 期
（李红权　整理）

蒙古会议

张我华　撰

一　会议的缘起

本会议之产生，根据于十八年六月十七日，第三届中央执行委员会第二次全体会议之决议案。召集之期原定于十九年三月以前。嗣因道路辽远，交通阻滞，种种困难，迭经呈准展期。中央遵照总理遗教，国内民族一律平等，向外自求解放，并欲使蒙族各盟部，按合法的手续推选代表，不得不宽予时日，候各盟部代表一律推出，来京与会。虽外蒙古各部中大半以有特别障碍，未能选出代表，不无遗憾，而中央在讨伐叛逆军事倥偬之际，仍限期筹备促成会议。各代表竟不惮艰险，浮海南来，出席大会。于本年五月二十九日开幕，十二日闭幕，为时不逾两周，前后共开大会八次，讨论议案至一百二十余件之多。不但开空前未有之新纪录，亦可见我民族团结之精神也。

二　代表之推选

国民政府于数月前制定《蒙古会议〈代表〉推选办法》，分行蒙古各盟部及特别旗，负责办理推选代表事宜。兹将代表推选办法录之如下：

蒙古会议代表推选办法

一　各盟部及各特别旗，对于蒙藏委员会负责，办理推选代表事务之长官如左：

甲　内蒙六盟，青海二盟，外蒙四盟。由各盟盟长负责办理。

乙　呼伦贝尔一部，由其副都统负责办理。

丙　察哈尔旗群一部，由察哈尔旗群十二旗联合政治办公处负责办理。

丁　旧土尔扈特、新土尔扈特、杜尔伯特、唐努乌梁海四部，由各该部盟长，或其他相当蒙古长官负责办理。其一部中有数长官者，应会同负责办理。

戊　各特别旗，由旗札萨克或总管负责办理。

二　各盟部长官代表之推选，由各盟部长官通令所属各旗长官，各推代表一人，备文呈送该管盟部长官公署，各盟部长官并各自推代表一人加入，俟各代表到齐后，即由该盟部长官召集开会，令其互选五人，为本盟部长官代表，其互选法，由各本蒙〔盟〕部自定之。

三　各盟部民众代表之推选，由各盟部长官，通令所属各旗由每旗长官召集本旗民众推选代表一人，备文呈送该管盟部长官公署，俟各旗民众代表到齐后，即由该盟部长官召集开会，令其互选五人为本盟部民众代表，其互选法，及各旗民众代表推选法，由各本盟部及旗自定之。

四　各特别旗长官代表，由各本旗长官推定之。

五　各特别旗民众代表，由各本旗长官召集各本旗民众推选之，其推选法由各旗自定之。

六　青海左右翼两盟推选代表时，每盟须有住在盟内之唐古忒人二人被推选为代表，其如何推选，应由两盟长官酌量办理。

七　各盟部官民代表推定后，须由各盟部长官发给每人证明书一件，各特别旗代表推定后，须由各旗长官发给每人证明书一件，书内须注明长官代表或民众代表字样。

八　各盟部及各特别旗办理推选代表事务，统限于十九年一月三十一日以前办理完竣，不得迟延。

九　各盟部及各特别旗代表推定后，应由各该盟部及特别旗长官敦促该代表等，务于会期前到京，不得延误。

三　筹备会议之概况

筹备委员会，于十八年九月十三日组织成立，分设总务、文书、交际、宣传四股。除分股工作外，曾招集四次常务会议。兹录其议决要项于下：

第一次会议（十八年九月二十日下午三时）

议决要项：（一）本筹备会简章；（二）推定各股主任干事，（三）起草筹备会会议细则；（四）筹备会办事细则；（五）筹备会支付预算书。

第二次会议（十八年十月四日下午三时）

议决要项：（一）修正通过筹备会会议细则；（二）推定蒙藏委员会出席本会人员，分别起草蒙古会议各种规则；（三）编制蒙古会议经费预算；（四）由蒙藏委员会委员草拟蒙古会议提案标准计划；（五）呈请政府通知蒙藏两方选派代表；（六）通电蒙藏本筹备会成立之经过；（七）由宣传股编制宣传品，邮递蒙藏两方加紧宣传。

第三次会议（十九年一月十七日下午三时）

议决要项：（一）修正通过蒙藏〔古〕会议提案标准草案；（二）修正通过蒙藏〔古〕会议宣传大纲草案，并送中央党部审查；（三）推定蒙藏委员会代表，会同财政部、审计院代表，审查蒙藏〔古〕会议预算；（四）蒙古会议代表招待规则、蒙古会议议事规则、蒙古会议秘书处规则各草案，推定立法院、司法院、司法行政部代表会同蒙臧〔藏〕委员会代表审查。

第四次会议（十九年二月七日下午二时）

议决要项：（一）通过蒙古会议预算；（二）通过蒙古会议代表招待规则；（三）议事规则草案修正通过；（四）秘书处规则修正通过；（五）招待处房屋、会议处所，交由总务股负责办理。

四　开会情形

（1）开幕之盛况

十九年五月二十九日上午九时，在本京励志社行开幕典礼。参加者有中央党部代表谭延闿，国民政府代表孔祥熙，参谋本部部长朱培德，训练总监〈部〉骑兵监汪镐基，立法院代表张凤九，班禅代表萧必达、蒋致余，参谋本部代表袁熙绩，章嘉办公处代表吴恩和，蒙藏周报社代表陆冰，内政部代表王广圻，东北办公处代表秦华等共二十二人，蒙藏委员会职员四十二人，蒙古代表四十一人，省政府代表三人。

主席团　孔祥熙　恩克巴图　克兴额　马福祥　蒋梦麟　张我华　吴鹤龄　李芳　袁庆恩

主　席　马福祥

秘书长　唐柯三

议事股秘书　康作群　刘光尧　关震华　于鼎基

速记　沈云崖　倪代荃

开会时：（一）主席致开会词；（二）中央党部代表谭延闿致训词；（三）国民政府代表孔祥熙致训词；（四）卓索图盟代表吴鹤龄演说；（七〔五〕）蒙古代表杨荫郙致答词。

（2）会议之组织

未开会议之前，由蒙古会议筹备会，拟订有《蒙古会议议事规则》、《蒙古会议议场规则》，由第一次大会议决通过实行，并签定席次图，兹分录如左：

蒙古会议议事规则

第一条　本会议以中央执行委员会指定三人，国民政府指定三人，蒙古代表推定三人，组织主席团。开会时轮推一人为主席。

第二条　本会议开会时间，定为下午三时至六时，必要时得由主席改定或延长之。

第三条　本会议报到各代表，不得无故缺席，如因特别事故，不能出席时，须以书面叙明理由，向主席请假。

第四条　每次会议议事日程，须于开会前二日，由秘书处分送各代表。

第五条　本会议非有报到代表过半数出席，不得开议，非有出席代表过半数同意，不得决议。

第六条　本会议开会时，各代表须于出席簿内亲笔签到。

第七条　本会议代表席次，以抽签定之。

第八条　本会议开会时，各代表须按席次就座，非经主席许可，不得无故离座或退席。

第九条　本会议议案须照议事日程顺序讨论，但遇必要时，得以临时动议，经议决变更之。

第十条　讨论议案，须由原提案人，或委托代理人说明要旨，并得由通译翻译之。

第十一条　会议时代表发言，须先高呼主席，报告座次号数，得主席许可，方得发言。

代表须登台发言，但简单发言，得在本席次行之。

第十二条　会议时如有二人以上同时发言，由主席按报号之先后，指定发言。

第十三条　同一议案，每人发言不得过二次，但质疑答辩或唤起注意时，不在此限。

第十四条　代表讨论议案，不得涉及本案范围以外之事。

第十五条　会议时，得由主席酌量情形，随时宣告讨论终止。

第十六条　本会议表决方式，以举手行之，可否同数时取决于主席。

第十七条　议案一经表决，不得再就本案讨论，但经出席代表三分之二以上同意，得由主席提交覆议。

第十八条　遇有事体重大或复杂之议案，应付审查会审查。审查会规则另定之。

第十九条　审查会须将审查之结果，以书面报告大会，并得口头说明要旨。

第二十条　各议案在讨论终结以前，得由原提案人声请修改或撤回。

第二十一条　本规则所称代表，指凡出席本会议之人员而言。

第二十二条　本规则如有未尽事宜，适用《民权初步》之规定。

第二十三条　本规则自大会通过之日施行。

蒙古会议议场规则

第一条　凡本会议之会员，于会议时概须遵守本规则之约束。

第二条　在开议时，各会员宜恪守严正肃穆之态度，不得喧哗谈笑。

第三条　在议场中，不得吸烟食物。

第四条　痰唾宜吐入罐内。

第五条　大帽、手杖、雨伞等物，不得携带入场。（小帽可以不脱。）

第六条　开议后非经向主席请假，不得自由离席。

第七条　本规则自经大会通过之日施行。

五　提议案之分类

蒙古会议提议案甚多，经各组审查后，择其性质相同者，酌量归并，约分党务、制度、法制、行政、司法、自治、宗教、土地、财政、教育、实业、交通、卫生、公安、蒙古省委、奖励人才、改良生活、解放奴隶十八类，兹将议案之分类，列表于下：

蒙古会议提案分类一览表

类别	议题	项目	备考
党务	昭乌达盟代表杨荫郕等提案	第十六项	
制度	蒙古盟旗制度案	全	
	改进蒙古行政制度案	全	
	伊克昭盟盟长等陈情书	第一、二、三项	
	伊盟准噶尔旗提案	A 关于行政方面者	
	昭乌达盟代表杨荫郕等提案	行政制度	
	卓索图盟代表李芳等盟旗制度一案	第一、二、三、四项	
	卓索〈图盟〉代表吴鹤龄等蒙古盟旗制度案	全	条文内有关于盟旗自治会之规定
	昭乌达盟代表傅长龄等提议案	第一项	
	呼伦贝尔代表提议案	第一项	
法制	厘定蒙藏地方暂行法制案	全	
行政	外蒙设治统一行政区划名称案	全	
	哲里木盟各旗会议建议书	第一、七项	
	卓盟那达木德等提议书	第一、二案	
	组织内蒙政务委员会提议案	全	
	卓盟官民代表陈效良等提议案	甲、乙、丙三项	
	东西布特哈旗代表提议案	全	
	呼伦贝尔代表提议案	第三项	

续表

类别	议题	项目	备考
司法	伊盟准噶〈尔〉旗提案	F关于司法方面者	
	改良蒙古司法办法大纲案	全	
	昭乌达盟代表杨荫郙等提案	第二项	
	卓盟代表那达木德等提议书	第三案	
	卓盟代表那达木德等提议书	第九、十案	
	卓盟官民代表陈效良等提议案	庚项	
	昭乌达盟代表傅长龄等提议案	第五项	
	呼伦贝尔代表提议案	第七项	
自治	蒙古地方自治实施办法案	全	
	厘定蒙民自治程序以便筹备自治案	全	
	昭乌达盟代表杨荫郙等提案	第十四项	
	卓盟那达木德等提议书	第四案	
宗教	伊盟准噶〈尔〉旗提案	E关于宗教方面者	
	喇嘛寺庙管理办法案	全	
	寺庙登记条例	全	第十三条保留，交付第二组审查
	章嘉呼图克图提案	第一项	改善宗教
	昭乌达盟代表杨荫郙等提案	第十三项	
	卓盟官民代表陈效良等提议案	辛项	
	哲里木盟科尔沁右翼中旗民众代表提议案	第二项	

续表

类别	议题	项目	备考
土地	伊克昭盟盟长等陈情书	第五、一项	
	蒙旗土地处理办法大纲案	全	
	伊盟准噶尔旗提案	D 关于土地方面者	
	蒙古垦植计划案	第四项	
	依克明安旗代表提案	第二项	
	昭乌达盟代表杨荫郇等提案	第六项	
	卓盟代表那达木德等提议书	第八案	
	昭乌达盟代表傅长龄等提议案	第三项	
	辽、吉、黑、热四省代表提议书	第二案	
	呼伦贝尔代表提议案	第二项	
	哲里木盟科尔沁右翼中旗民众代表提议案	第一、三项	第三项系划清旗县界限，与行政区域有关
财政	伊盟准噶〈尔〉旗提案	B 关于经济方面者	
	确定蒙古盟旗财政办法大纲案	全	
	哲里木盟各旗会议建议书	第二节	
	依克明安旗代表提案	第一项	主张革新一切设施，与行政有关
	依克明安旗代表提案	第三项	
	昭乌达盟代表杨荫郇等提案	第九项	
	索卓图盟代表李芳等盟旗制度案	第五项	
	卓盟代表那达木德等提议书	第七案	
	卓盟代表那达木德等提议书	第十一、十二案	

续表

类别	议题	项目	备考
	卓盟官民代表陈效良提议案	丁项	
	昭乌达盟代表傅长龄等提议案	第四项	
	卓、昭两盟代表白圭璋等确定盟旗财政提议案	全	
	辽、吉、黑、热四省代表提议书	第一案	
	呼伦贝尔代表提议案	第五项	
	哲里木盟科尔沁右翼中旗民众代表提议案	第四项	
教育	伊盟准噶〈尔〉旗提案	C关于教育方面者	
	实行教育会议决议案	全	
	章嘉呼图克图提案	第二项振兴教育	
	哲里木盟各旗会议建议书	第三项	
	昭乌达盟代表杨荫郇等提案	第三项	
	卓盟代表那达木德等提议书	第五案	
	卓盟官民代表陈效良等提议案	戊项	
	辽、吉、黑、热四省代表提议书	第三案	
	呼伦贝尔代表提议案	第四项	
实业	章嘉呼图克图提案	第二项开拓实业	
	蒙古农业计划案	全	
	蒙古畜牧计划案	全	
	蒙古垦植计划案	第一、二、三、五项	

续表

类别	议题	项目	备考
	规定蒙藏垦牧为国营事业蒙〔提〕议案	全	
	蒙古林业计划案	全	
	蒙古矿业计划案	全	
	蒙古工业计划案	全	
	蒙古商业计划案	全	
	哲里木盟各旗会议建议书	第五、六项	
	昭乌达盟代表杨荫邨等提案	第七、八、十一项	
交通	蒙古交通建设案	全	
	关于敷设电信提案	全	
	恢复蒙藏邮务以利交通案	全	
	采用飞机测量蒙藏地形以为建设基础案	全	
	哲里木盟各旗会议建议书	第四项	
	昭乌达盟代表杨荫邨等提案	第十项	
	卓盟官民代表陈效良等提议案	己项	
	筹设蒙藏交通公司提案	全	
卫生	蒙旗卫生局组织大纲案	全	
	选派青年来内地学医案	全	西藏部分保留
	促进蒙藏卫生教育案	全	西藏部分保留
	改良蒙藏助产案	全	西藏部分保留，附助产教育各项办法标准
	提倡新法种痘案	全	西藏部分保留

续表

类别	议题	项目	备考
卫生	调查蒙藏卫生状况案	全	同上
	调查牲畜疾病案	全	西藏部分保留
	狂犬病之防治案	全	西藏部分保留
	蒙藏应设巡回治疗车案	全	西藏部分保留
	举办蒙藏卫生应先从宣传着手提案	全	同上
	严防鸦片暨麻醉药品流毒蒙边案	全	
	昭乌达盟代表杨荫郛等提案	第十五项	
公安	蒙古盟旗保安队编制大纲案	全	
	昭乌达盟代表杨荫郛等提案	第四项警察、第五项边防	
	卓盟那达木德等提议书	第六案	
	昭乌达盟代表傅长龄等提议案	第二项	
	呼伦贝尔代表提议案	第六项	
蒙古省委	伊克昭盟盟长陈请书	第四项	
	请规定蒙边各省省委名额案	全	
奖励人才	奖励内地人材赴蒙边服务案	全	
	请制定甄拔蒙员单行法案	全	
改良生活	扶植蒙民改良生活以期渐近大同案	全	
	请送班禅早日回藏案	全	
解放奴隶	蒙古解放奴隶办法案	全	
	昭乌达盟代表杨荫郛等提案	第十二项	

六 分组审查

蒙古会议议案，既如上述之复杂，为大会议事便利计，乃先组织审查会，审查会共分三组，第一组审查党务、制度、法制、行政、自治、土地、财政、教育、公安、蒙古省委、解放奴隶等案；第二组审查司法、宗教、交通、卫生等案；第三组审查实业、奖励人才、改良生活等案。兹将各组审查委员姓名表录之于下：

职别 \ 组别	第一组	第二组	第三组
主任委员	郭文田	袁庆恩	博彦满都
文书委员	李　芳	徐　霖	杨荫郇
出席委员	陈效蕃	巴拉丹僧格	德　宏
	杨秀春	德　宏	那达木德
	恩和阿木尔	陈效蕃	苏兴宝
	杨荫郇	恩和阿木尔	杜双寿
	博彦满都	那达木德	赵福岳
	吴鹤龄	佟济众	福　龄
	崇　阿	龚　寿	金有才
	徐　霖	吴鹤龄	阿明乌尔图
	袁庆恩	李　芳	郭文田
	福　龄	马福祥	达孟达
	彭楚克	彭楚克	李培天
	普尔布	常文魁	赵敬慎
	门德巴雅尔	陈效良	乌尔图那苏图
	陈效良	吴双海	李芳春

续表

组别 职别	第一组	第二组	第三组
	都噶尔札布	傅长龄	郭文兴
	达孟达	戴清廉	阿拉腾额齐尔
	春　德	李凤岗	那达穆德
	哈钦苏荣	白圭璋	鲍福环
	乌尔图那苏图	葛明格	丹　巴
	李芳春	诺那呼图克图	
	吴双海		
	苏宝龄		
	王士仁		
	恩克巴图		
	格桑泽仁		
	克兴额		
	朝格布彦		
列席委员	行政院代表	考试院代表	考试院代表
	立法院代表	教育部代表	交通部代表
	监察院代表	司法行政部代表	农矿部代表
	内政部代表	铨叙部代表	
	铨叙部代表		
	外交部代表		

七　议决案之要点

提议案交审查会分组审查，将各案内容以类归纳，有合并数人之提案而制定新方案提交大会过通〔通过〕者，有将原案酌加修正过通〔通过〕者，有原案经大会打消者，兹得〔将〕要点摘录如左：

甲　民政类

（1）《蒙古盟旗组织法》（第一组审查会并案审查结果第七次大会通过）

蒙古以游牧为生活，其人逐水草而居，各部落之组织，虽有系统，然尚未脱封建时代之旧习，本法根据三民主义之精神，全民政治之基础，而仍不悖蒙族同胞之旧制，即谓此法为蒙族宪典可也（附录条文）。

蒙古盟旗组织法

第一条　蒙古各盟旗管辖治理权，概仍其旧。

第二条　蒙古各盟旗，以其现有之区域为区域，如遇必要时，亦得变更之。

第三条　蒙古各盟旗境内住在之蒙人，即为各该盟旗之属民，权利义务，一律平等。

第四条　蒙古各盟及各特别旗，仍直隶于中央，惟遇有关涉省之事件，应商承省政府办理。

第五条　蒙古各旗仍直隶于现在所属之盟，惟遇有关涉县之事件，应与县政府会商办理。

第六条　蒙古地方之军事、外交，及国家行政，均统一于中央。

第七条　蒙古地方所设之省县，遇有关涉盟旗之事件，应与盟旗官署，妥商办理。

第八条　蒙古各盟盟长，总理盟务，监督所属职员及机关。蒙古各盟备兵札萨克照旧设置。

第九条　蒙古各盟副盟长辅佐盟长处理盟务。蒙古各盟得置帮办盟务，帮同盟长、副盟长办理盟务。

第十条　盟长遇有不能执行职务时，由副盟长代表之。

第十一条　盟长、副盟长、帮办盟务之任用办法，另定之。

第十二条　盟长得用随行秘书一人，或二人。

第十三条　盟长公署内，分设总务，政务二处，各置处长一人，荐任；其佐理人员之额数及办事规则，另定之。

第十四条　盟长公署下，为办理各项事务，得设专管机关。

第十五条　蒙古各盟，各设一盟民代表会议代表；由本盟所属各旗旗民代表会议推选之，其名额定为大旗三人，中旗二人，小旗一人，其任期定为一年。

第十六条　盟民代表会议之职权如左：

一、关于盟务之立法事项；

二、关于盟务之设计事项；

三、关于盟务之审议事项；

四、关于盟务之监察事项；

五、其他特别规定之事项。

第十七条　盟民代表会议置常任代表五人至九人，由全体代表互选之，其任期定为一年。

第十八条　盟民代表会议及常任代表会议之议事规则及办事规则，另定之。

第十九条　蒙古各旗札萨克，总理旗务，监督所属职员及机关。

第二十条　蒙古各旗协理、管旗章京、副章京，一律改为旗务员，佐理旗务，其名额定为大旗六人，中旗四人，小旗二人。

第二十一条　旗札萨克遇有不能执行职务时，须指定旗务员一人，或由旗务员互推一人代理之，呈由该管盟长，咨报蒙藏委员会备案。

第二十二条　旗务员遇有缺出，由旗民代表会议推选加倍人数，并由札萨克保荐加倍人数，同由札萨克呈报该管盟长，咨请蒙藏委员会选择荐任之，其特别旗旗务员出缺，由旗民代表会议推选加倍人数，并由札萨克保荐加倍人数，同由札萨克呈请蒙藏委员会选择荐任之。

第二十三条　各旗重要旗务，须由旗务会议决定之，旗务会议以札萨克、旗务员组织之，札萨克为主席，其会议规则另定之。

第二十四条　各旗公文，以札萨克、旗务员之连署行之。

第二十五条　旗札萨克，得用随行秘书一人。

第二十六条　旗札萨克公署内，设总务、政务二科，各置科长一人，其佐理人员之额数及办事规则均另定之。

第二十七条　旗札萨克公署下，为办理各项事务，得设专管机关。

第二十八条　蒙古各旗，各设一旗民代表会议，由本旗所属各佐各推代表一人组织之，其代表任期定为一年。

第二十九条　旗民代表会议之职权如左：

一、关于旗务之立法事项；

二、关于旗务之设计事项；

三、关于旗务之审议事项；

四、关于旗务之监察事项；

五、其他特别规定之事项。

第三十条　旗民代表会议，置常任代表五人至九人，由全体代表互选之，其任期定为一年。

第三十一条　旗民代表会议及常任代表会议之议事规则及办事规则，另定之。

第三十二条　本组织法各项施行细则，均另定之。

第三十三条　本组织法，经蒙古会议议决呈准国民政府之日施行。

(2)《蒙旗保安队编制大纲》

蒙古地方，近因迭遭荒歉及兵燹，土匪充斥，民不安居，是以蒙古地方公安颇为重要。各旗原有队伍，器械窳败，又乏训练，实不足以维持地方治安。故各代表提议，多注重编练保安队，经大会议决，制定《蒙旗保安队编制大纲》，其最要各点：

(甲) 蒙古各盟旗原有之各项队伍，一律改编。

(乙) 各盟保安队，由盟长统率之，别设统领一人，承盟长之命帮统之。

(丙) 各盟保安队，由扎萨克统率之，别置总队长一人，秉承札萨克之命帮统之。其队伍额数，每佐廿五人。

(3)《解放蒙古奴隶办法》

蒙古社会之阶级制度，至今犹有存在者，如王公世爵之属丁，喇嘛寺庙之黑徒，虽称呼不同，其为奴隶阶级则一，对于所属主人，负有无限义务，又有所谓家奴、灶丁者，王公世爵、喇嘛庙等有之，属丁、黑徒之家亦有之，则更下一阶级之奴隶也。其姓名有不列入旗民户籍内者，以致在法律上、政治上之地位，与一般旗民显有不同。现在党治之下，民权平等，此种不平的制度，已无存在之余地。惟查蒙古各项奴隶，与美洲之黑奴不同，盖属丁、黑徒，原系平民，自被拨给或指定为某一王公或寺庙之属丁、黑徒后，所有从前以旗民资格对于旗署之一切义务，即完全移转于所属主人。虽困顿于无限诛求、压迫之下，但仍各保其家庭经济独立，故世家臣〔巨〕族式微之后，每有主人依赖奴隶以维持生活者，如遇主人阘茸无能，则豪奴悍仆，遂成为无人管束之人民。现在潮流所趋，势排〔非〕一体解放不可，而解放办法，尤须兼筹并顾，故制定办法，以资遵守（附录办法）。

一　蒙古各处之属丁、黑徒、家奴、灶丁等一切奴隶，由蒙藏委员会呈请国民政府，一体明令解放。

二　前项明令颁布后，由蒙藏委员会，督促各盟旗，认真执行。

三　蒙古一切奴隶，自被解放后，与其往日之主人间，因主奴而发生之权利、义务、称呼、礼节等一切特殊关系，完全废除。

四　蒙古一切奴隶自被解放后，与其往日之主人，在政治上、法律上，一律平等。往日之主人，不得再以奴隶视之。往日之奴隶，亦不许再以往日之主人为主人。

五　蒙古一切奴隶，自解放后，与其往日之主人间，或以生计困难，或因人口孤单，有相依为命之情形者，应以友谊，或雇庸等合法手续，维持其关系。

六　蒙古一切奴隶，自解放后，与其往日之主人，无论有何仇怨，均不许因解放而有任何报复之行为。

七　蒙古一切奴隶，自解放后，即完全由其所在之蒙旗编入旗民册内，与本旗原有平民同等待遇、同等管理之，不得歧视。

八　蒙古一切奴隶，在未解放前，所有已经取得所有权之财产，其往日之主人，不得借口解放关系而收回。

九　蒙古一切奴隶解放后，如毫无私产，或〈有〉少数私产而不能生活者，应由该管之旗，速为妥筹生计，不许现〈完〉忽。

十　凡违反本办法之规定或奉行不力者，均严重处罚。

十一 本办法未尽事宜，由蒙藏委员会另行规定施行之。

(4) 关于蒙古土地之决议

凡蒙古土地，不宜耕植之处，一律保留，永远作为各该蒙旗之收〔牧〕场。其可耕植之处，必须由各该蒙旗报垦，方得开恳〔垦〕，而开恳〔垦〕之处，又必须先为蒙民留给优厚之生计地。

乙 财政类

关于蒙古财政之决议（第一组审查会并案审查结果，第八次大会通过）

关于蒙旗财政各案，暂行保留，由各盟旗与关系省妥商后，再定统一办法。

丙 教育类

蒙古人民，以地理、生活、宗教种种之关系，教育实施，备极困难，而目前最感困难者，师资缺乏，教科书必须另编，经费必须宽筹。观各方之提议，大率注意以上各点。至实施方法，最祥〔详〕密者，有全国教育会议之实施蒙藏教育议决案。故关于教育问题，[详] 均无甚争执。兹将决议各案，汇录如左：

(1) 蒙藏委员会提议之实行第二次全国教育会议决议蒙藏教育实施计画案。第二组审查会提交第七次大会通过。

(2) 伊盟准噶尔旗提议请中央政府切实协助蒙旗教育之提倡并以促进平民教育、职业教育为主体案。第五次大会通过。

(3) 哲里木盟各旗会议建议振兴教育案。第五次大会修正通过。

(4) 昭乌达盟代表杨荫邨等提议振兴教育案。第五次大会修正通过。

(5) 卓索图盟代表那达木德提议振兴教育案。第五次大会修正通过。

(6) 卓盟代表陈效良等提议振兴教育案。第五次大会通过。

(7) 呼伦贝尔代表提议振兴教育案。第五次大会通过。

(8) 辽、吉、黑、热四省府代表提议提倡蒙民教育以资增进智识案。第五次大会通过。

(9) 第二组审查会提议待遇布特哈旗学生办法。第七次大会通过。

(10) 代表吴鹤龄等提议请将留日学生余额作为蒙古定额案。第八次大会通过。

丁 宗教类

蒙古人民笃信佛教，以活佛为唯一之神圣。前清以此羁縻蒙族，数百年来，其种族俯首贴耳，而不复如匈奴、突厥等族之为中国边患者，宗教之力也。自苏俄侵入库伦，煽感〔惑〕外蒙青年，推翻活佛，于是少数青年思想为之一变。此次蒙古会议，以蒙族大多数人民，皆未受过相当教育，仍信仰活佛及各地喇嘛庙。在此教育尚未普及之际，各代表多采渐进主义，于宗教问题，极为慎重。于是有提议喇嘛寺庙管理办法案，有提议寺庙登记条例案，其他各代表，多主逐渐革新主义。而章嘉呼图克图，亦有改善宗教之提议，经大会议决者如次：

(1) 蒙古各旗及平、热等处喇嘛寺庙管理办法。蒙藏委员会提案，第四次大会通过。

(2) 蒙古喇嘛寺庙登记条例。蒙藏委员会提案，第二组审查会修正，提交第四、第七次大会通过。

(3) 伊盟准噶尔旗提议限制充当喇嘛案。第四次大会通过。

（4）章嘉呼图克图提议之改善宗教案。第四次大会通过。

戊　司法类

蒙古司法尚沿用前清旧制，毫无系统。惟已改省县地方之民刑诉讼，则归法院或兼理司法之县政府审理。本会议各代表，有感于改良司法之需要，有主张先养成司法人才者，有主张组织盟旗司法机关者，有主张设立蒙旗承审员者。蒙藏委员会提出《改良蒙古司法办法大纲》，经第七次大会通过如次：

一、蒙古地方应于旗治或县治，或其他适宜地点，由司法院积极筹设独立司法机关，但独立司法机关未成立以前，司法事务暂仍其旧。

二、蒙古地方独立司法机关之管辖区域，按各该地方情形，另行划定之，不受旗县行政区域之限制。

三、蒙古地方，现已设立及将来筹设之独立司法机关，须参用蒙人为推事及检察官。并须设蒙文译员及代缮诉状处，以期便利蒙人之诉讼。参用蒙员办法另定之。

四、蒙古地方得设民事调解处，依照国民政府颁布之《民事调解法》办理之。

五、蒙古世爵、喇嘛等私人，均不得受理或处理关于司法案件。

六、蒙古各旗，应选送兼通蒙汉语言文字之蒙人，入各法律学校肄业。

七、游牧地方，得因其情形，采用巡回审判制度。

八、蒙古地方司法机关，传集蒙人时，应请该管旗署或旗员协〈助〉办理之。

己　卫生类

关于蒙族卫生运动，由卫生部提出以次之各种方案：

(1) 蒙旗卫生局组织大纲案。第一次大会通过。

(2) 选派青年来内地学医案。第一次大会通过。

(3) 促进蒙藏卫生教育案。第二次大会通过。

(4) 改良蒙藏助产案。第二次大会通过。

(5) 提倡新法种痘案。第二次大会通过。

(6) 调查蒙藏卫生状况案。第二次大会通过。

(7) 调查牲畜疾病案。第二次大会通过。

(8) 狂犬病之防治案。第二次大会通过。

(9) 蒙藏创设巡回治疗车办法。第二次大会通过。

(10) 举办蒙藏卫生应先从宣传着手办法。第二次大会通过。

以上凡关于西藏部分均保留。

庚　交通类

交通不便，阻碍文明进步，故近世谈建设者，无不以便利交通为先务。蒙地交通梗塞，邮递迟滞，实为地方不发达之主要原因。亟应由中央主持，迅筹发展交通计画。就各代表提案观之，大概希望就目前财力所能办者，为左列以下之要求：

（一）汽船　各旗如有河流通商地方，应量力举办。

（二）公路　于各旗重要村镇间修筑之。

（三）邮政、电报　于各旗与各市镇间安设之。

（四）电话　于各旗重要城镇举办之。

蒙藏委员会提出蒙古交通建设案，备述理由，规定五项要政：（一）铁道；（二）邮政；（三）电政；（四）公路；（五）航空。

右案经第二次大会通过。兹将原案说明书录后：

(一) 铁道

依据总理《建国方略》之西北铁路系统，及扩张西北铁路系统等篇之计划。并须于最短期间先完成平滂铁路（由平地泉至滂江）及包宁铁路（由包头至宁夏）、北洮铁路（由北平经承德、赤峰等处以达洮南）、锦赤铁路（由锦州至赤峰），次为宁迪路（由宁夏经兰州、凉州、嘉峪关、哈密以达迪北〔化〕）。以上各路就其缓急，分一、二两期兴筑。平滂、包宁、北洮、锦赤为第一期，宁迪为第二期。如是铁路既通，其他建设亦皆易于为力也。

(二) 邮政

于盟旗适中地点，按其需要情形，酌设邮务局。如偏僻之区，当酌量添设流动邮运汽车若干辆，以利居民。并择繁荣要区，距离遥远之地，建筑飞机场，实行航空邮运，更较迅速。

(三) 电政

于各盟旗适中地点，设立无线电台及长途电话，俾各盟旗间与内地互相连络，以及人民自由通讯之用。其详细计划见本会咨请交通部设立各盟旗无线电台案。

(四) 公路

应会同沿边各省政府，及各盟旗长官，先行调查各该地方情形，按其缓急，分期修筑。惟此项经费，如尽出自地方，事实上不免发生困难，应由政府酌量补助，以利进行。

(五) 航空

航空于国防上至关重要，值此蒙疆多事，尤为刻不容缓。库伦为外蒙重镇，应与中央直接连络，建航空干线。再由此东至满洲里、呼伦贝尔，西迄乌里雅苏台、科布多等处，分筑支线。如此则边远与中央声息相通，连络迅速，在军事上、政治上实为规复外蒙首要之图。惟事体艰巨，须仰承中央，作整个计划，负责举办。

此外尚有：（1）交通部提敷设蒙藏电信案。除西藏部分保留外，余经第二次大会通过。（2）铁道部提采用飞机测量蒙藏地形以为建筑基础案。除西藏部分保留外，第二次大会通过。（3）哲里木盟各旗会议建议便利交通案。第五次大会通过。（4）昭乌达盟代表提议便利交通案。第七次大会通过。（5）卓索图盟代表提议便利交通案。第五次大会修正通过。（6）陆焕王恕建议筹设蒙藏交通公司案。第二组审查会修正，提交第七次大会通过。

辛　实业类

（1）《蒙古农业计划》（蒙藏委员会提，第二次大会通过）

蒙古土地面积，约千余万方里，几占全中国领土四分之一而有余。然实行开辟耕种者，尚属寥寥。蒙民之大多数，仍保持其游牧生活，食肉饮酪，固无害于体魄之发育；逐草迁蓰〔徙〕，实有碍于文化之增进。此蒙古同胞之智慧、文化，所以逐渐落后也。欲挽此弊，须收〔于〕蒙古地域，按土质、气候，分区耕牧，使蒙民之生活，日见改良，则文化亦自日见进展矣。兹就蒙古农业分项计划如下：（A）调查土质；（B）宣传利益；（C）设立农校；（D）添设农场；（E）提倡水利；（F）改良农器；（G）奖励耕农。

（2）《改良蒙古蓄〔畜〕牧计划》（蒙藏委员会提案，第二次大会通过）

（甲）改良之要点　改良蒙古畜牧，应行注意之要点有三：（1）改良种类；（2）改良毛质及改良采毛办法，（3）改良草□。

（乙）改良之设施　根据下〔上〕述畜牧改良之要点，应筹设各种改良之设施如下：（子）于蒙旗适中地点，筹设畜牧讲习所;(丑)择东西盟牧产区域,设立模范畜牧试验场若干所;(寅)制定畜牧奖励单行法;(卯)筹设兽医所,兽医血清制造所。

(3)《内蒙古垦植计划》(蒙藏委员会提案,第二次大会修正通过)

(甲)宣传垦植利益;(乙)调查气候地质;(丙)特别注重水利、森林;(丁)蒙民耕作特别领导办法。

(4)《蒙藏林业计划》(蒙藏委员会提案,第二次大会通过,西藏部分保留)

一、调查宣传时期,以二年完成。(A)蒙藏林地之调查;(B)造林利益之宣传。

二、预备时期,以三年完成。(A)林业人才之养成;(B)苗圃之设置;(C)保护国有森林。

三、实施时期,以五年完成。(A)森林局之设置;(B)林业团体之组织。

(5)《蒙古矿业计划》(蒙藏委员会提案,第二次大会修正通过)

第一期

一、完成热河、察哈尔、绥远三省地质详图。(农矿部地质调查所对于此三省地质图一部分已有出版,此案成立后,呈请政府转饬农矿部继续完成。)

二、调查热河省、察哈尔省、绥远省与黑龙江省西北一带之矿业现况。

三、调查热河、察哈尔、绥远三省之各种矿产及其矿量。

四、调查日人在东蒙古一带,与俄人在黑龙江省西北一带,所办之矿业情形,以备将来收归国有国营之参考。

五、详勘朝阳、阜新、凌源一带之煤田面积,及其矿量。

六、厉行公布之矿业法，严禁国人与外人私挖金矿。（热河金矿，常有国人私挖，俄边之中国境地，常有俄人私挖。）

七、奖励矿商开采热河、察哈尔、绥远三省之矿产。

第二期

一、调查外蒙古、唐努乌梁海、科布多地质，制成地质图。（俄人对于外蒙古一部分，已有地质图，此案成立后，请政府转饬农矿部办理。）

二、调查外蒙古、唐努乌梁海、科布多矿产及其矿量。

三、调查俄人在外蒙古所办之矿业情形，以备将来收归国有国营之参考。

四、奖励国人投资开发外蒙古各种矿业。

（6）《蒙古工业计划》（蒙藏委员会提议，第二次大会通过）

（一）培养工业人才。（二）设立蒙藏工商银行，并奖励投资。（三）成立劝工机关。（四）改良固有之手工业。（五）于边圉适宜地点，逐渐设立各种工厂：（1）毛织工厂，于洮南、张家口、包头、西宁各设一所；（2）制革厂，于洮南、张家口、包头、西宁各设一所；（3）制乳公司，于附近牧场及交通便利之地设立之；（4）罐头公司，张家口、包头先行设立一所；（5）肥皂、洋烛公司，洮南、张家口、包头、西宁各设一所；（6）肥料工厂，洮南、张家口先行设立一所。（六）取缔外人在蒙古投资经营实业：（1）严行禁止外人投资经营蒙古实业，其已办者设法取消或收回之；（2）予国籍人民兴办蒙藏实业者以特殊之便利，如运输减价、出口免税等规定，并由国家保障工厂之安全。

（7）《蒙古商业计划》（蒙藏委员会提案，第二次大会修正通过）

1. 调查蒙古出产商品及其销售状况。

2. 调查外人在蒙古商业投资状况。

3. 设立职业学校，其办法已详列蒙藏教育计划案内。

4. 设立商品陈列馆：于蒙古各盟适宜地点，设立商品陈列馆，使一般商民，均了然于商品之优劣及价格而知所取舍。

5. 设立商业联合会：择蒙古重要繁盛之区，设立商业联合会，使蒙地各商，互相联络，共筹商品销售与运输方法。

6. 组织消费合作社：消费合作社之设，原以使消耗品，由社会团体分配，免去由商人垄断，以期国货畅销，价值低廉。

7. 减轻蒙古货捐税：蒙古商业不振，实缘内地税重所致。兹欲使蒙古商品畅销，必须先减轻货捐税。

8. 减轻蒙古商品运输费：交通不便，蒙古尤甚，运输费重，推销自难，故宜减轻运输费。

9. 加重外货入口税：蒙古东受日货侵略，北受苏俄压迫，以致外货充斥，国货滞销。抑制之法，应使外货入口税加重。

10. 设立贸易公司与运输公司：查近来外蒙商权，操之苏俄，外蒙商业，几为苏俄与协和两贸易公司所垄断；在外蒙设立运输公司，输出蒙品，输入俄品，外蒙商业，几为苏俄所独占。故欲救此弊，以杜外人垄断，应速在蒙古设立贸易公司与运输公司。

此外有哲里木盟各旗会议建议提倡实业改良牧畜案。（第五次大会通过。）昭乌达盟代表提议开采矿产，提倡农业，讲求垦牧，制造毛革，开设银行，诸农工商业，须由各盟旗专事讨论、计划适当地点，国家与地方合资举办，以兴利源。（由第五次大会通过。）

壬 特种事务

（一）《奖励内地人材赴蒙边服务》（禁烟委员会提案，第六次大会通过）

1. 全国各中小学校，应将蒙边状况，列入课程，俾自幼映入心脑，成人后，即易感赴边服务之兴趋〔趣〕，而踊跃趋赴。

2. 中央政府妥筹的款，以考试法分年甄送各专门人材，优予供给，令赴蒙边，各就所长，自谋发展。

3. 其他管理、派遣及考核训练办法，付蒙藏委员会以全权，相机办理之。

（二）《请制定甄拔蒙藏人员单行办法》（代表吴鹤龄等提，第四次大会修正通过）

由蒙藏委员会，会同主管机关，仿照从前蒙人甄试条例，从速制定甄拔蒙藏人员单行办法；考试科目，仍宜从简，应试资格，应较从宽，以期实现二中全会之决议，而利蒙藏人才之集中。裨益国家建设，似非浅鲜。

（三）《扶植蒙民改良生活以期渐进大同案》（内政部提，第六次大会修正通过）

1. 奖励蒙民开放牧地自行垦植。

2. 严定蒙旗佃田规约以保障蒙民地权。

3. 奖励蒙民开采矿产。

4. 运送多数农具、种籽，予蒙地垦民以物质上之援助。

5. 蒙民所垦农田，所开矿产，准其自行管业，并于若干年内免租免税。

6. 奖励蒙民建筑固定房屋，造成农庄村舍及市镇，渐革除“蒙古包”生活。

（四）《请规定蒙边各省省委蒙古委员名额案》（第一组审查会并案审查结果，第七次大会通过）

按照第十七次国务会议议决之热、察、绥青四省省委，蒙古委员额每省三人，吉林、宁夏每省一人，请政府照案实行。辽、黑、新三省蒙古委员额，应定为每省一人。

（五）《关于党务之决议》（第一组审查会审查结果，第八次大会通过）

请中央以最简易之手续准蒙人尽先入党。

（六）《呼伦贝尔全部地方永远定为牧区案》（第一组审查结果，第七次大会通过）

呼伦贝尔前定根河以南地方，永远作为呼伦贝尔蒙民牧场，根河以北地方牧场问题，暂行保留，由呼伦贝尔与黑龙江省政府自行妥商办理。

（七）《关于呼伦贝尔行政之决议》（第一组审查会审查结果，第八次大会通过）

呼伦贝尔所属各蒙旗管辖治理权，概仍其旧。

（八）《厘订蒙藏地方暂行法制》（内政部提案，第六次大会修政〔正〕通过，西藏部分保留）

1. 理藩院则例，及番例条款名称，应即废除。

2. 理藩院则例，及番例条款，应以左列标准，由主管机关分别厘订。

甲、与现制绝对抵触者全删；

乙、与现制相对抵触者删修；

丙、与现制并无抵触者暂留。

3. 由各主管机关起草蒙藏地方适用新法典。但在蒙藏新法典未颁行以前，所有旧有蒙藏法规，暂准适用。

八 此次会议的特点

蒙古疆域广漠，韫藏丰富，面积约占中国本部四分之一。其人民又质朴沕穆，习劳耐苦，服从政令，毫无野心。而北有赤俄之肆毒，东有日本之窥伺，当赤白二色两大帝国主义者之要冲，环境异常阴恶。从前清室与军阀秉政时代，只知用愚民政策、羁縻手段，所有用人行政，纯以命令式行之，从未行过会议方式，遑言征集真正民意耶？此次会议，根据总理民族主义精神，尊重蒙族民权，发展蒙族民生。议决各案，理论事实，双方兼顾，中央地方，意见融洽。采渐进之方法，作改善之步骤，决可见诸实行，非复从前以藩属见待之徒事羁縻也。至于中央招待蒙族各代表之诚恳，各代表拥护中央之热烈，犹其余事。兹将本会议之宣言，附录于编末，以代结论。

附录

蒙古会议开幕宣言

蒙古位居华北，为国屏藩，据我国四分一之广大领土，与汉、满、回、藏，同为中华民族之一部。民风敦厚，勇敢勤朴，久为国人所称许。天产优裕，韫藏丰富，尤为举世所羡称。非特居国防上之重要地位，亦实为发展实业之中心区域。今后蒙古地方政治之进步与否，实与中华国运前途有莫大关系焉。曩者逊清政尚愚民，专事羁縻，罔知整理开发之道。终清之世，虽幸相安，然蒙古文化之发展，实受重大之阻遏；流弊所及，即今日政治、教育、经济种种之落后，未始非有清羁縻政策之有以致之也。

先总理外观世界潮流，内审中国现状，创建民族主义，主张中国民族自求解放，及国内各民族一律平等；并郑重申明“承认中国以内各民族之自决权，对于反对帝国主义及军阀之革命获得胜利以后，组织自由统一之中华民国”。昭示中外，用资遵守。本党同志，禀承以上意旨，年来在向国外各帝国主义者，及国内军阀奋斗之中，无时不顾及边民利益。我蒙古同胞，亦深信本党扶植之诚意，竭全力以拥护中央，以求中国国际地位，政治地位，经济地位之自由平等。惜以僻处边陲，情形隔阂，文化、教育、政治、经济等，素皆落后；兼之因袭封建时代之一切旧制度习惯，俱足为文明进步之障碍。今日欲谋新蒙古之建设，必自力图解放始。举凡政治之改革，实业之建设，以及经济、教育之种种设施，实为训政时期惟一之要图，所不可一日缓者也。

第三届中央执行委员会第二次全体会议，根据上述需要，决议蒙古会议之召集。其意义以整理蒙古事体重大，深虑闭门造车之理想改革，未必适合于具有特殊情形之蒙古；为将来推行尽利计，不得不作事实之详细讨论，此本会议之所由产生也。

本会议于五月二十九日在京开幕，六月十二日举行闭幕，为时不逾两周，前后共开大会八次，讨论议案至一百二十五件之多。各代表以所负使命至为重大，罔不慎重将事，所有讨论各案，悉本持平客观之态度，力求切合实际之需要。既不敢徒尚高论，亦不敢拘守成规。于不违背本党主义之中，充分顾虑蒙古地方之特殊情形。复于蒙古民众一致所要求者，力体中央之主义与政策。务期理论、事实，双方兼顾，中央地方，意见融洽。采渐进之方式，作改善之步骤，此本会议经过之大略情形也。此次会议本属空前创举，各决议案不敢谓为详尽完善，要皆过渡时期之不可或缺者。顾为政不在多言，而贵实行。倘能本此初步计划，逐一施诸事实，敢信未来之蒙古，必不至如前此之危弱不振也。

本会议犹有不能已于言者，蒙古东邻日本，北接赤俄，当两大帝国主义者侵略之要冲，环境险恶，匪言可喻。往昔因循苟且之心理，实不足以图存。于今日惟有同心努力，与国内各民族团结一致，共同参加中国国民党所领导之国民革命，方能得到光明之出路。我中央亦宜垂念蒙古关系国家前途之重要，及其地方民众之痛苦，在精神上、物质上充分扶植其教育、经济之设施，交通、实业之建设。庶几国基巩固，富强可期，自不患国际帝国主义者之侵凌压迫也。愿共勉之！谨此宣言。

《时事月报》
南京时事月报社
1930年3卷2期
（李红权　整理）

蒙古会议与对蒙根本方策

作者不详

据南京电讯：蒙古会议预定今日行开幕礼。在此乱事方亟，内争正烈之时，居然有是项会议出现，殊予人以好整以暇之感。吾人姑不问参与会议者是否真能代表蒙古，亦不问主办会议者是否有为蒙古谋幸福之诚意与能力，要之借此会议之名称，多少表现国人尚未忘却蒙古，要自可喜。故吾人愿就今日机会一论对蒙之根本方策。

查蒙古各盟旗与中原腹地距离恒达数千里，清代抚绥有道，蒙藏同样制驭，二百余年之间，喁喁内向，矢忠矢诚。清季政纲坠落，藩服渐见携贰。民国成立以还，自政府以至人民，对于蒙藏问题，益为淡漠，北平虽有蒙藏院之设，等于闲曹，罔顾大计，是以藏卫脱离，迄无对策；外蒙独立，莫知所措，即内蒙各部亦尝屡有暗潮，鲜能水乳，以视清代理藩政策，直无从为之比较。国民党起自民间，思想清新，对于蒙藏，久知注意，惜于实际办法，尚少研求，故自民国政府创建以来，事实上在蒙藏问题，无所表现。只以少数蒙人参加党部，仍复陷入内讧漩涡，自相抨击。而于改造蒙藏之具体方案，从未闻有人提出攻错研究。

吾人以为收回西藏，关涉外交、政治、军事之处甚多，非可简单讨论，独蒙古问题，尽有妥慎研讨之余地。其要点在先定根本方案。关于此点，吾人以为从前清代之抚绥外藩及现在苏俄之治理异族，种种办法，胥有参考价值，请申言之，望国人注意。

查清代制驭藩属，有三大政策。一为宗教羁縻，二为削权分建，三为结以恩好。所谓宗教羁縻者，推崇黄教，广置寺院，以信仰代征诛，实为无上妙策。清代诸帝一脉心传，衣钵永守。如达赖之于前藏；班禅之于后藏；哲布丹巴之于库伦；章嘉之于多伦诺尔等等，备受推尊，万众矜式。爱新昭梿所谓“国家崇信黄僧，并非崇信其教以祈福也，只以蒙古诸部落，敬信黄教已久，故以神道设教，借使诚心归附，以障藩篱”，魏源所谓“卫藏安，而西北之边境安，黄教服，而准、蒙之番民皆服”，此即清代利用宗教抚绥蒙藏之真正心理。吾人今日试游故宫博物院，一觇宫内佛殿庄严之状，当知清代诸帝运用宗教政策之深心。至于削权分建之法，则为广分部旗。旗设一札萨克，掌司政令，权小势散，无集权坐大之弊。更合数部数旗或一部数旗为盟，设盟长、副盟长各一。每三岁蒐简军实，检阅边防，清理刑名，审查丁册，集合有定所，仍简大臣莅视，而盟长只有临时考核之责，初无统治之权，故亦不虞有尾大不掉之患。此外更以年班朝贡之法，令蒙古王公分班入觐，隆其礼貌，示以威仪，或更申之婚姻，赐以邸宅。乾隆时赐宴古蒙［蒙古］王公诗自注有“领宴者大率朕之儿孙辈”之语，其关系可知。由此可知清代统治蒙藏实有整个的一贯政策，恩威并济，政教合一。二百余年之内外叶和，非幸致也。

再查苏俄在今日以扶植弱小民族独立自治号召于世界，其制驭异民族亦自有其特点。本来俄国今日之正称为“苏菲埃社会主义共和国联邦”，其组织甚为复杂。旧时帝俄之大部分固为现在之俄罗斯共和国，此外有白俄共和国、乌克莱共和国、里高加索共和国、土克们共和国、乌兹伯克共和国。此六国皆以绝对同等之权限，同盟而为联邦。其中里高加索共和国本身又系以三个共和国合组而成。除此之外，又有许多之自治共和国及小于自治共和国之自治州，亦复加入联邦之内，是故组成所谓“苏菲埃社会主义共和国联邦”，盖有三十八个分子，种族甚多，关系各别。其能混一合治之要诀，第一为以共产党作统治中心；第二为尽量尊重各个民族之独立思想。前者受共产党有阶级而无国界、种界的理论之支配。任何分子国家胥由共产党专政，其指导精神始终统一。后者则各种民族不但在中央执行委员会有充分之发言权，其在地方更有完全的自治行政权。例如某地俄人最多，则其行政、教育概以俄语行之，如其地德国人占多数，则又以德语行之，其他类推。甚至有一种民族并无特种语言者，则创为一种语言，以表现其特异。若夫各该民族之历史、文化等等，更特予研究，听其发挥保存，不加干涉。要之，现在苏俄对待异种民族，纯用尊重自治之办法，与旧日帝制时代认为属国，动辄压制鄙视者完全相反，此为苏俄联邦统一成功之一大原因，最值得吾人注意者也。

吾人观于上述清代抚驭外藩之方法与苏俄控制异族之新策，当知所以取舍因益之道。大抵清代方法重宗教、尊王公，其于文化之进步、平民之乐利，非所问也。苏俄政策尚放任，主自治，实则别有其最高控驭之术而欲取姑予之策略。号为尊重各民族之历史文化者，结果正可吸收弱小民族之向心力，使于不知不觉中，倾心合作。虽曰时代不同，要其巧妙合理，尤在清代办法之上。中国今日对蒙根本方案，谓宜斟酌乎二者之间，由清代办法渐图过渡到俄国政策，以蒙古民众利益为本位，怀师保良友之心理，扶植其生存发达，协助其自治进化。不但将昔日鄙夷藩服之成见，悉行湔除，且宜将利人土地、弱人种族、欺人愚昧之旧嫌，一律避免，使蒙人对我不畏而相爱，不疑而相信，夫然后蒙古问题，乃可真正解决。抑吾人尤有感者，俄国西比利亚与土耳其斯坦新铁路业已通车，由俄至新疆，不过八日可达，今后蒙古问题，益见急迫。吾人对蒙根本方案，实有亟亟决定之必要，此又愿全国民众急起讨论也。

（录五月二十九日天津《大公报》）

《国闻周报》
上海国闻周报社
1930年7卷21期
（丁冉　整理）

蒙藏问题与蒙藏会议

蒋星德　撰

筹备已久，哄动一时的蒙藏会议，业经国府明令规定在四月间举行。当这边事紧张、四面楚歌的时候，这是一个美好的消息。

诚然，中国的边境问题已到了严重的时期了，满洲问题已将入于不可救药的境况，滇边问题也虚悬着得不到解决，内蒙的叛乱才过去不久，康藏的警耗又那么怕人的传来，赤俄窥伺下的新疆回境是那么岌岌可危，而最近东铁问题的失败尤其使我们痛心，我们试抬头一看那危机四伏破碎零乱的四境，不由得不心惊胆战；然而一回顾到国人的漠视边事，便只有叹两声气的力量了！

将来蒙藏会议的开幕，实足予我人以一种慰安。这表示着全国上下已渐渐注意边事，而谋所以解决之道了，这件事实开历史上的新纪元，而值得我们拥护与督促的。

在蒙藏会议没有开幕之前，有该会议筹备会的设立，隔了不多时便开常会一次，讨论该会一切的筹备方案和提案标准。会议的组成是由中央人员、蒙藏代表以及专家的结合。各方面的设计也算周到了，然而结果能否满意却还是疑问。外蒙名义上是独立了，西藏于从前也曾宣告过自主，站在她们背后的帝国主义者能就此甘心放手，不再在背后兴波造乱吗？中国的内部要是再不整作，蒙藏的离心运动将益发没有止境，更难保没有其他边境踏她们的覆辙呢！所以这次蒙藏会议的成功与失败，将影响到整个的大中华国族的团结，也可见它的重要性的一斑了！

一　蒙藏会议的意义

在这里我们所要讨论的，是蒙藏会义〔议〕的意义；换一句话说，便是为什么要开这样两个会议，它的动机是怎样，它的目的又在哪里？

从历史的系统上，从地理的背景上，事实都告诉我们，汉、满、蒙、回、藏五大民族相互间都有深切的关系，实有联合在一起，组织成整个的民族国家的必要。所以当一九一一革命成功后，基于自然的倾向和人民的要求，遂有五族共和的中华民国产生出来，把一族专制的满清政府打倒，而成立各族平等的民主政府。不幸民国成立以来，内乱不息，国事不堪，五族间的感情也就支解，再加上帝国主义百般的诱惑，遂引起边境各族携贰之念。一九一五年的外蒙古第一次独立，一九二一年的第二次独立，以及一九一三年西藏的擅自自治，脱离中国，都是原由于此。其实蒙古、西藏都是中国的民族，与内地有深切的关系。蒙人和俄人合不拢，正如藏人和英人合不起来一样。只要中国本部努力自强，设法招致，使他通晓五族共和的真谛，中国民族的危机，以及帝国主义者的野心，他们自然能觉悟到同种的可爱，异族的可憎，远离邻邦而归心本部了！这次蒙藏会议的最大意义，便是打破五大民族间的猜疑和隔阂，使五族人民感觉到有统一的必要。

蒙古、西藏的所以携贰，固然由于蒙藏人民的智识太浅，易于受外人的煽惑。而清代边务的失策，也是极大原因中的一个。满清政府挟其偏狭的帝王思想，专以愚民政策对待人民。对于蒙藏边境，以怀柔手段维持和平，令蒙藏人疏远汉人，复提倡喇嘛教以愚之。蒙古的活佛，西藏的喇嘛，极受清廷的优待，结果满清政府的天下是平安了，蒙藏人对于汉族是隔阂甚且仇视了，而蒙藏人民智识程度的浅薄，也就益发不可问了。其流毒一直遗留到现在，政策的效果反被不相干的外人收获了去，成为今日五族共和相互了解的一个大阻碍，这是多大一个错误？国民政府以国内民族平等、统一为号召，设法弥补此种缺点，所以有召集蒙藏会议的举动。设法开化蒙藏而积极施以教育，实为蒙藏会议的最大目的。

讨论解决蒙藏悬案的方法和步骤，也是将来蒙藏会议很大的一个目的。中国的边境问题，成为悬案而没有解决的很多，远如片马问题，近如满洲问题，都是十分纠葛不易解决的悬案。而外蒙的独立问题，西藏的自治问题，也有许多不了的要案在。外蒙自民国八年十一月取消独立，还政中央后，民国九年九月受苏俄革命的影响以及日本的扰乱与煽惑，遂有日兵、蒙匪以及帝俄遗孽大联合而陷落库伦一事。于是蒙古乃宣告第二次的独立自治。从此中蒙关系，遂遽断绝，一切中蒙悬搁未办的事情，直到今天还没有解决。外蒙政府对于中国政府固视为敌体，中国在北京政府未倒之前，仍揭五色国旗，号为五族共和，既设蒙藏院，以资管理蒙藏事务，复有蒙藏议员，出席于历届国会。是对外蒙，仍不承认其独立，而以五族共和待遇。西藏问题也是如此，民国二年十月中、英、藏第一次会议，陈贻范签字于辱国丧权的草约，经中国政府正式否认，拒绝签字于正约。民国三年的英藏条约，中国方面亦不与，迄后多方交涉，均无结果。直到今天，中藏问题仍未解决，从国际方面讲，有许多国家根据条约承认中国在蒙藏的宗主权，有许多国家根据事实承认蒙藏的独立自治，这种藕断丝联名义不定的蒙藏关系，最容易给外人以乘隙而入的机会，这也是蒙藏会议应当设法弥补的。

从事实上观之，蒙古问题与西藏问题不无相当的关系。蒙古与西藏，同为中国重要的边境，同有帝国主义者伺伏于侧。民国成立时，俄国既助外蒙独立，英国操纵下的印度政府，亦助西藏独立，民二袁政府既承认外蒙自治于前，故对于英人要求西藏对于中国只负宗主权，亦不得不同意于后。今日外蒙操纵于苏俄，正如西藏垄断于英国，进退出入如出一辙。所以这次将要开的蒙古会议和西藏会议，其用意也不过想谋一个整个的解决，免掉互相牵掣，两方面都得不到好结果。

二　形势险恶的蒙藏近况

自一九二一年以来，外蒙在名义上是独立自治了，而实际则一切主权都落在苏俄手中。每一个机关或领袖背后，都有美其名曰"苏俄顾问"的监察者。各机关的一切事宜，大半仰承苏俄的意志进行。谈到军事，则军官多属俄人，编制悉效俄规，蒙人仅供驱策。谈到教育，则完全俄化，课程均仿苏俄学制，小学即授俄文，中等学校，完全俄语教授。刚脱去掉喇嘛经典的私塾，又走进"赤化"教育的网罗。谈到交通，虽废旧式骡车、驼队而代以汽车，然交通枢纽，皆操于俄人手中，实业、矿产，悉由俄人越俎代谋，所以外蒙在表面上是独立了，实际上是亡国了！然而苏俄就此能餍足吗？于是煽动内蒙以及寇边等事便接续着发生了（注十一）①！

内蒙与外蒙既属同宗，境复毗联，内蒙人民，最易受外蒙的刺激与诱惑。据最近内蒙民众联合会报告，每年内蒙人民因受外蒙的离间与引诱，弃家徙往外蒙者，数以万计。一九一八年八月，呼伦贝尔蒙古民族，因受苏俄鲍罗廷的煽惑，宣布脱离黑省关系，

① 原篇注释顺序颠倒，今仍其旧。——整理者注

企图独立。并于九月间在苏俄领导之下，开始袭击满洲里，次第将干吉多尔盐河等要地占领，一时形势颇为紧急，幸不久即归平静。最近中东铁路事件发生后，俄军重兵压境，正局势紧张风云险恶时，内蒙青年党又复以赤军之援助，集众倡乱，声称独立，在羊场地方集众二千，进占海拉尔，表面上为求独立，实则受俄人之愚。盖当起事时，枪械由苏俄供给，指挥多为赤军将校，军队持红旗，服戎装，声势赫赫，显系俄人所煽动。今东铁事件解决，俄人为求中俄会议胜利计，已将蒙乱压伏，然而俄人既能煽动蒙人于过去，必能再加煽惑于将来，此可断言者。内蒙问题一天不得解决，中国的北方一天得不到安宁，这是显然的事。然而苏俄“赤化”远东的政策方兴未艾，煽惑内蒙的计划正在进行中呢！我们将何以抵制？

除了苏俄以外，日本实在是蒙古的隐忧。日本口口声声不是在那里实行满蒙政策？满洲三省固然是她视为囊中物的，东蒙也不失为她的目的物。观其洮热铁道以及林西、察哈尔互相打通的计划，可见其对于东蒙野心的一斑。一九一九年日人笼络东蒙，在大连有满蒙自决会的设立，其宗旨为：（一）日本永远保护王公地位，不使民生主义的平均地权得以实行；（二）打破东蒙现状，另立组织；（三）满蒙民族独立，脱离中国；（四）各旗召集新兵，一切经费、枪械均由某方供给，并某方派军官教练；（五）秘密召集蒙地著名土匪首领，接洽款械，倘东省有军事时，乘机起事；（六）由蒙旗无论派何等学生赴日本留学，均予免费收留；（七）改良蒙地畜牧及种类；（八）日蒙合资在蒙地创大规模的合作社；（九）由日方出资在大连盖造巴林王府，令该王常住该处，予以保护（注一）。看了以上的一切情形，日人对于东蒙的野心，越发显明可见。

总之，俄国对于内蒙，以分配地权煽惑蒙民为政策。日本对内蒙，则以羁縻王公，尊重其封建采地，助其对人民的权威为手段。一则劝诱平民，一则见好王公。于是内蒙一地，变成赤白帝国主义笼络角逐之场，中国反相形见拙〔绌〕，其危险程度也可想见了！

我们再看一下西藏问题，更令我们不寒而栗。谈到西藏问题，我们断乎遗忘不掉西康。一九二九年八月，国内盛传英印藏兵图谋西康的警报，谓英印兵共五万人，开入西藏，连同藏兵共计不下十余万，积极图谋西康。西康因军队过少，不能抵御，未及半月，英印藏兵已进至察木多，西康已过半陷落。而其出兵的借口，为收复西藏旧地云。这个消息不久便证明非实，然而警耗频传，总不是国家之福！从事实上观察，在康藏悬案尚未解决以前，西康的地位是非常重要而可虑的。

至于西藏方面，近来有极不好的消息，便是尼泊尔受英国的耸动，将与西藏挑衅了！最近西藏班禅驻京办公处，接印度通讯处密电云（注二）：

> 尼泊尔国王，于上年废历八月，命令全国官兵，给假三月，回籍省亲后，攻打西藏。一面命令该国二十四苏巴（注三）拓筑入西藏之军用汽车道，宽约二丈，凿山工具，均由国王发给。十一月，购买械弹、粮秣，征发牲口，并向印度交涉，调回属于该国国籍之现役军人二万余。前项计划，均于十二月中次第完备，即发动员令，大举内犯，由王太子巴布塞姻希亲自出征，其军队有五千人开驻雅山，二千人开驻吉隆，三千人开驻库禄，五千人开驻仰隆，四万八千人开驻握隆墩（以上各地均尼、藏交界），四千人留守都城，共计六万七千人，新兵征调中者〔者中〕二万四千人。军实已运至尼、印交界之比尔西拉加地方，系向英国或印度购买者，军装订购至五十五万套之多。其进行方面，将由藏境帕克里进攻云云。

消息是否确实，固尚待证明。然而观于班禅代表事前在沪的报告，谓达赖因不堪英人的压迫，将亲英派首领坚删堪刚撤职，对于英国，不似昔日亲信，英人因停止其军事上的供给，达赖听之，英国乃耸动尼泊尔与西藏挑衅，深以为虑。今消息适证明其逆料与顾虑，蛛丝马迹，不无相当的线索可寻，给予吾人以很多可信的材料。当这康藏边陲警耗频传的时候，适西藏会议行将开幕的当儿，深望各代表、各委员以及各专家加以切实的注意，在这个不寻常的状态之下，想出种种应急的设施，以免追悔于后日（注四）。

三 蒙藏的政治问题

蒙古的行政组织，与本部截然不同，并无省县的名称，而以旗为行政的单位，合多数旗为盟。清代封各旗旗长为扎萨克，管理旗务，而受理藩院的指挥。并以协理台吉二人至四人为札萨克的辅佐。各盟有盟长，受封于清室而直隶于理藩院。蒙部沿边汉蒙杂居之处，复划为特别区域，以都统节制而支配之。更于库伦设办事大臣，常川驻扎。惟蒙古政治染有十分浓重的宗教气味，库伦活佛，为全蒙政治上的领袖。而盟长、旗长，亦均当地有势力的王公亲贵。民国成立以来，改理藩院为蒙藏院，国民革命后，改蒙藏院为蒙藏委员会，更将特别区域改为行省，至于旗盟组织，王公制度，一仍其旧。

西藏的政治，与蒙古相似，自有藏史以来，即为宗教的政治。西藏分前藏、后藏，达赖主持前藏，班禅主持后藏。权限确定，至今不变。清代有驻藏大臣，总揽全藏事务，与达赖、班禅平行政务。至于达赖、班禅的产生，以金瓶掣签的制度，尤属荒唐迷信。近年达赖、班禅两教主失和，达赖主张亲英，班禅归奉中央，因政见的不同，藏事乃益不堪。

蒙藏制度，犹不脱封建本色，王公占社会优越的地位，为世袭性质，并领一定的年俸。蒙藏整个的政权与地产，平民绝无参与或占有的机会，奴隶制度，十分盛行，世代相承，永无解放的机会。这种背时代潮流的封建制度，实为蒙藏前途发展的障碍，并且成为帝国主义引诱的最好口实。所以蒙藏会议，应当设法改良蒙藏的政治制度，酌合〔核〕蒙藏的特殊情形，分别先后缓急，逐渐改革进行，以谋蒙藏的发展。王公名义，应策其取销，或使其自动改革。并须将政权与地产酌与民众，使民众有参与政治的机会，入于耕者有其田的情况。蒙藏一切奴隶，须一律解放，并妥筹善后办法，以免其失业而流离。那么蒙藏社会的进步，大概可以计日而待了！

四　蒙藏的教育问题

内蒙、西藏，自有历史以来，本无教育的可言。满清以蒙藏均为藩属，欲其愚昧无知，受清廷的笼络，故对于蒙藏教育，绝不与以提倡，盖深惧其一旦开化，与汉人联合，推翻其一族专制的政府。复提倡喇嘛教育，以诵经拜忏为能事，用以消磨其志气，断遏其思想。民国成立以来，对于蒙藏教育，虽无歧视之心，而一切规划，也无热心进行之意。惟蒙藏教育，受世界潮流的影响，以及外界的刺激，亦稍稍萌芽，据最近教育部调查，内蒙学校以及教育机关的散布各处者如下（注五）：

（一）热河围场喀喇沁右旗“崇正学校”。（一）热河阜新县蒙古警察所“土默特左旗维新学校”又“土默特左旗义仓学校”。（一）热河绥东县东仓“锡埒图库伦旗旗立学校”。（一）山海关外绥中县北“喀喇沁左旗旗立学校”。（一）洮昂路太来站南二龙梭口屯“扎赉特旗公立学校”。(一)黑龙江呼伦贝尔副都统公署“呼伦贝尔蒙旗学校”。(一)黑龙江龙门大街“杜尔伯特旗旗立学校”。(一)绥远归化城“土默特第一中学”。(一)黑龙江肇州县“郭尔罗斯后旗旗立学校”。(一)洮南街“科尔沁右翼前旗旗立学校”。(一)黑龙江太东县“札赉特旗旗立学校”。(一)沈阳“蒙旗师范学校”。(一)黑龙江省城“蒙旗师范学校”。(一)齐齐哈尔“蒙旗教育委员会”。(一)辽宁省城“达尔罕旗教育委员会”。

以内蒙旷大的面积,总计学校及教育机关,为数不过二十余,其教育事业的幼稚,人民智识的浅薄,可以想见。西藏的教育状况,至今尚无详细统计。惟藏地境况,犹不及内蒙开化,教育事业,断不能较内蒙发达,此可断言。即有少数的学校及教育机关,亦必完全英化,盖今日英人方努力以文化侵略西藏,藏人受其影响,凡西藏学校,无不以英文为主要课程,以故藏人之谙英语者甚多,而能操华语者反少。试执藏孩而询以祖国,必茫然不知所答,或且以英国为其宗主,更不知世界上有中华民国的存在。若询以中藏的关系,更属茫然了。西藏人民不知与中国的关系,正如新疆旅土学生不知其籍属中国一样(注六)。中国若再不注意边境教育,置外人的文化侵略于不顾,则边境前途将益不堪设想了!

最近,政府已注意蒙藏问题了,深知欲求开化蒙藏,促成五族人民的大结合,非提高其智识不可。因于国内大学中,特设蒙藏专班,并于北平、康定以及首都三地,设立蒙藏学校,以资提倡蒙藏教育,实是蒙藏人民尤其是蒙藏青年的福音。深望将来会议中,能将蒙藏教育的根本方针以及进行计划予以确定,努力实行,则蒙藏教育的前途,将放一奇彩了。教育是立国之本,事业之母,万勿等闲轻视。

五 蒙藏的交通问题

中国幅员广阔，边境辽远，加以交通事业素不发达，所以边境与内地，消息阻隔，旅行艰难，实为民情隔阂互相歧视的最大原因。姑以内蒙言之。内蒙与本部，以阴山山脉为其天然的界限，交通本属非易，又以人工筑成的历史伟大工程之万里长城阻隔之，民情乃益隔膜。京绥铁路告成，内蒙与本部的交通始便，然仅限于内蒙南部。包宁汽车路虽已告成，然其交通的便利，亦只限于内蒙西部一隅。至于内蒙北部的交通，仍以牛、马、骆驼为唯一的工具。张库汽车道成，汽车为数有三百辆之多，故内蒙北部与外蒙及苏俄的交通，反较与本部者为便。无怪其日渐外倾，而受苏俄的煽动，外蒙的同化了！

蒙古的内地交通，都借牛马车与骆驼队，牛马的利用，只限于夏秋两季，盖冬季及春初绝无水草，难负重任的缘故。驼性畏热，炎炎长夏，为其放牧的时期，待秋后驼肥，令其工作，以代牛马。惟驼队运行迟缓，牛马则更费时日。如张库全线，长途汽车五日可达，驼队须四五十日，牛马车行程更须倍之。新式的交通工具和旧式的牛马驼队，其相差可以概见。

至于西藏的交通情况，更不及内蒙远甚。我们试打开地图一看，在西藏境内绝对找不到一些铁路的踪迹。加以山脉纵横，河流急湍，所以也谈不到航路。勉强要说西藏和内地的交通，便是经过打箭炉而达成都的一条路线了。然而通常由拉萨利用牦牛，须三个月方达打箭炉，自炉城抵成都，又须费相当时日，所以西藏对内交通，异常不便。然而对外交通，则便利多多。由拉萨至印度大吉岭，计三二〇里，较拉萨、成都间距离，在数量上短一千七百余里，路程上亦省去两月。大吉岭又为印度铁道线的终点，交通十分便利。故由中国本部入藏，远不如绕道印度便利。英人注意西藏已非一日，深知交通为帝国主义对外侵略的最要工具，故已修筑拉萨与印度间的电线，更谋修筑藏印铁路。最近消息，谓尼泊尔已拓筑藏、尼间的军用汽车道，此路若成，则外人侵略西藏，便利更多了。又据江达消息云（注七）：

英人现又拟建拉嘉铁道，其路线由拉萨起，经德庆、墨竹二卡入西康境大昭、真达、嘉尼。又拟建一江日铁道，为后藏之交通，自江孜起，直达日喀则，现英人正在筹划勘测中。闻达赖对此颇不满，藏民反对亦颇激烈。布达拉及江孜等处，曾举行藏民示威之运动云。

观此可见英人拟用铁道政策，侵占西藏，而犯我西康了。此关系重大的三铁路线若成，则英印兵朝发夕至，我国则云山阻隔鞭长莫及，彼若急进，我将何以御之？

二十世纪，交通事业的效用以及对于国家的影响，已经很显明的昭示着了。世界各国的铁路战、航路战以及航空竞争，已经达到最高潮了。她们都在那里争霸世界的交通权，我国却连国内的交通都不去努力，还要给人家夺了去，岂不可叹？我们若再不注意到蒙藏的交通问题，分别国家与地方的性质，由中央或地方筹划修筑，于路、电、航、邮以及固有的台站，从事建设，势必将内蒙、西藏弄得像今日外人铁道纵横的满洲无疑。这次东铁事件给与我们的刺激不可谓不大了，从此我们可以确实的知道铁路的建筑不特于文化、交通、实业、财政诸端有切实的关系，便是于外交也有深切的干碍。

航空事业在最近十年可说是突飞猛进了。民用航空的发达，简直有取铁路而代之的趋势。航空事业在国境辽阔的国家格外容易发达，因为它的效用在长距离而愈显。中国交通幼稚，边境辽阔，实为航空事业最好的发展对象。而西藏一带高山大川形势峻险之地，更非倚航空为主要的交通工具不可。国民政府一九二九年发表的航空计划，将京库、京拉诸线列入主要航空干线之内，实是有价值的企图，能够依着计划，去实行而不徒托空言，那就是我们的希望了。

六　蒙藏的产业问题

一个地方的产业情况，关系到那个地方的财政状况，民生问题，以及社会制度。

我们只一提起蒙古、西藏，我们便联想到赤地千里平沙漠漠的苦况来。诚然，蒙藏人民的生活比较上是困苦，然而并不是那个地方的本质苦，实在是他们的产业问题没有解决。

蒙古、西藏的产业情形，有不少相同的特点。内蒙草原，气候干燥，人口稀少，不宜稼穑，遂成为天然的牧场。西藏雨量稀少，不宜于耕种，惟草料丰美，家畜、野兽，均颇繁富，亦为天然的牧场。蒙藏人民既在此相同的天然环境中，遂成游牧的民族。所以牧畜事业，为蒙藏人民主要的生活，兽肉、毛革，也成为蒙藏人民的主要产业。兽毛业及毛织物，成为蒙藏最大的出产品。此拉萨、张北、绥远等地的所以成为毛织的市场。

蒙藏的产业情况，既与内地不同。本部以发展农业为民生要计，而蒙藏则以改良畜牧发展织业为急务。北平年销内蒙羊十万头，倘加饲养生产的改革，所售决不止此数。至于西藏的畜牧事业，斯文海定（Seven Hedin）尝云："凡经过中藏一带，谁都要惋惜到当地牧场的缺乏。时常见到大队的野牦、野驴、野羊、野羚羊等，都毛丰皮坚，肥壮可爱，倘能养成家畜，事情并不困难，而收效却大得很。"可见西藏的牧产虽丰，而任其弃于野者尚多，倘大规模的加以改良，则蒙藏一带的畜牧事业以及肉类出品，当不让于阿根廷了！

因兽毛的丰富，毛织业实在是蒙藏人民的出路。内蒙地毯的精美早已蜚声宇内，然而其他毛织品则无所见。西藏土人能织毛为毡，然粗鲁不合实用。所以蒙藏的大批羊毛，大部分输出海外，一自天津出口，一则经大吉岭而输出印度。洋商以低价收买羊毛、皮角，制成洋货，复以高价入口。此中国所以变成帝国主义经济的尾闾，而蒙藏以及内地人民的民生问题，反不得相当的解决。故改良蒙藏人民的畜牧事业，提倡蒙藏地方的毛织工业，实为解决蒙藏产业问题的对症良药。

畜牧既为蒙藏人的第二生命，于是随畜牧而起的，有不少有希望的实业。肉类既为蒙藏人生活要素，倘制罐输出，运销国外，必能与阿根廷一争市场。惟交通的不便为极大的阻碍耳。口北皮革，畅销全国，皮革事业，亦为蒙藏实业中的有希望者，盖华人用以保体温，外人取以作缀饰，销路至为广大。俄人谓蒙古牛油较澳洲为优，曾受伦敦市上热烈的欢迎。至矿产一事，尤为蒙藏未开发的宝藏。森林事业，前途亦至为光明，但能积极提倡，努力革进。就气候、地质天然环境的差别，划分蒙藏全境为农、牧、林、矿等区，因地制宜，利用天然而加以人力。土地的分配，尤须顾及蒙藏人民固有的生活。并试办各种生产，从事制造，以增进生产。凡生产消费合作事业，亦应予以相当的指导和帮助。务使蒙藏社会的游牧经济，进而为近代化的合理经济。

产业问题的解决，联带到蒙藏地方的财政问题也得到充分的确定，愈加足以促成蒙藏社会的进化。蒙藏人民一妻多夫的制度，固带有不少的宗教色彩，而经济状况的低落，以及男女出生的人数的悬殊，也是促成这种制度的一个原因。产业问题得到了解决，那么蒙藏人的家庭制度和生殖率当因此有新的发展了。

七 蒙藏的宗教问题

谁都知道蒙古、西藏是世界有名的“宗教国”，政治是神权政治，人民是宗教生活。宗教与蒙藏的一切社会情形都有密切的关系，我们有注意而研究的必要。关于蒙古，有以下一段的文字足供我们的参考：

……蒙古本事佛教，有之自明季始，清代特加奖励，用示尊崇，于是喇嘛之权始盛。寺庙林立，金碧辉煌，习梵呗，戒杀生，而英武之风，澌灭殆尽。喇嘛教大行于蒙古，始于十六世纪后半；活佛之出现，始于十七世纪后半，蒙古诸部虽久奉喇嘛教，初未统属于喇嘛也。清初外蒙诸部议投俄罗斯时，呼图克图（即活佛）劝之事清，故清人德之，特封为大喇嘛。雍正五年（一七二七）发帑金十万两，建大刹于库伦，以居活佛，使如达赖喇嘛治西藏故事。因清代奖励喇嘛，以致寺院之多，触目皆是，一家有子二人，必一人为僧。迷信日深，丁口日少；人才不出，弊亦由此。魏源圣武记云：“蒙古敬信黄教，不独明塞息五十年之烽燧，且开本朝二百年之太平。”清代之愚民政策，可谓严酷。又喇嘛所诵之经，全系藏文，因其力攻藏经，遂致其固有蒙文，反弃而不顾，数典忘祖，几无人能识之矣（注八）。

至于西藏的宗教发展史，我们可以从下面一节文字中看出：

元代征服西藏，以其地广而险远，民犷而好斗，思有以因其俗而柔其人，乃定喇嘛教为国教。喇嘛教为西藏式之佛教，初称红教，以蕃僧衣红袈裟故也。……明代中叶，有宗喀巴者，实行宗教革命，禁烟酒娶妻，主张严肃之教律，黄其衣冠，故曰黄教。宗喀巴有二大弟子，曰达赖与班禅，世代相承。至是始以教王兼藏王事，此后藏王不传于子孙，而传于转生之喇嘛。……

满清未入中原以前，西藏僧已来盛京。顺治九年（一六五二）达赖喇嘛五世迎至北京，赐金册金印，当时外蒙未服中国，蒙古王公惟喇嘛之言是听，故清代对于达赖怀柔备至，其目的不仅西藏，亦兼在蒙古也（注八〔九〕）。

观于上文所言，对于蒙藏宗教的发展史，以及清代对待蒙藏的政策，可以知其概况了。清廷用意，专在笼络蒙藏，维持和平，并优遇喇嘛教，以愚其民。消灭婚姻观念，以稀其殖。保护其牲畜生活，压制其产业的进化。此种政策，在满清固可敷衍于一时，而在蒙藏则流毒于无穷，今日蒙藏人民的崇拜偶像，迷信鬼神，不识文字，不谙事理，以及穹室旃墙，食肉饮酪，浑浑噩噩，不识不知，终其身于游牧，大半是受这种愚民政策的影响。

一九二一年六月，外蒙的政治革命与宗教革命，同时喷发，打破封建的神权制度，实行社会主义。虽然内容如何还是疑问，然而外蒙人民的宗教束缚确是解放了。外蒙人民是得到宗教的解放了，而内蒙和西藏的人民仍在宗教制度的压迫下辗转哀啼着。我们必得设法解除他们的苦恼，方足免除外人在彼种种宣传的口实。

从理论上讲，蒙藏人民受喇嘛教的药毒尽够了，喇嘛教在蒙藏人民可以说很不需要了。可是从事实上讲，我们又不能立刻做到“人其人，火其书”的地步。因为信教自由是国民党既定的方针，而且蒙藏人在暂时间断乎不肯离开喇嘛教。我们若去消他们信仰喇嘛的机会，他们将无所信仰，无所依赖，茫然不知所措了，或许还会因此生出极大的反应来呢！惟有改善他的宗教形式，以及一切不良信惯，是最短期间的急务。使他们注意精神的修养，打倒形式的偶像，试行民权政治以替代神权，破除多数人民充当喇嘛的积习，打破迷信的独身制度与多夫制度，以求家庭的幸福与人口的蕃殖。这不是荦荦的几个要点吗？

八　到蒙藏去

去年九月二日国府纪念周上，曾有这样一段议论：

蒙藏重要，是大家知道的。对于蒙藏的实在情形，十分明了的却是很少。要是对于地方上实在情形不十分明了，即使勉强拟就了施政方案，决定了进行办法，也是不适用的。西藏一切事业，关系全国人民生计以及边防，至深且巨。最可哀的，是我们没有勇气，没有组织，去考察，去开辟。英人对于西藏，日、俄人对于蒙古的知识，比较我们切实得多。有时我们还得把他们所著的书籍来做研究的资料，这是何等可耻的事？希望从此以后，一般有志之士，特别是青年，大家来发起一种运动“到蒙藏去”，要晓得那边有种种发展的机会，等着我们。只须我们有决心，有毅力，去做就是了。不过有一点要注意，就是到蒙藏去，不应该急急于求功，更不应该切切于求利。个人抱着牺牲精神，为蒙藏及全国谋永久幸福，那末，效力一定是很大，结果一定是很好的。

诚然，中国人的目光太近视了，对于边境的情形太淡漠了。在俄国的报纸或是日本的报纸，我们可以看到蒙古社会的实际情形，在英国的报纸上，我们可以看到西藏的确实消息，然而这些在中国报纸上很难找到，在外国书店里可以找到研究蒙藏的书籍，大篇宏著的编得很多，但是在中国书店里却很少。这样我们能说蒙藏的是中国的领土吗？蒙藏人民是我们的同胞吗？不要说外人，就是我们自己也将怀疑了。

我们除去打起“到蒙藏去”的呼声，还有什么办法更有效些，当我们要解决这个问题的时候？

封闭边省，为前清统系的政策。盖不使边境土民与汉民同化，欲其愚昧无知，受清廷的笼络。盖一旦开化，便难于驾驭利用了。又惧汉人煽惑，谋倾清室，以打倒一族专制，故任其地广人稀，绝不轻于开放。虽然满清季年禁例疏弛，然而移民实边的事业，一时却难于发达起来。今日中土人口过剩，谋食为艰，而边土旷野千里，地广人稀，这种人口分配不均的现象，虽然原因很多，但受此政策的影响亦不少。近数十年来，边境外交，日渐紧急，失地总数，何止千里！政府往往不知其界线的所在，外交家往往不知其地名与位置。此种情况，真堪浩叹。

中国一部省区的人口密度，可于下表观之（注九〔十〕）：

地名	面积（方哩）	人口总数	每方哩人口密度
江苏	三八，六一〇	三三，七八六，〇六四	八七五
浙江	三六，六八〇	二二，〇四三，三〇〇	六〇一〔六〇〇〕
山东	五五，九八四	三〇，八〇三，二四五	五五二〔五五〇〕
河南	六七，九五四	三〇，八三一，九〇九	四五四
热河	五三，七五〇	三，八一八，〇〇〇	七一
察哈尔	七〇，〇〇〇	一，九〇〇，〇〇〇	二七
绥远	一〇五，〇〇〇	八二五，〇〇〇	八
宁夏	八二，五〇〇	二〇〇，〇〇〇	二·四
西藏	四六三，三二〇	二，二〇〇，〇〇〇	四〔五〕

我们知道世界人口最密的国家是比利时，他的每方哩人口密度是六三六，然而我国浙江省的人口和她差不多，江苏省的人口却比她还要密得多，我们能不惊奇吗？无怪乎年来中国内部人口日形过剩，粮食发生恐慌了。然而其患不在中国人口过多，而在人口分配的不均。倘能将中国本部的人口，移到边境人口过稀的地方去垦殖，那么一方面解决了本部的人口问题，一方面巩固了边防，同时在促进五大民族的同化和同情上，显然可以得到美满

的结果。看了近年山东、河北一带移民东北的发达，可以恍然于移民实边的利益了。然而鲁北一带的移民，只能说是一种运动而非一种政策。倘政府规定以政策，帮助以便利，则中国移民实边的前途，当更光明而灿烂。

内蒙的垦荒已经有相当的萌芽了，但是还不发达，西藏则尚无垦殖的种子，在那一片高爽而丰美的雅鲁藏布江流域上。努力！进行！

* * * * *

蒙藏会议将开幕了。只要是中华民国的人民，只要是我们五族的同胞，不问谁都在那里期待着这会议的光明的莅临吧！而且同时还颤栗着，怕这会议会不像我们所希望的那样安详周到而美满吧！

据北平消息（注十〔十一〕），内蒙各旗盟对于蒙藏会所发文书未收到者甚多，不知该会文书遗落何处。这或许是无意的遗失，然而蒙藏会未免太轻忽了这样重要的会议。不过我们知道，暗中或许有人想破坏这个会议呢！因为汉、满、蒙、回、藏的大联合，将使我们的敌人丧胆，尤其是帝国主义。然而也就愈加显出蒙藏会议的重要来了。

（注一）见十八年一月四日《申报》北平电。

（注二）见十九年三月一日《新闻报》。

（注三）苏巴相当于县长之职。

（注四）见十九年一月十五日《申报》班禅代表报告西藏会议前途。

（注五）见十九年一月十四日《申报》教育消息栏。

（注六）胡汉民由土归来，谓新疆学生留土耳其者百余人，以其宗教、语言与土素合，乃都不自知为籍属中国。

（注七）见《东方杂志》二十六卷十六期《国际·康藏之警》。

（注八）见张其昀《本国地理》。

（注九）同上。

（注十）见十九年二月二十七日《时事新报》。

（注十一）见蒙藏委员会《告外蒙同胞书》，及谢彬著《蒙古问题》。

一九三〇，三，三日，于上海

《东方杂志》（月刊）
上海商务印书馆东方杂志社
1930年27卷6号
（李红权　整理）

蒙古会议

作者不详

廿二日为蒙古会议预备会开幕之第一日，据各报所载出席与会者有内蒙古东三盟与呼伦贝尔各旗派出之代表数十人，各方提案共有四十余件。此次会议实为中蒙结合之绝好机会。按内蒙各盟僻处边陲，如辽宁之哲里木盟、吉林之呼伦贝尔、热河之卓索图盟、昭乌达盟、察哈尔之锡林郭勒盟与宗〔察〕哈尔部左右翼八旗、绥〔绥〕远之乌兰察布盟、伊克昭盟与土默特部，离我中原腹地及中央政府恒达数千里以上，重以交通梗阻，来往困难，彼此消息往往隔绝。今者蒙盟各代表相聚一堂，前此对于中央之误会或隔阂，必能融解消灭，骤增无上之信仰，而政府当局亦得依据各代表之陈述，以定施政方针，助长蒙人之幸福，内则得固汉蒙民族之团结，外则可戢日俄侵略之阴谋。吾人以为关于国内之各项会议，要以此次集会为最有意义，惟西盟各旗代表因受军事影响，道阻途塞，未获来京出席，为可惜耳。

自前清末季以来，内外蒙古因日俄两国之煽惑，二百余年喁喁向化之心，忽生变故。外蒙古当我辛亥革命之际，乘机独立，中经三次叛变，卒受赤俄威逼，施行劳农政治。内蒙各部初亦以外蒙引诱，在绥〔绥〕远、察哈尔、热河一带形势极为不稳，嗣经绥〔绥〕远将军召集西盟会议，慨切陈说，幸内蒙各王公深明大义，乃翻然改计。然呼伦贝尔之少数民族，受俄人嗾使，有一九一一年第一次之叛变。一九一八年呼伦贝尔之青年党受俄人勾引，又与外蒙联合，为第二次之叛变。去年十二月当中东路发生战事之时，复受赤俄利用，为第三次之叛变。夫汉蒙民族原属一家，中央对于各地蒙盟，亦极宽柔优厚，前清时代或以行政官吏措置乖方，有拂蒙情，遂生嫌怨，顾中华民国成立以后，五族共和，视同一体，今日国民政府厉行三民主义，凡在青天白日旗帜下之人民，一视同仁，更无轩轾存乎其间。至谓民国十九年来政府对于蒙古毫无建设之指导，仍使文化落后，民众未免失望，惟民国新兴，百端待理，边地辽阔，设施尤为不易，此各地蒙盟皆宜谅解者也。欧战以还，日人觊觎内蒙，又不遗余力，以铁路、经济及宣传政策为其侵略手段。试举例言之，民国七年九月在东京订立《满蒙五路借款契约》，就中如长洮、四洮、热洮三线，纵横贯穿，直抚〔拊〕内蒙腹背，此欲以铁路政策侵略蒙古者一也。日本羊毛缺乏，农产不富，今观东蒙羊毛之多，土地之沃，适足以补其缺，于是在东省设立"满蒙毛织物公司"及"满蒙兴发农业公司"以吸收东蒙之羊毛，并开辟东蒙之农业，此欲以经济政策侵略蒙古者二也。蒙民素信黄敦〔教〕，至今一成不变，日人以笼络喇嘛计，乃创设日蒙佛教统一会，又创办《蒙文周刊》，按期遍送蒙古各喇嘛，此欲以宣传政策侵略蒙古者三也。民国四年，日本威胁我政府订立二十一条，已有"日本国臣民与中国人民，愿在东部内蒙古合办农业及附随工业时，中国政府可允准之"之规定，可见日人侵略东蒙之野心，无非欲独占其农工业以剥削蒙人之脂膏耳。夫蒙古之开发振兴，原为吾汉民族应尽之责任，万不容坐视其沦亡，而蒙盟各部落亦应视中蒙之关系，如唇齿相依，万不宜再受日俄之愚弄而自堕于罟擭陷阱之中。吾人切望此次出席之各盟旗代表有以警惕者焉。

《兴华报》(周刊)
上海华美书局
1930年27卷19期
(朱宪　整理)

对于国民会议蒙古代表选举之希望

朔民 投稿

一 绪言

中国自鸦片战争以后，外受帝国主义的侵略，沦于次殖民地的地位，内有反革命军阀官僚的专横，国民幸福破坏殆尽，使中国在民族间、民权上、民生上处于极端危险之地位。总理见于国家之危亡，奋然而起，以百折不挠之精神领导革命，考察世界之情状，依现代之潮流，发为救国之三民主义，并以平生所积之经验及中国当时之处境，发为开国民会议之主张，弥留之际更深切昭示务须于最短期间实现。总理逝世以后，本党同志继续总理精神，不断努力，数年间有长足之进展，竟统一全国，由军政时期入于训政时期，得以巩固政府之基础，渐次跻中国于自由平等之地位。全国国民因本党历年之奋斗，脱离其水深火热之痛苦，更因本党之利导，知道总理之一切主张，实为国家民族之救药，政府对于主义方略之施行，亦靡不次第实现。而对于总理在遗嘱上所垂示之“最近主张”，实为政府数年来努力之目标。

二 国民会议需要之迫切与决定召集之经过

政府对于总理之“最近主张”，非仅以形式上的完成，并力求其实际之贯彻。良以总理“最近主张”——开国民会议及废除不平等条约，实为欲致中国之自由平等所必经之方略，尤以国民会议为建国治国一切根本问题解决之所由。全国国民更因基于事实上之要求希冀福利到临之迫切，亦一致力求此国民会义〔议〕之实现。于是国民会议乃为国家环境所需要，及全体国民所要求不可须臾或缓者也。国民会议之使命既若是之重大，而需求又如此之迫切，惟是国民会议之召集绝非操切从事所可能，仓促集会，必有难以贯彻者，于是政府先之以编遣，庶使军阀余孽扫荡清澈，会议得以顺利进行。乃反动军阀负嵎称兵，冀作最后之一逞，中央为勘〔戡〕乱而用兵，国民会议之召集，遂又遽难提及。今者反动军阀扫除净尽，封建余孽失所凭依，社会渐趋安定，实为聚全体国民之意见，恳切商承一切建国问题之时机，于是中央四次全会决定贯彻总理之主张，应民众之需要定期召集国民会议，斯实为我国家民族唯一之关键。

三 中央历来及在此次召集国民会议中对边疆地方之扶植

蒙藏位于中国之边疆，在各帝国主义对华的严重局面之下，更予以较多的侵略便利，于是各帝国主义都视为远东之绝好殖民地，莫不争先占据以为瓜分中国之根据。更以我国历代各自为政，并无整个团结并谋对外之抵御。有清一代对蒙持怀柔之策，益启帝国主义之伸张，蒙藏同胞即处于“人为刀俎，我为鱼肉”的痛苦当中，此实为我中国最大之危机。本党认清症结之所在，并以汉、满、蒙、回、藏在民族成因的原则上讲，实在是一整个而不可分的一个大民族，故本党最初就确立扶植的方针，以共同发展中国之新的生命。数年以来，政府对蒙一切之设施，无不循此方针以进，此固蒙藏民众所馨香祝祷，亦整个中华民国前途之光明！

政府在此次召集国民会议中，仍一本此旨，故在《国民会议代表选举法》曾有蒙古选举代表十二名，西藏选举代表十名之规定。蒙藏各地之详情均不难借此以上达中央，中央建设边疆之方策亦不难因以推行尽利〔力〕，此蒙藏民众所欢欣鼓舞者也。

国民会议代表产生之方法，亦经中央依据社会组织之现状及总理手定之原则，于《选举法》中规定。惟是内地省市各项团体均已组织就绪，不难依照办法办理选举，但在蒙藏各地党务机关既未设立，民众团体亦未组织，则蒙古代表不将因此而难以产生？政府洞烛详情，是以《选举法施行法》第十条设有“蒙古、西藏选举国民会议代表之团体，由地方选举监督，调查其合法组织者，依左列各款造册，呈报选举总监督核定”之规定，视此蒙古代表之选举，业有一定之办法足资遵循，绝不致因产生之困难，而影响于整个之国民会议也。

四 对于蒙古代表选举之希望

蒙古在国家及国际间之状况，业如上述，而社会之情形，复与内地迥异。兹略述之：

基于人类进化时期之不同，人类用以奋斗之权亦各异，整个的蒙古还是在一个“神权的时期”，宗教势力，极形澎涨，人民对于宗教之信仰，犹为不可磨灭之现象，社会之生存既赖宗教而维系，政治之设施亦莫不赖宗教而推移，此时代之使然，为一种不可遏止之自然现象。总理在民权主义演讲中，曾阐明其意义甚详。

黄教之在蒙古，具有悠久之历史，团体组织极形严密，教主与人民极形接近，为人民信仰之中心。教中僧侣之众，年有增加，而数量竟占人民之大多数，实际为人民一共同之组合。是以黄教不特在宗教地位上具有极伟大之力量，实际已成为代表民众利益的民众团体。而历来政府对蒙之一切设施，亦莫赖黄教之努力而推进，黄教亦赖民众之拥护，始得对于历代国家多有贡献。此次国民会议，在中央系集中全国国民之力量以恳切商承一切建国根本问题，在民众系共同接受总理遗教努力实行之始。其与议之代表，要亦必能了然于地方之状况，堪以代表民众之利益，始能确切代表民众之公意，贡献中央以便探〔采〕纳，则蒙古之代表，从一得之见解，亦望维系蒙古之黄教得选举代表参加大会，庶使蒙古情形得以充分上达，中央建设蒙古之计划亦得次第施行，此黄教所希望参加国民会议蒙古代表之选举者也。

五　对于《选举法施行法》规定变通办法之意见

尤有进者，中央虑于蒙古交通之阻碍及种种事实之困难，深恐蒙古之代表，不能于指定期间产生，于是在《选举法施行法》第十条曾附载“前项调查，各地方选举监督，于选举日期已届仍未造册呈报时，得由该地方人民之侨居首都者分别组织团体，呈经选举总监督核定，就近选举之”。兹项之规定，在中央原为不得已时之变通办法，用意至为周密。惟就蒙古现状而论，交通既以天气之日渐温和而毫无阻隔，选举事宜并将因黄教之努力宣传而进行顺利，是以在政府规定期间似不难办理完竣。况倘依变通办法办理，其结果必有难以尽臻完善者，盖侨居内地之蒙人，或因去境年久对于地方需要现况未能细悉，或因囿于区域不能综察全势，则代表之建议，必与其所代表者，不能无所出入，而兴革者又何足以补地方之实际，其结果必至与中央原意相离甚远，甚盼我政府注意及之。

六　结论

总上所述，国民会议为我国家民族欲图自由平等之关键，举国国民所深切拥护以期其确切贯彻，蒙古状况既若是之特殊，依现势之希望，实在于实际代表民众利益之黄教，得以参加大会，庶便〔使〕国民会议之意义得以完全发展，而政府历年来努力之目标得以尽量贯彻，则其影响于我边疆同胞之利益及我整个民族之前途者，正非浅鲜！

《大国师章嘉呼图克图驻京办事处月刊》
南京大国师章嘉呼图克图驻京办事处
1931年1、2期合刊
（朱宪　整理）

蒙古人应以本党三民主义为救亡之良药

姚洪玑　撰

亲爱的蒙古民众，你们原是东亚最勇敢最有威望的优秀民族。当你们祖先成吉思汗创定法制、整理军政、锐意图强时，一切的设施，无论何种民族，都是很敬仰的。沿至元朝入主中国，你们祖先又大张军威，专用武略以拓广国土，几将欧亚二洲席卷而有之。直到现在任何国的政治学家、军事学家、社会学家，谈到蒙族的过去光荣史时，莫不眉飞色舞，为现在蒙人追贺其过去光荣。你们想想，是不是荣幸万分呢？但是他们谈到蒙族现在境况时，则又都愁眉蹙额，什么未开化呀，游牧时期呀，迷信国呀，无教育的种族呀，种种坏名辞，又纷至沓来，一齐加到你们身上来了。这是什么原因呢？说起来，头绪很多，约而言之，就是固执苟安。第一是你们心理以为祖先遗留下的风俗政教，都是永久美好的，未曾注意到时间问题，所以把千百年前的制度硬要在现在时间继续用起来，遂致从前良好的文化，都受了这种限制，永久不能前进，成为处处不如他人的社会。这就这〔是〕心理固执的错处。第二是你们受了宗教感化，应知道宗教能力，是培植人类道德，不是物质的教育，大凡人类，有了良好物质的教育，方能完全生存，能完全生存，方注重道德教育，以求永久的治安，不然，就以宗教为喻，世间上未能完全成佛的人们，不能说可以不靠一切物质，能永久饿着肚皮诚心学佛的。你们对于这层不能了解，所以不注重到物质的教育，无论何人，只要心中有信佛的观念，就想安居坐食，规避谋生的困难，不肯从事物质的建设，好像佛祖就要亲将食物送进你们肚里，来维持你们生命一般。试问能不能呢？这就是畏难苟安的错处。现在，帝国主义国家四面八方包围来了，你们若再不醒悟，他们是不管你们死活，就要用各种压力来驱除你们，到那时真正懊悔无用了。亲爱的蒙古民众，你们是中华民国国民，蒙古的主人，黄教的忠实信徒，对于中国，对于蒙古，对于黄教，应各竭全力，各尽相当义务，求保全国土，振兴家乡，同拥戴教主方法，万不能再像从前固执苟安，单图个人幸福，不管社会潮流了。至于强国兴族护教善法，就是本党孙总理所创定的三民主义。这种主义，国内业已实行，世界各国都是很敬仰的，因为是强国兴种最好方法，你们若能照行，现在所受痛苦，一定能完全除去，成为世界上最有幸福的国民，你想好不好呢。我想你们一定说是好的，但是本党三民主〈义〉怎么是救治蒙古危亡的良药呢，请你们静听下段解释。

中国国民党所定三民主义，虽分为民族、民权、民生三解，实是一贯的，是互相为用缺一不可的，是孙总理博采中外古今各大政治家实行成功的政绩，参考世界潮流，同他自己多年经验，融会贯通而成的，所以本党主义，是切合于世界社会驱〔趋〕向，极利于弱小民族，不是一般妄谈空理不重实际的时髦政党所能及的。本党主义在实行时，第一步是心理建设，次为物质的建设，再次为扩大的设施。这三种层次，是有一定次序，不能有半点躐级，而且对于一般旧社会的人情习惯，是择善而从，不好的改良，没有的补足，不像那赤俄共产党，不管好歹，不问人民愿不愿，一概抹杀，任意独行的可比。请你们再想一想看，本党主义，本党办法，是不是极稳当，极正大，极和平呢。你们现在的风俗惯例，可说是千百年前军国政治家所遗留下的古董，早已不适用了，如不能从速改良，不单是外国人要来夺你们的主权，消灭你们的种族，我想你们自身，恐怕亦觉得所处环境，今非昔比，若不赶快改良，就不能安居乐业吧。但是改良呢，务必要依照本党政策，遵从孙总理计划，努力进行，果能如此进行，那些妨害你们生存、信仰和主权的外国压力，自然而然的完全消灭了，你们一切希望自然而然达到目的了，你们民族地位自然而然抬高了。至于你们的社会亦立刻变为很健全很文明了，所有一切弱点亦自然而然变为一切优点了。这不是同那害弱症的人，在奄奄待毙时候，忽得良医投了一剂妙药，就立刻起死回生，返本还原的一般么。所以我说中国国民党就是你们的良医，国民党的主义就是你们的救亡良药。

再进一步说，你们不求生存则已，要想生存，要想抬高自己地位，亦非按照本党策略，同本国的汉、满、回、藏四大民族努力合作不可呢。因为本党民族主义是联合本国五大民族，成一健全国族，不是分开来说的，现在本国五族已有数百年结合，早成为中国的国民，各族所占据土地亦有数百年统一历史，各成为中国行省区域，固不能有疆界分别，即族界分别亦不能有的。至于五族应有权利，当然是一律平等。五族名词，就像一族内此姓与彼姓的区别一般，一族受痛苦就是余四族的痛苦，一族有幸福就是余四族的幸福，所以本国内五族必要联合起来，努力本党一切工作，若能照这样合作去，中国能立刻兴强，而我们五族所受那赤色和白色的帝国主义痛苦，定能完全除去，不独大家可以安安稳稳做中国主人翁，就是那世界的主人翁，我们亦定能做得到的。

本党民族主义，对于国内五族既没有界限，那民权主义和民生主义，自然同民族主义一样，亦绝对不准有五族分别，一定是一律平等了。不过你们对于民生主义解释，务必要认清头绪，拿定主张，不要受那般帝国主义的诱惑和资本家的曲解，误会本党民生主义同赤俄共产主义一般。因本党民生主义，一方面是处处维持现在经济状况，无论私人财产多少，都是极端保护，一方面提倡公共实业，以增加公共生产，所得利益均是公共享受，至于私人置产，只要符合本国法律，不妨害社会经济地位，不单是不禁止，且是极端奖励的。如国民政府最近所订一切法律，及工商奖励条例，处处可以证明本党所创民生主义，是保护现在民众生计以增进将来民众幸福，使全国民众的经济能力一律平等，与假民生主义的共产党，专门摧残现在民众生计，以求达将来共产目的主义，完全不同①。更进一步说赤俄共产主义，是偏重物质观察，而忽略心理观察的，所以赤俄政策在俄国内，施行多年，明是迎合社会心理为民众谋幸福，实则处处违反民众心理，时时致民众于死命，所以他们想求苟安尚未能得，何况幸福呢，所以我要请你们认清头绪，不要误会了本党主义。

总而言之，本党主义，是解决中国贫弱方针，是制死帝国主义国家的利器，是救济世界上弱小民族的良药。你们能信从本党主义，努力施行起来，将来所得的幸福，真不可以限量呢，努力呀，亲爱的蒙古民众。

《大国师章嘉呼图克图驻京办事处月刊》
南京大国师章嘉呼图克图驻京办事处
1931 年 1、2 期合刊
（朱宪　整理）

① 此处照录原文。——整理者注

四年前所见之外蒙古

苏俄对蒙之处心积虑　我国政府应亟图扶助蒙族脱离苏俄之羁绊　扶助蒙人政治之建设与经济、教育事业之发展

一诚　撰

现在讨逆成功，全国统一了，这时候关于我中国领土的一部分——内外蒙古，最值得我们注意，因此我把从前民国十五年冬天，参观外蒙古所得的状况，发表出来，听说外蒙古的状况，现在还和当时是一样的。

外蒙古本是中国的土地，数百年的外藩，但因受苏俄的教唆，宣告独立，于是俄人着着侵略，便把外蒙古完全归其卵翼之下，更进一步，时常要展足到内蒙来，这些情形，一经到众〔蒙〕古参观，处处都看得出俄人的野心和乎〔手〕段了。

著者这一次，是在国历十一月下旬，才由内蒙古的边境，进了外蒙古的境界。初时只见一片沙漠，全无村屋、行人。汽车走过三小时后，到了一个古庙的地方，那庙里的喇嘛出，庙门紧闭，旁边有一蒙古包（住屋）。我们下车走入包内，那包是圆形的，径约这〔达〕一丈二尺，周围时〔用〕一寸宽、二分厚的木片搭成网格式的短垣，以切开的羊皮二条，穿入两片相接的地方，以为联系，木垣之外，围以白毡，麻绳缚住，成为毡垣，高约四尺。

蒙古包之顶也有木椽，椽上盖有白毡，中央高约七尺。地上所铺的也是白毡，毡上另有坐垫。中间有一个铁架，架上有铁锅，以晒干牛粪或骆驼粪为燃料，用处极大：（一）可令人烤火取暖，（二）可煮菜烧饭。蒙古包的门，也是木板，平时板门常开，仅将双层白毡挂起，以供人出入。门的对面，小方桌一张，上供神像，神气好像千手观音。据说蒙古包是冬暖夏凉的，冬天包内常生粪火，又有不易散热的白毡四面包围，内部自然温暖。倘有粪烟，只将顶毡揭开一部分，那烟即直冲而上，散之于包外。夏天如嫌太热，只须将周围的毡垣卷起一半，再揭开顶毡，自然清风毡〔四〕散，毫不觉热。蒙古包整个可以随地迁移，冬天迁入山谷以避风冷，夏天迁至平地或大道，以便交通。我们进的了这个蒙古包，主人是个汉人，家居张家口，在此营商，已有十余年。他所卖的以茶叶、布匹为大宗，蒙古人以羊皮、羊毛等，来换他的货物。这个包，是他独立建筑的，他花费七十几元钱给蒙古王公，买一张执照，以作占住一小块地皮的代价。我们在那里渴〔喝〕茶谈话，约一小时，告别而行。晚间又到了一个蒙古包，一个久居此地姓石的，也是汉人，他身上很不清洁，两手擘粪生火。我们初见他只当是一个流落异域的汉人，他指着羊粪告诉我们说这是宝贝，我们平时出去拾来储藏，以备煮饭烤火之用，若没有这个东西，简直冻饿死咧。我们在途中，遇见一群马，肥硕非常，约一二百匹左右，但没有人看管，瞧见汽车将到，老远就跑。我问石君为何只有马而无牧马人呢，他说蒙古人牧马，从来不去跟随或监视的，不过隔几天方去看一看，倘若失去一匹，他们会去找回来，因他们自己的马，每匹的高低长短，色毛如何，都记得十分清楚，比登册还要明确，绝对不能混失的。

他又说你们明日要到蒙古兵营，那边就是外蒙古的势力范围，无论中国人、外国人，在这边可以行动自由，一到那边，完全要听蒙古人的指挥了。从石君的蒙古包到蒙古兵管〔营〕，仅约四十里，次日上午动身，四五里就有一个蒙古兵在那里巡哨，一见我们的汽车，立刻爬上汽车，领导我们直到蒙古兵营，约在午前十时左右，连忙将护照、公函交给蒙古军官，请他立刻换给蒙古护照，以便赶路。岂知他看了护照后，对我们说，写蒙古护照非常麻烦，要等到明日早十时，始可办妥。我们很生气，以为小小外蒙古，居然摆起架子，我们本是他的旧主人翁，也还如此看待。更听说以前中国军官来蒙的竟有候到一星期，始领得他的护照的，实在可恶之极。此地有十余个蒙古包，驻兵约一连之众，蒙古兵身穿深黄绸子长袍，腰束绿绸缎带，头戴尖顶帽，足穿皮靴（靴头有尖向上翘，走沙地同骑马最为合宜。外蒙古独立后曾改变靴样，因不适用，故仍复原状。无论男女〈都〉穿那翘底的靴）。

至次日按他们昨日所应许的时间，已发给蒙古护照，我们都继续前进。晚上走到山岩之中，在蒙古包里投宿，那里共有五个蒙古包，住有八个蒙古人。蒙古腹地没有旅馆，然每家都肯招待旅客，按蒙古风俗，如能操蒙古语，只要送给他一些礼物，即可住蒙古包吃蒙古饭，而不必给钱，如不懂话，又不懂送礼的规矩，那么化钱很多，又不舒畅。他们所要的礼物，并不贵重，如洋烛、洋油桶、腌肉、酱菜之类。我们食物，都是自己备带，吃饭时招呼蒙古人各吃一点，他们异常欢喜。饮水都是清洁的井水，凡有蒙古包的地方，便都有井，地理书上所说蒙古人以游牧为生，逐水草而居，是确实无疑。井旁有木质水槽一只，以供骆驼、马、羊等饮水之用，又有布囊一只，上系麻绳一条，就是吸水的器具。他们虽有井水但是不愿洗衣和体浴，他们的身体、衣服都十分肮脏，靠近他们时，就嗅得一种羊骚味。至次日始开车上路，自五原到库伦，若是汽车不出毛病，没有意外耽延，只须四天，就可达到。将近库伦时，看见很多的高山，上面有许多大树，蒙人尊为神树，禁止采伐。又有一山，产金沙极富，但是无人开采。不多时我们的汽车停在蒙古税关前，来了三个蒙古兵士，身穿黄色制服，十分魁梧，将我们的行李件件检查，查后他们帮同捆好，检查虽严，但是颇有礼貌。

库伦的商业大权，至今尚在中国人手握，商店要算汉商开的最多，其次是俄商，惟近来俄商逐渐增加，而汉商的贸易，反日渐退步，人数较前减少，在蒙古独立之前，库伦有汉人七万，现在仅剩二万了。主要原因：（1）从前汉人在库伦营商，极其自由，现在却受蒙古政府的种种限制，很不痛快，捐税繁重，不易得利。（2）前年俄白党侵略库伦，汉人惧祸，逃避大半，现在尚未恢复原状。惟汉人劳工在此极受欢迎，每日工资可得两元左右。

蒙古的汉商人，很见可怜的，没有中国长官保护他，遇有争端，只由中国商会调解，若商会不能调解，则由蒙政府自由裁决。

近来库伦的汉商年年减少，而俄商反有增加，其故何在？因为苏俄生活程度很高，一般商人很有商业智识，一到库伦，虽有许多捐税，而生活程度较低，故维持极易；华商智识较浅，相形见拙〔绌〕，并且不及俄商有强有力之政府为之保护，所以汉人在外蒙经商虽难，而俄商却极有利，这是极可痛心，而且值得我们注意啊。

蒙古政府已在库伦设立，国家商店名协和公司，百物具备规模很大，凡重要的职务，都由蒙古人担任。货价较为便宜，因为房屋是公家的，不讨房租，对于一切商税，又可以任意减少，故协和公司的生意，最为发达。

最近蒙古政府禁止中国人开设旅馆，将另开一国家旅馆，房饭特别便宜。我们住在库伦的房屋是一家中国旅馆，奉公安局的命令停止营业，这一次是经特别交涉，暂准寄宿的。蒙古政府对于商业，极力模仿苏俄，想达到完全归公的目的，这是旅蒙汉人前途的危险，也就是蒙古本身的危险，但蒙古人并不自知。

库伦的街市，每日上午九时各商店开市营业，下午四时闭市。星期六下午二时后歇业，星期日休息。一到闭市的时间，警察要吹警笛，商人听见警笛，立刻就要闭门结束，这都是力仿苏俄最显著之点。

蒙古人以喇嘛二字为至尊无上的意思，表示喇嘛的地位，再高没有了。蒙古人为了宗教上的信仰，不啻看作第二生命，所以一家兄弟五人之中，去当喇嘛的倒有四人。喇嘛是独身不婚娶的，而普通在俗的蒙古人却多一夫多妻。但毕竟不婚娶的太多，所以蒙古人日渐锐减，这一层在喇嘛教上，是必要设法改良才好的。

近来蒙古政府招募新兵，查验体格，百分之八十七有患梅毒，平均计算，蒙古人中患梅毒的当有百分之九十八，这实在是足以使人惊骇。一方面喇嘛教的独身主义未能改良，一方面传染花柳病的人，又这样多数，蒙古种族再过若干时代之后，大有灭绝的趋势。只看清康熙时蒙古人有一千二百万，至外蒙古独立时，仅仅只剩五十万人了。现在有布里亚特蒙古人，由外蒙古西境（苏俄属地）迁移进来，方达八十三万人。蒙古政府对于婚姻制度的改革，也十分的注意，一方面用戏剧、演讲，极力宣传，令蒙古女子注重一夫的制度，无论蒙人、俄人、汉人任选一个，务须痛改那随意离合的恶习惯，一方面命令蒙古女子，一到二十岁，非嫁不可。但婚姻流弊，由来已久，确非短时间能奏效的。

喇嘛教的首领，在外蒙古的便是哲布尊丹巴，在外蒙古民众不论僧俗一律是最服从最信仰的。当徐树铮驻库伦时，曾向活佛借款二十万元，活佛允向蒙古人转借，于是宣布佛旨称徐将军因公借款，望一般人民借二十万元与我，以便转借徐将军云云。蒙古人得了这个佛旨，无论男女老少都要争先恐后的贡献款项于活佛，不满四天，二十万元如数缴足，活佛的力量可知如何广大了。现在蒙古政府，很有取缔喇嘛教的趋向和决心，但是喇嘛教在外蒙古，可说是深入人心，根深蒂固，势力委实不小，若用急进方法，恐怕不易收效，而要弄出事端来。因此蒙古政府便从宣传上劝导人民破除迷信，又开以下三种政策，作为积极改善的根本办法：（1）派人向年长的喇嘛演讲，劝他们恪守喇嘛教的本义，清心寡欲。（2）由青年团每星期一二次向青年喇嘛演讲喇嘛教的流弊，劝他们脱离喇嘛生活。（3）政府立法，凡不满十四岁而且曾在初级学校毕业的青年，不许充当喇嘛。这样就是截止喇嘛来源的意思，但是喇嘛教在外蒙古不止有八九百年历史，虽蒙古政府这样的取缔，每年还不能够减少几分新入教的喇嘛。

从前外蒙古是政教混合的，喇嘛只有种种利权而没有义务，现在自政教分离后，喇嘛的土地也须纳税，与平民一样。前年某地喇嘛五百余人，一致抗税，政府的委员就去调查，命他派代表来见，他们不派代表，一齐暴动。这个政府的委员，本来就是暴力政府的特派员，连忙用严厉的手段去镇压，把抗税的两个领袖枪毙，其余受胁从的也分别治罪，风潮算已平息。但是论到怨声四起，喇嘛教中人，无一不恨新政府的苛政，不及做中国藩属时代的万分之一了。

蒙古人强盛时代是在元朝，那时英主成吉思汗，统率雄兵，驰骤亚欧，铁蹄所到，各国披靡，武功之烈万古所无。版图之广，东至朝鲜，西至波罗的海，欧洲民族一闻成吉思汗的英名，惊心动魄，坐卧不宁，至今还留下黄祸的成语。

曾几何时，蒙古人为何如此衰微柔弱达于极点呢，一则是清朝皇帝，认蒙古是一种附属民族，政治上以制服为工具，这也同对于汉人提倡八股、束缚读书一样，不愿使民族进步；一方面是蒙古贵族制度太为利害，所以贵族独享尊荣，民众都过奴隶生活，受逼过甚，安能发奋为雄。蒙古喇嘛教所以盛行，都为逃避贵族的压迫而起，因为一入喇嘛教之后，都受佛的庇护，王公不得凌虐他们。但喇嘛既多，自然人种倾于衰弱，所以在蒙古说来，一方面要改良喇嘛教的流弊，一方面要改良贵族制度，然后可望种族的振兴。现时外蒙古政府单就改良喇嘛教着手，所以也不能彻底图强，这是受俄人卵翼下的新政治，并不是蒙古人自动改革的新政治，所以有此畸形的结果，哪能和元朝统治时代同日而语呢。

再说蒙古政府的起源，就是乘民国元年，中国革命不暇顾及之时，受俄人嗾使，宣布独立。后来徐树铮带领边防军，前往征伐，立刻也就取消独立。到民国六年俄国革命，白党在俄国不能立足，想占据库伦，立一根据地，反攻赤党，那时俄白党长驱直入，把驻扎库伦的华军击败，霸占外蒙。民国十年赤党杀到库伦，逐了白党，才叫留俄求学的外蒙学生，回到外蒙，组织赤色的外蒙古政府，其实际不过是赤俄的保护国而已。外蒙古的行政权，素来握于王公之手，他们是压迫阶级，有钱有势，胡作妄为，又是地方上的大地主，封建式的君主，袖手而享富贵。一般平民畜牧、耕种，千辛万苦，都来供养这种坐食的王公，及因他们的种种剥削，弄得生活十分困难。蒙古政府成立以来，虽也很想打倒王公，但不敢进行太骤。外蒙的基本组织，以十户为最小的单位，十户有长，十户长以上五十户亦有长，一百五十户名为剑（古时传令以为符号，故称为剑），有剑长。剑以上为旗，有旗长，一旗至少有三剑，至多廿六剑。旗以上为盟，有盟长，外蒙古的盟，就和内地的行省相似。外蒙古共有四盟：（1）东〔车〕臣汗；（2）土谢图汗；（3）扎萨克图汗；（4）三音诺颜汗。现时剑长到盟长，都是民选的。自来旗长和盟长，都是王公担任，世袭罔替，蒙古政府成立时，仍照旧章未尝更动。后来国会立法，凡为王公概无被选举权，未几复以活佛的名义，取消王公制度，并将他的产业，重重征税。大约蒙古政府的理想也想逐渐行没收的方法，把他们的产业收为国有，但现时还谈不到的。

外蒙古的政体，是中央集权的。共和选举也是复选举制，国会议员二百七十余人，先举出三十人，由议员中，或非议员举出，组织一政治会，再由政治会公推行政委员［长］五人，内阁总理及各部长等行政各官吏。现任行政委员长，名叫钝根，已连任了三年，他的学识虽不甚高，但是很肯虚心研究，只要知某事要办，他立时就去实行，真可说得是知行合一的人。内阁总理车某，年已六十余岁，穿的衣服十分简朴，但他的脑筋是极新的。政府里面有三个要人，车总理便是三人中之一。政见尚很一致，应办的事件，他们三人预先考虑商量，然后提出于会议讨论表决。政府差不多每天开会，无论大小政事，都要经行政委员会通过，委员长不得独断独行，例如我们要参观军官学校，要等他们委员会表决后，才给我们切实的答覆。

蒙古的政党，也名为国民党，实在是摹仿苏俄的，所以带染些赤色。中央党部的委员长，名但巴，是外蒙古最著名的人物，口才极好，党内的威权也极高。某巨公曾赠他五千元，正在考虑应否接收，一般党员已盟攻击之意，他立刻将这五千元交给国家，不敢据为私有。我们到库伦时，他方去游历日本去了。他的任务，暂由加旦巴代理，此人亦是外蒙古很有名的人物。蒙古政府的行政方针，是听命于国会的，但是国会一切议案，党部必须先讨论通过后，才交给国会里的党员。对于各种议案，党员已预先在党部研究，甚么利弊，都十分的明白了。国会公开讨论时，当然说的更是动听，而属于党的议员，又是意见一致，不像非党的议员，胸无成竹，所以国会的议决案，总不出于党的范围。政府重要官吏也都是党员，当然要在党的指导下进行一切，不能任他们自作主张，且不论其主义如何，却能都秉承他们的国会来施行一切。

蒙古宪法的原本是蒙文，尚未译成汉文，故不能知其内容。但知其第一条，以共产主义为标准，足见外蒙古已完全被苏俄侵诱了。可怜的外蒙古人才离了火坑，又入了魔窟，将来我国极宜加以充分的救助，使他们得同沐三民主义的正轨，而得平等自由大同的幸福。

外蒙的人民中，喇嘛宣教师或有三万元财产者，不得有选举及被选举权。虽未指明王公在内，然有值三万元财产者，决不是平民，一定是地主或王公，因此王公们当然是被排斥于人民之外，因而生出新的阶级了。王公虽有罪恶，但是这种办法，等于帝国主义对于他的被征服者，岂是自由平等的革命所应有的处置。

蒙古政府极注意提倡教育，不遗余力，每年收入八百万，教育经费竟占了百分之三十。现在库伦所设的学校，有电政、军官、军医及内防各校，多限制外人参观。小学校、中学校最早办了五年，中学校学生尚未毕业。惟大学校只有其名而无其实，只可算是一师范学校。蒙古政府因普及教育起见，正在大规模的扩充师范学校，以期造就相当的教育人才。学校中男女同学，完全免费，就是小学校的学生，饭食、衣服也是由学校担任，故所费极巨。〈现〉下学生程度尚浅，所用课本以蒙文为主（蒙文之字母略似日本假名之组织，或谓日本假文是由蒙文移植去的）。中学校中每星期教授俄文四小时，华文六小时，但许多学校课程表中没有俄文。

有一天到军官学校去参观，其校长为蒙古人，此外有教官和俄国顾问等。引导者说明该校内容，很觉详静。新校舍落成才几个月，是西式楼房，结构颇合实用并适宜于卫生。该校成立已过五年，当初是速成性质，业已毕业两班，嗣后正式进行，内分骑兵科、炮兵科。蒙古因地理和情势的关系，不设步兵科，骑兵下马就成步兵了。在著者参观之时，炮兵科有学兵六十一人，骑兵科有一百零九人。听说该校不久就添设机关枪科及航空科学生。初入该校时，首先进混合科，数月后挑选程度较高，入军官班，受特别训练。在校学生与士兵同等待遇，每月除供给衣食外，每人只给零用费二元几角。两年毕业后，派入军队充当连附，帮助连长工作。此外还有两班：（1）补习班，专收已入军队服务的军官，他们只有军事经验，缺乏理论学识，故加以九个月的补习，再回到原队去供职。他们升降不论资格，只要有本领，立刻可以升级的，若是学识不足，马上就要降级。（2）党务政治班，由该校普通学生中挑选身体强健、军事学优良的，入班学习，功课除军事训练外，教授党义、党史、第一、二、三国际的历史等。其学生共数有三十一名，两年毕业，派入军队担任政治的工作，若没有适当的位置，就在军中充当教官，因他们于党义、军事学都是擅长的。据教育界的调查，库伦的居民有二十一种民族之多，人口总数仅有六万余人，汉族约二万，蒙古喇嘛二万，蒙古平民、犹太人、俄国人及其他民族共只二万。

库伦仅有银行一家，就是蒙古银行，是政府设立的。政府银行，营业极佳，办事时间，自上午九时至下午四时止。银行办事员，中、俄、蒙都有，行长二人，一个是蒙古人，一个是俄人。应用的文语，以蒙古为主，中、俄文语都可通用。蒙古的纸币，都是蒙古银行发行，信用甚好，兑现的准备金也很充足。蒙古境内，蒙古币纸〔纸币〕、蒙古银元、中国银元三种一样的通用，毫无折扣，不过中国银元重量是七钱二分，蒙古银元却只有五钱。中国铜元的价值和在内地差不多，近来蒙古政府屡出布告，将中国铜元的价值压抑下去，现在时价每元可兑中国铜元五百余枚，将来非扫数抵制不可。但是苏俄货币蒙古境内却不通用的，蒙古自己除了纸币外，有银元、银角、铜元三种，上面都刻着太极图式。蒙古的捐税非常烦重，商人应纳捐税约有七八种之多，如营业税、进口税、人头税、印花税、房捐等，都是照累进的原则的，就是凡营业愈大者，捐税愈重。营业在五十元以下者，得豁免一切捐税。

进口税按百抽五十或三十或二十不等，抽税时不以发货单上价目为标准，任由税局人员随意估价的。我到了库伦后，就特别的注意外蒙古主权是否完整，外蒙古究竟是不是真正属于蒙古的，外蒙古政府是不是还有一种太上皇式的外国人监视呢。我们从各方面探听，搜集许多的答覆，综合起来，可以证明下列四点：（1）外蒙古的机关的领袖，政府的领袖，各部部长，各校校长，以及其他重要人物，虽都是蒙古人，而他的背后确实有俄人为指导者；（2）各机关大半有苏俄顾问；（3）外蒙古与第三国际是有密切关系的；（4）外蒙古人民对政治观念虽属薄弱，但多数的仍倾向中国，不同情于苏俄的。

我们到库伦后，住了许多时候，参观完毕，就要预备动身西进。这天护照和食粮都已办妥，汽车也同时雇就了，我们就离开库伦，向恰克图进发。途中有旅馆，却大多是俄人开的，房屋的材料都是木质，将圆木骈立为墙，以代砖石，可见此地森林丰富，木价甚廉。室内也还清洁，所用的杯碟碗盘，也带些欧洲色彩，与蒙古包的气像，大不相同。土地肥沃，人口较密，居民除畜牧之外，颇有务农的人，汉人在此耕种的，也不在少数。由库伦到恰克图□路程约五百里，却是三天的路程。我们到了恰克图，又耽延了三天，顺便访问华商。此地华商原来极众，商业也十分的繁盛，只因白党与中国军队开战，后来红党驱逐白党，将热闹的街市，都毁为平地，残余的旧屋，廖若晨星，现在的商店，都是近来新建的。华商遭此兵变，狼狈异常，损失非常重大。目下剩余华商，仅有几百人，都是没有受过教育，他们的生活光景，都十分困苦，营业也颇为萧条。他们无法自救，无奈中国政府也一时无法保护，所以苏俄政府便乘机扶植俄商，取华商地位而代之。恰克图是俄蒙交界的地方，边境只用木栅为界，也设有稽查处，驻有蒙古兵，能说俄、蒙、华三种语言。我们汽车先到稽查处，看见俄人进出，拿护照出来查验。在此处停数小时，我们就回库伦，再由库伦而归。

综合我这回经过外蒙古观察所得，觉得蒙古实在不能独立。土地面积虽然很大，却是人口太少，农矿工商都不发达，而且没有海洋交通，若要发达各业，必须完整陆路运输交通，偌大的外蒙古，断不是五十万疲病民众，所能负担的。

外蒙古在事实上不能和中国脱离，如果脱离中国，当然就要被苏俄诱骗，况且外蒙不但谈不到共产革命，并且无所谓经济。苏俄的政策，确是与外蒙古格格不入。蒙古人的思想文化低于世界，而又好散居，教育、团结都无从着手（库伦等商市是例外），完全无工业以及企业，怎能立国呢。总之外蒙古在现代，简直可说是未开化。俄人与蒙人种族不同，外蒙古政府和一部分青年，因中国素来不理会的原故，才到俄国留学或游俄，遂由此亲俄，而思效俄之法，正中苏俄两大政策中的东行政策，替苏俄开路，终久要供苏俄的牺牲，这是最可怜的。现在外蒙古当局，还没知道苏俄的政策，竭力排斥亲华派，不惜想做苏俄的联邦，但自民众以至王公，皆因历史、种族、地理等种种关系，对中国极表好感，而不愿俄人操纵其政治。倘使从前没有汉商欺凌蒙古人的事实，我相信外蒙民众早已来归。

现在外蒙古危险极了，民军仍是浑浑噩噩，政府仍是酣醉不醒，中了苏俄的鸩毒，倘使中国政府不下决心去救蒙人，蒙人必致灭种，因为危险的俄化已侵入了蒙地，是蒙古的种族之忧。我曾和一个蒙古智识分子谈话，我们汉族并无侵略外蒙土地的心思，如果要争夺蒙地，以中国的兵力，老早就征服了。再说中国也没有灭蒙古种族的野心，决没有用武力压迫他人为奴的恶意，这是有历史可以证明的。历史上中国汉族，对于他族，如满州〔洲〕、云南、广东等地，在千百年前，都是外国，一与汉族相合，一切的待遇，都是平等的。这个蒙古人听了，半晌不语，结果他很希望中国国民革命早告成功，以便援助蒙人反俄。现在最要紧的，是注意宣传三民主义和中国文化于外蒙古，使他们对中国和中国国民党，有深切的认识，一方面破除他们历来所受的反宣传，尤其要紧。

外蒙古的四盟车臣汗、土谢图汗、扎萨克图汗、三音诺颜汗，比内地四个行省还大的多，以五十万未开化的疲病民众，有这么大的土地，怎怪俄人不垂涎三尺。外蒙古的本身，即不能效土耳其，我们以同种的关系，历史的关系，联合国内各民族一致国民革命的关系，能看外蒙古被白种人左右他们做政策的工具么。

我相信我们如果诚心的救外蒙古，一定可以达到完满目的，外蒙古的四盟，一定可以完全成为比东三省还好的四省。因为外蒙古先只因为中国不能顾及，才投苏俄肘下，但他们现在正在等候宰割了，我们哪可以使外蒙古的同胞失望，我们不要忘了我们的责任，更不要忘了和外蒙古唇齿相依关系，我们应尽扶植蒙古的责任，应尽黄族先进的责任和国民革命救世界弱小民族的责任。我提出两个口号是：中国国民党赶快领导蒙古人起来自决！救外蒙古是国民党的责任也是自救！

《大国师章嘉呼图克图驻京办事处月刊》
南京大国师章嘉呼图克图驻京办事处
1931 年 1、2 期
（朱宪　整理）

外蒙古之政治的过去与现在

陈湘南　译

译者引言

外蒙古虽远处漠北，当然是中国的领土，而俄国人反以为它的联邦之一，外蒙自己从民国元年以来，又有两次的独立。迨苏俄革命后，因欲“赤化”东方，乃以“赤化”外蒙为“赤化”中国的初步；外蒙的军政、财政等大权，均受俄人的操纵，而中国的政治力量、军事力量，向来是达不到的。无论党国要人和一般民众，素来也都不注意这个问题，出版界关于外蒙的图书杂志，寥若晨星。反观俄日两国则其调查无微不至，其出版物更不下数十百种，全国上下，都知注意。现在日本帝国主义者的军队，已强占了我们的满洲，又正在鼓动内蒙，离我独立。外蒙是否也要受到影响，国人于抗日运动之余，请对蒙古问题的书籍，加以流览，则知其前途，实有莫大危机。而日俄的处心积虑必得而括囊者，固不自今日始也。

本文译自日文《外蒙共和国》一书，系南满铁道会社所编译，于一九二七年出版，为《露亚经济调查丛书》之一。共分上下两册，系编译俄人达林的《蒙古的革命运动与青年》（一九二四年在莫斯科出版，为《极东革命运动丛书》的第一编）及马伊斯基的

《现代蒙古》（一九一九出版，为全俄消费组合中央联合会所派遣的外蒙调查队的报告书）两书而成。《外蒙共和国》的《序论一》，系日人所作，即本文所译者。《序论二》即《蒙古的革命运动与青年》一书的译文；正文共五章，即《现代蒙古》一书之译文也。在叙述现代蒙古的社会经济情形的书中，《现代蒙古》可说是最详细的。本文既系全书的序文，故对于外蒙的政治变迁，作简括的叙述，欲明了外蒙的独立经过者，请一读此文。惟因手边图书无多，故外蒙最近情况，无法补充，殊为抱憾。

壹　外蒙古的地理与民族

所谓蒙古的地域，是广漠的，无确定的行政区划，想把它清清楚楚地表示出来，是很不容易的一件事。大体上说来，在它的中央，有东西绵亘着的大沙漠，借此把它分为内外两蒙古，即漠北外蒙古和漠南内蒙古。本篇所述与蒙古独立问题有关系的外蒙古，按照民国九年北京政府所发表《外蒙镇抚使组织条例》，共分下列四部分：

一、库伦所属：土谢土汗盟、车臣汗盟；

二、乌里雅苏台所属：三音诺颜汗盟、札萨克图汗盟；

三、科布多所属：杜尔伯特部、札哈泌部、额鲁特部、明阿特部；

四、唐努乌梁海所属：克木齐克部、撒尔及极部、陶稽淖尔部、库尔逊淖尔部。

以上四部，面积约一百万方哩，占通常所叫做蒙古的绝大部分。它的人口，谁也没有调查的正确数目，有人说是一百万，又有人说是一百五十万。以人口与面积相比，外蒙古人口的密度，比内蒙古的密度还低。南以沙漠与内蒙为界。全面积约四分之三，都是草原，这是一个广漠无垠的大共同牧场。主要的都市有四：(一) 库伦，人口约三万；(二) 乌里雅苏台，人口约三千五百；(三) 科布多，人口约三千；(四) 买卖城，人口约四千。我们现在所谓外蒙共和国，是以土谢图汗盟、车臣汗盟、三音诺颜汗盟、札萨克图汗盟为中心势力。它们都是蒙古种族中的喀尔喀族。以库伦为首都。

住民，以上述蒙古种族中的喀尔喀族为主体。在科布多有蒙古种族的别种额鲁特族，在唐努乌梁海地方，有极少数的乌梁海族。以牧畜为唯一的生业，他们的生活状况，是游牧的并且是原始的。十六世纪以来，深信喇嘛教，以上级喇嘛僧（活佛），为人民崇敬的中心。居民有王族、僧族及平民，前二者为特权阶级，后者为普通游牧民，分为中产阶级与贫穷阶级。

贰　从元朝的盛衰到蒙古的独立

蒙古的历史，是在十二三世纪之交，由起身于斡难河上添〔游〕的一个游牧民族的成吉思汗，在亚洲称雄的时候，才开始的。以一个无名的蒙古种族，继续它一代的英雄伟业，次第伸展它的雄图，莫说亚洲的大部分，就是欧洲的东部，也被他收入版图。到元世祖忽必烈在位的时候（西元一二六四——一二九四），可说是元朝的最盛时代。迨到元末，内讷〔讧〕不绝，到了明朝，渐次衰微，及至清朝，全被清兵所征服。南征西伐的蒙古民族，现在不得不还它游牧的旧俗，归它本来的住地。否则他们要变成被征服的民族而生活于他人的压迫下矣。

清朝征服蒙古，始于一六三三年（明崇祯六年），这年败内蒙察哈尔林丹汗之军；其次于一六九一年（清康熙三十年），征服外蒙的喀尔喀族；十八世纪的中叶，征服西部的额鲁特族；遂收外蒙一带为己有。此后二百五十多年，清朝与蒙古的关系，始终是宗主与藩属的关系。

清朝的对蒙政策，含有两种目的：一方面是怀柔蒙古，以免北方的威胁；一方面是把蒙人与汉人隔离，使蒙人常帮助满清而仇视汉人。清朝为达到这种目的，行过种种的方法。如优待喇嘛教和保护蒙人之牧畜，又禁用汉文字，限制汉人往蒙古贸易；一方面行满蒙婚姻政策，以结联蒙古的王公。

清朝这样的对蒙政策，大体上算达到了它的目的。清朝二百五十余年间，始终统治着蒙古。及清朝末年，突如其来地做了清朝的威胁的，就是俄国的对蒙政策。俄国自一七二七年（清雍正五年）《恰克图条约》以来，与清朝结了几次关于蒙古的条约。每次俄国在蒙古，都得到种种的权利。同时俄国又极力怀柔蒙古，不但竭力想得库伦活佛的欢心，又用种种的方法，使蒙古王公脱离清朝归服俄国。俄国这样的政策，与清朝对蒙政策的转变，同时奏效。俄国遂把来归的外蒙，置于自己的保护之下。

外蒙独立的直接原因，是基于清朝的新对蒙政策。这种政策，大体上可归纳为两点，即：（一）前清末年渐渐感觉俄国南下势力的压迫，同时北京政府，一变从来的主义，要实行殖民政策，以期边境之安宁。库伦办事大臣，率领大批的军队，去到外蒙古。内地商人及移民，随着去的，也不在少数。（二）清朝对于喇嘛教的态度和待遇，渐次冷淡。尤其是到了清朝的末年，中国的政治家，想在全国确立帝国的主权，对内对外，都想谋政治上、经济上的独立。蒙古及其他藩属地方，文化程度既低，教育又不普及，深受宗教的蒙蔽，对于喇嘛活佛，敬若神灵。即在欧洲先进诸国，想解决政教分离的问题，也是极不容易的，而清朝当局，想在一朝而解决之。这种政策，对于喇嘛教权的待遇上，有露骨的表现。

因有上述的情形，所以蒙古的王公及喇嘛教徒，自然怀恨清朝，他们觉得好像千百年来自己的领土，现在都被中国所掠夺了，午夜疑惧不安，自在吾人意料之中。当时俄国正对外蒙表示好感，所以它就在俄国的保护之下，宣告独立。一九一一年（宣统三年）七月，外蒙的王公遂派代表到莫斯科，请求俄国帮助它独立。

叁 俄国的助蒙独立与中国的对蒙政策

蒙古的形势，既然如此，它乘中国辛亥革命的机会，驱逐了中国在外蒙的势力。一九一一年十二月，库伦的蒙古人，起来赶走了中国的办事大臣及其卫兵。当时喇嘛教主的哲布弃〔尊〕丹巴胡图克图（即库伦活佛）为蒙人归依的中心，遂被拥戴为外蒙君主，改元共载〔戴〕，组织新政府，与北京政府，断绝关系。自清初康熙帝亲征漠北外蒙归顺以来，二百余年保有的藩属关系，于此告终。新式的外蒙政府，为有史以来所未有的，君主以下，有总理及各部大臣，西部的乌里雅苏台及科布多，亦来加入，其独立影响，及于内蒙。原来中国在蒙古独立的地方政府，是形式的，是没有实力的，蒙古借俄国的后援，打倒中国在外蒙的势力，是很容易的。俄国知道外蒙无独立的实力，为防止中国在外蒙政治与经济势力增大，及希图俄国在外蒙的工商业势〈力〉的发展，所以它决计帮助其独立。

北京政府的大总统袁世凯，先行怀柔内蒙之策，设蒙藏院以代清之理藩院，以贡桑诺尔布为总裁，以镇抚住在北京的蒙古王公，但这种势力，达不到外蒙古的本部。

当这个期间，外蒙与俄国的亲善，日益加密，遂于一九一一年十一月三日将《俄蒙协约》及议定书，在库伦调印。协约的要旨：为维持外蒙的自治，约定俄国的援助，同时确保俄国在外蒙的特殊地位；但在其附属议定书中，俄国除以前依据条约和习惯从中国得到一切权利、利益外，又新得到了莫大的权利和利益。

其后有中俄《北京协约》，接着一九一五年，中、俄、蒙三国的代表，开会议于恰克图，三国间缔结所谓《恰克图条约》。外蒙古取消独立，变成完全的自治区域，中华民国与外蒙古的关系，只是宗主国对保护国的关系。看条约的表面，好像俄国承认取消外蒙的独立及中华民国的宗主权，它是有很大的让步。但其实并不如此，蒙古在政治上和经济上，多半受了俄国势力的支配，中华民国，只得到一个宗主国的虚名而已。工商业上的利益，独归俄人之手。

中国在辛亥革命时失掉的外蒙古，到俄国革命的时期，它又来归服中国了。当时安福系在中国正得势，一九一九年，北京段祺瑞政府，任徐树铮为西北筹边使。是年十月，徐树铮率兵四千，亲入库伦，欲剥夺它的自由及使其复归中国，蒙古议会及活佛，都很反对；徐树铮对他们大加威吓，谓于三十六小时之内，若不取消独立，则捕其总理与活佛，送回中国。十一月十六日，蒙古总理，表示归服，从此外蒙的财权、兵权，都入小徐一人之手。他堂堂乎有蒙古王之风。即中国又收外蒙为领土，中俄协约及三国协约，均归无效了。

一九二〇年（民国九年）七月，直皖战起，安福派一败涂地，外蒙经略，也一时归于停顿，夺西北筹边使兼西北边防总司令徐树铮之职，解散了他的边防军。改筹边使为镇抚使，由陈毅担任之，驻在库伦。

一九二〇年十月，俄国白卫军的败将文格恩，揭蒙古独立之帜，俄人、蒙人及中国人等加入者，约二千余人，文氏率众，近迫库伦。初虽一度失败，后渐得势，遂于一九二一年二月，攻下库伦。此时中国驻兵被杀者，约两三千人，残兵逃往恰克图。

文格恩一攻下库伦，即利用活佛，回复君主的名义，在他的拥护之下，组织蒙古独立政府，文格恩在里面操纵大权，好像是蒙古的皇帝一样。他又派兵夺恰克图及乌里雅苏台，又进迫内蒙，其南下军队，达到距张家口三百英里的地方。

中国此时，虽有曹锟、张作霖、王占元三巡阅使，开会议定对蒙政策，然无实力以制服之，只任张作霖为蒙古经略使，然张以其徒劳而无所得，毫无举动。外蒙遂又脱出中国范围之外。

当文格恩初入蒙古的时候，蒙人想望他的风采，以为脱离中国军政压迫的时机来到，他来到后四个月的虐政，比中国的压迫还要利害，所以一变其前日欢迎之心，而成怨恨。哲布尊丹巴遣使到北京，承认中国的宗主权。以中国承认蒙古自治为基础，提议恢复中蒙的关系，也就是在这个时候。

文格恩军与俄国的赤卫军，战于库伦的附近。文格恩军败北，赤卫军乘势进迫库伦，蒙人已不助文格恩等而迎战。文格恩军只得弃而逃走，一九二一年七月六日，库伦遂入赤卫军之手，外蒙各地，相继被赤卫军占领。蒙古兵或单独地，或在赤卫军指导之下，四出抢掠，到处杀戮无辜的俄人，极其惨虐。

肆　蒙古国民政府的成立与《蒙俄条约》

苏俄对于亚洲，久存图霸之心，一九二〇年以来，嗾使前库伦俄国领事馆打字生蒙人包达诸人，组织蒙古人民革命政府于后贝加尔的恰克图，与库伦的文格恩政府相对峙，及赤卫军剿灭了文格恩军，即把它移到蒙古，在赤卫军的保护之下，设立蒙古人民革命政府于库伦。名为“国主”的哲布尊丹巴，实际上只是宗教上的首领，一切政务，他都不能过问。包达以内阁总理而兼外交总长，达散任财政总长，取消自治时任外务大臣的车林多尔济，也加入内阁。表面上很像是一个独立国家的独立政府，其实它唯苏俄政府的命令是听，是毫无疑义的。一九二一年七月之末，蒙古政府对于苏俄政府，正式请求：非到它们共同敌人，全被驱逐，蒙古政府不受威胁时，苏俄军队，不要退出蒙古，苏俄政府，当然满口答应。不久即以赤卫军常备兵一个联队，代替了驻在库伦的波尔其赞非常备兵及哥萨克军。一九二二年八月，又以一大队代替了这一个联队，并且把它改归蒙古陆军部直辖。苏俄政府派遣的常备兵，移归蒙古政府的直辖，则俄蒙关系之有异寻常，实不难想见。

在文格恩保护之下的独立政府时代，哲布尊丹巴犹保有政治上的权力。然一到人民革命政府时代，他的权力，就极端被缩小了。所谓活佛，不过为收揽蒙古各阶级的人心方便起见，而拥戴之耳。蒙古国情，至此起激烈的变化，外蒙越走上“赤化”之路了。

一九二一年十一月五日，蒙俄两国在莫斯科缔结新《蒙俄条约》，互相给以最惠国的待遇。这条约登在一九二一年十二月二十四〈日〉出版的《俄国法令集》中。其文如下：

劳农俄罗斯社会主义联邦共和国政府与蒙古国民政府，关于恢复俄国与蒙古国的修好关系的条约

前帝俄政府，依其狡猾贪欲的政策与被压迫的蒙古自治国政府，所缔结的一切条约及协约，今因两国新关系的开始而失其效力。因此一方面蒙古国民政府，一方面劳农俄罗斯社会主义联邦共和国政府，为促进两邻国间自由修好协和的关系，依正当的努力，为达到这种目的，而开始交涉，且两国因此各任命全权委员如左：

劳农俄罗斯社会主义联邦共和国政府

赛尔盖·伊瓦诺威其·道郝夫司基

巴利司·希利波威其·盖滋

蒙古国政府

达散

滋亥·巴陶尔

其莱恩·道尔希内

乃尔德尼·慈希尤诺恩

宛·希宁·达木叠音

右全权委员，具备正规的定式与指命，依全权委任状之交换，而为下列之协定：

第一条 劳农俄罗斯社会主义联邦共和国政府，承认蒙古国民政府，为唯一的蒙古政府。

第二条 蒙古国民政府，承认劳农俄罗斯社会主义联邦共和国政府，为唯一正当的俄国政府。

第三条 两缔盟国，互负左列之义务：

一、在它的领土内，不许对于缔约国的一方作战，或企图覆灭它的政府，或其同盟国的政府之政府团体、结社和个人的组织之存在。也不许在它的领土内，对于同盟国的一方的敌军，行其国民或其他国民的动员，或作基于自由意志的募集。

二、不拘是直接的或间接的对于同盟国的一方作战，或在其领土内或其同盟国之领土内，向这种战争所利用的任何组织，输入武器或通过武器，一概设法禁止之。

第四条 劳农俄罗斯社会主义联邦共和国政府，派遣它的全权代表于蒙古国首都，并派遣领事于科布多、乌里雅苏台及恰克图等都市，其余各地方依与蒙古国民政府之协定办理之。

第五条 蒙古国民政府，派遣它的全权代表于劳农俄罗斯社会主义联邦共和国的首都，且依与劳农俄罗斯社会主义联邦共和国政府的协定，派遣领事于俄罗斯国境各地方。

第六条 俄罗斯与蒙古国的国境，先由俄蒙两政府从速缔结特别协定，再依协定成立特别委员会以决定之。

第七条　在缔约国之一方的领土内，居住的缔约国之对方的人民，应与该领土内居住的最惠国待遇的人民，享有同等的权利，负有同等的义务。

第八条　各缔约国的司法权，无论民事案件及刑事案件，凡居住在它的领土内的缔约国一方的人民，都能适用。且各缔约国根据文明与人道的高尚原则，其审问机关或其他机关，如与以肉体的痛苦及有伤人类威严的任何的刑事处置或审问处置，概行忌避。

两缔约〈国〉同时承认：缔约国的一方，若对于第三国的人民，关于刑事处分裁判手续及判决的执行，与以特别的遇待〔待遇〕与特权时，则这种待遇与特权，对于他缔约国的人民，亦自动地给与。

第九条　两缔约国的人民，当在缔约国的一方的领土内，为供交易而输入商品及输入〔出〕商品时，应依该国的法规，交纳税金。且不得比对于同种商品输出或输入时，课于最惠国待遇的人民的税金，课更高的税金。

第十条　劳农俄国政府，关于蒙古国劳动阶级文化的发展所必要的邮政及电报的组织，为顺应蒙古国民政府贤明的措置起见，把属于俄国所有的，且存在蒙古国内的电报局的房舍及其中全部的电报机械，白白地交付与蒙古国民。

第十一条　以确保两缔约国的文化关系及经济关系的联络为目的，都认为规定俄国与蒙古的邮政和电报关系，及经过蒙古的电报送达问题，极其重要。两缔约国，关于这个问题，同意从速缔结特别协定。

第十二条　蒙古国民政府，对于俄国人民在蒙古国内所有的土地及建筑物，与以土地所有权、土地租借权及耕作权，且其所适用的租税、租金及其他税捐的征收方法，应与对于最惠国待遇的人民现在所承认和适用的征收方法或将来所承认和适用的征收方法，完全相同。

第十三条　本条约用俄文及蒙文各缮写两份，由其签字时起，发生效力。

西历一九二一年十一月五日

蒙古历十一年第十月六日

在莫斯科定立

署名者：赛·伊·道郝夫司基

巴·希·盖滋

达散

滋亥·巴陶尔

其莱恩·道尔希内

达木叠音

依据上述的条约，蒙俄两国政府，互相承认它们在两国的领土内，是唯一的政府。互相约定：在它〈们〉的领土内，不许组织对于缔约国之一方有敌意的团体，军队的招集、兵器的运输及军队的运输。这是极明白地且极大胆地否认中国的宗主权，承认蒙古的独立。可以说完全没有把中国放在眼中。

由这种条约，俄国在外蒙的地位，愈加巩固。它的势力，直接达到唐努乌梁海地方，即赤卫军把在该地的中国代表驱逐。他说："赤卫军占领这些地方的唯一目的，在于剿灭在这些地方潜伏着的反革命的俄国旧军人，以保护俄国的领土。"他们在外蒙西部各地，自由地出入往来。

一九二四年一月，苏俄政府全权代表阿·瓦希利耶夫，来到库伦，这是第一个驻库伦的外国公使，蒙俄关系，从此愈加密切。

伍　蒙古共和国成立的盛典与蒙俄的新关系

自一九二一年七月中，蒙古的波尔其赞，在赤卫军的援助之下，把文格恩的白卫军，逐出库伦以来，到一九二四年七月八日，恰好是三周年的纪念日，外蒙政府及其与党国民党，定这天为大纪念日，且在这天发表实施共和政体的宣言。

这天库伦的街市，遍悬赤旗，民众从早晨即向举行共和制度宣告的盛典的广场集中，兵营中有多数的军队，打着军旗来参加，又国民党、青年同盟会等团体，揭着写着种种标语的旗帜来参加。又照例的从监狱中引出一群囚犯来，在广场中听政府宣告他们的特赦令。

盛典开始，先行阅兵式，国务总理采林道尔基、总军司令达散与蒙古政府要人以及苏联全权代表机关的人员，检阅军队及各团体。其次总理采林及国民党中央执行委员会会长，致开会词。在总理采林的开会词中，说明俄国帮助他们从文格恩的虐政中救出蒙古的经过。其次说："人民革命政府，今日庆祝三周年纪念日，政府的权力，在形式上好像是受库伦活佛的权力之限制。这是因为库伦活佛在民众间有极大信仰，故不得不如此。然在库伦活佛死去的今日，政府承认蒙古人民自己是蒙古的真正主人。现在政府认为，既宣布共和制度，无设置掌握大权的大总统之必要，国家的主权，要属于大会议。"

这天国民党及青年同盟会等，举行各种的集会演说者，说明苏联在弱小民族解放运动中所负的使命，又因为与帝国主义者或国内劳动民众的敌人斗争，全蒙古的劳动民众，必须联合起来才行。

总理以政府党的国民党之名义，宣布共和制度，声明除到会议招集期间外，外蒙国家的主权，是属于人民政府。

最后由台上对于囚犯宣布特赦令，宣布共和制度的盛典，于此告终。

外蒙直到宣布这样的共和制，曾经过几多的困难，这是不难想象的。即因为废除形式的王即蒙古民族的传统信仰的中心——活佛，是必要的。然要废除的活佛，突然于一九二四年三月物故，政体的变更，能够无阻碍的进行。活佛之死，由当时在库伦的俄国官宪，保守秘密。世人于死后数月，方才知道。活佛的死因，甚至有人说是俄国方面的阴谋。蒙古人中，亦有说是俄国人杀了活佛的。真伪虽然难于一时断定，然试看苏俄的对蒙政策及他们从来的处心积虑，这是不可以等闲视之。

到这年的十一月末，蒙古国民大会，制定宪法而公布之。依这次公布的宪法，主权属于大小两个会议（蒙古语叫做“非尔丹”）。大会议与俄国的苏维埃大会相当，小会议与其中央执行委员会相当，一年召集两次会议。王公、喇嘛等榨取阶级，没有选举权、被选举权及其他的政治参与权。大会又定赤旗为国旗，改蒙历为阳历，定库伦为首都，把“库伦”改名为“乌兰布托尔哈特”，意即“赤色英雄之都”。国际共产党代表，电贺该会，谓本宪法的制定，是蒙古人民革命的大进步，是东方民族革命运动的成功。

于是在一九二四年十二月，根据新宪法的新政府，即在库伦成立。现在蒙古政府的形式，成了苏维埃联邦的一国，由委员制成立统治组织。新政府宣言的一节云：“蒙古民族，是亚细亚开发的急先锋，但受汉族的压迫，已数百年于兹矣。然今基于民族自决的精神，对于北京政府，宣告独立。”它与中国政府的关系，虽然名实都断绝了，但是它与劳农俄国的关系，则日益繁密，名义上虽然是个独立国，其实不过是劳农苏维埃的一个联邦而已。

蒙古新政府的要人：

人民委员会会长 采林道尔基

人民委员会副会长兼商务人民委员　阿毛尔

军务人民委员　马利赛尔基亚布

总军司令官　卡伊巴尔散

总军司令官参谋长　利其基夫

军事会议会长　阿希

内务人民委员　采村罕

教育人民委员　巴慈罕

经济会议会长　阿马革埃夫

就中人民委员会会长、军务人民委员、总军司令官及总军司令官参谋长等，都是在俄国受过教育的。又此外司法人民委员、财务人民委员、外务人民委员等，横竖都是蒙古共产党员，在他们未修完共产党的政治教育之前，暂由俄人代替之。

这样看来，新政府的形骸，不过是蒙古的国民党而已，劳农俄国人民委员会，对于西伯利亚革命委员所发的训令中有云："蒙古共和国，是服从苏俄人民委员会所决定的法律的共和国。"并且蒙古共和国本身，已经把它承认了而且实行了。看其他一切的蒙俄关系，蒙古无一不是仰俄人的鼻息。

以下从一般的内政方面，把蒙古共和国的现状，就见闻所及，加以叙述。

陆　外蒙共和国的行政、教育、财政、商业、军备及交通

一、行政　蒙古从来以族〔旗〕为政治组织的单位，由世袭的札萨克（王族出身）掌管族〔旗〕内的一切政务。族〔旗〕之上有盟，由盟长统治各族〔旗〕的族〔旗〕长。然今日人民革命政府，要废除这种封建制度，王公的爵禄，虽然仍旧，然往时的

一切特权，悉被剥夺。宣布了地方自治，一切政务，悉依自治会的决议以行之。即想依劳农俄国式的苏维埃（会议），以实现民主的地方自治。蒙古政府向这方面的努力，已愈二载，据说现在已经改革到完成的地步了。

二、教育　自蒙古国民政府成立以来，对于人民的教育，大加注意。现在外蒙古有一个大学、一个中学、二十二个小学，皆以蒙古人为教师而教授蒙古文字。又学术馆努力搜集古代的遗物。社会教育方面，有青年讲演团、新剧团等，以启发人民的智识。

三、财政　国家的财政，在比较良好的状况中。允许自由商业，政府的财源，主要的是输入税，对于必需品课百分之六，对于奢侈品课百分之十二，对于酒类课百分之三十。

当叙述外蒙共和国的财政时，应该大书特书的事情，就是该国税制上的变更。自新政府出世以来，外蒙有许多新税出现。今日外蒙古施行着的租税，在某种意义上，自然是与苏联的租税相同，以平均全体人民的财产为目的。从来有资产的人，皆不堪此等税金的重担，多变成无产者，或秘密地移往黑龙江西部的呼伦贝尔。苛酷而繁重的征税，也许会使蒙古人把他们的家畜数目，紧缩到最小限度。租税大别为普通税与军事税两种。除征收货币、羊、马等作为租税外，又征收载重马车的赋役，以充租税。

金融界使用现银，纸币的流通，很不多见，所以可说是比较的稳固，以极东银行作为媒介，在苏联国家银行的参与之下，设立俄蒙银行于库伦，与极东银行的库伦分行，共同辅助商业□发达及货物的输出。俄蒙银行，有代理国库的机能，且负指导整理地方财政之责。在今日蒙古政府计划改良统一通乘〔货〕之际，这真是他们所期待的实现上重要的任务。

四、商业　蒙古的商业，直到近来，是被中国商人和外国商人所独占，蒙古住民，处在受这些商人压迫和榨取的状态。但自外蒙人民政府成立以来，仿苏联之例，设立强有力的组合以对抗之。遂设立蒙古中央组合，独占了国内商业及国外贸易的一部分，以抑压个人商业的跋扈。中央组合设代理支店于托罗伊次阔萨夫司克，用汽车输送货物。国民大会议决国外贸易国营制实行的必要，这可看做是蒙古走向国家资本主义的道路。

现在蒙古与俄国的贸易最盛。输出羊毛等原料于俄国，从俄国输入谷粉及酒精。在俄国方面当交易之任的，是全俄消费组合中央联合会贸易人民委员部（西伯利亚国营输出入支局）等组合机关及国家机关。酒精的输入，多由个人去经营。

五、军备　布尔希维克占领外蒙古后，人民革命政府，即着手组织蒙古军队。政府在俄国指导之下，募集属于贫民阶级的蒙古人，编成军队，即所谓赤色蒙古军是也。赤色蒙古军，负直接拥护赤色政权之责。但是若说他们是只为从赤色政权得到薪饷而才拥护它，这是很不对的。其后赤色蒙古军中，征募了中产阶级的分子，结果中产阶级对于赤色政权的反感，更加增高。

赤色蒙古军的兵数，无从确知，大约有一千五六百名。其配置如下：蒙古东北隅桑贝子周围，有步兵约五百名，山炮两门；从满洲里往西北到阿克沙（在俄领西伯利亚）这一段的国境上，作税关监视哨所的警备者，约二百名；喀尔喀附近约九百名，有机关枪五架。武器自然是由苏俄供给的，但不够分配，只一半人有枪械。服装不一定，皆穿普通的蒙古服。兵卒的给养，由全部居民来供给，其主要的食品是肉类。兵卒的饷银，每人每月九个金卢布，除各种给与外，蒙古兵每一个人还给两匹官马。

赤色蒙古军的干部又握有该军之实权者，是俄国人。教练都是由俄国派来的；教官喀尔穆伊克人，行欧洲式的教练。此等教官，除以共产党员而从事军事教育外，也做宣传的工作。

现在的募兵，按照需要而随时举行。虽然不是有组织的然而是强制的征募。政府的官吏带着一队武装的兵卒，往各部落去巡回，见着壮丁，即行征募。年龄自十八岁到四十岁。

在叙述外蒙共和国的军备的时候，俄国驻在蒙古的劳农赤军，也应该顺便说一说。驻在库伦的劳农赤军，是屯驻在西伯利亚后贝加尔的第三十六师团中，步兵第一百零三联队的一大队，机关枪五架，三吋炮及野炮各一门。俄国政府派来这些部队，是根据外蒙政府的请求且以维持边境的安宁为借口。此外，俄国政府，以一九二三年二月，住民抢掠俄国领事馆内的武器为理由，由托罗伊次克〔阔〕萨夫司克方面，派来装甲汽车两辆及骑兵一中队。

一九二二年，俄国代表尤林来到北京，以恢复中俄邦交为目的，前后两年中所讨论的，是外蒙的主权问题与俄国由外蒙的撤兵问题。中国方面所主张的俄国军队即时撤出外蒙一项，终未办到。关于撤兵的事情，在一九二四年五月三十一日的《中俄协定》中，规定俟在细目会议中商妥撤兵期限及边界安宁办法后，即行撤退。一九二五年三月六日，苏俄驻华大使加拉罕，用公文向北京政府声明，俄国不待将来的细目协定，即善意地撤退外蒙的一切赤军。因此外蒙自一九二五年春季以来，表面上似乎不再受务〔劳〕农赤军的压迫了。然而实际上今日的外蒙，完全在赤俄的势力之下。对于内外人的出入，严加取缔，又检查邮件，极力防止泄漏内部的实情。征之赤俄的惯技，上述的撤兵声明，俄国是否真去实行，我们实不敢冒然置信。

六、交通　库伦、张家口间，有二千二百华里，通汽车，三天可到。库伦、恰克图间，有七里〔百〕华里，也通汽车，卖客票及货票。

至于铁路，早就传说俄蒙两国关于敷设库伦、赤塔间的铁路，在进行协定中。一九二四年十一月二十四日的北京特电，说俄蒙两政府间交涉中的从绥远、滂江到恰克图的铁路借款，最近已经调印，第一次借出的二千万金卢布，已经交给外蒙政府了。

此外，蒙古政府聘请专家，改良各种统计调查和化简行政手续，招聘法律家，制定裁判法规，组织各种裁判机关，究竟进行到什么程度了，我们不得而知，据说现在略略达到了他们所期望的目的？

如上所述，今日的外蒙与昔日的外蒙，大不相同。几年前外蒙政府所梦想不到的新政治，据说都着着的实行了，但是谁也不能不知道，这些事情都有俄国在里边操纵指使。

柒 蒙古政府的压迫有产阶级及扶植无产阶级

外蒙古的居民，大别为三个阶级：（一）王族及僧族（喇嘛）；（二）由比较富裕的游牧民而成中产阶级，及（三）贫穷阶级，这在本文第一节中已经说过了。

在这三个阶级中，赤色政权所最信赖的是贫穷阶级。政府借着他们形成共产政治的中心势力。但是这个阶级还没有多大的势力，并且他们的教育程度又太低，对于共产主义，几乎全不了解，即对他们极力地宣传，也不发生什么效果。

反之，王公及喇嘛，从来掌握着蒙古的全权，及赤色政府一成立，剥夺了他们一切的特权，丧失了他们许多的财产。所以他们现在都是反共产主义的。他们屡次想扑灭新府〔政〕府，但没有成功，然而他们颠覆新政府的决心，至今犹存。同时，他们利用不满意新政府的中产阶级，共谋起事。

中产阶级，其初眼见剥夺了王公和喇嘛等的特权，他们觉得是从王公和喇嘛的权力下解放出来了，所以他们对于新政府很满意。后来他们渐渐地认清了共产政治的特征，各种苛酷的税金，大部分由他们负担，又强制地征募军队，所以他们渐渐地背叛了新政府而亦谋所以颠覆之。

一九二三年八月二十六日，根据国民大会的决议，在库伦逮捕了总军司令官达散及其党徒而拘禁之。到八月三十日，就把他们枪毙了。杀他们的原因，说是因为他们结纳中国商人，贪图私利；然而这不过是表面的理由，其实是因为他们与王公结合，想颠覆现政府，不幸这种阴谋被发觉，故先见杀。

其次，我们说说政府对于这些反动分子，政权的拥护及主义政策的实现上的方策吧。

现在外蒙古的政治组织，既然全都是模仿苏联，所以外蒙所实现的各种方策，也都是以从俄国学来的。国家保安部的存在、蒙古赤卫军的组织、无产阶级青年团的养成等等，都是最显著的例子。

依国家保安部，实施着官宪的侦探政治，在上述的反动分子的策动不绝的关系上，极为彻底。到处逮捕监禁，居民屈服于这种恐怖政治之下。国家保安部的部员，大半是俄国的布利亚人及喀尔穆克人，横竖他们都是赤俄养成的侦探专家。

赤色蒙古政权最主要的支持者，是蒙古赤卫军。它主要地是由贫穷阶级的人民组成的。这是我们在前面已经说过的。

蒙古政权，努力于其第三支柱和后继者的组织与养成。故有无产阶级青年、少年团等机关。主要地是募集属于贫穷阶级的青年、少年，组织少年军、共产党青年同盟等。这都是用政府的费用去教育他们。这些青少年，穿着俄国式的服装，时常用俄文唱着《国际歌》在街市上进行，见者莫不起奇异的感想。

蒙古政权的另一个特征而应该大书特书的，是他们反宗教的立场，与莫斯科的当局同样鲜明，百方捕〔扑〕灭之，反对宗教的集合〔会〕屡次举行。对于宗教的嘲笑的批评，也时常去做。

捌　苏俄的“赤化”外蒙是“赤化”中国的初步

外蒙居民的社会状态与思想倾向，在今日的全世界中，恐怕是最低的。一言以蔽之，他们的生活，是保守的。然他们一跃而变成“赤化”人民，则那里必有第三者的魔手，这是不难想像的。我们根据以上所说的，则所谓外蒙共和国者，不过是劳农俄国的傀儡而已。固然在少数的少壮蒙古人民中，也有思想上已经“赤化”了的，但是最大多数的人民中，仍然是对于封建的宗教的旧式政治组织，有强烈的信仰。王公和喇嘛，依然是民众崇敬的中心。这是谁也不能否认的。

然而俄国对于蒙古将何所求呢？帝俄时代的对蒙政策，是帝国主义的侵略政策，这是大家都知道的。然而现在则不能再用侵略政策四字去解释它了。因为今日的俄国，是第三国际的大本营，在主义上，它是与帝国主义及侵略主义，有不共戴之仇的。俄国的热心蒙古问题，是因为地理上、经济上必然的理由，这就是在现在，也是不能否认的。但是苏俄对蒙政策的核心，必须认为他是要实行第三国际的旧题。

欧美各国的资本主义，根深蒂固，不容易动摇，劳农政权，避免对它们加以正面的攻击，故在东亚的殖民地，煽动被压迫的民族，起来反抗帝国主义，给它一种侧面的攻击，实行这种迂回的战略。苏联政府，对于外蒙及北满，实行种种的积极政策。又与中国的劳动运动提携而指导之。同时对于中国的解放运动，极力煽动。这在劳农政权看起来，是达到世界革命的必经之路，即对于季诺维叶夫所谓“未来的中国大革命”的准备而已。

当俄国实行对蒙政策的直接之任的，是俄国驻在库伦的全权代表与第三国际的代表。俄国驻库全权代表，起初是瓦希利耶夫，十月十四日的北京特电，说是已经由前未〔赤〕塔政府首相尼基郝罗夫代替了他了。第三国际的代表，是后贝加尔出身的布利亚人蓝其诺。事实上他们俩在蒙古指挥一切。

在一九二四年八月底开的国民党大会中，蓝其诺在关于时局的演说中，发表他关于《中俄协定》的意见。他说："在中国设立苏维埃代表机关及苏维埃的一般政策，自然可以唤起中国人民的革命精神。又中俄正式恢复邦交之后，在我们实现共同的任务上，将来容易和中国的革命家提携，云云。"这真是触着俄国对蒙政策的核心的实话！

要之，苏俄在外蒙设置"赤化"全中国的根基，这是毫无疑义的。

在中国南部称霸的国民党左派学生团体，及以上海为中心的各地的劳动团体，日趋于"赤化"。又在今日标榜大西北主义而以冯玉祥为首领的国民军，背后也有赤俄的活动，甚至于听说冯、俄之间订有"赤化"全中国的密约。冯玉祥当初梦想国民军一旦得势，就在中国成立苏维埃式委员制的政府，这是世人都知道的。

我们并不是说中国的"赤化"，完全是由于外蒙。但是"赤化"了的外蒙，是"赤化"中国的有力的地盘。它对于嫌恶"赤化"如蛇蝎的各资本主义的国家，将来将发生严重的结果而对它们加以威胁，这是谁都承认的。

玖 《中俄协定》与俄国的外交政策

最后，我们要说说外蒙的独立与中俄两国最近的关系。

一九二三年的孟春，赤俄代表尤林，来到北京，用种种的密〔蜜〕语甘言，以企图中俄邦交的恢复。而为两国交涉的暗礁的，头一个就是外蒙问题。就中外蒙的主权问题与外蒙的俄国撤兵问题，常是议论的中心，这是大家都知道的。以这两个问题为中心的中、俄折冲，亘三年之久。最后于一九二四年三月十四日，王正廷与加拉罕，再把《中俄悬案解决〔解决悬案〕大纲》的草案调印，就在这个时候，国务会议还不承认这两个问题算完全解决而否认其调印。其次顾维钧代替了王正廷，继续交涉，中国主张的外蒙即刻撤兵，遂未得贯彻，仅把王正廷草案的协定大纲第五条中俄国由外蒙撤兵的条件云云的“条件”二字，改为“问题”二字而已。但一九二一年十一月五日缔结的《俄蒙新条约》，在附属声明书上，声明无效。五月三十一日，《中俄大纲协定》终于正式调印。《中俄协定》第四条云：

苏联政府声明：前俄帝国政府，与第三者所订立之条约、协定等项，有妨碍中国的主权及利益者，概为无效。

两缔约国政府声明：嗣后无论何方政府，不订立有损害对方协约国的主权及利益的条约及协定。

又附属声明者中有云：

两国政府共同声明：对于《大纲协［约］定》第四条双方了解：中国政府，对于俄国自帝国政府以来，凡与第三者所订定之一切条约、协定等等，其有妨碍中国的主权及利益者，无论将来，或现在，均不承认为有效。

关于撤兵问题，《大纲协定》第五条云：

苏联政府承认外蒙为完全中华民国之一部分，并尊重中国在该领土内之主权。苏联政府声明，一俟有关撤退苏联政府驻在外蒙军队的问题（即撤兵之期限，及彼此边界安宁办法），在本协定第二条所定会议中商定后，即将苏联军队由蒙古全数撤退。

一九二一年十一月五日调印的《俄蒙条约》，俄国否认中国对外蒙的宗主权，承认外蒙的独立，这在前边已经说过了，然俄国在《中俄协定》中又承认中国在外蒙的领土主权，这不是否定《俄蒙条约》的实质和破坏了《俄蒙条约》的精神吗？

然一方面外蒙既已事实上离中国而独立，又依《俄蒙新条约》，得俄国之承认。《中俄协定》成立后之十二月，蒙古有新政府的出现，同时对中国宣布独立。因为俄国处在《俄蒙新条约》与《中俄协定》之间，想为自己打开一条血路；蒙古依《俄蒙新条约》而宣布独立呢？抑依《中俄协定》而承认中国之主权呢？二者孰择要蒙古自己去决定，故有这次的独立。俄国于此将他应负的责任，都推给蒙古了。布尔希维克式的外交，其面目已可以想见矣。

《中俄协定》成立后一个月内，应开的细目会议，其后因为种种情形，迄未举行。在中国想依《中俄协定》挽回外蒙的主权的时期中，俄国着着增加他在外蒙的势力，外蒙的"赤化"，日甚一日。及一九二五年三月，加拉罕声明俄国从外蒙好意地、自动地撤兵的时候，就可想见俄国在外蒙已无后顾之忧了。

总之，中俄的外蒙问题，是一个实力问题。及加拉罕回到北京后，又传说要开中俄细目会议。但是中国对此究竟取什末态度呢？中国既无积极的意思，又无实力，而唯外蒙之主权是争，亦只有徒劳而已。

民国廿年双十节译于北大三斋

《西北研究》（月刊）
北平西北研究社
1931年1期
（朱宪　整理）

外蒙对内施行之诡计

塞　撰

设计诱惑农工

兹据最近由外蒙归客所谈，现外蒙政府，因被蒙人不习于农工事业，凡有所图，须赖华人工作，故对旅居该地之各项工人及农人，用最严密之手段，牢笼禁锢，不使离蒙进口。近闻该蒙人等，复因工农工作日繁，现有汉人不敷应用，遂别生奸计，贿买汉奸，进口到内地诱雇工农。其最需要者，除农人外，则为土木、五金、靴帽、成衣、皮革及其他等工匠，此外凡有一艺一技，情愿前往者，亦尽量罗致，并通令所属边关卡，如有内地农工愿赴外蒙者，到伊边境时，准其无护照入境，并须护助其行，使抵库伦。外蒙此项奸谋，原系该汉商在库所闻，发生距今已有二三月之久，及至该汉商等此次进口时，在内外蒙交界地方，已见有多数汉人，约二百余名，装束均系乡村农民，络绎北行，前赴外蒙，并目睹关卡对此项汉人，不加拦阻检查，任其前进，即此可知外蒙奸谋已行，我无知识之农工同胞，已坠其圈套中矣。惜汉商等，均乘汽车，无法询问彼等之来途去路，以阻止之等语。另一报告，近日张垣市上，亦有此项传说，并有多数边省各县之乡民，由家来此，自称将赴外蒙工作，而各旅店中，亦多有各项寓客，均谓俟人相随前去库伦。综上两消息以观，是外蒙诱雇内地工人之事，似属有据。惟按外蒙自实行“赤化”以来，对汉商则极尽敲剥，对内地工人则严密禁锢，此次复因利用内地农工，设谋诱雇，若使任意前进，势必仍被禁锢，地方当局，已加注意，以免无知乡民，误坠赤毒陷阱云。（塞）

巧妙宣赤方法

自赣江流域“讨赤”胜利后，内蒙人心稍安，西北各省，亦颇静谧。惟苏维埃侵略下之外蒙，关于宣传工作，积极进行，俄作背景，蒙为傀儡，骎骎南下。内蒙首当其冲，凡与内蒙毗连之西北各省，近闻宣传上之工作，正在锐进中，其宣传实施法，约志如下：（一）朝庙。蒙人迷信最深，以朝拜五台为一生最幸运之举动，倾家败产，在所不计。外蒙久已打倒黄教，关于朝庙，应在禁例，惟赤俄利用蒙人心理，弛令朝庙，以宣传“赤化”为交换条件，蒙人甘之，携男带女，由官给费，外蒙关卡，自然通过，一到内蒙，诡言南上五台，所带物品，皆系朝庙之用，视之无疑，因系善举，当然赞许，其实际纯粹宣传。（二）祭陵。成吉思汗陵寝在内蒙伊克昭盟，其祭期，在春初桃花开放之时，但许有心愿者，亦准随时瞻谒。成翁为蒙人开山主，原不限于内外，所有蒙人，皆其子孙，故其平时谒陵，许人自便，守陵官（吉努）且可多得番资，内蒙关卡，每见谒陵之辈，亦不为难，饮水思源，原无二祖，以故多加曲谅，殊不知名为谒陵，实则宣赤，唯恐不达其驱使之目的也。（三）避难。拉驼拉马，扶老携幼，面有菜色，帝〔啼〕痕满腮，恸数赤俄暴虐，至于切齿，情愿在内蒙作猪奴牧竖，不愿作共产下之罪民。内蒙各旗，多为所动，许其侨居，拨给牧地，以救灾难。立意固美，恰中其计，满腹祸水，倾倒无遗，受其毒者，不知凡几，且多优秀分子，言皆动听，识浅易为所惑。亦有确系逃难者，不可一笔抹煞，要在王公善办之耳。左列三种宣传法，运用于不知不觉之中，彼得活跃，尽其宣赤之能，始以言动，继以利诱，树立同党，设立分部，由小规模以达其扩大的宣传。内蒙各旗，事权不一，互相倾压，各欲称雄，胥此辈从中蛊惑所致。两月以来新、甘、宁、青、绥、察各边区失意青年多为吸收而去，或暗中工作，或因而失败，人数虽多寡不等，其途径则一。久而不备，后患无穷，涓滴之水致成江河，星星之火可以燎原，吾人身居漠北，关心汉蒙，表而出之，窃愿汉蒙官吏，防祸未然，以免噬脐之急。（塞）

释放两飞机师

欧亚航空公司第二号飞机德人驾驶师 Rathte 与机器师 Koelber，前次由沪飞平时，经外蒙地界，被外蒙用枪射落，曾经中央、东北、班禅及德当局多方营救。兹据日日社消息，该两人已由外蒙准予释放。查 Rathte 曾由外蒙判处侦探罪有期徒刑五年，现仅拘留三月。至机器师［人口］Koelber 自负伤后，即入尔嘉医院治疗，业已截去一腿，现此二人经德外交当局请俄国以友谊之关系，从中调解，交涉终止后，德国与外蒙间，并无外交关系发生，驻俄京中国公使馆某职员，亦代表两人奔走甚力，刻驾驶师及机器师自经释放后，均启程回德云。

《蒙藏旬刊》
中央宣传委员会蒙藏旬刊社
1931 年 2 期
（朱宪　整理）

昭盟之外患内争

作者不详

日本侵略之调查

（昭盟通讯）近者万宝山及鲜民仇华暴动的两惨案突然发生，真令人惊心动魄，因想蒙古也是该帝国主义者处心积虑要侵略的正号目的地，在内蒙各旗境内，像这样惨剧的种子或导火线，随在多有，能不叫人怀前车来轸之忧呢？日人图谋内蒙的手段，简直五花八门，应有尽有，譬如用多数的金钱，随便挥霍，来与利令智昏的王公们交结拉拢，借作进取的门径，或者由他们男女浪人，钻营到各王府内，充任差使，或充婢妾，以色迷利诱的方法，博得他们认为握权者的欢心，假便从中取事，这都是我们随便可以看得见的事，无烦细述。所最可注意的，就是收买土地了，日人在内蒙所收买的土地，据日前《京报》上载，日人石川五郎在西札鲁特旗梅伦庙北一带收买土地六十四万七千二百六十亩，蒙古产业公司在巴林右旗林西一带收买土地二万零一十三亩，佐佐木在吐默特左旗阜新巨江泡子收买土地三百亩，华峰公司在达尔罕旗境内收买土地六十三万一千二百八十五亩，以上均以在蒙旗地面且已成为事实者而言，至于尚未确定或正在酝酿暨未发觉者，尚不知凡几。兹复就记者所知的，日人在昭盟各旗经营土地情形，略为谈述。

（一）华兴公司，该公司设于奈曼旗叫来河边，波力和硕庙之东南，相距约三里，公司资本，全系日资。当民国初年，日人私与该旗苏王接洽，租得该处荒地约二百余顷，其租价若干，年限几何，以及内容详情，外人不易探悉。将地租妥后，表面系由华人冯万良出名承办，复由鲜人李某招致朝鲜农户，开种稻田，即利用叫来河水，开渠灌溉，收获颇丰，一面即开设公司，呈请热河都署立案。事为绥东县知事查觉，当即呈明前热河都统，将华人冯万良、鲜人李某，一并逮捕看押，拟将该华兴公司查封，不意驻奉日总领事，派遣武装警察多人，前来保护，不准查封，因即酝成交涉，移归热河交涉员办理，几经交涉，终未解决。嗣经政变，案随搁浅。及至民国十七年，热河省府为防止遂〔逐〕渐蚕蚀，预谋抵制起见，业将该公司稻田周围之地约数百顷完全开放，而该公司之稻田，则仍继续耕种，现已开熟地约一百二十余顷，有鲜农三四百人，大有久居之势。

（二）产业公司，该公司设于巴林右旗王府所在之大坂。闻于民国八、九年间，该旗札王，使用日本贷款三十一万圆，系以大坂附近之荒地为抵押或租卖，表面则由我国商人葛某（名姑隐）出名影射，承办一切，其经营此项荒地之机关号为东昇泉，饰作商铺，至其租买荒地之数目，是否与前列之数相符，以及内幕详情如何，尚未探悉，惟日人已在大坂街之黑山头地方，建筑高大洋楼，名即产业公司，表面专采买内蒙各旗皮革、毛绒，运回本国，几年来其营业状况甚盛，贸易区域亦颇广。该公司经理，原为济川三男，嗣因故撤差回国，现由小桥代理经理。公司内部，设备周至，有无线电台、电话、汽车等项，此外复设有医院一所，其医生有小桥、有野太郎等数名，设有牧羊厂一所，厂长名内田藤吉，畜有美利奴羊八千余只，系为改良蒙古羊种之用云。

巴林两旗争山林

（昭盟通讯）本盟巴林左旗出放赛汗山林木情形，曾见报端，兹闻开放该山之初，林东县公安局局长李文风氏，先向左旗接洽，左旗则以山系两旗公有，今欲开放，须取得右旗同意为词，于是李即屡来右旗商榷，再三劝导，嗣札王鉴于事在必行，遂商明旗员人众，允其所请，正欲与左旗会商办法，乃左旗已与林东接洽妥协，并拟定出放规则及劈价成数等项，意谓山在左旗境内，权无旁贷，现既实行出放，自无须他谋，致启分利。右旗闻之，甚为不满，以为此山由两旗封禁祭祀，历有年所，迨至民国七年，两旗划分界至，山虽划归左旗，当时业经约明，此山仍为两旗公有，开闭与共，倘如开放，则第一次所售之木价，旗得劈成，彼此平分，言犹在耳，今何得食言自肥。且林西县先前出放之垦荒，均系右旗之地，而所有收入价款，均曾由两旗平分，及后林东立县，旗界划分，林东所放左旗荒地，右旗因界已分析，概未援引前例向左旗请求分价，此山因有前约，本为公有，故右旗必须平分收价，以彼例此，事非图赖，其理甚明。因此现右旗亦已分咨省县，声明允将赛汗山林木出售，并推荐公安局长李文风主办其事，劈分价款，作为左右两旗办理教育经费云。

《蒙藏旬刊》
中央宣传委员会蒙藏旬刊社
1931 年 2 期
（李红权　整理）

蒙古的革命运动与青年①

［俄］达林　撰　　陈湘南　译

本书作者为俄国达林先生，它于一九二四年，在莫斯科出版，为《东方革命运动丛书》的第一册。日本南满铁道会社，把它译载在该社出版的《外蒙共和国》中，本文即从日文转译者。（陈）

一　蒙古的经济组织

昔曾使欧洲的大半震骇，莫斯科的王侯贵族战栗的蒙古，现在成了东洋最不开化的国了。

现时的蒙古，几乎完全走向着实物的牧畜业的经济时代。蒙古人的主要产业，是牧畜业，因此他们的生活，也是一种游牧生活。故家畜在蒙古为一般的经济基础，是当然的事情。但是这些家畜，不是社会的公有财产，而是个人的私有财产。家畜私有权，在蒙古极其发达。家畜在蒙古，同时又可做交换的媒介物——即货币。故可由各人所有的家畜的数目，判断各人的贫富的程度，进而可以判断阶级地位的高下。

然而要说到土地，则与家畜全然异趣。因为牧畜业须为家畜寻

① 篇中文字多有表述不当之处，为保持资料原貌，照录译文。——整理者注

找优良的牧地，所以必须时常地移动，故一旦把土地归为个人私有，令其始终经营之，是办不到的。因此土地在蒙古是公有财产。

但是在今日，对于这种公有物加以某种限制的企图，已经出现了。

蒙古分为四盟，盟由多数的旗合成。但是属于某旗的居民，想到别旗的领域去游牧，是不行的。各旗的首脑，到最近还是王公，王公决定蒙古各大王族的势力范围。蒙古的王公，不单是权力的代表者，又是蓄积财富的代表者。事实上，普通游牧民一世代的平均家畜所有数，为马九匹、牛九·四头、羊五十六头。而一位王公的家畜所有数，平均为马五百三十四、牛一百二十头、羊一千六百四十七头。两者众寡悬殊，已可惊矣。不消说，这还是说的平均数，其实在蒙古的王公，其财产之多，有至马七千匹、牛三百头、羊二万头者。就是欧洲的资产阶级，也有不胜其羡慕者。

由以上的说明，我们可以知道，蒙古的王公，在蒙所占的威权的地位。与王公占同样的地位者，还有喇嘛庙。其程度较之王公，殆有甚焉。以下我们把喇嘛在蒙古所占的地位，要说一说。

一个喇嘛庙平均有马九十四、牛六十五头、羊五百一十六头。但是若就各个的喇嘛庙而观之，在蒙古首都库伦的喇嘛庙，就有马三万匹、牛一万五千头及羊十万头。

我们现在要给蒙古的社会经济组织，下一个定义，可以发现它和欧洲中世纪的社会经济组织，有许多共同之点。这种封建制度的社会组织的根本，分全国为各个人领有的许多独立区域。其领域大者，其所有主的权力也大，把许多小领域，置于他的势力之下。所以这种制度，是把各个人的权力，由各个人对于他的土地的关系来规定。耕种这种地主的土地的农民，化为地主的私有物，成为固着于土地之上的农奴状态。封建制度，造成社会的一种阶级。即农民服属于地主，小地主服属于大地主，大地主服属于更大的地主——即国王。虽然最小的地主，在自己的领域内，对于农民的关系，也像是独立的国王。当时欧洲的修道院，极其发达，然而实质上仍然是大地主。但是宗教上的权力、政治上的权力，其优越是说不定的。

在蒙古，土地不是私有物。主要的财富，是以最大的数量，蓄积在王公及喇嘛僧之手中的家畜。故蒙古的制度，可以说是游牧的封建制度。

蒙古的阶级，分为王族、贵族、僧族即喇嘛僧、自由游牧民及农奴等各阶级。

如上所述，蒙古不是由土地形成的封建制度，而是牧畜业的封建制度。蒙古的土地，为什末是公有物，居民的大多数，为什末都是自由民而不是农奴，这都可借此说明。因为人只能固着在土地之上，游牧生活，是不能使人固着于土地之上的。

然而我们在蒙古，仍然见有少数的农奴。但是他们是王族的从仆和扈从者。在实质上，与自由民无多大差别。大抵在牧畜业的经济上，有农奴是不经济的。故农奴在居民中，不过占最小的部分。这与十九世纪后半期俄国的农奴，根本上不同。

蒙古的王公，用别的方法利用自由民。即王族使自由民为他们牧畜他们的家畜。

蒙古人不知有农业，到十八世纪的初年，才由汉人输入农业，直到最近，还是由汉人来经营。蒙古人最近才渐渐地起来经营农业，但是迟缓而尚未发达，在蒙古的经济界中，仅占极微小的地位。农业上所使用的土地，今日仅占蒙古全面积的百分之四。最有趣味的事情，是土地的耕种，不由各个人去耕种，而由一个“团体”去耕种，因此发生共有农耕地。王公在农业上使用农奴，由牧畜移转到农业上来，这在蒙古，不能不说是一个大革命。因为各人间的相互关系，乃至蒙古人的全部生活状况，将因此起一个根本的变化。

一九一一年中国辛亥革命的时候，蒙古人没收了中国移住民的土地。到一九一七年，蒙古的宗教首领兼政治首领的活佛，发布指令，说凡是蒙古人都没有从事农业的义务。

右之指令，虽遭人民的大反对，然活佛自身，禁止从事农业，发布和他的宗教相矛盾的指令，这不过是把正在流行着的事实，加以证明而已。

蒙古劳动的社会分工，还没有达到可以叫做蒙古工业的程度。但是劳动分离的初步形式，已经可以看出来了。即工人已经离开蒙古人其他的许多生业，而有另外独立的职业了。但是这里所说的工人，同时是靴工、木工而又是锻冶工。

未来的新时代的代表者之幼芽，现在已经存在了。这个新时代的来到，由中国与帝俄等外国商业资本的活动而促进。蒙古的原料资源，在十九世纪的末年，已经惹起外国资本的注意。蒙古随着中俄两国势力的消长，交互着作中俄两国的殖民地。

一九一九年，只在库伦一个地方，中国人经营的工业企业，就有三百六十三家，其工人达四千二百八十人之多，即平均每一个企业，有十二个工人。此等企业，有手工业的性质，主要地是皮革的精制及蒙古人日用品的制造。

比较着很发达的企业，是俄国人经营的企业。俄国人在库伦有二十几个企业，从事于兽毛、皮革、油等物的精制。俄人企业的生产品，主要地以输入俄国为目的。

然而外国投资的主要目标，不在工业，而在中俄两国商人手中的商业。如前所述，由蒙古人间比较单纯的关系，土地的共有及其他的事实，足见蒙古还是一个极不开化的地方。然而游牧的蒙古人，也不能由自己的生产品，自给自足，其他的生产品，也须使用，因此不能没有交易。但是到现在其内部地方，还没有金属货币。代替货币而为交易之媒介者，为绵羊及茶砖。然在外国资本说起来，无论是用绵羊或是茶砖，自然都不及用现金为有利。于是交易的媒介物乃改用银子。初用银时，以重量为标准，后乃兼用银币。然蒙古自己无银币，故流行的银币，为中国的银元及俄国的银卢布。

总之，最近的蒙古，在经济上已经被外国资本所征服了。外国资本，渐次流入蒙古人的经济生活中，同时交易的性质，也发生了变化。交易渐次使用货币了。

外国资本，继续它们的盗贼行为。在蒙古设立许多外国银行，各家发行各家的纸币。属于此种银行的，有一九一一年设立的完全在帝俄政府手中的蒙古国民银行，及一九一八年设立的中国银行。外国银行掠夺蒙古到什么程度，看看资本七万元的中国银行，发行纸币到四十万六千元这件事情，也就可以推测出来了。

外国资本活动的中心地，是只有少数土住居民的都市。蒙古的都市，就是除喇嘛僧外有少数居民及许多的外国商人集居于其周围的喇嘛庙。例如蒙古的首都库伦，其总人口十万人中，真正的蒙古人，只有三万，其中两万是喇嘛僧；中国人有六万五千到七万；俄国人约有三千。

但是蒙古的都市，已经在经济的关系上占着优越的地位，又将在政治的关系上，在旷野地方，占着优越的地位。这是指着蒙古的渐进的进步发展说的。

二 政治情况

近世的蒙古，是中国的属国，事实上是中国的一部分。但是实际上蒙古从属中国，对于蒙古所发生的影响极微。唯最近到二十世纪的初年，中国资本主义，渐见抬头，中国才对于蒙古，渐渐重视，要把它做为中国的殖民地。

这种事情，如何影响于蒙古的经济状况，我们已经说过了。中国把自己的侵略政策，借着蒙古王公及高级喇嘛僧去实行。高级喇嘛僧，事实上效忠于大清帝国，借此得到莫大的物质上的利益。中国政府，不单依赖蒙古王公及喇嘛僧（僧族），更派遣自己的军队于蒙古，化蒙古为真正中国的殖民地。但是中国与俄国的利害，于是发生冲突。因为当时俄国对远东及蒙古，忽然采取了积极的侵略政策，故中国与帝俄帝国主义的利害关系，自然要冲突。

帝俄于一八八一年（即光绪七年），已经由中国得到与蒙的免税贸易权及俄国领事馆开设权。俄罗斯帝国之压迫，于日俄战败之后为尤烈，因为俄国对朝鲜问题既然失败，故想并吞蒙古，以次抵补，为这件事，无时不在准备中。

一九一一年中国的辛亥革命，在俄帝国方面说起来，是极有利益的事情。因为中国的革命，马上影响到蒙古，中国的军队，由蒙古撤回。结果蒙古宣布独立，蒙古自治权的获得运动，并不是多数民众的运动，只是想和俄国接近的王公及喇嘛僧等的事情。他们因为中国发生了革命，向来由中国方面所得到的物质上的利益，将因此丧失，故想新从俄国方面，得到这些利益。所谓蒙古自治或独立的真相，实在不过如此。即实际上把蒙古变成俄国的殖民地。俄国政府，以自己所谓“外交胜利”的结果，设立上述的蒙古国民银行。至于俄国借款给蒙古，这乃是帝国主义者对中国常用的有力的征服手段，那就更不足怪了。

俄国这样的“好意”的结果，缔结了俄罗斯帝国政府与所谓蒙古自治国政府间的条约。蒙古依据这种蒙俄条约，不许中国军队入蒙古并禁止中国向蒙古移民。一方面俄国在蒙古，获得土地的租借权及购买权、房屋建筑权、邮局设置权、蒙古内河自由航行权等等。所谓蒙古自治的内幕，如是而已。

所谓蒙古自治国时代，继续到一九一九年（民八）。十月革命，使蒙古变成名实相符的自治国。但结果使日本的傀儡中国的反动军阀震惊，他们于一九一九年年底，再使蒙古与中国合并。

中国此次的举动，一方面是为的扩大反苏俄的战线，他方面是受日本的指使。但是事实上中国并没有征服了蒙古，而蒙古已甘为日本政府的傀儡矣。

中国此次的征蒙，惹起蒙古民众的忿恨，蒙人的排华热，与日俱增。俄国白卫军的将军文格恩男爵，乘着这个机会，他假装是蒙古解放者及蒙古独立的斗士，把中国军队驱逐出来。他置蒙古于他的凶暴的蹂躏之下，他自称蒙古王，统治蒙古。白卫军哥萨哥集团，因得在蒙大行掠夺。把蒙古做为对苏俄战争的屏壁。凶暴的文格恩不过是日本帝国主义的傀儡。他拿哥萨哥人用的鞭子与枪弹，做为统御蒙人的唯一手段，他的一切行动，都是受日本人的指使。

哥萨哥人加于蒙人的压迫，自然而然地激起蒙古民众的反抗。同时对于与文格恩提携的王公等，也表示了不信任。因此当俄国的赤卫军在蒙古剿灭白卫军的时候，诱发蒙古的民族解放革命的机运，已经酿成了。蒙古的政权，终归蒙古国民革命政府之手。

今日的蒙古，是一个独立国。有许多民众，参与国家的统治。国民革命军，保护民众的利益。

蒙古王公及高级僧族，对于革命政府，自然是取反抗的态度，他们一再企图颠覆国民革命政府。王公及高级喇嘛，把他们的一切希望和期待，都委之于中国。若是中国能再征服了蒙古，则再给他们以物质上的利益，以恢复以前的状况，是极其当然的事情。

蒙古民族独立的宣言，自然惹起中国资产阶级全体的憎恶。拥有巨万剩余资金的中国人，都要求派遣军队去镇定蒙古。因为蒙古市场的丧失，立刻在中国资产阶级，尤其是商业资产阶级的心里，发生反响。中国的反动分子及小商人等，为打破蒙古的民族独立，组成了联合的战线。

蒙古国民政府，因为受外国反革命运动的威胁，他们为拥护民族的独立，故不得不和对政府表同情或有恶感的王公提携。至王公及高级僧族的代表，也得参加政府的工作。

今日的蒙古政府，正从事改善民众状况的许多根本改革。

蒙古民族独立的支持者，是国民革命党及蒙古革命青年同盟。因为种种的原因，蒙古的青年，比蒙民中其他的阶级，首先组织起来。而蒙古革命青年同盟，是经过蒙古革命最困难的时期而遗留下来的唯一团体。我们以下要把蒙古青年先其他阶级而组织起来的原因，述说一下。

三　蒙古青年的状况

我们若说到欧洲的青年，大体上是指人民中自十四岁到二十三岁的人而言，即少年的性格渐渐固定，将要变为成年人者也。因为蒙古人的生活及生活状态的单纯，加以比较低级的文化，所以他们的生活或生活状况乃至生活上的经验，使蒙古青年，容易学得。故蒙古十五六岁的少年，即以成熟，多数就都娶妻了。我们所以说这些话，就是想把以下所说的“蒙古青年”这个概念，正确地决定它。然而我们在这里也有些例外，是指十四岁以上二十五岁以下的青年来说。

这样说来，参加蒙古青年运动的青年，是人民中充分成熟并且在经济上能离开父母而营独立生活的人们。蒙古青年的总数，约二十万，即相当全人口的三分之一。

蒙古青年的状况与成年人的状况，实际上没有什么区别。若说到压迫与榨取，则成年人与青年是完全一样的。然而在土地的开垦，工场及制造所几乎完全没有的游牧生活及牧畜业中，关于青年的状况，自然没有什么可以特别记述的事情。因此假定我们说："野蛮的"蒙古的青年状况比"文明的"欧美各国的青年状况，还比较的好些，也不足奇怪。因为是蒙古的青年，不知道十二小时工作制是什么，也不知道使欧美青年啼饥号寒的极有限的工资，失业是什么。至于与劳动阶级的利害无关而专为拥护资本家们的利益之军队，要把欧美的青年，强迫地编入等事，则蒙古青年，更不知道是怎么一回事了。

蒙古青年与成年人所不同者，只下列数事而已：一、好活动，二、富于感受性，三、求知欲旺盛，四、对于宗教的偏见及迷信极冷静，等等。

然而蒙古青年的环境，与上述的蒙古青年的特性，都是极其矛盾的，所以使蒙古青年变成了蒙古居民中的革命分子。

在说到对于蒙古的青年给以有害的影响之一般状态时，我们不能不先说说宗教及喇嘛庙。蒙古人在宗教上，是信仰佛教之一派的喇嘛教。佛教者，全人类的四分之一以上所信奉的宗教也。佛教发生于耶稣纪元前六世纪的时候，相当中国东周的末年，是极蒙昧极保守的宗教。它把佛教发生以前的人类经验，都原封儿地保存在里边。佛教在文化上是最守旧的，它在各民族间的传播关系上，变化也极少。佛教的始祖释迦牟尼的教义，在其纯粹的意味上，是与外界脱离的，佛陀把外界看做虚伪的东西，他以为人类最大的幸福，是对于外界的一切现象，都漠不关心。佛教的教义，在其纯粹意味上，是否认一切仪式、供物等等的。但是佛教到了蒙古，变成了喇嘛教。喇嘛者，"无上"之义，古书亦称上师，即僧侣也。喇嘛教堕入佛教的蒙昧之中，更加上了许多仪式及刺激人类想象力的手段。

在蒙古传播这样无知的宗教之中心，是喇嘛庙。蒙古男人百分之四十，是喇嘛僧。喇嘛庙在蒙古，负有极重大的任务，喇嘛庙中有学校，其中最大者为大学。蒙古直到最近，几无所谓世俗的学校，因此青年的教育权，完全操在喇嘛庙的手里。

蒙古喇嘛庙中教授青年的“学问”，可由下述关于土地的教义的一个例子，想见其一般。他们说：“地上有水，水在〔上〕有火，火上有空气。”其余千篇一律，都是教授这些东西。蒙古的青年，为什末极力要求设立世俗的学校，也可由此推知了。

若以这样的顺序，说到蒙古青年的状况，他们在精神上是受着喇嘛教、喇嘛庙、喇嘛僧及其他的压迫。我们可以由他们的革命狂热，与他们对于高等文化要求接触的热诚，以表明之。凡此一切，致使蒙古青年的要求，公然地表现于外部，采取有组织的运动形式，非脱离中国的压迫及白俄文格恩的压迫不可。

四　蒙古革命青年同盟

蒙古革命青年同盟之组织，是一九二一年八月的事情。当时俄国的赤卫军正剿灭了白俄败将文格恩的党徒，同时蒙古的民族革命，也在那时兴起。在民族革命的初期，做革命的战士、将帅和组织者的，大部分是青年。青年是蒙古民族革命的前卫，这是不消说的。我们要想明白蒙古的革命真象，非对于青年同盟的性质，加以考察不可。

然对于蒙古的青年同盟，给以精神上的刺激的，是与蒙古为邻的苏俄的革命。剿灭文格恩反革命军的红军部队之驻居蒙古，给了蒙古人一种活的革命教训。蒙古人民尤其是青年，目睹苏俄的红军，受了极深的印象。一方面，一部分的蒙古青年，因受反动团体的迫害，逃到苏俄去，在俄国吸收了新思想并且研究了共产主义。他们又很注意俄国的内战，从俄国内战所得到的经验，终于应用在他们的祖国蒙古来。他们对〔于〕归国之后，即组织蒙古革命青年同盟，而执革命运动的牛耳。

一九一七年俄国的十月革命，对于蒙古的青年，发生了多大的影响，我们从青年同盟［关］于一九二二年一月，在莫斯科开的极东青年大会的宣言中，声明青年同盟的使命，在于树立蒙古的苏维埃政权，就可想见一斑了。

所以他们集合了三十位青年，在库伦组织了一个团体，做为蒙古青年运动的第一步。库伦在政治、文化等关系上，虽然是蒙古的中心，然而［并］在青年革命团体的组织上，并不是顶好的地方。因为在牧畜业下的蒙古，而有定住性的都市，已经不能不说是矛盾的现象了，其不能做革命的策源地，乃是当然的事情。我们已经说过，蒙古的都市，是喇嘛庙及行政的中心地，像库伦这个都市，尤其以行政的中心地而著称，这由库伦团体的基本分子，今昔皆以青年官吏为主体，就可以看出来。一切的特权，皆由王公来专断，他们对于他们的将来，不但没有任何的希望，并且常受上级官吏的虐待，即鞭打及其他野蛮的制裁，也常光顾到他们身上。因为有这种的事实，所以青年官吏，是革命的，但是他们一旦受了升官及其他的优待，他们的革命性马上就失掉了。自然其中也有少许的例外，但是大体上说来，他们不是坚固的革命分子，而只是一时的革命分子。

青年官吏的这样的动摇逡巡，在全部的革命史中，到处都可以看出来。然库伦是中心都市，青年官吏阶级，是青年中最开化最进步的分子。在他们做为革命运动的指导者的关系上，在重大危急的场合，常常对于青年同盟，给以极不好的影响。

青年同盟初期的组织，实如上述，但是我们不愿意说，库伦团体是阻碍革命运动进行的中心。反之，在民族革命的初期，此等的青年，是最富有革命性的阶级。那时候作成了特殊的革命传统，这种传统，至今尚为青年同盟全体所承继。库伦团体的成员，后来发挥了他们的官僚气，但是关于这一层，也没有什末可述说的。

青年同盟最初的任务，是积极地援助蒙古国民政府与国民党。国民政府及国民党的根本任务，在于扫灭文格恩的余党，及蒙古王族和高级喇嘛僧等的党羽。在这一方面，青年同盟，是有最适于斗争的势力的。青年同盟与国民党的相互关系，虽然还没有明白的规定，但是事实上，青年同盟，把自己看做是国民党的一部分，它的行动与国民党的行动，极其一致。关于这一层，有代表全同盟的意向的某青年同盟员的文字和演说，是极有趣味的表示。他在集会的演说中说："我们是以同一的思想而团结的。为适应时代的精神，决定把我们的力量，在可能的范围内，帮助国民党实现它的伟大和神圣的理想。"又说："我们的任务，在于确立先烈所组织的国民党及国民政府的永久权力，并期望它们的隆盛。"

这样看来，在政治的关系上，青年同盟，并不是一个独立的机关。它的任务，只在于为国民党及青年同盟养成积极的工作人员。

然过了民族革命的初期，对于国民革命政府的直接威胁，就没有了。革命运动，不能不再往前进展。换言之，即不能不赶快解决王公、高级僧族等的处分问题了。在革命以前，此等的阶级，从来比别的阶级，都受了特殊的优待，免除了他们租税赋役等义务，但是蒙古的革命，不单是民族革命，而且是阶级革命，在民族革命中，阶级问题，是不成问题的。并且政府竭力避免此等问题，因为新政权之基础尚未坚固，若想解决此种问题，恐惹起蒙古的内乱招来中国的干涉，再发生征服蒙古的危险。

根据上述的理由，所以蒙古国民政府，避免关于根本改革的问题，或是完全不把它当做一个问题看，而仅只零零碎碎地作些部分的处置。但是在青年同盟方面，表明了他们对于王公及高级僧族的态度，提出根本的改革，主张废除他们一切的特权，要求在法律上的平等，他们把这些问题，在民众间大行宣传。青年同盟在这个时期，有显著的膨胀，基础也巩固了，它不但在青年之间，即在成人之间，也大得人心。政府的怯懦无为，使青年同盟对于政府及国民党的态度，都冷淡起来了。当时的青年同盟，对于蒙古的状况，曾有如下的怨言："虽然组织了国民革命政府，但是大部分仍然保留着以往的旧态。固守旧制度的王公，毫不留意国民的状况。固执着传统的各种权利，且对于反抗国民政府的人，依然加以迫害。"青年同盟对于这种状况的任务，我们在青年同盟的书信（一种言论机关）中，可以找出下述的结论，即："我们青年同盟，是为除去恐怖与不幸而组织的，是为拒绝对于反抗压制国民的人加以迫害的行为而组织的，是为马上废除我们的敌人的各种传统权利而组织的。"即青年同盟，把上层阶级的王公及高级喇嘛僧，认为是蒙古人民的敌人。

蒙古的王公、高级僧族等反动分子反抗蒙古新状态而起叛乱，青年同盟，决然和他们斗争，把上述的立场，在事实上极率真地表明出来。青年同盟，在这种的斗争中，是站在最前线上的，同时对于军队的政治上的指导，主要地也是由青年同盟来担任。因此，青年同盟，在实事［事实］上，成了与反革命斗争的中心。

青年同盟，在和反革命的这种斗争中，大大地扶植了它的势力，组织了好多的同盟。它一方面巩固它的同盟员，同时大部分的同盟员，实际参加了与反革命的斗争。有时指导这种的斗争，就能对于他们施行政治的教育。青年同盟，在它的坚实巩固之点上，有凌驾国民党而上之的政治势力。国民政府与国民党，若无青年同盟的援助，是不能有所活动的。

青年同盟，站在防止反革命运动的最前线，它不但援助政府及国民党，而且保护它们。然而我们第一要说的，是国民党及政府与青年同盟之间，酿成了什么样的关系。这种关系，在国民党及政府方面说来，是不利的。青年同盟对于国民政府，一方面持有反对的态度，他方面又来拥护它，它似乎陷于自相矛盾的状态中。但是这样的矛盾，早晚是要去掉的。政府方面，先自动地来讲求解决的方法。允许几位同盟员加入政府，使青年同盟参与国务。乍一看来，好像它们两者之间，发生了均衡的状态，但是政府后来，也不改变它的政策，还是本着旧辙前进，关于根本改革的问题，关于上层阶级的问题等等，依然不能解决，使青年同盟对于政府，渐抱怀疑的态度。

政府欲明舆论之归趋，决意召集叫做“小菲尔丹”的预备会议，在这个会议中，给了青年同盟两个议席。一九二〇年十二月，政府在议会中，对于青年同盟的行动，加以猛烈的攻击。因此青年同盟，对于政府任命与叛乱有关的某种反动分子为高级官吏，及某种的大臣和其他的行动，向政府提出抗议，政府不答，而把这种抗议，交给预备会议即“小菲尔丹”去审查。把政府和同盟的不和，向外界发表，并且对于同盟，行了许多卑劣的攻击。情形既如此，恶劣政府与同盟间的关系，就完全断绝了。但是在表面上看来，这种事情，实在是令人莫明其妙。时至今日，政府借着武装的行动，以惩戒反对它的青年同盟，政府这种意思，已经是很明显了。政府使青年同盟中的有力者，任政府中的要职其他国家的枢要地位，不过是想利用青年同盟中的主脑人物，来破坏青年同盟而已。青年同盟，不参加政府种种的煽动行为，揭破了政府的反动阴谋，所以现在政府的行动，已经失了多数民众的信仰。政府为对抗此等民众而与王公提携的计划，事前就被人民给阻止住了，政府结果落了个塌台。

其次我们要看的，是上述的事情，对于青年同盟的本身，发生了什么影响，我们在前边已经说过，青年同盟最初出现的时候，同盟员是怎么的情形，又他们的内部，是怎样的不坚固，然而事实上政府并没把青年同盟弄个粉碎，不过使它充分地崩溃而已。占了国家重要地位的同盟员，因为自己升了官，觉得政府的宽大的民主主义，又以为下低官吏，从此可以不再受虐待了，换言之，政府把这一部分的同盟员，拉到自己这里来，以引起同盟员间的分裂。

但是青年同盟的祸根，不久就除去了。在同盟之中，有最巩固的团体出现，改造同盟，把它树立在一个坚固的地盘上。当政府崩溃颠覆之际，不巩固的分子，自然离开了同盟。因此库伦团体，全然一新，对于蒙古各地的青年，多方扶植自己的势力。换言之，即改变同盟的组织，把同盟的中心势力，决意移到旷野的游牧青年去。同盟热心此种任务，把它实施到全部蒙古，因此设立中央局，派遣勤务员到旷野里去。于是当一九二二年一月，开莫斯科远东革命青年大会时的危险状态，都一扫而光了。同盟已经拥有三百名的同盟员，在六个月的存在期间中，盟员增加了十倍，其团体的渐就强大，也就可以想见了。

其次我们看一看，政府的衰微与颠覆，怎样影响它与国民党的相互关系。

蒙古国民党，至今还是一个组织薄弱的团体。当革命的时期中，它把全付的精神，都用在建立新政府这件事情上去了。但是国民党在新政府中，并没有丝毫的势力。独立实现之后，党的行动与政府的行动，就无从区别了。不，我们要是说：国民党几乎完全服从政府，而变成了政府的一部分，则比较更近乎实情。政府，对于上层阶级问题的软弱暗昧的政府，使国民党一筹莫展。王公加入政府的结果，至上层阶级又来参加党的各种指导机关。政府的危险状态，每次都在党里惹起同样的危险状态。所以当巴多政府颠覆时各种事件一发生，国民党茫然自失，不知所措，只有听事件之演变而已。要想使党回到它本来的职分，且从事于新政部〔治〕的组织，那非大刀阔斧地把它改革一下不可。

青年同盟在危险状态的时候所负担的任务，我们已经说过了。青年同盟用自己的行动掩蔽了国民党的行动，所以青年同盟与国民党的相互关系不能不因此发生影响。在由〈国〉民党及同盟的代表组成的共同委员会中，同盟有下述的提议："（一）国民党须承认青年同盟是一个能独立决定自己的政治任务及组织形式的团体。国民党不得干涉同盟内部的生活。（二）国民党及青年同盟，皆以蒙古的解放及独立政府的建设为它们的任务，两者在此等任务的实现上应积极地协助，并且应该共同地实施它们实际的业务。（三）国民党对于同盟，不能借政府的机关及自己的党员来干涉同盟的业务。并且应该保障交通机关、邮政局及其他公用机关的自由。"

同盟的提议，为什么这样的胆小，为什末同盟把政治的独立这件既定的事实，还要求国民党的认可，而不把它只做为共同动作的事情而声明，又为什末国民党阻止共同委员会的业务，而拒绝署名于同盟的提议？然而过了一年之后，国民党对于同盟转取攻势，并且要求同盟从属国民党。此中消息，若是回头想想在民族革命时期，同盟对于政府及国民党的密切提携的事情，马上就可以明白了。

自然在这种的场合，声明书等，也没有多大的意义。但是事实还是事实，国民党阻止共同委员会的业务，表示了国民党与同盟间的不和。

要实行民族革命，青年同盟非从事新的任务不行了。

新政府是以民族的独立政府而组织的。政府本身，是上层阶级的王公及高级僧族与国民间大妥协的结果。宣言"宗教上的各种制度不可侵犯"，并且宣布蒙古的活佛为立宪国的国王。对于宗教的批评，极端地禁止。

当一九二二年一月在莫斯科开的积极革命青年大会中，青年同盟之政治的任务，决定如下：

政府是拥护民族的独立的。而青年同盟，认为民族的独立，是从外国的压迫中解放蒙古，所以青年同盟非竭力拥护政府不可。但是青年同盟，又很重视住在旷野中的多数游牧人民的利益，所以青年同盟在国家的建设上，应该墨守民主主义的修正政策。

为保证上述方针之实行，青年同盟，积极参加国家的建设，把自己的勤务员，加入国家的官厅。同时又监视政府的各种政策在地方上的实行。青年同盟，对于蒙古军队的建设，特别注意。并且政治的教育，非拿到自己的手里来不可。

但是其中特别注意的，是多数游牧青年的活动，即游牧青年的组织、政治的教育及普通教育学校的创设，铲除文盲运动等等游牧青年间的教育事业。

青年同盟在莫斯科大会之后，就在这种方针之下来活动。对于在内部旷野中各种团体机关的设置，特别注意。无几何，在各主要的地方，就都有了各种青年团体的设置。一九二二年七月，关于在旷野中的各种团体的行动，做了一次调查，结果极有趣味，并且很可以表示出青年同盟本身的性质来。青年团体，几乎全是游牧青年组成的，但是属于王公阶级的青年或青年喇嘛僧，也有极少数的例外。在库伦的二百名团体员中，游牧青年占了一百五十七名，喇嘛僧占了十八名，喇嘛僧及属于上层阶级的青年所占的比例数，都很微小。青年同盟，有属于上层阶级的人来参加，这并不算什么稀奇的事情。因为蒙古男子当喇嘛僧的，殆占半数，他们的大部分，与其他的居民，几乎没有什么差异，并且和其他的居民，过着同样的生活。

他们所处理的问题之性质，又是很有趣味的。我们拿库伦的一个小组的日程中所揭的事件，来做个例吧：“（一）司法水〔部〕长在职务上的不公正的行为事件，（二）设定巩固的银子行市的事件，（三）公共劳动中使用囚犯的事件，（四）关于蒙古农业改良的事件。”关于他方的，其最普通的回答，是：“在会议中审议国民政府及同盟的任务，并且怎样去实现它们，和怎样给国民以自由。”

对于旷野中的居民，青年同盟的主要任务，是：“教授文字，参与国家的建设及勤劳人民的解放。同盟积极地参加这些任务，赴汤蹈火在所不惜。”

调查的结果，住民对于在旷野中的青年同盟的态度，又很可以表示出来。住民对于同盟的态度，大体上都很好。可举捐赠家畜这件事情，做个例子。但是一方面像下边这样的回答也不少，说：“住民对于我们有同情的态度，也有捐赠许多家畜的。但是因为王公煽动的结果，现在没有这样风气了。”或是把这类的消息，说的更加详细，有说青年同盟的行为，失之太软弱的。“它的原因，是王公的煽动。他们因为想破坏同盟，所以常散布种种谣言。例如说青年同盟是反对宗教的，是想赤化蒙古人的。”

由上所述，王公对于国民党很少攻击，惟独对于青年同盟，则行猛烈地反对煽动。王公认为他们不能恢复原状的一切“灾难与不幸的原因”都在青年同盟身上。在发觉的一切阴谋计划中，他们第一是破坏青年同盟，其次是断行国家的政变，这是不足怪的。像这样猛烈的反对宣传，正可以表示青年同盟在蒙古是有势力的。一方面青年同盟，对于王公及其竭力想再统治蒙古的企图，采取了坚决的反对行动。同盟的该种行动，大收功效。因此同盟膨胀起来，在召集第一次蒙古大会时，同盟员就有八百多人。最近有许多成年人来加盟，这是值得注意的一件事情。这件事情有利也有害，但是总而言之，为拥护在蒙古旷野中的游牧居民的利益的团体，已经有了很巩固的地盘，这是一件不容否认的事实。

五　蒙古革命青年同盟第一次大会

蒙古革命青年同盟第一次大会，是在一九二二年七月十七日到二十二日举行的。参加者有库伦团体的委员十二人，八个地方团体的委员十三人。地方团体的委员，若按身份分起来，是游牧青年十一人，官吏二人。若按年龄分起来，是由二十岁到二十五岁者八人，二十五岁到三十岁者二人，三十岁以上者三人。开第一次大会时的一般政治情况，我们已经说过了。即当时是由民族革命的决行，变成了联立政府的树立。国民党的意义减少，青年同盟变成了独立的政治团体。所以这第一次的大会，不但要对于目前的各种事件表明自己的态度，并且要对于民族革命，及以革命为中心而互相斗争的各种势力，表明自己的态度。一言以蔽之，就是有了决定同盟的纲领的必要。

大会上所决定的纲领，其大意如下：即就今日的国际情况，第一、要对于资本主义诸国的征服东洋民族，与东洋民族的世界资本主义斗争；第二、资本主义诸国的阶级斗争及东洋勤劳民，要对于直接压迫自己的本国统治阶级，及为世界资本主义的民族征服做工具的王公贵族斗争。被征服的东洋民族，有和世界的无产阶级联和〔合〕的必要，蒙古民族有和劳动阶级，已经占了胜利的苏俄联和〔合〕的必要。

蒙古的青年同盟，认为蒙古是在中国及帝俄双方的压迫之下，所以他们以“从外国资本主义的压迫及强制中，完全解放蒙古民族而建设独立的国家”为他们的第一任务。

我们已经说过，青年同盟，不只以民族革命为满足，更把革命运动移向内部的方面。它和政府及国民党的疏远，做了这种运动的基因。同盟的根本任务，在于解决这个基础的政治问题，这是很明显的事情。依照纲领，这个问题的解决方法如下：“青年同盟的第二任务，是为勤劳民真正提高自己的经济生活和文化生活，把进步的统治状态，竭力令其在本国实现出来。从来支配勤劳民的汗王等王族，为满足他们的私欲，屡屡把勤劳民卖给外国的压迫者。他们又只管谋他们自己的福利，而百方虐待之。因此蒙古革命青年同盟，非废止王公贵族对于国民的统治权不可。青年同盟认为蒙古独立国的政权，属于国民自己，国民的统治者，不是蒙古的汗王公，而是国民选出的代议员，革命青年同盟，非实现这样的民主共和国不可。因为只有民主的共和国，才能保证国民在经济发展上及文化发展上的完全自由。”

青年同盟的政纲，既有这样明确的决定，所以它变成了一个特殊的政治团体。其次的问题，就是青年同盟决定对于国民党及国民政府的态度问题。它解决它的态度时所根据的原则，是和前边的纲领一致的，即国民党及政府若代表大多数民众的利益，青年同盟则拥护之，它们要反此而行，则同盟为拥护勤劳民的利益，不惜对于它们，出以必要的行动。同盟对于它们的态度，为什么不决定拥护或反对，它自有它的理由。同盟对于国民党及政府的态度，决定如下，它对于国民党：“革命青年同盟，是援助国民党的，但是它同时又是多数勤劳民的团体，所以它在组织上和政策上都是和国民党完全独立的。”又青年同盟对于国民政府：“凡政府为多数国民谋福利的政策，青年同盟都援助之”，即青年同盟在此等政策的实施上，支持政府，援助政府。

一般的各种政治问题，既这样的解决了。但是青年同盟在此等问题之外，因为它是青年的机关，所以还有另外的任务。大会根据纲领的精神，决定此等任务如下：即注重青年的教育，主要的是以灭绝文盲为目的之广泛的教化事业，及为国家养成建设人材而开设的讲习会及学校等。

第一次大会中一个重要的决议案，即承认青年共产国际对于青年同盟的行动之思想上的指导权，即“革命青年同盟，与革命青年的世界的合同组织青年共产国际取协调的行动”。

青年同盟第一次大会的收获，大致如上。大会的重大的意义，在于它把青年同盟变成了一个正式的政治团体，决定了将来的事业。因此这第一次的大会对于蒙古青年间以后的活动与以很大的刺激。

六　蒙古革命青年同盟第一次大会之后

第一次大会，是把青年同盟变成一个正式的政治团体的成立大会。开过大会之后，青年同盟热心地、有计划地且彻底地开始它的业务，同盟的势力，益益增大，同盟的政治意义，与时俱增。同盟的活动，一〈般〉只限于青年，且及于壮年。

开过第一次大会之后，过了一年，就召集第二次大会。第二次大会的意义，在于使青年同盟得到这一年中业务上各种的经验。第二次大会，已经带了实务的性质，在大会上做了业务成绩的总核算，结果在这一年中，同盟员数增加了三倍。即当时同盟已经有了两千五百盟员了。

第二次大会，又逢着了两个大的政治问题。第一个是与国民革命党的相互关系之问题，第二个是把属于上层阶级的分子从同盟中一扫而空之的问题。

第二次大会，又声明青年同盟在政治上及组织上，都是离国民党而独立的。但同时又提议，青年同盟与国民党，在为民族独立的斗争上，及与反动势力的斗争上，有互相密切提携的必要，并且当蒙古会议所谓“菲尔丹”的选举的时候，有互相协调的必要，等等。

就第二次大会以后的情形看起来，同盟与国民党的密切的协调，只在盟、党的地方机关的行动上实现了，至于盟、党的中央机关的相互关系，至今还没有完全入到正规的状态中。

大会解决的第二个重要问题，就是青年同盟员的整理问题。这个问题的根本，在于属于王公阶级的青年，加入同盟之后，自己组成一个小团体，希图争得青年同盟的指导权，以便使青年同盟右倾。

大会决议凡与同盟业务无关系的分子和阻碍业务进行的分子，都由同盟中驱逐出去，协力一致断然拒绝使青年同盟右倾的企图。大会开过之后，就实行整理同盟会员。同盟的业务，以后有显著的进展。被青年同盟除名了的分子们，想另外组织一个青年同盟，但终于无结果而散。

根据青年同盟的统计调查，在一九二四年四月的时候，蒙古革命青年同盟的盟员，若按身份分开来看，游牧青年占全数盟员的百分之九十，其地位与生活状态与游牧青年毫无区别的小喇嘛僧阶级，占百分之八〈·〉五。完全脱离了旧制度真正与游牧青年相提携，而由王公阶级出身的青年，占百分之一〈·〉五。青年同盟的指导机关，完全操之游牧青年之手，这是值得大书特书的一件事情。

第二次大会之后，极力劝导青年女子加入同盟，直到开第二次大会的时候，同盟中一个女子也没有。青年女子加入同盟，并使她参加政治运动，这在蒙古是一件极有意义的事情，同时也是一件极困难的事情。

青年同盟，在这件事情上，有很大的成功。现在同盟中有三百个青年女子，她们都是住在蒙古旷野中最人烟稀少的偏僻地方的年青的游牧女子。

东洋的女子，在社会上占有怎样的地位，这是谁都知道的。在东洋，女子不过是一种奴隶，这样的状态，是几百年来所造成的。东洋的宗教，不过是为的维持女子的奴隶地位。然而在东洋最不开化的蒙古，其革命青年同盟，竟能打破几百年以来的因袭，令三百个青年游牧女子，参加政治的生活，实在是一件最有意义的事情，同时也可见蒙古男女的生活状态，是完全革命的了。

我们由蒙古青年女子参加青年同盟这个事情，可想见青年同盟在蒙古社会中的感化力量，是如何的普遍和深刻。又可证明青年同盟的势力与威权的广大。借此也可以说明以后同盟的迅速发展。一九二四年，青年同盟有了四千以上的盟员。

七　王国的灭亡与青年同盟

中国及外国的帝国主义者，想摧残蒙古的独立，把它再变成它们的殖民地，使国民革命党与王公及高级僧族妥协，组织拥护独立的联立政府，我们已经说过了。两者妥协的结果，使蒙古的政治组织，发生变化。蒙古宗教界的首领活佛呼图克图，被推为蒙古王。其实，王的权限，极其狭小，可以说是他对于世俗的事情，没有任何的权限。但是王国的存在，可说是使以废除旧制度为目的的新改革，实施更加困难。

一九二四年三月，蒙古王兼宗教上的首领的活佛，突然病死。按蒙古人的信仰，活佛是不会死的。即他的灵魂，由他的尸体要转移到别人身上去，这叫做转生。活佛这次死后的灵魂，究竟转移到谁身上去了呢，或是说谁新得到了这种灵魂呢，结果是转到西藏的教主达赖喇嘛的身上。现在的西藏，事实上是英帝国主义者的囊中物，这是谁都知道的。

即新生的活佛，依传统而出于西藏，他同时兼为蒙古的国王。

英帝国主义者，竭力诱迫新任的活佛，使他唯命是听，是一件很有意义的事情。

因此西藏的达赖喇嘛，既兼为蒙古的国王及教主，则英帝国主义者的阴谋，很有来到蒙古的危险，蒙古政府为防患未然计，乃于一九二四年六月，宣布蒙古为共和国。

共和政体的宣布，平安无事地就办了。但是事实上，新蒙古共和国自己的存在，得力于蒙古革命青年同盟不少。

实际上，青年同盟在政治上的根本要求，就是民主的共和政体的宣布。青年同盟常用这种精神向人民宣传，又担任民众的教育事业。共和政体能平安无事地宣布出去，正可见青年同盟在蒙古势力的雄厚。青年同盟三年以来的宣传，能使共和政体在蒙古宣告成立，其功实不可没也。

八　结论及将来

蒙古的革命青年同盟，不是一个共产主义的团体。因为共产主义的团体，是在资本主义会社〔社会〕的阶级斗争中才能发生出来的。蒙古决不是一个资本主义的国家，所以不能说它是一个共产主义的团体。蒙古青年同盟，是在未到资本主义以前的社会关系，及身份别的阶级斗争中发达起来的。即青年同盟，投身于此种的斗争中，而极力地去奋斗，以代表被压迫的多数游牧民的利益。青年同盟的革命之点，实在于此。但是落后千百年的蒙古游牧民的利害，与欧美无产阶级的利害，能够一致，这实在是一件最有意义的事情。我们不要先说空话，试拿讲蒙古革命的书籍来看一看，就知道它在和外国帝国主义的压迫的斗争上，有和国际劳动运动及苏俄去密切提携的必要。因此我们也就明白一个非共产主义的团体蒙古青年同盟，为什末参加青年共产国际而且和它有密切的提携了。所以这两个青年团体，是有共通的利害，而在斗争上是有共同的敌人的。

我们把青年同盟为拥护多数游牧民的利益而斗争的历史，可以看做是它和王公及喇嘛僧等上层阶级的团体分离的历史。和此种上等阶级分离的青年同盟，大得民众的同情，在不知不觉之中，由一个青年的团体，变成了一个游牧民的政党。青年同盟之中，有完全成熟的壮年人，又同盟的第一次大会，几乎完全没有提出关于青年、少年运动的问题，即可借此说明之。与上述的事情相伴随着的利害，我们已经说过了。青年的政治运动，固然也是必要的，但是同盟的主要任务，仍然是在广泛的教育事业上。它的注意，非集中在这一方面不可，由青年同盟对于民众的威权与势力，及壮年人的加入青年同盟，足见这代表民众利益的政党，已经有了存在的地盘。青年同盟不可不变成这样的一个政党。或就至今尚无正式组织的国民党，作这样的一个政党组织的地盘。青年同盟本身，对于加入的盟员，加以整理，辞去大部分的政治行动而多致力于教育及文化方面的事业。

蒙古的革命，若不是志在革新满足人类欲望的手段及方法，则可说这种革命，失掉了它内面的意义。第一，蒙古非从牧畜业移到农业不可，此种移转的倾向，现在已略可看出来了。又今日蒙古农业上所用的锹，非改用铁锹不可，游牧用的帐幕小屋，非改为石造房屋不可。其他无论什么事情，都应该向高级的文化推移。在这几点上，非先破除蒙古民族蒙昧性与保守性不可。蒙古的青年，受的此等的毒害，比别人都少，这是当然的事情。因此教养蒙古青年，提高他们的文化程度，实在是一件重大的任务。设立世俗的学校以排除愚民政策，与苏俄设立新发电厂所以振兴实业，是同样重要的事情。蒙古世俗教育之重要与俄国电化事业的重要，是一样的。

革命青年同盟，不但要在这方面做宣传和煽动，并且要做新文化的少年军与先驱者。若是青年同盟的各种团体，在蒙古各地都组织起来，为提倡新式的科学的耕作，到处组织农业劳动团体，这真是一件伟大的事业。若是这种的事业，认真地实行起来，则对于蒙古农业的提倡，实在大有助力，而这种由牧畜业到农业的推移，才是一种新的革命，新的文化及新的社会改造。

自然这是一种理想，但是青年同盟，非向着这种理想进行不可。此外青年同盟应该举办的事业，还多得很，它不但要提高蒙古青年的文化，还应该提高全部蒙古人的文化。

但是这并不说青年同盟就完全变成一个教育的团体，反之，它的政治行动，是要和它的教育事业，相辅而行的，如此这两者才能长短相补。这样蒙古青年同盟的成功，与今后的发展及势力的增进，才能期望得到。

一九三二，二月八号译完

《西北研究》（月刊）
北平西北研究社
1931 年 2—4 期
（朱宪　整理）

苏俄东方政策下之蒙古共和国

次叔　撰

自日军不费一兵不折一矢，便安然的占领了东北而后，久经平静的中国国民的脑海中，居然又碰着了一大霹雳，于是大家才感觉得中国东北的边防原来是这样空虚啊，满洲的地位原来是这样危险啊，强邻暴日的压迫和侵略，原来是这样利害露骨啊。“中国危险了”、“同胞速起救国”这一类的口号，便不期然而然的布满了华夏神州；“请愿”、“示威”以及“抵制日货”的运动，便不期然而然的轰动了东亚古国。但是，我们看一看中国边防的空虚是不是只有东北，国境的危险是不是只有满洲，强邻的窥伺和侵略是不是只有暴日？这种问题的解答，只怕稍有常识的人，都会要占在否定的方面吧。我们且不谈新、藏、云南，单就蒙古方面观察，也可以看出她的危险程度，实较满洲为甚。其理由如下。

1. 满洲人民久已与中国本部的汉人同化，加以近数十年来汉人移殖满洲的日益增加，在事实上，满洲民族与中国本部的民族，早已打成一片，无丝毫民族的隔阂。因此，煽动满洲人民脱离中国，实属万分困难；反之，蒙古民族与中国本部汉人，因地理上及交通上之阻碍，两民族间之感情与联系均非常薄弱，因此，极易受外间之间离煽动。

2. 中国政府在满洲政治上之统治，及经济上之建设，均有深遽〔邃〕的历史和巩固的基础。尤以近数十年东北地方政府的回复国权运动，使中国在东北的势力，更植下了牢不可拔的根基。可是中国在蒙古方面，除却亡清二百余年的羁縻政策，和民八徐树铮氏的武力高压政策而外，并没有什么政治上或经济上的巩固基础，所以中蒙政治、经济的纽带，实较中国对东三省为弱。

3. 中国本部与满洲的交通便利，一般人民对满洲的认识也较为真切，所以满洲一有危机，中国举国上下莫不惊心动目群起挽救；但是蒙古与中国本部，因着地理交通的隔绝，双方声息不通，现在俄人的势力虽已排闼直入，然而中国本部人民知道有这么一回事的，还是非常之少。

4. 日本对满洲的军事控制，因着有海洋及朝鲜的隔离，还不十分便利，反之中国对满洲的控制，却非常灵便。可是在蒙古方面，这种情形恰好是整个相反，西比利亚铁道和外蒙古国境最近的距离，只有六十英里，上乌金斯克距库伦，只有三十八英里；反之，库伦距张家口，则有一千二百英里之遥，而且中间还横着一块广漠无垠的大沙漠。

根据上述事实，我们很明显的看出蒙边的空虚更甚于东北，蒙古地位的危险更甚于满洲，而强邻苏俄的侵略，尤更甚于日本，在这种情况之下，对于蒙古的现状及其与中苏的关系，实有深切研究的必要。

一 苏俄东方政策的由来

“资本主义国家和社会主义国家势不两立，不是前者使后者白化，便是后者使前者赤化，因此，社会主义国家，决不能单独永久在资本主义的国际环境中建设起来。”这是马克思主义的一个原则，同时也就是苏俄一般社会革命家所崇奉的真理。因此，在一九一七年大革命后，苏俄的对外政策，便是以“赤化”世界为目的。可是在“赤化”世界的工作进行中，他们又采取了两种不同的策略。在西方产业发达的先进诸国中，他们的策略，在于煽动劳动阶级与资产阶级对抗，实行社会革命，以直冲资本主义国家的壁垒；在东方产业落后诸国，殖民地或半殖民地中，他们的策略，却在扶助其独立，使其在第三国际的领导及指挥之下，走上“赤化”的道路，向资本主义国家作背面的纡回攻击。

苏俄这两种策略的运用，最初还是注重在西方对资本主义国家的正面进攻，可是匈牙利的共产革命，只有三天的历史便算完事；波兰的进攻，终因着瓦萨的一败而成为泡影；在德国牺牲了多少忠实同志的头颅，换来的只不过兴登堡一流人物的反动局势；在英国成立了劳动内阁，胜利的却只是少数的几个贵族劳工，就是巴尔干和波罗的海沿岸的“小国赤化”的方针，也到处遭遇了反动势力的猛烈的逆袭。于是她这种正面攻击的策略，不能不暂告退却，而转注全力于东方背面的纡回攻击。蒙古的独立运动和共产运动，便是在这种背面纡回攻击政策之下形成的。

二　苏俄东方政策在蒙古史之发展

从纯理方面观察，共产主义的实行，是要以产业高度发展的社会为基础，还深处于半开化状态和游牧经济阶段的蒙古民族，充其量只能扶植其政治的独立，至于“赤化”，无论如何是不够条件的。可是苏俄不但煽动蒙古的独立，而且进一步企图蒙古的“赤化”，她的最大的理由，有下列数点：

（1）蒙古是中国北部的门户，“赤化”了蒙古，便可以造成“赤化”中国有力的根据地。

（2）蒙古社会阶级层非常简单，除开少数王公和喇嘛僧居于专制的统治阶级外，其余的人民，都是一样的游牧民。可是王公、喇嘛又因着迷信和懒惰的结果，其统治力非常薄弱，只要把他们推翻，便可以实现无〈产〉阶级的人民政治。

(3) 蒙古人民长期处于中国满清政府的愚民政策之下，他们与世界的文化隔离，完全锢蔽在无知识的黑暗境界里。可是，在黑暗的境界中，新思想种子的投入，最容易发放光明，因为无知识、无批判能力的空头脑，对于新思想全无抵抗，新思想的浸透力也便非常强大。因此，他们断定在半开化状态的蒙古民族中传播过激思想，较在文明国头脑复杂的人民中更为容易。

(4) 蒙古社会主要的经济支柱，还是游牧生产，资本主义还没有发达；因此，为共产主义实行上最大障碍的“土地私有”观念，在蒙古人民的头脑中是一点没有的。他们所认为私有财产的，只有下列两种动产：

A. 皮革或厚布所作成的“蒙古包”，这是蒙人的幕舍，等于其他民族的房屋；

B. 家畜，包括牛、羊、马、骆驼……等群。

在这种游牧民族的原始共产社会中，很容易使它走上共产主义的道路。某布尔雪维克的党员说：“依一九二〇年的调查，外蒙的人口共六十五万人；家畜：共有马百二十万匹；骆驼三十万匹；牛百二十万头；羊及山羊八百万头，平均分配起来，每人约可得马二匹，骆驼半匹，牛二头，羊及山羊十三头。”根据蒙古此种简易共产化的经济背影，他们便认定只要防止私人资本的发展，便很容易从游牧状态直冲入共产社会里去。

依据这些理由，于是苏俄便决定了对蒙的“赤化”政策，她的进行步骤，可分为下列的几个阶段：

(1) 组织蒙古革命政党作蒙古革命的准备　当一九二〇年俄白党温格林军侵占库伦的时候，一般蒙古左倾的青年和头脑较新的人物，因不堪俄白党的压迫，都逃入俄领西伯利亚贝加尔湖一带作亡命客。苏俄看准了这是牢笼蒙古人民千载一时的良机，于是在微尔复勒、金斯克、伊尔库次克各处设立招待所，对他们非常优待，并派俄籍之蒙古人及勃里亚特人①，以同种同志之资格，加入他们的伴伙，徐徐作蒙古革命的宣传和准备。同年末便拥戴巴图为领袖，组织蒙古国民党，并于特鲁伊高撒夫司克地方，组织蒙古革命政府，蒙古革命的基础于兹确立。这便是苏俄“赤化”蒙古的第一步。

（2）以军事力量援助蒙古独立及建设蒙古君主立宪国　成立于俄境的蒙古革命政府的第一步工作，便是宣言讨伐温格尔〔林〕白军，并要求苏俄出兵，协同作战。苏俄遇着这样机会，当然不会错过，于是派遣驻贝加尔湖一带的赤卫军一联队，协同蒙军南下，首将恰克图的中国驻军击退，于一九二一年七月六日占领库伦，同月十二日将温格尔〔林〕捕获。库伦及蒙古主要地域平定后，蒙古革命政府复请求苏俄赤卫军暂勿撤退，以协助蒙古肃清白党。不用说，这样的请求，当然是受着苏俄的怂恿和暗示的。

蒙古革命政府占领库伦后的两月，便举行小国民会议，对于下列革命政府之建国纲领加以裁决：

（一）政府宜以铲除封建制度的根株为目的，制定新法律切实施行。不问阶级差别，使全国国民一律有服从兵役及受法律裁判之义务。

（二）宜制定使全国国民各阶级负均等纳税义务之制度。

（三）废除奴隶制度。

（四）以立宪君主之资格保存活佛，立于其下之政府务求

① 后文又作“布里亚特人”、“蒲里亚特人”。——整理者注

民权之扩张，活佛无否决权，政府与国民议会制定法律，报告活佛，以国民之名义颁布，宣战、媾和及制定预算权，皆属于政府及大小国民会议。

除决定上列政纲外，又决议废止一切旧法律，制定新法律。此外，又决议请求苏俄为中蒙关系调解人。由此，可见苏俄不仅以实力援助蒙古驱除了中国及白俄在蒙的势力，而且于其监视之下，建立了完全独立的君主立宪国。这便是苏俄“赤化”蒙古的第二步。

（3）扶植〈国〉民党左派势力，确立蒙古的民主政治　在苏俄卵翼下成立之蒙古革命政府，她的政策不但没有共产主义的色彩，而且充分表现着欧美立宪政治的倾向，这是苏俄所最不满的。加以革命势力发展到库伦而后，一般贵族阶级和资产阶级均羼入国民党。他们因着阶级出身的关系，又多富于政治才干，于是政府方面的各重要机关均被他们占据。例如王公出身的哈鲁哈，一跃而为国民党的领袖及革命政府大臣，此外政府的首领如哲林多尔、当萨藏、巴图等，皆属于喇嘛或贵族阶级，即如不适宜于共和政府的活佛，仍然得于立宪的名义之下保持着王位。凡此一切一切，莫不充分表现着蒙古革命政府的色彩日益右倾，蒙古封建阶级的势力日益加大。在这种情形之下，苏俄当然不能坐视，于是便牢笼国民党的失意分子（主要的是下级官吏和游牧平民出身的党员）和留学苏俄归来的左倾青年，于一九二一年八月，在库伦成立了一个“蒙古青年革命党”。他们用跨党的方法，羼入国民党工作，一面监督政府，纠弹政府的右倾政策，一面更借着赤卫军的帮助，尽量屠杀或打击反苏俄的政府领袖，例如巴图、邦次克多尔第、脱夫脱和，段曾一统①的开国元勋，都次第在反革命的名词之下处死了。苏俄更于一九二一年提出下列七项要求，强迫

① 原文如此。——整理者注

蒙古革命政府承认，其内容如左：

1. 外蒙之森林、土地、矿产，皆归国营；

2. 分配外蒙之公有土地于贫困的劳动者；

3. 外蒙之天然富源不得变为私有财产；

4. 外蒙之矿产由蒙古劳动者与俄国企业家间共同开发之；

5. 外蒙之金矿，让渡于苏联工会，由苏俄劳动组［织］合管理之；

6. 外蒙土地之分配，须按照苏俄之际〔惯〕例办理；

7. 保留为私有财产之日用品之制造自由，但专利事业及特别权利事业除外。

这七项要求，很强烈的表现出苏俄“赤化”蒙古的欲望，所以当时蒙古革命政府和国民党干部的人物，均表示拒绝，但是后来为着内部有青年革命党的胁迫，外部有苏俄赤军的压制，终于不能不承认了！自兹而后，青年革命党的势力日益增加，同时政府的实权也不能不落在他们的手里了。一九二四年五月，拥有外蒙古君主虚名的活佛哲布尊丹氏逝世，青年革命党操纵之下的革命政府，便乘机将活佛的印玺移归政府保存，并宣言实行苏维埃式的共和政治，废止王位，蒙古的民主政治于兹确立，这便是苏俄“赤化”蒙古的第三步。

（4）促成社会及经济各方面的革新，以期共产主义之实现，当共和政体确定之后，苏俄对蒙政策便在加速蒙古的“赤化”。一九二四年十一月，蒙古革命政府召集大国民会议于库伦，该会第一事即废除“库伦”旧称，改名为“乌朗·巴图鲁·浩达”（即赤色武功之都），表示蒙古已走上“赤化”的道路。同时更通过左列之《蒙古劳动国民权宣言》：

一、蒙古为独立民主共和国，主权属于劳动国民，以国民议会及由该会选出之政府行使之。

二、蒙古共和国当前之国是，为剿灭封建制度之残余势力，而于民主制度之上树立新共和政府。

三、根据上述原则，政府宜依左列之施政方针施行：

1. 土地、森林、水泽及其他之地壤，举该〔皆〕为劳动国民之共产，以前之私人所有权一律废止。

2. 在一九二一〈年〉革命以前所缔结之国际条约及借款，一律无效。

3. 外国人在外蒙专横时代借给个人之债务，在国民经济上为不可忍受之负担者，一律无效。

4. 政府采取统一的经济政策，外国贸易，皆由国营。

5. 为保护劳动国民权，防止内外反动势力之发生，编制蒙古国民革命军，对于劳动者授以军事教育。

6. 为确保劳动者良心之自由，应政教分离，使宗教信仰为国民个人之私务。

7. 政府应将言论机关付于劳动者之手，以确保劳动者表示意志之自由。

8. 政府应供给劳动者之集会场，以保证劳动者一切集会的自由。

9. 为保证劳动者组合之自由，政府须与以关于组合之物质上及其他之援助。

10. 为增进劳动者之知识，政府须普及劳动民众之免费教育。

11. 政府应不问民族、宗教及男女之差别，认全国人民之平等权。

12. 旧王公贵族之称号及其特殊权利，一律废除。

13. 鉴于全世界劳动阶级咸趋向于覆灭资本主义，建设社会主义，蒙古共和国对外政策，应尊重全世界被压迫民族及劳动阶级革命之利益，以期与彼等之根本目的相吻合。在情势上，对于其他资本主义国，虽亦以保持友谊关系为善，但对于侵害蒙古共和国之独立者，须断然抵抗之。

上列宣言，无疑的是从一九一七年俄国革命时列宁的宣言上抄袭下来的，由此可见，当时蒙古共和国已决定彻底模仿苏俄的政治。随后，他们又制定《蒙古共和国宪法》，在这宪法的条文中，更找不出与苏俄宪法相异的地方，兹举其重要条文如次：

1. 大国民议会〔会议〕休会期间，国家之主权，以小国民会议行使之；小国民会议休会期间，以小国民会议之干部及政府代行之（第四条）。

2. 国家最高机关，在国际关系上代表国家，处理政治、通商及其他国际条约之缔结、国境之变更、宣战媾和、内外债之募集、对外贸易、国家经济之企画、租借权之让与及取消、军备及军队之指挥、金融及度量衡之制定、租税及预算之确定、土地利用法之确定等事项（第五条）。

3. 共和国宪法之变更，由大国民会议行之（第六条）。

4. 大国民会议，由农村、都市人民及军队选举之；议员数额，每年依选举区之人口比例定之（第九条）。

5. 大国民会议之通常会议，由小国民会议召集，一年须有一次；临时大国民会议，由小国民会议或大国民会议议员三分一以上之请求，或选民三分一以上之农村之请求召集之（第九条）。

6. 小国民会议监督最高政府机关实行大国民会议之议决案及宪法（第十二条）。

7. 小国民会议由大国民会议选举之（第十条），对大国民会议负责（第十一条）。

8. 小国民会议一年须召集两次以上（第十三条），每期选出由五名而成之干部及政府阁员（第十五条）。

9. 政府担任一般国务，以内阁议长或副议长、军事及经济会议议长、并内务、外交、陆军、财政、司法、教育、经济各部部长及会计、检查院长组织之。

10. 凡由自己之劳动而生存十八岁以上之国民全部，及国民革命军之兵士，皆有选举及被选举之权。

11. 商人、以前之贵族、喇嘛僧及不从事于劳动者皆无选举权（第三十五条）。

12. 蒙古共和国之国旗为赤色旗而附以国徽。

我们拿这个宪法与苏俄宪法比较，便可以看出蒙古的大国民会议，实等于苏俄的联邦大会，小国民会议实等于苏俄的中央执行委员会，蒙古国民党（包括青年革命党）站在政府及会议的背后握有实权，也和苏俄共产党站在苏联政府背后握有实权一样，采用赤色国旗，尤为“赤化”最明显的表征。最近蒙古政府和国民党干部，几全为俄人或亲俄派的人物所占据，他们的政策经在扶植劳动阶级和打击资产阶级，并断行各种社会经济的改革，无论从哪方面观察，都可以看出蒙古已深入“赤化”的轨道，这便是苏俄“赤化”蒙古最后的步骤，同时也便是苏俄在蒙古尚未完成，而正在积极进行的一个步骤。

三　蒙古共和国的政治现状

自一九二四年的政变而后，蒙古的政治已由活佛、喇嘛、贵族的封建专制，一跃而为劳动国民专政的形式了，这种奇特的转变，当然是以苏俄为其最后的动力。从他们宪法的表面看来，国家主权是属于劳动国民的全体，国家主权的行使是属于国民会议，及由国民会议所产生之政府，但是实际上她是一个模仿苏俄的党治国家，真正的主权是握在蒙古国民党手里，而这个蒙古国民党又完全为苏俄所操纵，所以严格的说起来，蒙古的主权是握在苏俄的手里。

可是苏俄掌握蒙古的主权，不是直接的，而是依着蒙古青年革命党以篡窃蒙古国民党，更由蒙古国民党的名义，以支配蒙古的政治，因此吾人要了解蒙古政治，必须先明了这两党势力的起伏和他支配政治的实况。

国民党虽依苏俄的援助而成立，但是他的色彩自始就带着几分右倾性。一九二一年在库伦建立的新政府，始终脱不去立宪主义的形式，活佛哲布尊丹〈巴〉依然安居王位，大多数贵族及资产阶级也混入了党的组织，政府的政策日益趋向缓进，这一切一切当然都是苏俄所最不满的，因此，她便操纵了国民党的激进分子和新从莫斯科留学归来的青年，于一九二一年八月在库伦成立了“蒙古青年革命党”，最初参加的分子不过二三十人，他们的纲领便是反对国民党的民主主义而坚持激急的共产政策。

青年革命党最初成立的时候，表面上恍惚是国民党中间的一个小组织，他们宣言拥护国民党，并以剿灭温格尔〔林〕白党，及勾结白党之蒙古王公、喇嘛等为己任，但是实际上他们却事事遵照苏俄的意旨，接受苏俄的指挥。一九二一年十月五日，紧接着《俄蒙条约》的缔结，苏俄对外蒙政府提出七项要求，国民党的领袖还企图拒绝，可是青年党借着赤军的后援，极力压迫〈国〉民党，使其终于不能不完全接受。后来他们更实行篡党的阴谋，对反苏俄的〈国〉民党领袖一一加以排击或杀戮，巴图、彭次克多尔基①、多夫脱呼②、当藏③等有力的国民党老领袖，都在这样的

① 似即前文“邦次克多尔第”。——整理者注

② 似即前文“脱夫脱和”。——整理者注

③ 似即前文“当萨藏”。——整理者注

屠杀政策之下，依反革命的罪名而遭枪杀的。一九二二年青年革命党的党员（同时也是国民党党员）才有三百名，一九二四年，便增加到约四千名，一九二五年更增到五千名，依这样逐渐增殖的结果，青年革命党的势力便一天一天的扩大，在国民党中已取得领导的地位。

青年革命党在国民党中势力的扩大，当然要引起国民党一般老同志们的反抗，可是历次斗争的结果，胜利终为有苏俄为后盾的青年党所得到。这末一来，国民党的政策，也便日益左倾，一九二五年的“党内大扫除”以后，便几乎成为纯赤色的团体了。该党最有力的领袖林第曾在《蒙古革命的前途》论文中，对蒙古国民党的性质作下列之声明：

> 蒙古国民党的最终目的，是实现共产主义，我们要飞越个人资本主义发达的阶段，从游牧的经济状态，直冲入共产主义的社会里去。因此，我党在蒙古的责任，首先要防止个人资本主义的兴起，不能不常常与他作战。我党现时的基本的经济政策，是要建设国家资本主义，因此我们要把贸易和工业，从个人手里夺取，纳入国家或生产消费组合的手里去……

从这篇宣言，便可以看出最初以实现立宪政治为理想的国民党，在蒙古实际上已归于消灭，现时所存的国民党，不过只是青年革命党放大的外形罢了。

如上所述，蒙古青年革命党是苏俄直接操纵的政党，蒙古的国民党又间接归苏俄所操纵，那末，所谓蒙古的“政党政治”，无疑的是苏俄一手所包办。我们试看现时蒙古的政府人员：

（一）总理　泰宁特尔吉，亲俄派。

（二）副总理　坤格尔，新派，革命后第一期派遣留俄学生。

（三）外交首席　格力尔拖布，亲俄派。

（四）内务首席　梯米特尔格爱尔格廷，新派。

（五）陆军首席　哈滕巴特尔玉麻素脱布，亲俄派。

（六）财政首席　雅尔屯格里尔，新派领袖。

（七）农商首席　俄人。

（八）教育首席　布脱根，布里亚特人，亲俄派。

（九）司法首席　总脱布，新派。

（十）参谋长兼中央军事委员长　索威布尔桑，亲俄派。

（十一）国政保安部长　那尼日他布，新派。

（十二）中央执行委员会长　由色特尔次，亲俄派首领。

（十三）小国民议会议长　干屯，亲俄派。

（十四）国民党部部长　亚明唐登，亲日派。

上列蒙古政府各机关重要人员，除少数中立（新派）及亲日派外，其余完全为亲俄派、俄人或蒲里亚特人所占据。兹据最近消息，各机关又添聘俄顾问四名至八名不等，他们表面上虽属顾问，但是因着有苏俄驻库伦的赤军为后盾，政府的实权，几完全落在他们的手里。

在叙述蒙古政治的现状中，我们要特别注意的，便是苏俄蒙古军备权和警察权的独占。在军备权方面，蒙古现时采用征兵制，组织蒙兵特别师一师、蒙军边防军一师，在车臣汗部克鲁伦河畔有陆军三万、骑兵四万，军实、子弹完全由苏俄供给，高级军官训练员及政治指导员，完全由俄人充任。他们的任务除剿匪、收税、严查行人及蒙产出口外，最大的任务，还在传播“赤化”主义，无论王公士庶，稍有异议的便捕送库伦，或就地处以死刑。

苏俄除操纵蒙古的赤军外，更于库伦驻有赤卫军步兵一大队及骑兵一中队，他们的任务便在援助蒙古青年革命党监督政府，和推行苏俄所预定的“赤化”政策。

在警察权方面，蒙古现设有“国政保安部”（一名内防处），这个机关直隶于最高主权之下与政府对立，有绝对独立之特权，不受其他机关任何之干涉，并有宪兵、司法及警察三种执行权力。对蒙人稍有反革命或反苏俄嫌疑的，便不惜与以极惨酷的虐杀，现时这机关的权力，完全在俄人手里，蒙人几不能过问。

从上述事实观察，蒙古的政治不特在形式上模仿苏俄，而且他的实权也完全落在苏俄的手里。这末一来，蒙古在实质上已成为苏联的属邦了。

四　蒙古共和国的经济现状

在苏俄监督指挥之下的蒙古共和国的经济建设，当然也脱不了共产主义的色彩。他们的理想，便是蒙古国民党领袖林第所说的："我们要飞越个人资本主义发展的阶段，从游牧的经济状态，直冲入共产主义社会里去。"因此，在一九二四年政变以后，蒙古大国民会议关于经济建设便决定了下列两个方针：

1. 土地、森林、水泽及其他之地壤，举皆为劳动国民之共产，以前之私人所有权一律废止；

2. 政府采取统一的经济政策，国外贸易，统归国营。

从这两项的决定，便可以看出蒙古政府的经济政策，一方面在防止个人资本主义的兴起，另一方面在促进国家资本主义的完成。可是，经济落后的蒙古，要完成这样伟大艰巨的计划，无论从技术方面着眼，或从资本方面着眼，都是不够条件的。在这样情形之下，他们自然不能不事事仰赖苏俄，于是苏俄在蒙的经济势力，也便一天一天的根深蒂固了。兹分述于次。

(A) 商业方面　蒙古的商业，向来是中俄两国所独占——而尤以中国在蒙古的贸易为最发达。可是，从革命政府成立以来，苏俄怂恿蒙古采取商业国营政策，组设蒙古中央合作社，垄断国内国外商务的大部，对中国商务则加以种种的摧残和压迫。因此，中国在蒙的商务日益不振，而苏俄在蒙的商务则日益发达，兹将最近中俄在蒙贸易的百分比列下：

年份	与中国贸易百分比	与苏俄贸易百分比
一九二四	八五·七	一四·三
一九二五	七八·三	二一·七
一九二六	六八·七	三一·三
一九二七	六三·六	三六·四

较近的统计材料，我们虽未得到，但是中国江河日下和苏俄蒸蒸日上的趋势，我们相信只有一天一天的增大的。因为中央合作社表面上虽是蒙古的国家商业机关，然而实际上却完全为俄人所操纵（该社的职员七八六人之中，蒙人仅占二五七，且皆属内事部之下级办事员，至外事部及内事部之重要职员，则全为俄人及蒲里亚特人），且与苏俄国立商务股份公司、蒙俄合办之蒙古实业银行，以及俄国之远东银行均有密切联络。在这样雄厚健全的组织之下，中国在蒙的贸易当然不能和他竞争，不远的将来，蒙古的对外贸易将为苏俄所独占。

（B）实业方面　蒙古的矿产和各种天然的物产，都是很丰富的，可是蒙古本身却没有这样兴办实业的资本和人才。因此，垂涎三尺的苏俄，在一九二一年十月五日便以很强硬的态度，向蒙古政府提出七项要求，其中关于蒙古矿产者有下列两点：

（1）外蒙之矿产由蒙古劳动者与俄国企业家间共同开发之；

（2）外蒙古之金矿，让渡于苏俄工会，由苏俄劳动组合管理之。

自苏俄强迫蒙古承认上列要求后，便着手开发蒙古各种矿业，蒙哥罗公司（Mongolor）管领下之金矿生产额年有增加，内莱哈之贝岩煤矿生产量，在一九二七年，亦达一万吨。

蒙古之工业尚在极幼稚时期，大多数均从事于土产品之制造，现已有制作粗羊毛衫、普通蒙古靴鞋、肥皂、腊肠及其他烟产工业①，并有面粉厂若干所，电力厂一所，蜜饯厂一所，砖瓦厂一所。这些企业的资本和技术人才，不用说，多半是由苏俄供给的。

（C）金融方面　外蒙的金融，全操于“蒙古实业银行”之手。该行于一九二四年由蒙俄双方合办。据该行之组织法，其目的在促进蒙俄两国之经济关系，并发展蒙古之工商业，共有资本五十万金卢布，现时蒙古不论国内外汇兑或纸币发行，均由该行经手。可是该行与苏俄远东银行有极密切之关系，表面上虽为蒙古银行，实际上已不啻俄国银行，因为该行资本俄国已占大半，而里面的办事员，则几乎全为俄人或蒲里亚特人。

（D）交通方面　革命以前，蒙古各地的交通非常不便，既无铁道，也无汽车道，各种货物的运输，都完全靠马车、骆驼之类。但是革命以后，新政府对交通建设，非常积极，张库、恰库的汽车道业已完成。铁道敷设的工作，亦正着手，不过为着资力的缺乏，不能不仰给苏俄，因此，交通的实权，也完全操在俄人手里。兹举其重要数种如下：

1. 苏俄在蒙内河航行权之取得。

2. 苏俄在蒙航空权之独占。

3. 苏俄在蒙邮电之管理权（邮政电报虽由《俄蒙条约》交还蒙古，但现时仍多半为俄人管理）。

4. 苏俄在蒙铁道敷设权。关于苏俄在蒙铁道敷设问题，闻有

① 原文如此。——整理者注

下列三线之协定：

(甲) 大乌里雅至买卖城间；

(乙) 赤塔、库伦、张家口间；

(丙) 阿丁斯克、米奴省斯斯克、乌里雅苏台间。

关于赤塔、库伦之线闻已拟定详细条款如左：

A、苏俄政府代蒙古开拓外蒙古之交通，先开设赤塔、库伦间之铁道。

B、赤塔、库伦间铁道，为一营业公司，其修筑费四分之一由外蒙政府担任，其余四分之三由苏俄投资，不得使用他国之资本。

C、铁道技师须由俄人充任，其管理权属于苏俄政府。

D、筑路工人用蒙古人，但关于雇用及其他一切事务，外蒙政府不得干涉。

E、铁道沿线之两侧百俄里以内，俄人得自由购买土地、家屋。

F、铁道沿线百俄里以内，俄人得自由采伐森林、矿产。

G、铁道沿线之电报、电话、邮政机关，由俄国自行设置。

H、铁道建筑后之线路保护事务，由苏俄政府任之。

I、铁道建筑后之铁道职员，由苏俄政府聘任。

J、铁道收入之货币，以苏俄政府发行之国币充之。

K、铁道通车五十年之后，得由外蒙政府赎回。

L、外蒙政府五十年后不能赎回时，九十九年后由苏俄政府无条件交还外蒙政府。

从上列各方面观察，蒙古的经济已在苏俄的扶植监督之下，渐渐的发展起来。兹据蒙古政府在本年八月中旬，蒙古建国十周年纪念大会中的成绩报告，对经济建设方面，有下列几点的宣示：

1. 一九二八年度国家预算仅为七六，四一六，〇〇〇卢布，本年度预算已增至一二一，六五六，〇〇〇卢布。

2. 工业生产于一九二九年计有一七一，三六七，〇〇〇卢布，本年生产已增至三〇三，八九八，〇〇〇卢布。

3. 本年度最高经济会议之工业计划完全成功，其生产量已超过一九三三年度工业生产之预想量。

4. 工业发达之结果，劳工人数已增至五八，二八〇人。

5. 集团经济化运动，虽受佛教徒及僧侣阶级之反对，但仍能迅速发展，全国农民之百分之五十三，业已加入集团农场。

6. 国营及公营牧场，已逐渐发达，现有饲羊牧场两所及蓄羊牧场一所，其他牧场及农场正在组织中。

由此，可见蒙古的经济非特日渐发达，而且依着苏俄的援助，很有从游牧的经济状态，走向国家资本主义道路的趋势。林第的理想，不无实现之可能。

五 结论

总之，自一九二一年革命以来，蒙古的政治、经济，均发生了绝大的变化，苏俄对蒙的“赤化”政策，也得着了绝大的成功，在表面上蒙古虽是一个独立国，然而实际已不啻苏俄的领土。可是狡猾的赤色帝国主义者，在一九二四年《中俄解决悬案协定大纲》中还说：“苏俄政府，承认外蒙古完全为中国领士〔土〕之一部分，并尊重对于该领土中国之主权。”同时中国的大人先生们，因着苏俄有这样的声明，也便以为蒙古还是中国的金瓯无缺的属地，还是十年前“活佛”、“喇嘛”、“盟”、“旗”的旧蒙古，这岂不是太可笑而且太可怜的一回事么?

《西北研究》(月刊)
北平西北研究社
1931 年 2 期
(朱宪　整理)

蒙古现状

——录《新北方杂志》

作者不详

一 绪言

我国位于亚洲东南部，疆域广大，跨热温带二带，面积都凡四，二七八，三五二英方哩。惟自清廷末叶以后，君臣昏庸，不明世界大势，以致帝国主义者先后乘机侵入，边疆形势，尤为危急，日俄迫我东北，英、法侵我西南，蚕食鲸吞，已不知失去我多少大好山河。幸至国民革命，势力达至北方，统一中国后，似亦渐次注意及边陲地方，但其注意目标，却大部分又为东北问题，康藏问题次之，至于蒙古、新疆，则少有人谈及，此不能不谓之为畸形的发展。东北与康藏，固属重要，但蒙古与新疆，亦同样的有其重要性——而尤其是蒙古，盖中国全面积为四，二七八，三五二英方里，而蒙古则占一，三六七，九五三英方里（内外蒙古合计），所以蒙古问题，也就是中国三分一之事。同时蒙古的宝藏，亦不亚于其他边陲地方，只是不曾开发罢了。就以现有的产物而言，如中国自国民所消费和输出外国的牛羊肉并羊毛、骆毛及食盐等，都占很重要的地位，以货币计之，据一九二五年的统计，凡二千三百八十六万六千零五十元，可见蒙古问题实不容吾人轻视。现在蒙古的形势，更是日急一日，赤俄自在东北之经营，因有日本与之对抗，已转其魔掌至国人少有注意的蒙古方面了，吾人若不早日谋诸解决，则赤俄之蚕食，将得寸进尺，而终至不可收拾。至于解决之法，虽有万端，而研究边境状况与经济情形，实属首要之途，盖国人素不明了蒙古情形，今要解决蒙古问题，自必先使国人对蒙古先有一个轮廓的认识，以为解决之张本；其次，人类的活动，殆以经济为背景，若不明了蒙古的经济情形，更无从解决蒙古问题，所以本文的叙述，专重此二方面。

二　沿革

蒙古的沿革，据今日有记载可考者，在夏商周三代时，为猃狁、獯鬻、山戎等所据，至秦汉时为匈奴，累寇中原，始皇筑长城之御之。后魏时为柔然，势力已远不及匈奴时之雄大。唐时为突厥，声势亦较大于柔然。及至宋末，酋长成吉思汗崛起漠北，雄才大略，造成地跨欧亚二大洲空前的大帝国，及忽必烈出，又亡宋而入中原，是为蒙古族的极盛时代。但不久又见逐于明太祖，退蒙古而为喀尔喀诸部。明亡，满人入主中原，先征蒙东，后平漠北，蒙古遂复为中国之一部。惟初尚属安静，殆至道光以后，用人失宜，蒙情日涣，复受俄人的怂恿，当辛亥革命军起，外蒙哲布尊丹巴，遂于十月十日向库伦大臣山多声称为保护宗教、土地计，应即刻宣言独立，于是延至十月十九日，遂正式离中国而独立。哲布尊丹巴自为蒙古独立国大皇帝，并于民国元年与俄订立许多条约，开矿，借款，练兵，装电线……忙的不亦乐乎。中国乃与俄国往复谈判，至民国二年十一月五日，始订成失败的折衷协定，蒙古宗主权在我，我则承认蒙人自治，事实上中国只挂名的宗主权，而蒙俄关系，则非常亲热，藕断丝连者，凡六年之久。至欧战发生后，俄国内讧，于是“活佛”大感不安，乃又顺风转舵，于民国八年十一月间，呈请北京政府，要求取消自治，归政中央。但为时不久，蒙古又宣布独立了，考其原因，蒙古之原归政中央，并非出自诚心，不过势迫之耳。加以野心不死的俄国，四面包围活佛，谢米诺夫（属白党），即怂恿活佛独立的第一人，欲利用活佛的独立，不受中国政府的直接干涉，得以蒙古为根据地，图谋活动，这样活佛既感到中国政府的压迫，又迷于俄人的甜言蜜语，于是于民国十年三月二十一日，又宣布独立，计取消自治服从中央，至此二次独立，为期仅一年又二个月零四天！独立后，即着手组织共和政府，并筹备召集国会，凡三年之久，于民国十三年十一月，会议才开成。宪法中有二大端颇堪注意：一是确立蒙古为完全独立的民主共和国，国家主权属于劳动之人民，二是根本铲除封建时代的神权制度，建立新蒙古共和国。这二种规定，可算是打破数千年来的历史纪录，为亘古未有之大变化，其意义已远非哲氏民国元年称皇帝的第一次独立可比。最初，是蒙古国民党执政，以国民党丹巴土尔基为领袖，还颇受蒙人之爱戴，其主张为反俄亲华。这当然为赤俄之所不喜，于是俄乃密助青年革命党夺取政权，这青年革命党本来就是共产团体，今既得赤俄之见命并援助，遂大施活动，勾结蒙军俄人顾问及军官，鼓动军队叛变，结果终使丹氏去职，由青年党领袖坚顿执政权，五百七十余万方里的外蒙，于此又投入苏俄的怀抱。迨《中俄协定》成，俄兵始退出库伦，兹以北京政府之昏庸，对蒙古迄未加以整顿，国民政府亦因忙于消灭叛逆军阀，连年南征北讨，未暇顾及，所谓协定，亦复等于零，蒙政仍在青年党的靠山苏俄把持中。至中东事件发生，赤俄对蒙古进一步封锁蒙境通内地之交通，更换俄人执政，驱逐华商，操纵金融……蒙境中的一切一切，几全在赤俄的魔掌支配之下，而不复为我所有了。

三 疆域及区划

蒙古位于中国极北部，北邻为俄属西伯利亚，与后贝加尔、伊尔库次克、叶尼塞斯克及多木斯克等州为界，界长凡四千四百余里，东与黑龙江毗连，西与新疆接壤，南则接甘肃、宁夏、绥远、察哈尔、热河等五省，东西最广处，为三千八百七十里，南北最长处为二千三百六十里，面积为五百七十一万方里，疆域之广大，几等于甘、陕、晋、冀、宁、绥、热、察八省面积之总合，约占中国全面积三千四百九十六万六千四百五十八方里的六分之一，为中国五大边疆中最大的一个区域。

蒙古的区划，在从前共分为六部，东部为车臣汗部，土谢图汗部与三音诺颜部东西对立，居蒙的中央，首府库伦即在土谢图汗部的境内，扎萨克图汗部〈居〉于西南，科布多居蒙古之极西部，唐努乌梁海则在蒙古之北部，六部中以科布多面积为最小。现在，极东部的车臣汗，已改称享日鸠阿马克，库伦所在地的土谢图汗亦改称布克多汗阿马克，三音诺颜部及扎萨克图汗部，则合并称为汗台谢耳阿马克，以上四部——即三阿马喀，即今日苏俄魔掌中蒙古国民政府所直辖的区域。极西部的科布多，在先本是不受蒙古国民政府的统治的，曾一度归新疆政府管辖，但不久仍脱离新疆，听命于青年党人的指挥，为蒙古国民政府领土的一部了。唐努乌梁海则始终未加入蒙古国民政府，惟独处蒙北，不能直接听命于我中央，于是亦自建国民政府于克奈斯拉，改称曰唐努温都斯基。

总之，蒙古的区划，我们是不易划分得清楚的，第一，蒙古地域辽阔，人烟稀少，既不易于划分，同时亦实无划分之必要；第二，蒙古的地名，自赤俄势力侵入，足资吾人引以区划蒙古的地名，殆全部由蒙古国民政府承赤俄之命改变了，因有了上列二项原因，所以蒙古的区划，是十分之困难，上述的区划，亦不过是区划之大略而已，今日的蒙古区划，是否如吾上文所列，多是不敢保证其为确正的。

四 地理与气候

蒙古的地理，由大体上言之，为一大平原，山脉绵亘于西北部，其发源为新疆之阿尔泰山，东行入科布多，称赛流格木岭，此岭又分二支，北行者曰萨扬岭，为中俄国境之分界，东行者曰唐努鄂拉岭，为唐努乌梁海与科布多之分界，由唐努鄂拉岭再东南走，横贯扎萨克图及三音诺颜二部，称曰抗〔杭〕爱山，东北走土谢图及车臣汗二部，称曰肯特山。境内河流，最大者为色楞格河，次为乌鲁克木河，皆北流入俄境，为叶尼塞河的二大上源。次为克鲁伦河，东北流为中俄天然分界黑龙江。此外河流，类皆无一出口，大抵注于湖泊，其大者，有科布多河、帖斯河、纳林素水河、匝盆河、坤桂河、推河、塔楚河、翁金河、奎屯河及拜达里克河等。以故湖泊亦甚多，最大者有库苏古泊，其次为乌布沙泊、哈拉泊、都尔戛泊、奇尔吉兹泊及乌流泊等。又因蒙境内河流，率皆由南而东北而西北流之故，湖泊亦大部在东北及西北一带，至于南部，则为横亘数千里，浩渺无垠，水草绝无之戈壁大沙漠，所谓大平原云者，系指辽阔的中部蒙古而言。

蒙古气候，纯为大陆气候，就雨量说，非常希少，全蒙一年平均雨量，均在五百公厘——即二十吋以下，盖兴安岭峙于蒙古之东，阴山障于蒙古之南，当夏季大陆风自东南海向大陆吹来，因兴安岭与阴山之阻，致使夹带雨分之海洋风不能吹入蒙古，而有缺雨之患。就温度说，寒暑亦迥异，以华氏表而言，冬季常降至零下二十九度，反之，夏季则常升至百十三度，寒暑之差，达百四十二度。考其致此之故，亦不外蒙古地理环境使然。第一，夏季炎热之原因有二：一是不能接受海洋风的吹入，因海洋风颇能调和温度，地面如何受热，一经降雨，即可减退，蒙古既无海洋风之吹入——意即是说不降雨，温度自然较高；二是沙漠的影响，盖蒙古地方，夏季昼长夜短，沙漠地受热时间既久，而排热又较海洋为难，即地上之原有之水分，亦尽被蒸发腾空而去，有受热之几多来路，而无排热之几许去路，自不能怪温度要达华氏表的百十三度了。第二，冬季严寒之原因，较夏季炎热为简单，即蒙古冬季夜长昼短，受热不久，温度即行降低，再加以由北冰洋经西伯利亚向东南吹来之大陆寒风，当然亦勿怪温度要降至华氏表的零下二十九度了。最后我们再对蒙古的土壤加以研究：蒙古虽位于中国之北方，但世界驰名的所谓“中国北方的黄土带”，却并不曾括入蒙古，地质学家谓蒙古为老年地形，其土壤的成分，大体上是以混合土壤为主，析言之：即西部蒙古（科布多一带）为灰色森林土壤（grey forestsoils）与褐色土壤（chestnutbrownsoils）混合而成，东部蒙古（车臣汉〔汗〕部）除灰色土壤（pobol）外，大部分系由灰色森林土壤、灰色土壤及黑色土壤（chernozew soils）混合而成。中部沙漠一带，土壤的成分更为复杂，土之最上层，属于炭酸质，土色由灰色渐变为淡褐色，此外并有黄色或红色的砂砾参杂其中。至于北蒙，除库伦以北色楞格河流域为灰色森林壤外，其他干旱之区，率多为褐色土壤，适于农业的冲积层地带则甚少，故蒙古牧畜业为最发达，林业次之，农业则不足言。

五　民族、宗教及言语、文字

蒙古的民族，在第二节蒙古的沿革中已略道及，由来远自三代，历代均为中原之患，虽曾几度经汉人征服，但仍复屡思叛变，未被汉族所化，而为其独立之一个民族。至成吉思汗时造成跨有欧亚二洲之大帝国，至忽必烈时且曾入主中原，开中国数千年历史的新纪元，但为时不数十年便崩溃了。考其原因，要不过蒙古民族性有以使之然，盖蒙人穷守漠北，日与畜类为伍，逐水草而居，都养成一种果毅尚武的精神，好大习功的心境，故经雄才大略的成吉思汗振臂一呼，即能纵横天下，而有独霸二大洲的武功。其所以崩溃之速者，亦即因蒙古民族仅有勇猛尚武的精神，而无抚制人心及坚定国基的文化，盖武力仅可致一时的势盛，要持续此繁荣，则非有足制人心的文化不可，所谓马上得天下，不能马上治之也。可是蒙古人的生活，都逐水草而居，以牧畜为生，生活是极不安定的，当然无高尚文化之产生，所以纵使他曾入主过中原，席卷过欧亚，结果还要退回蒙古去，继续游牧生活，中原还是中原，欧亚还是欧亚。但蒙人虽未吞并〈其〉他民族，而其他民族亦不曾化蒙人于乌有，此亦因蒙古民族有独特的生活与宗教之故，不然区区百八十万的蒙人，自不难为人同化，为人灭绝。

现在蒙古民族之人口究达如何数目，很难考定，旧称为百八十万，新的统计，作者尚未见到。至于蒙古族的内容，细分之可得四种，数目最多的，要算是喀尔喀人，住车臣汗、土谢图汗、三音诺颜及扎萨克图汗等四盟中，所谓蒙古族，即是指喀尔喀人言。其次为额鲁特人，亦曰喀尔满克人，住蒙古极西部的科布多盟中。布里雅人住蒙古的极北部沿西伯利亚的一带地方。最后即乌梁海人，与土耳其人相类似，住蒙古西北部的唐努乌梁海盟中。除上述四大派的蒙古族外，各城市中尚有汉人及俄人，西部又有少数之土耳其人。蒙古族中四派人数的分配，吾人亦苦无统计，不过大体上说来，喀尔喀人要占百分之七十九，额鲁特人占百分之八，布里雅人占百分之七，乌梁海人为百分之六，这个比较自不敢认为正确，但大体上总不至大错。研究蒙古，蒙古的宗教是很大的一个问题。蒙古人与宗教，可以说已结成不可分离的密切关系，数千年来蒙古族之所以未被他民族所灭绝，又所以不能建一久远的独立的民族国家，更不能独树一帜的文化，殆皆因宗教的关系。盖蒙古族为整个的宗教民族，崇拜喇嘛教，此教由西藏传至蒙古，为黄教的第三支派，蒙古人对之崇信极深，百八十万的蒙人，几全部信奉之，以喇嘛活佛为人类的救星，为人类的神明，崇之拜之，维恭维敬，若身为喇嘛，不但自身荣而且贵，并祖宗亦受无限的光耀。故蒙民皆愿屏弃一切而为喇嘛，例如家有男丁三人，必有一人或二人剃度为喇嘛，日夜诵经念佛。至于寻常人民，身虽非喇嘛，而亦迷信喇嘛，以得一瞻活佛之颜为终身莫大之荣幸。我们试看活佛每到一地，必有无量数的紫袍黄马褂的蒙民，不远千里而来进谒，能得活佛一抚其顶，简直比连升三级尤为荣耀，若更能得活佛一敝屣或一残饼之赐，那更使他忘了一切，顶之于顶，而又惟恐不敬。

蒙民中若谁得有活佛之赐物，则数百里中的蒙民，除对受赐者抱绝大的敬佩外，必扶老携幼，合第前来拜瞻活佛之所赐物，以进谒活佛之大礼谒拜之，其不能为喇嘛并不能来谒活佛者，都引为终身之憾事。蒙民的“怀中佛”，即此等抱憾事之蒙民，由喇嘛处讨来，纳之怀中，遇事即对佛祈祷求援。此外蒙人有疾，亦从不肯吃药，概请喇嘛诵经。蒙古民族之未沦于灭亡，就是因为全蒙古人都信奉一个喇嘛教，并且信之极深，蒙民间既信奉共同的宗教，所以相互间便发生了团结，纵使其他民族形式上征服了蒙古，但他的民族，却依然是整个的民族，不曾为外来之政治力所支配而分化了民族团结，使之沦亡。但惟其如此，所以蒙古族也不能建一久远的独立的民族国家，因为蒙人既多为迷信或身为喇嘛者，民族之人口不能增加，自不待言，而在为喇嘛者，每日间都在诵经念佛，不从事生产，在为寻常人民者，举事都祈祷于佛，听命于佛，总〔纵〕使不克生存，亦不知以自力去改善。这样宗教支配了一切，人民都不向前谋生，政治都谈不到——亦即等于没有政治，在科学昌明的今日，独立的民族国家的建立，当然更是无从说起。所以元朝的昙花一现，又马上崩溃了。至于文化，生活的流动与地广人稀等，固为文化不发达之大原因，但受神权的宗教的缚束，则实为总因。我们知道，文化是人类争生存中经验的结晶，但蒙古人因信奉喇嘛教，受“神权”的思想的缚束，已毫无争生存的活动，一切的一切，都听命于佛，所谓进取，蒙人皆以之为无益之徒劳，这样委身于神的怀抱中，当然要无文化之可言了。

蒙古民族，因为是宗教势力下的民族，所以蒙民中的阶级，也分得非常之森严，概括言之，约分为四层阶级，最上层是台吉，其次是喇嘛，第三是黔首，最下层的是奴隶。兹分述于下：

第一层为台吉，即今日蒙古的王公，台吉二字，是“太子”二字的转音，凡蒙古原有的王公的子弟，都称曰台吉，后改为爵号，嫡系长子袭之，其他则为“搭布囊”，与台吉同为王公贵族。

第二层为喇嘛，喇嘛中又分五个阶级，第一是活佛，为该教教主；第二是扎萨克喇嘛，多数是贵族出身，非常有势，统管土地及人民，处理教内一切事务，总揽政教二大权；第三是大喇嘛，为一喇嘛寺之主，多为王公们的子弟，权势次于扎萨克喇嘛；第四是庙喇嘛，为供扎萨克及大喇嘛的驱使及至民间念经祈祷者；第五是黑喇嘛，不穿法衣，不修经文，为最低级之喇嘛。

第三层为黔首，凡满汉的土著者，过去王公奴隶的子孙及蒙人之非喇嘛者，皆为黔首，颇受王公们之暴待。

第四层为奴隶，为王公们在民间挑选青年的男女，供王公们使用，不准婚姻，他们的悲惨生活，直远不及牛马，生死一任王公所命。

与民族、宗教等有连带关系的，就是语言和文字：

先就语言说，关于蒙古的语言，是很少有人作深切的研究，因之，除蒙籍人外，汉人少有知其详细。以著者所知，蒙古境内言语，亦颇不一致，其分划大体上依人种之不同（蒙古民族分四派），故言语亦各有各自之言语。但今日吾人所称之蒙语，殆指喀尔喀语而言，因喀尔喀人为蒙古族的中心，所占区域与人口，都非其他三派所可比，以故喀尔喀语，在蒙古遂成为普通语，而吾人亦复承认喀尔喀语即蒙古语。其他三派，除少与外人往来者外，殆亦操喀尔喀语。考喀尔喀语，系乌拉阿尔泰语系，其内容亦颇复杂，计有母音七个，子音十七个，二重音五个，至于喉音及有气音则甚多，非特别熟习蒙语并有深刻研究者，殆皆不能列举。

次就文字说，蒙古文字，亦与说言同，吾人研究之材料，蒙文虽时常见之，而能明白者则甚寥寥。考蒙古文字，在元朝以前，几无文字之可言，迨入主中原后，有见汉文之发达，乃始有制定蒙文之议。蒙文正式之制定，时在元之末世，蒙文规定不久，元朝便被明所灭了，以故蒙文颇不发达。蒙文与满〔汉〕文相较，相同者为皆自上而下，不相同者，为汉文系自右而左，蒙文则恰反，系自左而右。今日蒙人识蒙文者甚少，汉人识蒙文者尤少，其他如留学内地之蒙古青年，直不习蒙文而学汉文，据此以观，蒙文恐将浸渐被弃而归于无用。

六　农业与林业

蒙古有世界牧伤〔场〕之称，至于农业，则颇不适宜。盖农耕之条件，于地势的高低，土壤的优劣，雨量的多寡及气候的寒暖，均有关系，如此等条件不适合，则无论如何，农业终少有发达之望。蒙古之地形与土壤，及雨量与温度，均详于“地理与气候”一节中，土多沙砾，寒暑悬林〔殊〕，雨量不满二十吋，地面高出海面千五百公尺，一望无际，真所谓平沙千里，实无多少可耕之地。计全国可耕之地，凡百十万方哩——即四十六万万亩。蒙古虽占全国总面积六分之一，但可耕地则仅库伦一隅、色楞格河流域及中部蒙古三音语韵〔诺颜〕等地，总面积不满二万六千方哩——即约一万万余〈亩〉，仅占全国可耕地面积四十六分之一而已。以故研究蒙古者，对于农业，多略而不述。本文的要旨在对蒙古的一切一切，作一概括的报告，使国人对蒙古有一整个的认识，所以不问其在比较上的地位重要与否，亦均与以讨论，考蒙古的农业之发生，迄今不过百余年间，耕地与农民，均微乎其微，就近垦地面积言，据民国十八年的调查，仅三十余万亩而已，约占可耕地总面积的三百分之一，就耕种人数言，尚无最近的统计，但依民国十三年的报告，为二千八百余人，故今日估计为三千三百人，当无大错，农业之不发达，可以概见。考其致此之原因，除气候与土壤外，一是蒙古的民族性，因宗教的信仰，为喇嘛者，不事生产，已如上述，其余民众，本性既属惰懒，而因地理上关系，又皆以牧畜为生，农耕之道，则很少有人注意；一是蒙古地处漠北，交通不便，而气候并言语、风俗等，均与汉人迥异，汉人亦多不愿远至漠北，于百般不便中从事耕种，所以今日蒙古的农耕者，百余年间，仅有三千三百人，而此三千三百人中，又百分之九十皆为汉人，蒙民仅三百余人而已。至于耕种状况，当清室中叶，汉民在蒙古耕种，概可免税，以故每年的汉农之来蒙者，均有小数目的增加。至清末朝政日非，遂规定在蒙的汉农，皆须纳税，于是汉农几皆裹足不前，三四十年来，汉农之去蒙者，至多不过六百人而已，彼现在三千三百人的汉农，当有五分之四，系免税前移来蒙古，至蒙古独立，此纳税制犹存。

税率之决定，以耕地的优劣为标准，分上、中、下三等税则，上等地每亩抽现洋四角三分，中等地抽现洋三角六分，下等地抽现洋二角九分。但蒙古乃宗教势力下的蒙古，本无政治之可言，所以税金亦时高时低，上述税率，不过是就大体上言之罢了。其耕种方法，以犁锄为惟一农具，播种在春季二、三月，收获在九、十月之间，自播种后以至收获时，凡七阅月间，一概任其自然，方法之简陋可见。以故耕地的生产力，五六年间即减一等，如今日上、中、下三等地各一亩，五六年后，其上等者即变为中等，中等者退为下等，下等者则即无人耕种，亦不堪耕种矣。几十年来蒙古耕地面积之不增加，即系每年所增加的部分〈只为每年所减少者之补偿〉，所以蒙古农业的前途，欲期其发达，固应由内地迁移大批农民去蒙古从事农耕，同时又非对耕种方法加以改良，土质加以营养，以保持或增加生产力不可，不然，则每年所增加者，必为每年所减少者之偿补，结果如不增加等。进言之，即云其增加的面积能偿所减少的面积而有剩余，而此剩余部分的价值亦必不及所减少的部分的价值之为大，此为发达蒙古农业的首要问题，如此问题不作适当的解决，蒙古农业无发达之望，自不待言，即一万万亩的可耕之地，亦必依此生产力的递减，尽变为不可耕之地矣。现在蒙古耕地的生产力——亦即收获量，以所播种的种子为比例，上等者约十四至十五倍，中等者约十至十一倍，至于下等，则均在六七倍以下。一人二马，可播二千四百斤种子，故上等地每年可收获三万三千六百斤（十四倍计），中等地可收获二万四千斤（十倍计），下等地则收获一万四千四百斤（六倍计）。更依上述蒙古现有三千三百人的农民，今以之平均为耕种上、中、下三等——即一千一百人耕上等地，一千一百人耕中等地，一千一百人耕下等地以计算之，则每年所播下的种子，上、中、下三等均同样的为二百六十四万斤，合为七百九十二万斤，收获量上等地为三六，九六〇，〇〇〇斤，中等地为二六，四〇〇〇，〇〇〇斤，下等为一五，八四〇，〇〇〇斤，合为七九，二〇〇，〇〇〇斤，除保留为来年的种子（亦即提偿本年所播的种子）每等二百六十四〈万〉斤——合为七百九十二万斤外，耕上等地者，合得三四，三二〇，〇〇〇斤，耕中等地者，合得二三，七六〇，〇〇〇斤，耕下等地者，合得一三，二〇〇，〇〇〇斤，合剩七千一百二十八万斤，这就是蒙古现在农产每年的总收获量。至于农产物的种类，亦受气候与土性的限制，蒙古此七千一百二十八万斤的农产物，其间以麦类——即大麦、小麦、燕麦等占绝对的最大多数，豌豆及蕃薯占极小部分，他如豆、谷及黍等，简直是等于没有。蒙古的森林，就大体上观之，实远不及牧畜，但较之农业，却强得许多了，其故亦不外地理的环境关系。盖举凡适于牧畜地带，几乎无不有广大的森林，此世界所有牧场，都可以之证明我们这个推论的实在性，因为适于牧畜之地带，必为刍草丰茂之处，该处既适于草之繁植，森林于〔与〕草类同一属性，亦必有可观的森林。就以中国除蒙古外其他各地农民饲养牲畜的小牧场而言，于刍草之外，亦必有茂郁的树木杂诸其间，以此而言，蒙古为世界的牧畜〔场〕，即云其亦如我们的小牧场那样，有星殊的树木杂出其间，而括全面积五百七十一万方里的蒙古——世界牧场的蒙古合而计之，亦已是得伟大的森林了。但世人对此，则殊多误会，即中国人本有喜用“显微镜”看事体的恶根性，尤其是对于一般事务的“缺点”，常作去“事实”不知几千万里的“扩大宣传”，蒙古不幸，即被这般恶根性的人所“扩大”。析言之，即蒙古的地理，固不及本部、东三省为肥美，但亦的确不如一般人所说一文钱不值的那么坏法，同时更有他们所认为坏的好处。人们都以为蒙古地方，是沙漠荒野，硗瘠不毛之区，实则既不如他们所说之甚，同时彼所谓荒凉不毛之地，只限于极南部戈壁一带，他处并不如此，不然，“不毛之地”，必无“草”之可言，无“草”可言，即“畜”其何以“牧”，哪还会被称为“牧场”，更会被称为“世界牧场”吗。此种观念，吾人应根本打破，应事实〔实事〕求是的研究并论述一切。计蒙古今日的森林，实在有诸多地带，而其最有吾人详述之价值者，亦有三处：一是黑龙江上游的克鲁伦河畔，二是东蒙境边的内兴安领〔岭〕一带，三是西北山地如唐努乌梁海盟与科布多等地。其在克鲁伦河畔者，林木极为葱茂，高六七丈之白杨，所在皆是，计长凡三百二十余里，沿河绵亘，居民呼之曰“森林城”，其密度可知。至今约有千三百年之历史，两岸居民的燃料，殆尽取诸斯林，将来能以雄厚的资本，利用天然的黑龙江的水运，必获厚利，为蒙古大富源之一。此种水运的便利，实为其他二处所不可得的优点，所以此森林虽为三者中最小的一处，而就交通不便的现在言之，其价值实有过之而无不及。其在内兴安岭者，林木之茂，与在克鲁伦河畔者等，木多松柏，高十余丈，当有数千年的历史，面积如何，今尚无确切勘查。大体言之，几有二倍于克鲁伦河者，因在克鲁伦者为平原地，而在内兴安岭者则为山地，以平地面积言，在内兴安岭者已较在克鲁伦河畔者大三分之一，若以平原与山地的地面积为3∶5之比推计，自不难在二倍以上。所不及克鲁伦河畔者，惟交通上颇为不便，如能开运河或置轻便铁路通黑龙江，则其利之厚，便要在克鲁伦河畔者之上。其在西北山地者，为三处森林中最大的森林，举凡唐努乌梁海及科布多二盟境内的山地，几无处不是林木，茂郁尤较前述二处而上之。考其致此之故，不外该地已入西伯利亚森林带的区内，受西伯利亚适宜于森林的气候之影响，以故萨杨山的林木，尤较他处为优好，有松柏，有白杨，又有桦桧……参杂丛生，与森林带中者无异。只是交通十分不便，遂使此大好的森林，不能“物尽其用”，殊为可惜耳。

七 牧畜业

牧畜为蒙古人惟一的生计，全蒙民的百分之九九，皆以牧畜为生，为世界第一个牧畜民族，以牧畜为惟一的财产，故问其贫富，辄以牧畜头对，牲畜业与蒙民的关系之密切，可见一般。诚以五百七十一万方里的蒙古全境，除南部的戈壁沙漠区及西北山地外，皆是一望无际的广漠草地，为天造地设的大好牧畜场，同时蒙区既不适于农耕，而蒙民又不能不有以谋生之道，以故牧畜业便应环境的要求，形成为蒙民惟一的生存资源了。衣其皮，食其肉，饮其乳以解决衣、食二大问题，更以所余之皮、肉及乳输出，以货币建筑房屋道路，换取日常用品，于是住、行二大问题及其他生存小问题，亦可解决。故自著者有生以来，只听到所谓“肥美”的中国本部闹饥馑，而从末〔未〕听到所谓“不毛”的蒙古有过难民。可见蒙民受天惠之厚。惟其受如此天惠，故又养成蒙民的懒根〔惰〕性，纯赖天然之利，而不改进牧畜方法，以致不能充分发展牧畜事业，至为可惜。

蒙古牧畜事业，可分总额、种类、分配、增加率、皮毛、畜乳及骨粉等七项。

一、总额　蒙古畜类的总额，向无一确凿的统计，言人各殊，并恒相去至十倍以上，不但不能使我们相信，并要使吾人奇怪，且调查者大部为日、俄人，亦有“扩大宣传”或“故意抹杀”之嫌。其次为蒙古政府，比较上似较日、俄调查者为确实而可信，但以赤俄为后台老板青年党执政的政府，亦颇令吾人怀疑。不过除上三者统计外，又实无其他统计，吾人只有将所有（非绝对的）的统计，合计而平均之，以求比较确实的折衷数目，以为蒙古牲畜的总额。

（畜类）					
（调查者）	（羊）	（牛）	（马）	（骆驼）	（共计）
外蒙政府	一〇，六〇〇，〇〇〇	一，五〇〇，〇〇〇	一，三四〇，〇〇〇	二七〇，〇〇〇	一三，七一〇，〇〇〇
《农工公报》	四〇，〇〇〇，〇〇〇	二〇，〇〇〇，〇〇〇	一八，〇〇〇，〇〇〇	一，〇〇〇，〇〇〇	七九，〇〇〇，〇〇〇
经济讨论处	一一，五〇〇，八〇八	一，七二五，四五一	一，八四〇，八一七	二五六，八二四	一五，三二二，九〇〇〔一五，三二三，九〇〇〕
他部洛西阿夫	一一，五〇〇，〇〇〇	一〇，五四〇，〇〇〇	二，五〇〇，〇〇〇	二七〇，〇〇〇	二四，八一〇，〇〇〇
吉田	二二，〇〇〇，〇〇〇	二〇〇，〇〇〇	二，二〇〇，〇〇〇	一五，〇〇〇，〇〇〇	三九，四〇〇，〇〇〇
克拉米西夫	一一，五〇〇，〇〇〇	一，七二五，〇〇〇	一，八五〇，〇〇〇	三七〇，〇〇〇	一五，四四五，〇〇〇
总计	一〇七，一〇〇，八〇八	三五，六九〇，四五一	二七，七三〇，八一七	一七，一七五，八二四〔一七，一六六，八二四〕	一八七，六九七，九〇〇〔一八七，六八八，九〇〇〕
折衷平均数	一七，八五〇，一三五〔一七，八五〇，一三四〕	五，九四八，四〇八	四，六二一，八〇二	二，八六二，六三七〔二，八六一，一三七〕	三一，二八二，九八三〔三一，二八一，四八三〕

上列六种统计，皆为一九二〇年以后的统计，数目最大的是《农工公报》（日本调查），合牛、羊、马、骆驼四种畜类的总额为七千九百万头，反之，数目最小的是蒙古政府，为一千三百七十一万头，其他二千万、三千万不等。我们既无法辩〔辨〕其真伪，更无法承认任何一调查，所以把此等统计合而算之，得到上列三

千一百二十八万二〔一〕千九〔四〕百八十三头的折衷数目，以之为蒙古畜种的总额，大礼〔体〕上当无过多过少之差。

二、种类　蒙古牧畜的种类，据上表以观，就可以知道是以羊、牛、马及骆驼四种为大宗，现在即就这四种牲畜的价值与地位，分别述之。

（甲）羊　羊在蒙古四大主要畜类中，据上列总额表之所示，凡一千七百八十五万余头，占总额的百分之五七·〇六，多于牛三倍，马四倍，骆驼六倍，种类有山羊及绵羊二种，肉均可食，惟毛泽山羊略逊于绵羊。绵羊的毛，非常丰泽，或黑，或白，颜色均一致，甚为美观。至于山羊，毛粗如鬃，毛色亦多黑白驳杂，不但不美观，同时又不如绵羊毛之耐寒。以故吾人所衣之羊裘，多为绵羊皮，而少为山羊皮。至于羊乳，则山羊与绵羊，似无何差别，其质皆均不及牛乳为优。

（乙）牛　牛在蒙古居四大主要畜类中的第二位，其头数达五百九十四万八千余头以上，次于羊，占总额百分之一九·〇一，但亦较马多一百三十万头，有骆驼的二倍以上。考蒙古的牛类亦分二种：一为役牛，用以运货或耕地；一为食牛，即寝其皮，食其肉，并饮其乳者，二者对于人类生活，均有极大价值，牛性本极驯良，所以饲养的方法，亦并不如马之为难，昼间驱食牛至草地，任其自由觅食，驱役牛则供使用，及至夜间，便将二种牛均驱回住所，收容于不易遁去的栅栏之间。至于游牧之民，则牛均随人逐水草而转移，夜间或系于树下，或与人同处于“蒙古包”内，其形如家族焉。

（丙）马　马在蒙古，居四大主要畜类中的第三位，为数四百六十二万余头，占总额的百分之一四·七七。蒙古所产之马，体格虽不高大，而筋肉却极为强壮，全世界已公认蒙古为产名马之区，与阿拉伯并称。蒙马最宜于战争，能发生很大的力量，使战争有意外的开展，而尤其在敌人败退的时候，骑兵的威力尤大，蒙人能打破中国历史空前的记录，横扫欧亚二大洲，使敌人无可逃奔，卒为蒙人所征服，即多赖蒙马奔驰之力。同时，蒙马的皮毛与肉，亦为蒙地出产大宗之一，经济上的价值亦颇伟大，决非能驰骋之外，即无他用。但饲养方法，则较其他三者为难，率合数家之马，合讴〔驱〕至一谷中，四周绕以高大木栅，各户于各自所有的马之股上，印以各自不同的火印，以资识别，任其在谷中奔驰，蒙马之雄壮，由此饲养的方法上，即可见其一般。

（丁）骆驼　骆驼在蒙古，居四大主要畜类中的末位，凡二百八十六万余头，占总额的百分之九·一五。意即是说，十头畜类中，尚不能平均有一匹骆驼。然而它亦与马一样，仅是就头数说不及羊与牛之为多，若就其独有的价值言之，并不如头数上所表示者成正比例。在交通不便的今日的蒙古，骆驼的价值，又似较头数为多至数倍的羊及牛，有过之而无不及。因为骆驼之为物，是有许多特点，而在今日，其特点尤能发生很大的价值：第一，骆驼体格强大，负重达五百斤至七百斤，绝非其他畜类所可匹敌。普通的一匹骆驼，就可敌一牛一马的小车，并车不能通行之处，骆驼则可任行无阻，于普通运输上，其价值实高牛马而上之。第二，蒙古南境，有东西横贯的戈壁大沙漠，为蒙古与内地交通上的绝大阻隔，既不能通汽车，又不能筑铁路，蒙汉间的交通，似永远无法可想。可是骆驼，蹄大而软，耐劳善行，食青草树叶即可活，隔日不食不饮，亦可不饿不喝〔渴〕，颇适于往来沙漠，所以于此种特殊运输上，骆驼的价值，又似在汽车、铁路之上。总上二种运输上的使命以言，骆驼对于蒙民的供献之伟大，即可想见，而况寿可百岁，役可七十年呢。

三、分配　蒙古既有上述如许的牲畜，究竟作如何比例的分配——即当地消耗若干，更输出若干呢，此亦研究蒙古牧畜业所应加以探讨的问题。可是关于这方面的统计更付阙如，甚至不如总额的统计尚有多种，可以求一个比较确凿的折衷数字来，现在我们据仅有的克拉米西夫氏的调查，加以说明（参看下表）：

（摘要）			
（种别）	（每年产额）	（本地消费额）	（总输出额）
羊皮	三，二〇〇，〇〇〇张	二，〇〇〇，〇〇〇张 六二·五〇%	一，二〇〇，〇〇〇张 三七·五〇%
牛皮	四五五，〇〇〇张	二二七，五〇〇张 五〇%	二二七，五〇〇张 五〇%
马皮	四二〇，〇〇〇张	二〇二，二二二张 四八·一五%	二一七，七七八张 五一·八五%
牛羊肉	八八〇，〇〇〇担	八〇，〇〇〇担 三一·八二%	六〇〇，〇〇〇担 六八·一八%
羊毛	一八〇，〇〇〇担	六〇，〇〇〇担 三三·三三%	一二一，〇〇〇担 六六·六七%
驼毛	一六，五〇〇担	三，〇〇〇担 一八·一八%	一三，五〇〇担 八一·八二%
马鬃	一四，三〇〇担	三，〇〇〇担 二一·四二%	一一，三〇〇担 七八·五八%
总计	四，〇七五，〇〇〇张	二，四二九，七二二张 五三·五五%	一，六四五，二七八张 四六·四五%
	一，〇九〇，八〇〇担	三四六，〇〇〇〔一四六，〇〇〇〕担 二六·一九%〔一八·六九%〕	七四，八〇〇〔七四五，八〇〇〕担 七三·八一%

据该氏之调查，计凡七种生产品中，仅羊皮一项，本地的消费额超过输出额而已，牛皮二方面相等，其余马皮、牛羊肉、羊毛、驼毛及马鬃等五项，输出额均超过本地消费额，牛羊肉及羊毛为二倍，马鬃为三倍，最多的是驼毛，输出额为百分之八一·八二，大于消费额的四倍半有奇。其所以致此之故，诚以蒙地严寒，羊

皮大部为蒙民御寒之惟一工具，以故少有输出。其他各种皮毛［蒙］则均为富有工业上的价值之物，蒙区僻塞，民智幼稚，不能自己生产制造品，以故多数输出境外，以换取货币，而置备其他生活的必需品。

四、增加率　蒙古牧畜的增加率，因有适宜的地理环境之故，亦颇迅速，远非他处的增加率可比。兹录马斯基（Mieky）氏的统计于左：

（畜类）	（生产率）	（死亡率）	（增加率）
羊	四二・八六%	二九・六七%	一三・一九%
牛	三二・九九%	二・一五%	一一・六四%
马	二九・二四%	二〇・二五%	八・九九%
骆驼	一五・一五%	一二・二六%	二・八九%

上列马氏的统计表，似属较为可靠的统计，因四者间增加率的比例，与总额中四者的相差，大致吻合，即足证明其有相当可靠。总合四者一年度的增加率为百分之三六・七一，现在蒙古全羊、牛、马及骆驼四者的总数为三千一百二十八万二千九百八十三头，若就马氏的增加率计之，则蒙古此四种牲畜每年的总增加，当为一千一百四十八万三千九百八十三头，蒙古牧畜业前途的伟大，岂可限量。若更能根据生物学的分析，改良饲养方法，使之适合于生物繁殖的要求，则蒙古的牧畜业，必为中国惟一的大财源，是不待言的。

五、皮毛　蒙古的皮毛共分为二种：一曰粗毛皮，一曰细毛皮，兹分别述之于下。

先就粗毛皮说，蒙古皮毛之粗者，均曰粗毛皮，绵羊、山羊及狗皮等，均为粗毛皮，惟绵羊、山羊皮又分达皮及屠皮二种。羊为蒙古人宰者，其皮曰达皮，反之，凡汉人所宰之羊之皮，则均为屠皮。二种皮毛的质料，达皮光泽细长，实较形如秋草的屠皮为优美，以同面积的二种皮毛的价值相较，约等于五与二之比。输出期亦略不同，屠皮早〈在〉秋冬，而达皮则晚至冬末春初。全蒙区中，就绵羊皮质言，以产于库伦西部者为最优，产量约合总计的百分之二〇，产于库伦东部者次之，约合百分之二五，产于鄂尔多斯区中之山羊皮又次之，约合百分之三〇，产于喇嘛庙附近之山羊皮质为最劣，约合总产量的百分之二〇。

次就细毛皮说，蒙古皮毛之细者，均曰细毛皮，此与粗毛皮不同，除羔羊为家畜外，其他如狐、豹、狼、兔、貂及松鼠等，均属野兽。既不如家畜的羊牛之易于获得，同时又不可以人力使之繁殖，以故蒙古的细毛皮，远不及粗毛皮之为多。但就皮毛之价值言，细毛皮则远在粗毛皮之上。蒙人年以骆驼负载此等细毛皮去北平贸易。产区在西北一带的山地，森林中亦间或有之，惟为数甚少。

六、乳类　蒙古乳类，在先本无可谈之价值，除蒙民自己消费外，殆不输至外地。自民八年以后，乳类似稍有出口，乳业似稍振作，及至民十二年后，生产与输出额骤形增加，蒙境内有许多乳厂之设立，乳业之发达，大有日进千里之势，为蒙古新兴事业中最大的一种事业。兹录克拉米西夫氏一九二九年的统计于左（千吨单位）：

	（生产额）	（销费额）	（输出额）	（输出百分比）
牝马乳	九，一八〇，〇〇〇	四，五六二，〇〇〇	四，六一八，〇〇〇	五〇·三一%
绵羊乳	五，一三〇，〇〇〇	二，一九〇，〇〇〇	二，九四〇，〇〇〇	五七·三一%
犁〔牦〕牛乳	四，八六〇，〇〇〇	二，五一〇，〇〇〇	二，三五〇，〇〇〇	四八·三五%

续表

	（生产额）	（销费额）	（输出额）	（输出百分比）
牛乳	三，五一〇，〇〇〇	一，六八〇，〇〇〇	一，八三〇，〇〇〇	二五·一三%〔五二·一四%〕
骆驼乳	一，六二〇，〇〇〇	九三〇，〇〇〇	六九〇，〇〇〇	四二·五〇%〔四二·五九%〕
山羊乳	八一〇，〇〇〇	四〇〇，〇〇〇	四一〇，〇〇〇	五一·二五%〔五〇·六二%〕
总计	二五，一一〇，〇〇〇	一二，三七二，〇〇〇〔一二，二七二，〇〇〇〕	一二，七三八，〇〇〇〔一二，八三八，〇〇〇〕	五〇·三〇%〔五〇·一三%〕

据上表以观，可知蒙古乳类，消费与输出几乎相等，以之于皮、毛、肉等的输出相较，除羊皮、牛皮外，似皆远不及之，但此并不足证明乳业的落后，诚以乳业的发生，至今不过十余年，而牛羊肉及毛类等，数十年前即有输出，若使乳业在数十年前已发生，则吾可断言，必远在牛羊肉及毛业等之上。以现状推之，乳业实为最有发达希望的一种产业。

七、骨粉　蒙古为世界牧场，蒙人以牲畜为惟一生活资料，因之蒙古的动物之骨，亦特别丰富。世人用以为肥料之一的骨粉，即由兽骨而制成。蒙古骨粉年产额约五十万担，要因（一）制法不良；（二）无多耕地容纳；（三）交通不便，不易输至内地，以故坐使有价值的诸多兽骨，均抛诸山野而不用，诚属可惜。蒙古今日的制粉方法，用机器者绝无仅有，多用掘土为坑，以六六一之比的草木灰、兽骨及石炭，自下而上，依次填诸坑中，每层如是，最后每日灌之以充水量，三月后，取出曝干而磨碎，即为骨粉。总上七项以观，蒙古牧畜业的概况与牧畜业在蒙古的地位及与蒙民生活的关系，可以有一轮廓的认识，诚不如盲人之想象，一文钱不值也。

八 矿产

蒙古矿产，就今日被吾人发现者，地面上有盐及碱，而地下者则达十六种之多，中尤以金矿为最，银矿居第二位，其他如煤、铁、铅矿亦复不少。兹分别略述于下。

地面矿产，以盐之产量为最富，分石盐、池盐及白盐三种，池盐产为最多，白盐次之，最少的是石盐。石盐的产区，在蒙古的极西北部，以唐努山一带为中心，四周居民，除经营细毛皮业外，多半经营盐业，地接俄境，所以每年的产盐，多输至俄境销售。内地所见的蒙古盐，多半是白盐或池盐，池盐的产区，几乎遍于蒙古全境，六大汗部中，无不产池盐者，地积最小的科布多一区，即有三十基罗米突面积的盐湖，他处更〈不〉待言了。池盐的采取，如吾人凿冰相似，即蒙区湖沼中，均结有二尺上下深的盐层，日日为常，取之不尽。白盐产区，为蒙古最洼地带，系雨水冲刷其他地面而积的池沼，经日光曝晒之后，即有半固体盐块浮于水面，所以白盐的采取，不如池盐及石盐的采取为便利，必要在炎热的六七月间。

地面矿产之一的碱，产量远不及盐，蒙古东部碱地面积为最大，但产力却甚小，每年产额虽无统计可考，但至多不能占盐产额的百分之八以上。

地下矿产，以金矿为最多。矿区最大者，一在库伦之北、恰克图之南，东西跨土谢图汗及车臣汗二盟之间，面积约二十五万方英哩，诚为世界稀有的大金矿区。一为蒙古积〔极〕西部的阿尔泰山，产量又似在库伦附近矿区之上。当清季李鸿章当国时，曾令其秘书（?）福温等从事开采，可是因采掘方法幼稚，产量甚微，不久即停办了，此为蒙古地下矿产第一次正式的采掘。及后便与俄人订立合同，组织中俄合办的“蒙古土车二盟金矿公司”，官督商办，于光绪二十九〈年〉（一九三〇年）正式开掘。中国政府每年抽百分之一五为租金，以二十五年为期，至宣统二年，产额曾达六万两，埋藏之富，可以想见。可以自民国元年以来，蒙古时弄独立，营业因之不振。民国十年转归北京蒙古金矿公司，但产额仍甚有限，二十年间，仅至十万两而已。至于阿尔泰金矿，则从未作正式开采，要亦因边疆多事，交通阻隔之故。

除金矿外，即以银矿为最多。就以我们现在所发现者而言，蒙古东部车臣汗盟中，有银矿一区，分布的面积，约达十万方英哩，占蒙古银矿区的第一位。在土谢图汗盟中，有银矿二区，分布面积，尚无统计，惟二区合而计之，必较在车臣汗盟者为大。以上三区银矿，至今尚未开掘。

蒙古煤矿，埋蓝〔藏〕甚富，分布之区亦甚广。今日所发现者，仅极北部的唐努乌梁海无之，其他最少者如三音诺颜及科布多二盟，亦均有一区，扎萨克图汗盟有二区，至于土谢图汗及车臣汗二盟，则均有二区，煤质极佳，而煤层距地面亦不甚深。据地质学家的推测，蒙古煤层最深处，约三五〇尺，全蒙区煤的埋藏量，约四千八百万吨以上，地位之重要可知。惜乎时至今日，蒙境中的煤矿，尚无一处开采，坐使偌大的财源，久埋于地下。

蒙古铁矿，就矿区数目说，似较银矿区为多，但就产量说，则略逊于银矿。今日所发现者，土谢图汗盟境内有二处，科布多、三音诺颜及车臣汗三盟均有一处。就中以在土谢图汗盟中的一处埋藏量为最丰富，约在一千万吨以上。至于土谢图汗中的另一处，及三音诺颜的矿量，则为较少。车臣汗盟内的矿量，至今尚无确实调查，但产量不能在一千万吨，则是可断言的。此五处铁矿，与煤矿一样，至今尚未开采。

蒙古的铅矿，亦称富有，惟终不及金、银、煤、铁等矿产量为多。就今日调查所得，车臣汗中有一处，埋藏量极丰，约在五百万吨左右，此外土谢图汗盟中亦有二处，惟矿量均不及在车臣汗盟者。合二处的矿量，亦当不过五百万吨以上。三处铅矿，亦均未经开采。

以上为蒙古主要的矿产，除此数种外，尚有铜矿、锌矿、石墨、硫磺、水银、碧玉、赭石、锑及柘榴石等，散在蒙古各盟中，尚无详尽的调查，产量亦复不一，多为中国的特产。蒙古矿产产量之富，与种类之多，就以今日所发现者，亦可见其一般，已与一般人的［思］想象，大不相同，而况蒙区边境，多未经专门学家详细调查，以致无人知之的宝藏，更不知有多少了。

九　都市及交通

所谓蒙古都市，并非蒙古全境所有的全部都市，本文所谓之都市，系指为蒙境中有价值的都市——换言之，即或为政治中心，或为军事重地，或为通商要埠，或为交通孔道，或为边境重镇……等城市而言，兹列举于次。

1. 库伦：今改称曰乌兰塔尔，在蒙古的偏东北部，为蒙古国民政府所在地，系一独立区域。其为蒙古的政治中心，自不待言，同时又有军事、商业并交通上的重大价值，为蒙古全境中第一大都市。

2. 赛尔乌苏：在蒙古中部的土谢图汗境中，为蒙古南部惟一的大都市，蒙古对内地的往来，不问其去张北或归化，均须由此经过，握军台及台站二大道的中心。商业繁盛，行家等均有分庄设于此，在交通和商业上，都占极要的地位。

3. 乌里鸦〔雅〕苏台：在蒙古的偏西南部，为二首〔三音〕诺颜盟中第一大都市，握军台大道的中心，凡去蒙古西部并西北部，此处为必经之路。商业亦颇繁盛，似在赛尔乌苏以上。

4. 科布多：在蒙古的极西部，为科布多盟的首府，握蒙古、新疆交通上的咽喉，并唐努乌梁海与其他外〔各〕盟交通，亦均须绕科布多，以故科布多在西蒙地位，亦犹赛尔乌苏之在南蒙的地位之重要。

5. 恰克图（即买卖城）：在蒙古正北部，为中俄国境上第一要地，距库伦仅五百里，蒙俄交通，此为必经之处，蒙俄间的贸易，亦以此为中心。此次中东事件发生后，赤俄即曾驻军于此，进窥库伦，人谓恰克图为蒙古的门户，即可见其在国防上地位之重大了。

6. 东库伦及西库伦：前者在库伦之东，车臣汗境内，后者在库伦之西，土谢图汗部境内，为库伦的左右二翼。东库伦掘〔据〕库伦至俄境赤塔的中心，为二地往来的孔道，西库伦握库伦至乌里雅苏台的要冲，凡库伦与西南部蒙古的往来，均须经过此地。二者在政治上和交通上的地位之重要，依此可知。

7. 克鲁伦：在蒙古东部车臣汗境内克鲁伦河的南岸，为东蒙古第一重镇。就交通上说，陆路方面，为四通八达的中枢，由库伦至哈尔滨，并由多伦至俄国的赤塔，均须经过此地，此地为二条构通南北东西大道的交合点。水路方面，为克鲁伦河，足供运输之用，为其他各都市不能比拟的优点。就商业上说，差不多车臣汗全盟中，都来此地构通有无，四周并无一大都市与之竞争，以故商业颇为繁盛。就军事上说，东蒙的精华，俱集中于此地，克鲁伦地方的得失，亦即东蒙全部的得失，为兵家必争之地，当过去东北军入库伦时，即先取克鲁伦为根据地，再复西进，而直捣库伦。

8. 别落插尔克：又改称曰刻耐斯拉，在蒙古西北部唐努乌梁海境内，为唐努乌梁海国民政府所在地。以与蒙境中其他都市相较，似皆远不及之，但在唐努乌梁海境中，则为惟一无二的都市。今者唐努乌梁海亦建独立国，因之国都所在的别落插尔克，其地位似又较前为重要了。

此外比较重要的都市更有乌得、叨林（以上在车臣汗盟中）、索果克、杭达盖图、萨木克拉、金吉里克（以上在科布多）、乌素呼图、加达库伦及哈特呼尔（以上在唐努乌梁海北境中）等，亦皆蒙古重要城市。

蒙古的交通最为不便，五百七十一万方里的蒙古全境，直无一尺长的铁路，可怜与可耻已达极点。今日所谓交通，除骆驼及牛马车外，便是路权操诸外人之手的汽车路及吾们人人皆有的腿。这种毫无交通事业可言的蒙古交通，细细分析起来，就陆路方面说，有旧阿尔泰军台大道、台站大道、商道、汽车道并电线等，现在混合述之于下。

军台大道，自新疆的丞〔承〕化寺东行经科布多、乌里雅苏台及赛尔乌苏至张家口，凡八十余站，为蒙古最长的陆路。台站大道以库伦为中心，东经克鲁伦以至黑龙江的呼伦，计三十余站，西经乌里雅苏台合军台大道至科布多，库、乌、辟〔科〕一段凡三十一站，更自科布多至乌素城，计约三十余站，南经赛尔乌苏，合军台大道东南行，一至张北，一至归化，全长六十余站，北经恰克图直达俄境，库恰间一段计十一站。此外更有自库伦经车臣汗盟至张北（与汽车路平行）之商道，自库伦经东库伦至俄境赤塔的大道，及以克鲁伦为中心，北至赤塔，南至多伦，自乌里雅苏台起西北经金吉克里入乌梁海等道路。汽车道以库伦为中心，东南经车臣汗的叨林、乌得至张北（与库、张间商道平行），北至恰克图（与库、恰间台站大道平行）。电线亦以库伦为中心，南与库张汽车道平行，通中国内地，东达克鲁伦，北经恰克图至俄，与俄线相接。至于水运，乌鲁克木河、克鲁伦河、色楞格河及苏库尔泊等，均可通相当吨数的汽船。

十　贸易

蒙古贸易的概况，可分对汉贸易、对俄贸易及输出输入三方面言之。

甲、对汉贸易　蒙民受天赐之厚，依纯天然的牧畜业以为生活，一切一切，均甚简单，更因笃信宗教与交通不便的束缚，人民对于经济生活，亦不甚讲究——所以只得温饱外，便无其他余事。贸易本为充裕人类经济生活的经济行为，蒙人既有如上所速〔述〕地理上并思想上的限制与洗礼，对于贸易，当然不愿作，亦不肖〔屑〕作，所以蒙古的贸易权，在先均在汉人之手，析言之，即蒙人日用的必需品如布匹与器具，均由汉人输至蒙古，反之，蒙人的生产品如皮毛类、肉类等，亦均由汉人输至内地，蒙人只是坐在“包”里，受输入超过输出的大损失，而获目前生活稍充裕的小代价。蒙汉贸易，时至今日，尚分东路、南东路及南西路三方面，现在分别叙述于下。

A. 东路　所谓〈东〉路云者，即东蒙古、哈尔滨间贸易。蒙古东区车臣汗盟的对外贸易，即以哈尔滨为中心，中间经过海拉尔，计由蒙区输出至哈尔滨的货物，大部为工业原料品，如绒毛、皮货及牛羊肉等，反之，其由哈输入蒙古者，则大部为工业的制造品，如香烟、肥皂及丝巾等。在最初是出超入，系因蒙古的民族性，并不惯享受物质文明（当然是比较的），而东三省人则可受容蒙古的物品。迨后蒙民风气渐开，已出入相等，到现在已是入超出了。兹录一九二七年的贸易表于下，以见一般：

种类	输出	种类	输入
绒毛	二，二四九，六〇〇	烟草	二，九九一,〇〇〇
皮货	一，五九四，三〇〇	玩具	七八六,〇〇〇
生肉类	一，三八六，六〇〇	布类	五九三,〇〇〇
生〔牲〕畜类	一，二九一，九〇〇	日用品	二，九一六,〇〇〇
其他	一，二八三，五〇〇	其他	一，九七四,〇〇〇
总计	七，六〇五，九〇〇 〔七，八〇五，九〇〇〕	总计	九，二六〇,〇〇〇
入超出结算百分比		总输出	七，六〇五，九〇〇 〔七，八〇五，九〇〇〕元
			合一〇·五〇%
		总输入	九，二六〇,〇〇〇元

据上表以观，可知一九二七年的入超出，达百六十万九千一百元，对总输入额千六百九十一万九百元，约合百分一〇·五的入超出，这不能不说是蒙古产业——尤其是工业不发达的损失。

B. 南东路　所谓南东路云者，即蒙古、张北间贸易，因张北之西有归化城与蒙通贸易，故此曰南东路。蒙汉此路发生贸易，远在清廷康熙时代，已经有小规模的贸易，及至中蒙条约成立，汉商乃得深入蒙境。贸易情形，与蒙、哈间贸易略同，多设本庄于内地，另设分庄于蒙古的库伦、塞尔乌苏等大邑，本庄担任对蒙批发货物，并推销由蒙运来之物品，分庄任推销由本庄输来的物品，并对本庄批发蒙古产物。本庄多设于平、津及山西大同等地。输出入货物的种类，亦如蒙、哈略同，都为本境的特产物，如由蒙古输入内地者，以蒙境产量最丰的皮毛、麝香为多，反之，由内地输入蒙古者，以蒙境中绝无的茶、布及磁器等为大宗。析言之，即由内地经张北运入蒙古者，有红黄缎布、红茶、绿茶、白糖、冰糖、纸烟、水烟、水果、干果、洋腊、洋灯、磁器、布匹及煤油、火柴、帽子、铜器等，其由蒙古经张北输至内地者，则有骆驼毛、骆驼绒、老羊皮、小羊皮、棉〔绵〕羊皮、羊羔皮、大狐皮、小猪皮、狼皮、马皮、貂皮及鹿尾、鹿茸、麝香、蘑菇、松子等，输入者几全为消耗品，输出者殆全为皮革了。惜乎此路尚无以货币为标准的输入表，不能知其贸易状况。

C. 南西路　所谓南西路云者，为库伦与归化城间贸易，系用以与南东路相区别而名。与南东路，为蒙古与内地交通上的二大要衢，凡陕西、山西、甘肃等省与蒙古往来，皆须经此路，以故贸易亦颇发达，惟终因无铁路与海口，相形之下，远不及库、哈及库、张间的贸易之为繁盛。在此路贸易者，在〔有〕行家、行商及通事行三种，行家系作大规模的经营，有本庄设于内地，分庄设于蒙古，连络经营，行商则无本庄、分庄之设，为一种小商人，通事商即系蒙人的买办，居中抽取佣金。由内地输入蒙古的物品，亦如哈、张相同，由蒙古输出者，则以牲畜为最多，输入蒙古的金额，现尚无统计，至由蒙输出者，以有统计可考的一九二五年度，羊最多，达一五〇，九二三头，马次之，为一一，〇六一匹，骆驼为二，七三七只，牛为二五五尾——合计十六万四千九百八十五头。

乙、对俄贸易　俄蒙贸易本早始于咸丰年间，但皆属局部的，亦无专营买卖的商人，以故该时的往还，多为构通有无，并无纯贸易的性质。蒙俄间正式贸易的发生，则在光绪七年《中俄改定条约》成立以后，该条约中与俄人对蒙通商以最大的权利，蒙古贸易权，几全部转让于俄人手中。民国以来，蒙古又时闹独立，俄人便更乘机与蒙政府订诸多片面利益的通商条约，且也，赤俄既得对蒙通商大权以后，又复利用外蒙政府，压迫华商，征收杂税，禁止现金出口，强制行使俄钞，禁止蒙人对华人履行债务……不一而足，于是久操诸吾汉人之手的对蒙贸易权，便被赤俄的魔手所夺去了。

丙、输出及输入　蒙古贸易的输出入，很不易有一个正确的统计，各家的调查，都有很大的出入，而且调查统计的标准，亦颇不一致。本文为求得一个比较可靠的数字计，特广罗各家各种标准的统计，亦如前文关于牲畜总数的方法，求一折衷的平均数，并在可能的范围内，努力将统计的标准，化为一致，使读者可以易于明了。兹特依货品与货币二种标准，由二方面来探讨之。

A. 输出入货表：

种类	输入品额	种类	输出品额
面粉	六一二，四二〇，〇〇〇磅	牛及马	二〇〇，〇〇〇头
米类	五四七，六三〇，〇〇〇磅	羊	一，〇〇〇，〇〇〇只
砖茶	二二，三二〇，〇〇〇斤	骆驼	三，〇〇〇只
布匹	三九，八七六，〇〇〇尺	羊、驼毛	六，六五〇吨
黄烟	三，五三六，〇〇〇磅	牛、马皮	一五四，〇〇〇张
水烟	二，五九二，〇〇〇磅	羊皮	一，二〇〇，〇〇〇张
酒类	二，一七七，〇〇〇磅	毛皮	五〇〇，〇〇〇张
糖类	四六〇，〇〇〇磅	乳类	一，三二三，〇〇〇，〇〇〇罐

B. 输出入货币表：

年代	输入额	输出额	入超出对总额百分比
一九二三年	一八，〇九三，七七〇元	一六，五三三，七四三元	四·五六%
一九二四年	二一，九四六，一六一元	二〇，三二〇，八七二元	三·八六%
一九二五年	二五，七一七，三二〇元	二三，八六六，〇五〇元	三·七三%
总计	六七，七五七，二五一〔六五，七五七，二五一〕元	六〇，七二〇，六六三〔六〇，七二〇，六六五〕元	四·〇五%

蒙古的贸易概况，由上列二表可知。A表所示，为使国人知道对蒙古的输入品，与蒙古对外的输出品，都是些什么物品，更以何者为最多，很可借以明白的认识了蒙古的产业与蒙民的生活的

概况，并可以根据这个认识，制出整理并开拓蒙古的途径。B表所示，是表明蒙古对外贸易的现状，站在蒙古的立场上，推断它是居有益的地位，还是居损失的地位。入超已达贸易总额的百分之四·〇五了，那末如何始克除去此项损失呢，都很可以促起关心蒙古的国人，进一步来研究蒙古问题。

十一　结论

总括以上关于蒙古各方面的叙述，归纳起来，我们可以得到如下的二个结论：

第一，即蒙古的一切一切，并不如吾人所想象者那样毫无价值的可言，以内地与蒙古相较，蒙古不过是一块“处女地”，以现实的对于人类生存的供献，不及内地而已，至于在政治上的地位与经济上的价值，是并不在其他地带以下的。如蒙古民族的宗教信仰，固足使其民族日见衰弱，但蒙古民的团结精神，亦即因信宗教而如此。如土质并气候的不适于农业，但此一方面可用方法改变土性，造林调济气候，另方面惟其土质与气候为如此，蒙古才配为世界牧场，牧畜事业才为中国任何地带所不及。又如矿产，其埋藏量极丰富，与其他地带相较，亦并不能断言它要落后。括此种种方面以言蒙古，可以说蒙古是很有希望的一块地方，我们要使此有大希望的处女地的蒙古，能尽量发挥其所有的能力，其将来对于人类的供献，我们敢断言是决不在其他地带以下的。

第二，欲使蒙古能尽量发挥其所有的能力，根据以上所述，归纳起来，约有数点：（一）破除迷信——换言之，即是宗教的革新。蒙古人口的不增加，文化的不发达，人民阶级的对立，一般体性的懒惰及缺乏争生存的精神等，究其所以养成的原因，半为蒙古的宗教。本来，佛教亦有其合理的真理在，但不是如蒙古今日的喇嘛教那样，大施欺骗法术，蛊惑愚夫愚妇，致使蒙古的民族，浸渐衰落。宗教是可以支配人类的心灵的，所以我们革新蒙古的第一步，必要应用科学去破除这种迷信，先把蒙古民族心灵上的缚束解放，然后才能有效的发展。至于解除这种缚束的方法，不待言，最根本的是在教育的普及了。（二）政治的建设——考现实的蒙古，殆无政治的可言，一切的一切，完全在宗教喇嘛的手中，受喇嘛的支配，活佛就是蒙古民族的最高首领。蒙古的喇嘛教，我们已经说过，是第一个缚束蒙古民族发展的枷锁，所以现在我们要出脱蒙古民族，使之有争生存的能力与机会，除去打破喇嘛教在蒙民思想上的缚束之外，更须使全蒙古民族脱离喇嘛教在蒙民行动上的缚束，换言之，即须建立民主的政治，使蒙民的行动不受宗教势力的缚束与支配，有了真正的民主政治之后，蒙民才能依争生存的规律，顺利的走向光明之路。（三）交通的开发——我们知道，交通的便利与否，与一个民族的发展是有很密接的关系的，我们看世界所有的地带，交通上比较便利的，该地的民族文化与产业等，必要高于交通上不甚便利的地带的民族文化与产业，这在过去人文地理上，已显明的告给我们。所以蒙古民族文化及产业等的落后，固在宗教缚束了蒙民的思想与行动有以使之然，但交通不便，使为喇嘛者能久远的支配蒙民，为平民者无机会接受外来的思想与文化，以脱离宗教势力的压迫与支配，使有望的各种产业，永远不能发达，亦为大原因之一。所以为使“开发蒙古”的计划与工作有效的进行，早日于成功，又必须开发蒙古的交通。（四）改良气候与土壤——考蒙古的落后，多是受地理的影响，如雨量稀少，寒暑迥异及土质薄瘠等，诸般产业都受其缚束，故欲使蒙古产业发达，气候与土质，必须加以改良。至于改良的方法，第一就是造林，盖蒙古冬季严寒多风，夏季炎热少雨，若能广造森林，地面必少受热力，既不能太热，又可保持地面水分。同时森林又可御风，不受水旱之灾。至于土壤，有森林亦可改良之，如树叶枯枝等落于地上，久必腐烂，即可使土壤中的物质化为肥料。又森林中必多动物，此等动物的排泄及其尸体皮毛等，日久之后，亦可变为肥料，如此则蒙古的一切产业，便可脱去自然的支配，而进入发展之途。（五）改良牧畜——牧畜业为蒙古最大的产业，前途希望无穷，但蒙民从不知改良牧畜之法，一任自然，此于蒙古的牧畜业前途很有关系。蒙古以世界牧场称，但蒙古的牧畜，却不曾占世界的第一位（第一位为亚尔然丁），要皆因方法不知改良之故，所以改良饲养管理的方法，研究如何选种，如何繁殖等，俱为今日蒙古产业上惟一急务。（六）采掘矿物——按蒙古矿产甚富，为蒙古一大富源，而以金矿为最多，值此金贵银贱之时，实有积极采掘之必要。且开发蒙古，必须大资本，以一贫如洗的中国，必难办到，但我们要采掘蒙古金矿，则即可以一举二得，以所采之金，用以开发蒙古，所以采掘矿物，实为开发蒙古的惟一捷径。

以上为著者研究蒙古的结论，深恐不能使读者满意，但在无统计可言的中国，也是没法子的一会〔回〕事。

《察省建设月刊》
张家口察哈尔建设厅
1931 年 3 期
（李红权　整理）

蒙古同胞亟应奋起图存！！！

崇农　撰

呜呼事急矣！吾蒙古同胞，其亦知日人平素高唱之“满蒙政策”乎？当我天灾人祸之际，世界无不同情；而日人竟不惜违反国际公法，蔑视公理，不讲人道，忽以重兵侵占我东三省，残杀焚掠，无所用不〔不用〕其极，野蛮横暴，为人类以来所无；其甘冒不韪，来也若甚突兀，实则“满蒙积极政策”之表现耳！蒙古之于满洲，不独辅车相依，在日视之，直一体耳！其侵满也，奚啻侵蒙，满人之身受，无异蒙人之身受也！试观昭和二年，田中对“满蒙政策中之内外蒙积极政策”，即可知矣（参观呼海铁路局节译小册）！日人鹰瞵虎视，窥伺满蒙，已非一日，早以满蒙为其囊中物矣！满亡蒙亦随之，即在目前，吾蒙古同胞，若再不猛醒，则亡国奴之惨痛，真有不堪言不忍言者矣！

内蒙东连辽、吉、黑三省，而哲里木盟，尤为毗连接近，其次即热省所属卓索图与昭乌达两盟，又次即察省所属锡林果勒盟及八旗四群，再次即绥省所属乌兰察布与伊克昭两盟；全蒙拥有九零二二六零七方里之面积，八百余万之人口，土地不为不广，民众不为不多；日本已以暴力占据东三省，内蒙可垂手而得，其处心积虑，垂涎三十余年，一旦囊括而有，势所必至！语云：“剥床及肤，唇亡齿寒。”况满蒙关系，犹不止于此乎？吾蒙古同胞，其亦惊心动魄，攘背〔臂〕而起乎？刻旅京蒙古救国团已有请缨救国之通电矣。继起响应，当不乏人。深愿各盟旗，立时运用其特产，充量各项之储藏，行动缜密，勿怠勿馁，用其特长之天赋，以作卫国之干城；蒙古同胞，生长奇寒盛热之区，食肉饮酪，饥渴能耐，寒暑不侵，身体健强，异乎寻常，且常处广漠之地，标志远近，悉辨无讹，而擅长骑射，枪法极精，加以坚忍勇敢，目力敏锐，举凡军人必要之条件，无不悉备；苟能团结自卫，奚畏倭奴？

呜呼事急矣！“满蒙”！“满蒙”！其呼声由来已久，日人心目中之满蒙，早若囊中之物，非复我满蒙人之满蒙矣！刻竟公然侵占土地，杀戮人民；前之谬列版图（从前日人曾将满蒙列入日本地图），今且成为事实！国家兴亡，匹夫有责，况满蒙有切身之利害乎？存必死之决心，作最后之奋斗，在此时矣！吾蒙古同胞，其速兴起！

记者愚者一得，借箸代筹，谨贡刍荛，以贡吾蒙古同胞之采择焉：

一、蒙人敦朴，易于团结，惟知识简单，易为日人阴谋谲计所愚；必须同胞缜密防范，庶不堕其术中；我既内部团结，敌自无从施其诡计矣！

一、蒙地山川形胜，为蒙胞所深知；惟强敌当前，张皇宜戒；亟应扼险布防，尤须暗为准备；盖事机不密，转为敌人所乘，而作寻衅之地也！

一、盟旗原为经武之制，第古法难适于今；宜迅依蒙旗保安队编制，斟酌各地情形，密行全蒙武装，加紧训练；整军旅而使人不备，自卫之上策也！

一、近世作战，利器为先，军事准备，粮秣为重，武器宜未雨绸缪，军实则利用特产，械精饷足，胜算可操；此虽非一蹴可几，而吾蒙同胞，则不可不极端注意者也！

《蒙藏旬刊》
中央宣传委员会蒙藏旬刊社
1931年3期
（朱宪　整理）

察省之励精图治

作者不详

整饬旗群吏治

察省政府所属各旗，对于一切官吏，向取宽放主义不问胜任与否，每遇有官职出缺，即行抵补，而此后补官员，大抵皆未经政治训练，率多由亲友保荐代理，以免考试审查，而为异日实任之地步。故现时各旗群总管、翼长、佐领，以及护军校等要职，代理者总居多数。只为一时便利计，以致诸事委询〔推诿〕，上下敷衍，不但启地方政治腐败之渐，亦乖任用贤能整饬吏治之方。若不从速改善，将来积弊更深，补救弥晚。为此特于日前令饬各旗、群总管，迅速将所有代理员缺之官职衔名、代理日期及理由分别查明，连同详细历履〔履历〕，汇报省府，以便遵照定章，定期考试验放，限于八月十五日以前，一律报齐。至考试日期，现未决定云。

多伦设立医院

多伦县自入夏以来，瘟疫流行，日甚一日。其传染之速，大有不可遏止之状况。一般贫民得病，衣食尚且不足，奚有余资延医调治，故于经济既感困难，传染又无预防，偶一得症，即束手无策，必致十人九亡。县政当局以此为害人类甚剧，若不早图医治之方，何以维护民命。是以首先提倡设立救济院，由医治人入手，无论何人经院看病者，概予免费。于七月十七日开始诊治，一迄于今，该县患病者，顿形减少，皆赖该县当局维持之力。一般贫民受此待遇后，莫不歌功颂德，喜形于色，感激非常云。

注意日人游历

日人侵略内蒙，日趋积极。其政策之阴险，无微不至。近来该国鉴于中韩事件发生后，我国正在反日声中，彼以为有机可乘，派来日人六名游我蒙地。昨察省民政厅，近准外交部驻辽宁特派员办事处函开：日人松本福次郎、松本川、山崎武雄、左右木舍五、清本松德、户崎留吉等六名，近由辽源日领馆发给护照，并经辽源政府加印，赴内地、东三省、察哈尔、热河及东部内蒙四盟，通商游历，除葫芦岛现正开工筑港，暂禁游历及不靖之地免往，并照例不准携带枪械暨违禁物品，已函覆知照外，相应函达查照，转饬所属保护云云。呜呼！日人此次来蒙，名虽游历，实为调查内蒙之山川形势、物产、风俗习惯，以作彼等之侵略工具。凡我国人，应如何注意其行动制止其游历耶？闻察省民厅准此后，已通令所属，俟该日人到境时，予以保护并注意云。

《蒙藏旬刊》
中央宣传委员会蒙藏旬刊社
1931 年 3 期
（李红权　整理）

昭盟翁、阿两旗蒙务近讯

作者不详

翁旗石、土归县办

热省赤峰县本街，俗名乌兰哈达，街道宽阔，廛肆林立，商户殷实，华洋辐辏，为口北之惟一商埠地。所有本街商号房基，因系翁牛特右旗属地，当初均为租占性质，故各大小铺户及浮摊杂市，每年均向旗署缴纳门面钱少许，约与地亩之小租相似，全年约收洋六七百圆。迨本省举办经界，业将本街房基挨户勘查，归商户挂领，收入价款，公家与旗署双方分劈，用以确定产权。至于商民建筑房屋所用之石、土两项，在街边均有一定之石厂、土坑，计石厂共有三处，一为河北旧石厂，面积约一千七百亩，二为河北新石厂，面积五亩四分，三为南山敖包沟石厂，面积约二百四十亩；土坑则较大者计有五处，一、东红土坑，在南山下，面积约三十亩；二、石家伙房土坑，在〈山〉南下，面积约五十亩；三、河北东土坑，面积约八十亩；四、三道井土坑，在商埠地西南角，面积四十亩；五、南箭亭庙土坑，在敖包山根，面积约一百二十亩。前项石厂、土坑，因系旗属未放荒地，故石厂每年由石商包租，向旗署交租洋约二三百元，土坑则由用户或贩夫随时交纳些许小费，领取土牌。此与商号房基相同，由来已久，事既微末，款亦无几，惟将来商埠若实行建筑，或省会移赤，则此项收入，亦必可观也。兹闻本县县长及建设局长，以现在国家已实行统一，蒙旗式微，亦非从前可比，拟即将此项石厂、土坑权，收归公有，然后仍照蒙旗办法，或招商包，或发土牌，所有收入则充作公用，嗣后此项石、土厂地皮，并定明不准民户报领，以免一入私人之手，则任意索价，致与公用不便。惟以此地为蒙旗公产，权仍操诸旗署，故现正商取同意，或将收入款项，如何分劈云。

阿旗易蒙荒局长

昭乌达盟各旗报放蒙荒，旗署均设有蒙荒局，以与各该县垦务分局相对，专办接洽垦务，指边领勘，暨劈分价科等事宜，而旗署蒙荒局局长，照章由旗暑〔署〕保送，咨请热河省政府委任，兼充县垦务局副局长，以收敏捷之效，例经如此办理。现阿鲁科尔沁旗蒙荒局前任局长德宝，自民国十五年任差，供职数载，劳绩卓著，兹于本年四月二十五日，忽然病故，旗署以局长一职，不可一日或虚，已委旗员刘拱城接充，并以该员任差有年，老诚练达，曾兼充天山垦局文牍职务，对于垦务，颇有经验，故照章保送，咨请省府委充垦务局副局长。现闻该员业已奉到委任，分别正式就职视事云。

《蒙藏旬刊》
中央宣传委员会蒙藏旬刊社
1931年3期
(朱宪　整理)

东北问题与蒙古黄教

士铮　撰

一　导言

去年九月十八日，倭夷以迅雷不及掩耳之手段，袭我沈阳、营口、长春诸市，不崇朝而尽陷我东北三省，旋复逼取锦州，拟略关外以东之地，幸义师不屈，撄锋搏夺，尚能支持至今，然三省之地已危极其危矣！

我身遭蹂躏之东北同胞，自与倭奴相抗后，其与东北息息相关、声气相同之蒙古同胞，其感觉与怀抱究竟如何，固为国人所急欲知者，实有披露之价值在。兹布露其究竟于下。

二　蒙人仇倭之回顾

夫蒙古对倭，视其为东北之疾痛久矣。当成吉思汗大帝雄师远及之时，舟师比栉已渡黄海，逾朝鲜海峡，谋翦灭三岛而平之。不幸飓风肆虐，阻平安舟栉之航，元师不得已暂息长征，徐图再举。此事载在倭之国史。倭人每一展卷，未赏〔尝〕不骇汗惊怖，颂苍苍之默佑。倭之震慑蒙古，自是役之后，流传至数百年，谈成吉思汗之雄略，几使小儿不敢夜啼，此日人之所不惭，每引以为人道者。无如太祖既殁，亘太宗窝阔台之世，西征益广，而东征之志未成，且不久而中原多事，莫遑及此。彼倭之得逍遥滨海，扰寇明边者三百余年，皆蒙古人所认为遗憾者也。

三　黄教外拓之教领

复次至于黄教之兴，护教者青海和硕固始汗部长，提兵征讨，卒收两藏西蒙，以入黄教版图，成黄教史初元之盛。于是黄教炎威，逾天山而达贺兰，进遍瀚海之南北，而漠南、漠北两大蒙古平原，悉皆向化。且余波震荡，东暨满洲，以当时清太祖雄迈之资，君临长白，且敬从黄教，以诱化其宇下之民。黄教之力，时已将入朝鲜，而因朝鲜人未改臣明，故满洲通道，有所不便，间接成黄教播传之阻。而黄教之力，起极西之青海，南则逮乎北印，东则循蒙古以骋辽东，何力更崇，足与黄教相埒哉？犹憾彼时蒙古大汗如达延车臣汗（外蒙全部及内蒙九部之祖）、阿巴岱汗、俺答汗（武功最盛威名远震者）等，皆未思展足扶桑，远传教力，否则彼倭三岛，久已入黄教版图，予其民以真正对佛之谛观，绝后世野心肆恶之妄念，不其懿欤？

彼倭地者，固我佛一隅之教土也。第至今日，其民所奉佛法，大乘、小乘，孱杂不分，信念之中，多流迷信（佛法以教主之笃行，为起信之本源。且佛教之兴，本为排除婆罗门教之迷信而起，故佛教绝非迷信之教。彼日人之信佛教，甚至将符咒之事，参杂入之，此甚似黄教未兴以前之红教。黄教何以要代兴而克红教？亦即为破除迷信而起也。居其上者，且以经典、寺庙为政治上之工具，借为残食邻境之资。彼倭之本愿寺，散建于中华沿海，以逮南洋岛屿，皆其袭取殖民地之诡谋也。此次一二八沪案之导源，所谓三日僧之案，即本愿寺之僧人也），如此者斯为佛教之罪人，岂世尊大同宇宙之恉，慈悲救世之怀？若黄教护教之雄，更有奋然而起者，以教义讨倭，当不待踌躇决策，取胜于海疆咫尺间矣。

四 热河与黄教之关键

今者倭奴囊括三省，其意未足，已更进而攻热河矣。夫热河者何地？乃黄救〔教〕固有之领区也。数百年以来，八思巴帝师之所遥化，十余万僧众之所栖息，寺庙璀璨，法物尊严，岂能容彼倭之亵渎乎？不宁惟是，满洲既陷，东蒙入之，热河之前蔽已空，刻不提防，立及堂奥，我黄教以战胜邪魔为创教之旨，岂独断断〔龂龂〕以保守为重哉？彼沈阳为古盛京，嘛噶哈喇庙之灵地犹在，进图收取，宁非此时之急务耶？

今东北义勇军蹶然起矣，肉搏而攻，丧彼倭魂之胆，是正朔北好男儿，博产〔搏生〕死于疆场之会也，又未始非蒙俗一部信众，重卫教之心，抱殄仇之志，不计利害，奋而行者。特其进行步骤，组织不完，故虽昭然明忠荩之诚，而布檄宣言，犹无表现，今热河当局已交誓抗敌于前，则豫知继其后者大有人，黄教之师，未尝无重整之光，踵昔固始汗之遗烈也。要之，蒙人既奉黄教至坚，彼其平居旦夕，无须臾忘卫教之念，千古一耳。从历史考之，凡护教之义师，咸耀铄于人世，彼十字军之争耶路措〔撒〕冷（Ter-usalem），掷却几许头颅，经百余载，曾有缩足者否？盖存则俱存，亡则灭耳；舍身则博赫赫之荣，偷生则供豺狼之辱。是非去就，三尺童子所能决也。

五 结论

青年蒙士，相率而归来者，学成渊富，志夺云霄，又皆全蒙人之导师也。今而后，蒙人必自奋，警醒责任，卫国、卫土、卫国粹、卫文化，不以当前之责诿人。邦家之责，属在何人，肯自误而误子孙乎？夫彼倭所幸，我国民不警醒耳！今皆警醒而抗，彼能长驱无忌，视我国民如无物？谓予不信，请观日后东蒙义勇军之伟绩；本刊将不惜特辟专栏，以满载此抗倭之勋史也。

《大国师章嘉呼图克图驻京办事处月刊》
南京大国师章嘉呼图克图驻京办事处
1931年4期
（李红权　整理）

大国师章嘉呼图克图出席国难会议之讲演词

章嘉呼图克图　讲演

本年四月八日国难会议开第一次正式会议，名誉主席章嘉呼图克图，经汪院长引导入会，褚秘书长介绍全体起立致敬后，即用蒙语报告，对于佛教妙谛与三民主义之相辅为用，多所阐发，当时由出席国难会议会员、京处处长蒙和霸图尔君译成汉语，兹录其原词如下。

中华民国为汉、满、蒙、回、藏五族的集团，按目前情形，东南西北已到万分紧急存亡的时期了，俗语谓“国家兴亡，匹夫有责”，余虽不敏，岂敢后人，愿贡献一得之愚。现在中央整顿内部，集中力量，共同御侮，而蒙古现状，各蒙旗各自为政，又无政治势力的中心，如果将古来富有团结精神的佛教，视为异端，阻碍其效能，实无异授各帝国主义者以侵略的好机会。佛教是维系人心，辅助政治，促进文化的一种力量，万不可认为落伍退化，阻滞经济、政治的障碍物，况且当此人民智识幼稚，法律未臻完善，道德观念绝不可无，值此科学发达，物质文明进步的时期，人心易趋险诈，设不以佛教上的道德作良心上的制裁，社会定要发见不安的现象，所以佛教确为安慰人心、隐〔稳〕定社会的中枢，如“苦乐相因，众生平等”诸语，尤其妙谛中之显著者。近来科学家的发明，政治家的主张，虽含有阻碍佛教发展之彩色，但佛教自西徂东，二千年来，从不因反对而消灭者，实由于此。

佛教始祖释加牟尼，是因民众受压迫，而提倡平等自由的，与革命家的中山先生之三民主义，不但不相抵触，且并行不悖，若能以佛教的力量，辅助党治，使群众心理向化，生活安稳，精神团结，共御外侮，虽目前见侵于强邻，终可得最后之胜利，则此困难之环境，又未尝不是华夏复兴的转机，愿与诸公共勉之。至于本席的提案，俟整理完毕后，即提出与诸公共同讨论。

《大国师章嘉呼图克图驻京办事处月刊》
南京大国师章嘉呼图克图驻京办事处
1931年4期
（朱宪　整理）

国难会议闭幕章嘉佛返五台山时所发表之宣言（附蒙藏文于后）[①]

作者不详

本宣言闻由大国师亲笔用蒙、藏、汉三种文字，书就三份，一交京处保存，一已携返五台山，其一不知下落，说者谓由大国师密蓄金箧，过黄河时，与他种法物，投入河心，为表示个人之决心拥护中央，并祈祷中华民国灾患之永除，外侮即消云云。

总理遗教，全国奉行，已数年于兹矣，而终乏实效，党派纷歧者，虽因灾祸频仍，战事不已，政治未入轨道，而人心不古，道德沦亡，尤其绝大原因。欲挽此厄运，非佛教不可，盖佛教以自由平等为依归，崇尚道德，可作良心制裁，与总理所谓革命者必先革其心之旨，适相符合。夫总理主义，即救国主义，佛教目的，在引渡群生，我五族同胞，当以奉行主义之诚，并信仰佛教，抛弃成见，同心协力，实施此次会议议决各案，必能弭内患而消外侮，造群众之幸福，致国家于富强也。此布。

《大国师章嘉呼图克图驻京办事处月刊》
南京大国师章嘉呼图克图驻京办事处
1931 年 4 期
（丁冉　整理）

---

① 蒙藏文略。——整理者注

章嘉任命蒙旗宣化使之经过

作者不详

去岁以还，暴日肆其野心，酿成九一八之惨案，东北数千里膏腴之地，不旋踵而尽入日人之掌握，内蒙各盟旗，受此重大之影响，几有岌岌不可终日之势。章嘉呼图克图，素为内蒙民众所崇敬，其时力持镇静，蒙民受其指导，崇信中央，不为暴日威胁利诱所屈伏，日人鉴于蒙民团结之力坚强，知难而退，未以兵力相加。今夏国难会议席上，章嘉首以五族团结为前提，其于御侮、救灾、靖乱诸大端，尤复推详尽致，政府以其不辞跋涉，为国宣劳，加给“净觉辅教”四字名号，以示优异。继以暴日侵凌，蒙疆危迫，非有熟悉蒙地情形之大员，为人民所信仰者，不能收事半功倍之效，是以有蒙旗宣化使之任命，使之宣布中央德意，俾蒙民互相观感，输诚向化，不致为暴日所略诱，兼可养精蓄锐，奋然兴起，隐为党国之干城，日人虽有合并满蒙之企图，然经此打击，恐亦无复有能偿其欲望之一日矣。章嘉此行之任务，兴〔与〕国家安危之关系，不亦重欤？嗟夫，寇氛日亟，东北沦亡，异族凭陵，热河告警，然而人心未死，众志成城，三户可以亡秦，一旅犹能复夏，我蒙地数千万民众，苟能奋其必死之心，与东北志士，爱国健儿，同心一致，与暴日作长期之奋斗，暴日虽强，恐亦有疲于奔命之一日，东北失地，自不难渐次收复。将见河山无恙，日月重光，匕鬯不惊，边陲永固，我党国亿万年有道之长基，胥将于章嘉此行卜之矣。

《大国师章嘉呼图克图驻京办事处月刊》
大国师章嘉呼图克图驻京办事处
1931 年 4 期
（朱宪　整理）

暴日煽动蒙古之黑幕

作者不详

煽动独立宣传

日本外务省接官电称：蒙古代表往谒沈阳日总领事，请求援助海拉尔附近之巴尔加区之独立。同样消息，亦有致各报之电讯，又谓前谋呼伦贝尔独立之内蒙青年党首领郭道甫，偕随员四十名，返呼伦，有受日方援助，运动呼伦贝尔独立说，此种煽动宣传，显系施行离间之诡计。

郭电服从中央

（天津专电）边署蒙旗处委员郭道甫支（四日）由沈抵海拉尔。据谈，赴呼伦贝尔系为安慰蒙民，勿为外人利用，本人与蒙民始终服从中央，外传独立说完全不确。

供给蒙古军火

（哈尔滨专电）日军运军火四列车赴洮安，兵士百余名，接济蒙匪，使扰乱地方。

嗾使进攻各地

（北平专电）内蒙得日接济军火，宣言独立，（五日）派蒙军二千进占洮南。又（哈尔滨电）外蒙兵在日人暗中接济指挥之下，已进袭兴安岭，与华兵接触。海拉尔商民恐慌，今日有数百余人来哈逃避。又据电称：南满车一列计五辆，装载军火，并有日兵押守，开过四洮路，二日早二时，行至四郑间一棵树站停车，所有车手等各一员，均被日兵驱入站房，息灭灯烛，不令看视。旋有蒙人数百人，火车百辆，一并到站，遂将军火起运而去，当时电话割断，事完仍接上。一说系两车军火，送与博旗某统领云。又三日晚九、十钟时分，郑洮间之玻璃山站，亦发生同样事件，并将辽远县各铁炉所存之扎枪头，均被日人买罄云。

王公愿赴国难

（北平专电）青海锡佛昨午赴内蒙，宣慰蒙民，共赴国难，勿为日人所愚。驻平蒙王公并有函促各王来平，共商对日。又据哈尔滨专电：黑省府派前特区路警处长鄂双全赴内蒙宣抚，聘日军两名为顾问，出入相随，实系日方监视员。

拟定满蒙君臣

（北平电）日人仍积极组织满蒙独立政府，拟以恭亲王或溥仪为皇帝，熙洽为满王大臣，郭道甫为蒙古大臣，袁金铠为文部省大臣，赵欣伯为外相，阚朝玺为警察大臣，于冲汉为财务大臣，已将恭亲王护送至南满站，监视其自由。若是，则东省日兵虽撤，主权已非我有矣。

达尔罕王被拘

（天津电）蒙王达尔罕，于沈变时，在沈为日军拘留，本人已失自由。其部属在辽源，被日军贿赂收买，接济军械，借达尔罕名义，开始独立运动，派青年党四十人，分赴洮南、辽源、宣化及内蒙四十八旗，公然活动，且与本庄订密约。

《蒙藏旬刊》
中央宣传委员会蒙藏旬刊社
1931年4期
（朱宪　整理）

绥省蒙务之设施

作者不详

蒙务过去情形

一、调查蒙旗实况　各蒙旗远处边陲，情形隔阂，欲图建设，首项从事调查，方能树立标准，规划适当。本府曾于十七年秋间，委派专员二名，分往两盟各旗，将关于蒙古之政治、军事、社会等实际状况，分别切实调查，现在时阅两载，凡各蒙旗之实际状况粗知概略，一俟调查完毕，即将根据查得情形，将全蒙事务分别详细规定整理方案，次第实行。

二、设立蒙旗办事机关　查乌、伊两盟所属各旗远处边陲，交通梗阻，一切情形，至多隔阂，苟非专设蒙旗办事机关，殊不足以资连络而图改进。本府有鉴于此，故特于十九年四月，在省垣新城大西街设立乌伊两盟十三旗联合办事处，专为宣达政情、传递公文，并筹划蒙民生计暨教育、实业、垦牧、水利、矿产等应兴应革事项，如有建议，即就近呈请省府核办。内设处长、副处长各一人，由各札萨克中选任，值班代表共十三人，每旗选派一人，分三期驻处，每期四人或五人，秘书、科长数人，分掌处内文书事宜。成立以来，虽甫及年余，而宣达政情、整理旗务各事项，颇著成效，对蒙办事甚称便利，毫无隔阂，此大较也。

三、训练蒙务人才　蒙古为我国特别民族之一，其语言文字、政俗民情，与内地迥然不同，故此后欲图开发，自非培养蒙务人才不为功，否则情形隔阂，凡事无从着手，且易引起误会，致兹纠纷。是以于十九年七月，特在垦务总局内附设蒙文传习所一处，招考本省之青颖子弟数十名，从事传习，因经费问题，暂先成立速成班一班，一年毕业。其主要课程分蒙文、蒙语、蒙务、蒙情、党义五种，教员则选聘熟悉蒙情者任之，本年七月已举行毕业，并择优任用。至相当期间仍行续招，以宏造就。

未来计画

一、筹办蒙旗教育　各蒙旗风气蔽塞，文化幼稚，自非提倡教育，不足以资启发而图改进。本府为促进蒙古社会之进化，拟在各蒙旗暂先设立以下各校：

（一）小学校。查乌、伊两盟十三旗地域辽阔，若同时设立学校，不但经费困难，且招收学生亦非短时间所能办到。兹拟循序渐进，分三期举办，以三年为一期。第一期在乌、伊两盟正副盟长所在地，先各设立小学校一处，凡学龄儿童一律强令入学。每校暂收初级学生一班，以后逐年增加一班，俟完成四班为止。迨初级第一班毕业后，再成立高级一班，实行四二制。所授课程，以本国汉蒙文合壁〔璧〕之国文、历史为初期始业之用，俟稍通汉文，再授以其他各地各种教科书，以符定章。第二期选择各蒙旗中人口较多地点，分设小学四处，办法同前。第三期在每旗札萨克所在地各设小学一处，教员以选聘师范人材兼精通蒙汉文字者充之，各校经费则从优核定。学生费用，除膳费外其余完全由公家发给。惟此项经费若筹之于藏旗，在事实上必多阻碍，拟呈请教育部拨款补助，作为永久办理该项教育之用。

（二）初级师范班。拟先在省立第一师范学校内附设蒙旗初级师范班，专为培养蒙古师资，以完成四班为止。课程设备与普通师范同，至学生之待遇，则从优酌定，以资提倡。惟值兹创办之初，所有开办、经常各费，实难筹措，亦拟请中央设法拨给，以期易于举办。

《蒙藏旬刊》
中央宣传委员会蒙藏旬刊社
1931 年 4 期
（李红权　整理）

读《蒙古政治论》的以后

刘夫　撰

我最近读了一篇关于蒙古政治上的文字，这篇作品的里面把那岌岌可危的蒙古，和我们百废待举的边陲，写他流利〔得淋漓〕尽至〔致〕，素无国家观念的我，都被他冲动了！可是我这枝秃笔，哪能写得出他那样精妙的文字呢？只好勉强把我这被他冲动起来的思潮，拉杂写了几句来供献给我那些很聪明的同事、朋友，作你们讨论的一个材料吧！

蒙古是老早就入了我们的版图，完成这五大民族的共和国，可是民国成立以来，内乱不息，国事不堪，五族间的感情也就逐渐支离了！又加上帝国主义者在背后百般的诱惑，遂演出蒙古两次要求独立的恶剧！近来野心勃勃的□□①在南满的苦心经营已为世界各国所注目，自今以后恐无发展之余地，所以又哪能不趁着我们国家多事的时候向那不暇顾及的北满和内蒙大事伸张她的势力，于是什么“满铁事务所”，又是什么“农业试验场”在北满和内蒙各地方都发见了！我们所不知道的还不知有多少工作呢？他的用心是多么毒辣！至于蒙古的教育，更是不堪设想了，因为满清的时候，恐怕他们知识日开，推翻那专制政府，于是利用愚民政策，绝对不与提倡教育，又创喇嘛教来消磨他们的志气，遏止他们的

① 此处“□□”为原文所有。——整理者注

思想，这也就是弱民政策，现在推翻那满清专制政府已经二十年了，对于这百废待举的边陲也没见着有什么整顿，只有那异色的苦心经营者，积极的创办学校，建设交通，所以蒙古对外的交通反比对内部便利万分，那么他们对于中国的感情，当然日趋疏远，而对于外人的感情反觉浓厚起来了！我们关于蒙古政治、风俗上的情形还不如外人熟识，所以我们要想来研究一下蒙古的问题，还要外人著出来的书籍，咳！朋友们，这是多么可耻呢？二十世纪里的青年，再要醉生梦死的过去，恐怕我们的国家真是快不可救药了！聪明的朋友们，听了我这些茫无伦次的话，不知又作什么感想呢？

刘夫，二〇，四，二三，灯下

《四洮铁路同人协进会季刊》
沈阳四洮铁路同人协进会
1931年4期
（朱宪　整理）

绥省党务经过与今后努力之方针[①]

——九月二十一日在省代表大会开幕典礼中报告

陈国英　报告

兄弟在绥远工作多年，所知道的比较多一点，兹简单报告过去党务经过情形如下：

纪委员谓绥远于民十四始有党。其实绥远之有党，发轫于辛亥前，不过不如现在严密健全，各省情形，大抵皆然。绥远在最早牺牲之玉平章烈士，其坟园在包头，无人不拜谒，此即绥远早有党的工作的表现。迨至民十三即较好，彼时曹、吴既倒，总理北上，不意被段祺瑞窃政，总理遂向各省派宣传员，绥远于此时亦有宣传员前来工作［入党］。民十四吉亚泰为绥远筹备员，介绍党员〈入党〉。在此时期，绥远已有省党部，但此十四、五两年，亦为最危险时期。因为彼时热、察、绥三省党务为共党把持，彼辈挂羊头卖狗肉，以本党作招牌，而为共党之训练。曾记彼时绥远有潘箴四、赵宜斋等四十余同志，入党后又复退出，因发觉共党操纵，作消极于〔的〕抵抗。十五年在绥为共党作工作者有路作霖、杨曙晓等数人，其时纪子明同志，对此甚为痛恨。因外蒙已独立，共党如此猖獗，热、察、绥岌岌可危，乃共议对付共党之策。开会相商，因潘箴四、赵宜斋在一中，使其负一中责任，中

---

① 报告人的反共立场十分明显，请读者留意。——整理者注

山学院由纪子明负责，师范学校由贾功定负责。李森董寿〔等〕，负职业学校责。痛予共党以重大打击。

十六年中央派六人负绥省党务全责，六人中三人为冷纲峰、焦守显、纪子明，其余之人则为共党，意见时衡〔冲〕突，进行困难。后中央派兄弟、纪医凡、徐伯璞来绥，共党敛迹。绥远清党较中央早一日，彼时共党在绥猖獗，亦为危险期，但卒得驱之于外。十六年绥远归阎锡山管理，阎锡山本系假仁假义，但吾人尚得工作，迨奉军来，同志始不得不离绥，赴晋赴宁者均有。十七年北伐成功，各同志返绥，纪医凡同志化装作叫化子模样返绥。兄弟与箴四等骑小驴过清河，此时想起，犹觉有味。后中央派登记员来绥，于是绥远又伏危机，此次登记，因主办人之私心，亲我者收罗，远我者排斥，于是腐恶分子，皆混入党内。此其故，在于彼等为封建思想、个人主义所范制。但，此祸犹小，而腐恶之混入本党，则其祸重大，不堪设想。民国二年，本党由中华革命党改组，即因包容腐恶化分子，以致偾事，正与绥远此番登记相同。于是省代大会，开幕四天即演成打架、流血、瓦解现象，此为第二危险时期。那时互相攻讦，传单纷飞，笑话百出，丑恶之至。因此中央始派兄弟等回绥，组织指导委员会。第一次全代大会，本拟去年召开，因政变停顿，直至今日，始得开幕，此经过情形，简述之如上。

此外，兄弟有望各代表注意者：一，政治方面，党政本不能离开。为何要组织党？乃握得政权替人民谋福利。在绥如何？拿到政权否？贴标语散传单而已。各县县长是否听县党部指导？省政府是否听省党部指导？此为人所共见者。此番傅作义主席就职，服从中央，较前必佳，盼规定踏实之方案，使其实行。二，党务方面，绥远全境，十七县局幅员甚少，乌、伊两盟所占实大。此时本省党务，只在十七县局进行，而乌、伊两盟则无此工作。盼第二次大会时，有蒙人代表参加。此时赤俄对于西北，甚于日人对东北。来日方长，隐患堪忧。本年二月间，一蒙古同志语兄弟，外蒙“赤化”，进攻内蒙，俄人拟由买卖城至库伦筑铁路，已测量完毕，即动工。由库至乌德亦拟筑路，此即控制内蒙之表现。此外乌里雅苏台至库伦，亦定有路线，而新疆则北有西伯利亚铁路，西有西北铁路，新疆、内蒙同时进攻，危险孰甚！绥远年来商务衰落，因外蒙不通。此北路截断，损失不赀，西路至新疆、伊犁，亦有障碍，因新疆货物，不经西北〔伯〕利亚铁路，不能来绥，绥远民生，大受影响。故此时吾人须知，十七县局至〔之〕于绥远，一小部分而已，乌、伊两盟全面积，广漠扩大，宜深注意，使蒙古民族，受三民主义之洗礼，共同团结，以抗共党云云。

《新绥远》（月刊）
国民党绥远省执行委员会宣传科
1931年4期
（朱宪　整理）

外蒙问题与中苏会议（续）[①]

孟英庚　撰

苏俄宰割下之外蒙现状

自我国承认苏维埃社会主义联邦政府以后，苏俄对华之目的已达，而对我数次发出正义人道之宣言早已忘怀，假面具揭去，狞恶之气象毕露，所以一纸中俄协定，便将外蒙地位置于蒙昧不明之地，二十年来外蒙认中国为宗主国，而苏俄则隐然置外蒙于联邦之列。近数年内外蒙文化虽有长足之进步，然此种力量与其说是外蒙本身之发展，不如说苏俄“赤化”之成绩更为确当！兹将年来苏俄对外蒙之侵略政策及外蒙现在之实际情况，分边疆、政治、财政及金融、教育、交通、军事、商业、税捐及华商现状九项分述之。

一、边疆之分割

A. 唐努乌梁海

唐努乌梁海一区，位于外蒙西北极边。面积二十四万方英哩，占有叶尼塞河上源、乌鲁克木河与贝克穆河之全部流域。北与俄

① 《新绥远》1931 年 1—3 期未见。——整理者注

属乌新斯克交界，南与喀尔喀及科布多接壤。土地肥沃，矿产丰富。人口不足二万。俄人唾〔垂〕涎已久，乘外蒙革命之际，煽惑该区独立；于是所有军政、财赋，均归入俄人掌握，独立不过一年，俄侨之移入者就有八万！其自由开采、耕种，俨然视为殖民地，最后竟绘入苏俄版图矣。

B. 布蒙共和国

外蒙在蒙俄毗连处，民十六年发现一新组成之共和国，叫做布里雅特蒙古共和国。系由外蒙人与一部俄属之布里雅特人组成，全面积约一万七千方哩，人口约十四万。所有国内设施，悉仿苏俄法制。自彼苏俄侵占划入联邦后，华人之留彼地者，必有居留执照。近来布蒙要人为保持蒙古权利计，实行解放政策者，完全驱逐，另委俄人。

二、政治之"赤化"

外蒙之政治，与其说是自治，不如说是被治，故一九二四年苏俄虽承认中国对外蒙之主权，事实上不啻外蒙仍为独立，同时且成立一种与莫斯科政府类似之共和政府。看它与莫斯科关系的紧密，从政府机械化的组织中可知大概。

外蒙整个的政治完全操在所谓人民革命党的手中，它对外蒙政治之独裁，和苏俄共产党的独裁是一样！最显明的一个例子是：蒙古政府，未得该党的中央机关许可，在政治上便没有任何重要案件的决议权及实施权。党的中央机关设在库伦，现称"赤色英雄之部〔都〕"（Vlan-Bator-Khoto）。

人民革命党成立于一九二一年，开始做"赤化"外蒙的政治工作；不用说煽惑外蒙独立，它有很大的力量。当外蒙独立的第二年之末（一九二五），该党在外蒙各地之组织成立者便有一百五十个"细胞"党部。党员约四千人，占外蒙全人口百分之一弱。

按照苏俄规定，党员之介绍多限于贫穷和中产阶级之分子，所以农民易于入党，而贵族、喇嘛甚难。党员总数中，农民占百分之八十，而贵族出身者仅百分之十二，喇嘛百分之八。

外蒙在俄国领导之下实行自治后，即采用宪法，居然也变成一个劳动阶级领有最高权力之独立共和国，其组织法，由人民代表集会选举高级官吏，并由此集会产生政府，政府之最高机关［有内防处］，下设内务、外务、司法、财政、工商五部〈，有内防处，〉直辖于内务部。此外尚有警察所、法院等机关。

其初外蒙的统治权操于活佛之手，近则以“宗教为一国民私人之事”为理由，取而夺之，宣布政教分立。同时凡关于以前统治者的君王和贵族中的一切尊号、阶级、特权完全废除。行政人员大半由受过训练之留俄青年充任。

各地政府之组织，由各处地方单位之面积大小而分等级：从十篷（Arban），到一百五十篷（Baga），甚至几百篷（Somon）、几千篷（Hoshan）、几万篷（Ainak）。

三、财政金融之操纵

蒙古商业银行是苏俄操外蒙金融的一个总机关，成立于一九二四年，总行设在库伦，此外乌里雅苏台、科布多、图谢图汉、乌兰黄等处均设分行，系蒙古与苏俄合办之银行。据该行章程所载，其目的为巩固两国的经济关系，发展蒙古的工商业，及稳定金融之流通。资本总额有五〇〇，〇〇〇金卢布，蒙古与苏俄各任其半，业务带有国家银行任务的性质，而以中央合作社为向外操纵贸易的一个工具，中间保持密切不可分离的关系。该行成立后的第四年（一九二八），其基金已增至一，六五〇，〇〇〇拖格列克（合美金五九四，〇〇〇圆）。

该行自成立以来，对于金融改革及操纵积极进行，不遗余力，其存款的现金及现银都为发行钞票的准备金；钞票分一百元、五十元、二十五元、十元、五元、二元、一元七种。银币分一元五角、二角、一角五先、一角。铜币分一向、二向、五向。市面金融价格完全由蒙古银行操纵。该行对华商之压迫，更无所不用其极；华商以国币一元半（七钱二）尚不能换蒙古银洋一元（五钱二）。此外华商汇兑，汇费甚高，无形中与以节制。且中国银币该行亦在禁用之列。所有中国及外蒙之赤金、玛瑙、珍珠，一切宝藏，整个被该行吸收，而运往莫斯科。

该行并奖励储蓄，其流通和储蓄金额共三八四，七六二拖格列克（合美金一〇八，〇〇〇圆），以信用借款而借出之总额，此时已有八，五六一，〇〇〇拖格列克（合美金三，〇八一，九六〇圆）。借款金额之散布，只限于蒙古和苏俄机关或部所中。

除商业银行外，新政府财政部尚建立蒙古国家银行，并于一九二五年采用国家货币制度，铸行一种银币蒙洋，价值合中币九角，或美金三角六。其对金融贸易之操纵和商业银行采取同一步骤。

四、教育方面

外蒙为一无教育之社会，故虽以蒙文字数之简单，意义之笼统，而能看书写字者尚只有百分之五；从此可以断定外蒙自治之虚伪，而揭穿苏俄愚弄蒙民之丑恶也！

苏俄政府曾派遣远征队调查蒙古的卫生状况，其报告书中，谓蒙古人患花柳病者甚众，生殖率低，而儿童死亡率甚高，有肺结核病的也甚普遍；一般人民对于普通的卫生方法丝毫不懂。因此内务部曾组织各种卫生机关，及各种兽医学校，教育部组织蒙古探险工作科学委员会，并在库伦设立一国家图书馆，收藏俄、蒙、汉文图书约千余卷。

各级学校之教育课程，以实行党化为原则，教科书籍以俄文为主，蒙文附之。小学教员多系蒙人，中大学校则纯属俄人。除小学在各县普遍设置而外，尚有中学一，大学一，均设于库伦。教材内容以宣传共产主义为主旨。大学毕业经过教部考查成绩优良者即送往俄国留学。

五、交通方面

外蒙交通状况，其初也极简陋，这与其文化、经济生活，简直成了正比例：全境苏俄虽有许多铁路的计划，直到现在仍然不过是个计划罢了；所以在铁路未完成之前，各种货物多由动物或大车载运。最近几年，汽车运输已渐发达，然只限于库伦、张家口间，汽车约有二百余辆。其主要商业干路如次：

一、库伦至奥坦包纳克路：长二一〇英里，与西伯利亚铁路相联。再进一六〇英里，即为恰克图和维克牛丁斯克（Verkhnendinsk）。

二、库伦至张家口之路：长六六〇英里，为中国通商之主要干路。

三、乌勒苏特至张家口路：长一，〇六〇英里。

四、科布多至比斯克（Busk）路：长五六〇英里。

五、科布多至科细阿格齐（Kosk Agach）路：长二三〇英里。

六、卡体尔（Khathil，在科索果尔湖 Kosogol）至喀尔塔克（Kultnk，在贝加尔湖 Baihal）路：长二四〇英里。

七、乌里〈雅〉苏台至卡体尔路：长三四〇英里。

八、库伦至乌里雅苏台路：长六六〇英里。

九、库伦至盛柏舍路：长四五〇英里。

十、盛柏舍至波尔莎（Borgia）路：为与西北〔伯〕利亚萨伯喀尔铁路（Siberian-Zabaikal Railway）联结的重要商业干路。

十一、盛柏舍至海拉尔路：长三〇〇英里，为与满洲通商之主要干路。

十二、科布多至乌里雅苏台路：长二九〇英里。

蒙古全境只有小轮船一只，在科索果尔湖航行，但据特别探险队报告，色楞加河从其出口处上行至一九七哩地方，和奥罕河之出口处上溯一九四哩内，吃水浅的轮船，都可畅行无阻。

在一九二五年的时候，这两条河流曾经开浚。次年蒙古和俄国又订立两河流航行之条例，以及库伦和维克牛丁斯克间的航空邮信、载客等合同。电报在此时期也扩大应用，库伦、乌里雅素〔苏〕台、恰克图各地均有电报、电话之设置。库伦城内有马路，各县均能通汽车。沿途每八十华里设一驿站，以通消息。

苏俄对外蒙铁路的计划有五：

一、由库伦经过乌里雅苏台以至迪化。

二、由苏俄阿尔铁路之斜米伯拉廷斯克站至科布多。

三、由阿尔东路之必斯克站至乌里雅苏台。

四、由西伯利亚铁路之库尔图克站至乌里雅苏台。

五、由西伯利亚铁路之上乌丁斯克站至恰克图。

以上五线除第一线起讫俱在吾国境内，余四线之起点均在俄国，且与西伯利亚铁路相联接。将来告成，运输方面十分便利，占吾外蒙，窥察西北，举手投足便足酿成大祸！

六、军事方面

军事组织可以辅助政治侵略之不足，所以苏俄自攫得外蒙政权，即从事于军事的设备，兹将俄军之驻扎及蒙军之组织述之于下。

A. 俄军之驻扎：外蒙原无正式军队之组织，苏俄为保障其政治之施行，当外蒙宣布独立之时，即行重兵驻扎外蒙，借以助独立之威，而伸其侵略之焰！后竟因此赫然镇压，永不撤退。其在三贝子附近，驻赤卫军三团，每日有汽车往来于赤塔之间，运输各种军用品。据调查所得，最近外蒙军情如下：1. 由海拉尔至库伦之大道，常有汽车多辆，专运军械，存储于车臣汗部。2. 由车臣汗部迤东十数蒙旗内，为紧急增兵区，预定在最短期内，求得十万以上之军队。3. 其南打岗木场为内外蒙古交界地，驻兵甚多。4. 存储于车臣汗部之枪约四五千支，子弹无数，山炮五种，飞机四架，铁甲汽车四辆，机关枪及炸物亦甚多。

B. 蒙军之组织：前年鲍罗廷开始组织大规模之蒙军，而以苏俄教练员训练之。训练员得常驻外蒙，专任训练之责。此外苏俄每日必派军官到库伦监督。最近鲍氏更拟组织骑兵队、炮兵队、航空队，其教练、驾驶官员，均由俄国拣选人才，闻已先后抵蒙矣。

按最近蒙军组织，采用征兵制，举凡外蒙青年——十五岁至十八岁——须受强迫教育三年，毕业后，即编入正式军队，在此入伍期间，政府可以随时调用，不得违抗！四十五岁退伍。一般人民都不愿意应征，然而身为苏俄奴隶，又不得不隐忍以出之，此则在隐痛之余，常思中国之提救也！

七、商业方面

外蒙贸易之主要对手，除中、俄两国外，其他各国几等于零，有之，亦多由中国间接交易。一九二五年外蒙境内之公司和商号之总数有三百零一家，华商创办者就有二百八十三家，此外英国十家，美国五家，法国三家。但自苏俄掌握经济以来，外国公司和商号之在外蒙者顿见减少，取而代之者为近年最有权威之蒙古中央合作社，此系苏俄垄断商务的唯一机关。自成立以来，隐借政治力量，其进步有突飞猛进之势。该社成立不满三年（一九二八），蒙古对外贸易总额的四分之一，已为此合作社占有了。因此近年外蒙与苏俄贸易的比率日渐增高，而与中国贸易的比率便日渐衰落，此种递进递落的现象，看下表即明：

年度	中蒙贸易百分数	蒙俄贸易百分数
一九二四年	八五·七	一四·三
一九二五年	七八·三	二一·七
一九二六年	六八·七	三一·三
一九二七年	六三·六	三六·五

在经济情势上很显明的是苏俄想以蒙古变为苏维埃殖民地，以便原料之取给。此种愿望在数年前因蒙古工业的幼稚不发达，苏俄的输出业便受若干限制，故无论如何，中国尚保有蒙古输入总额的四分之三以上。然而这个比例数字，在最近的期间已经完全毁灭了！此中原因，一方系因俄国对外蒙贸易之把持——除合作社外，尚有什拉蒙克公司，完全由俄人独资经营；契合公司，由俄蒙合组之商业，规模、资本均极雄厚，其目的均在吸收蒙货，集中莫斯克，以达其侵略之目的。他方则因我国内乱频似〔仍〕，对蒙贸易之竞争，失掉政治上之保障，中俄〔蒙〕贸易便日趋日下，所有外蒙之整个利源便不能不由俄国独占，置华商于一蹶不振！蒙俄贸易情形列表于后。

蒙古自俄国之输入货物情形如左表：

	民十二至十三		民十三至十四		民十四至十五		民十五至十六	
	数量	金额	数量	金额	数量	金额	数量	金额
总输入额	五,七四六〔五,七三七〕	一,五〇四〔一,五〇三〕	六,四一四〔六,八一二〕	二,七六九	八,六〇〇〔九,一五八〕	三,六七〇〔三,六六二〕	一〇,九四三〔一〇,九九三〕	四,六三三〔四,七三三〕
食料品	四,一八九	六五八	三,九九〇	一,二五一	五,四三七	一,四八七	七,四一〇	一,七七四
工业原料品及半加工品	九一六	三二三	一,九一七	五七一	二,〇八一	五六一	二,〇八七	七二七

续表

	民十二至十三		民十三至十四		民十四至十五		民十五至十六	
	数量	金额	数量	金额	数量	金额	数量	金额
制造品	六三二	五二二	九〇五	九四七	一,六四〇	一,六一四	一,四九六	二,二三二

蒙古对俄国之输出情形如左表：

	民十二至十三		民十三至十四		民十四至十五		民十五至十六	
金额	金额	数量	金额	数量	金额	数量	金额	数量
总输出额	一〇,七二五〔一〇,二七三〕	一,九七〇〔一,九六二〕	一四,三九五〔一四,三九二〕	三,五八三〔三,五六七〕	九,六三三〔九,六四三〕	三,七五三〔三,七一〇〕	二一,二一三〔二一,二〇〇〕	七,五五三〔七,八三九〕
食料品	一五七	八八	二〇八	五三	一六〇	八九	二九五	一七八
原料品及加半〔半加〕工品	一,七三三	九〇三	三,九四三	二,三一三	五,〇二九	三,〇七七	七,二八三	五,五〇一
家畜及家禽	八,三八三	九七一	一〇,二四一	一， 二〇一	四,四五四	五四四	一三,六二二	二,一六〇

以上二表中之数量是以英吨为单位，金额以俄币一千卢布为单位。

八、税捐方面

苏俄认定想把外蒙整个的经济权垄断起来，第一步非把华商置之死地，不能毫无障碍的独占，而制服华商的唯一条件，便是奖励国营贸易，压制私人满〔经〕营；方法之最有效者便以加重税捐出之。

查外蒙对于华商贸易之运输，税捐奇重，任意留难，阴谋诡计，实为破天荒之奇闻；所有各地运往库伦之货物，经过乌得等处三道兵卡，检查严重，百般诘难。到了库伦税局，将货存在局内，先行呈报各机关查验，然后购买俄、蒙之三联单，填写货物之质量、数目及资本总额，呈报税局估价纳税。报税联单，每张价值就是一元零五分，而且每单张限写货物十三种；按各商号所发各货，运输一次，至少要有数百种或千余种，仅此联单费一次，每次竟达数十元或百余元之多。

其估价办法，并无一定之标准，而以司税员之喜怒为转移，因此常有税价超出货额数倍者。有至报税之后，至早也须半月，始能验讫，货物之积数月而不能验讫者有之。除完纳正税外，另有过秤捐、看护费、出入税局门件捐、拆包费、转运车费，各种各色苛捐杂税，无奇不有，除运输捐分〔外〕，尚有营业捐，巧立名目，多方剥削。其重要者有数种：

一、营业票捐：共分九等，按营业之多寡而定分配之等级。头等票为三千元，依次递减，九等最少，为一百六十元。此次〔种〕票捐，即理发馆、照像馆，以及各种小贩，每年均须按原〔数〕缴纳。

二、流水捐：每月按营业之实报数，征取三成或五成之税捐不等，概由税局估定，不得拖欠。

三、利息捐：此次〔种〕捐款，不管营业有无余利，即按流水账之数计算，以每千元的利一百五十元计，每年的抽税百分之五十。

四、资本捐：每年每千元捐二十五元。

五、薪金捐：商店掌柜每年捐百二十元，伙友三十元。

六、门牌捐：计分八等，最多者有二千二百元，少者八十元。

七、地基捐：分三等，每年头等每步一角八分，二等一角四分，三等一角。住居月捐五元。

八、度量捐：每年尺子纳捐三元，大秤三十元，小秤八元。

九、烟牌照捐：整售者，每年征收一百二十元，零售者八十元。

此外尚有护照费：每人一张，年纳八十元，附加警捐五元。旅行路照费：一日捐九元。余如化装品、丝织物、烟酒、皮革、木器、糖类、人口、牲畜，无不锁细诛求。

外蒙每年国家收入约为二五到三〇万拖格烈〔列〕克（约合美金一〇，〇〇〇，〇〇〇①），国内贸易发展虽慢，然以如此苛捐诛求，却占收入总额四分之三。政府虽倡言，所有收款之一部，每年分给“莫宏苏”（贫民），然此不过借口欺骗罢了！贫民纳税较少倒是事实。

九、华商现状

自中东事变，华商在外蒙各处所存皮毛等货，悉被封锁。而内地之商业总号，既交〔受〕查封之损失，同时中蒙交通断绝，汇兑不通。俄人乘此机会，假某外洋行之名义，直接由内地运输货物，济蒙人之需要，制华商之复兴。

华商自受此次打击，歇业倒闭者数百家，往昔在外蒙经商之极盛时代，内地商号曾达三千余家，十年前尚有数百家，直到现在存者不满十家！尚奄奄待毙，欲罢不能！

查华商之在外蒙者，一举一动，都在俄人监视之列。凡华人之入外蒙者，事先须将本人之像片三张寄至库伦，由三家商作保，呈请商会，转内防处恳领护照，经数月之久护照始能领出，捎回内地，持照入境，检查甚严，带有字据者，即拘留于黑暗地窖中。护照到期须纳费换领，逾期则还〔逐〕之出境，或处以重刑，或没收财产！出境必须领得路照，携带路费每人不得超过二十元。

① 似应为“一〇〇，〇〇〇”。——整理者注

衣服行装之整齐者即征收重税，或以廉价收买之。

上述情形多系过去之事实，现在华商处境，较前尤为严重：一则停止华商汇兑，一则停发华商路照，前者封锁财产，后者断绝交通！因此有货不能交易，有钱不能回，有人不得回国；此中苦况，冒险逃归者述之甚详！

据调查所得，三年内华商在外蒙之财产损失约在二千八百余万，货物损失在七百五十余万，死于地窖者八百余人，屠杀者三千六百余人，奴隶者（工人）一千七百余人，逃亡失踪，死于风、雪、匪者不可数计。现除外蒙五大部居留华人难行统计外，其在库伦者，仅有商人五百余，工人一千七百余名，终日愁苦，曾经几次向中央呼吁，然而边境迢迢，听者尚属杳杳也！

中苏会议应提前讨论外蒙问题

综上所述之外蒙状况，至少可得下列之印象：一、外蒙统治实权，整个操入苏俄之手。二、外蒙财政经济之实权亦完全被苏俄一手独霸。三、外蒙原有之宗教，完全推翻，活佛的实权亦被剥夺。四、内地人民侨居外蒙者，所受之压迫，殆非人类所能堪。有此四点，足使我们瞻望北边，诚不胜其同情而感慨也！然而中国对于外蒙之主权，因为苏俄完全承认，当此中苏会议续开之时，深望全国国民一致主张，在最短的期间提出外蒙问题，求一根本之解决。

此刻所开之中苏会议，是继续去年而谋解决中东路问题者。我国从伯力失败之后，虽经过数月之讨论，而东路问题，丝毫尚无结果。今年春天，一题尚未解决，苏俄为搪塞计，突又提及通商、复交诸问题，经过中央慎重的讨论，才有莫德惠之二次赴俄，然而直到现在又数月了，不幸赎路问问〔题〕，仍在迟疑延搁中！苏俄对该会之毫无诚意，于此可以概见。

在此徘徊观望中，苏俄最忌提出之问题，亦属外蒙，所以东路问题一天不解决，外蒙问题便一天没有提出讨论之余地，其阴谋艰险如此其极！然而中国为适应外蒙华商之要求，挽救华商经济之破产，及民族之生存，政府国民均应急起直追，因〔固〕不能以苏俄狡结〔黠〕，而停止进行，置之不问！

我国历来对蒙政策之错误，在采用消极办法：如封锁、愚弄、敷衍，或压制；此等政策再无维持进行之必要，而积极开发边疆，挽回已失权利，实目前刻不容缓之工作。最近国民会议虽通过关于外蒙之提案大纲数则，实际办法尚付缺如，兹将个人对外蒙主张，与政府国民作一商榷：

近来一般人士对外蒙主张根据保全领土之原则，认外蒙有〔为〕我国领土之一部，不容分割，则对外蒙政府，置于叛徒之列，应即大举挞伐；以我国目前过剩之兵，移作开边实防之用，立功异域者固不乏人，而且外蒙驻兵，不过五万，举而清之，自非大难；维以当此国家财政困难之时，漠北边〔远〕征，恐力有所不逮。

其实就使财政充实，而外蒙久已操之苏俄，外蒙驻兵大半属于俄人，连蒙军也都有〔由〕俄人一手训练者；政府如果政治上、财政上、军事国防上，没有拿出对俄的实力来对外蒙，便不要妄想以军事来解决，不然中东路之往事，尚在国人脑海中，深刻着隐痛的伤痕呢！

以中国现在之政局，对内尚不能以毅然坚决的态度处理一切，对外问题只有退一步想：我们应根〔根〕据民族自决之原则，认外蒙有其恃〔特〕殊之地势，而且风俗、语言、宗教、制度，不但不同于内地，并且不同于内蒙；以民族自决之原则，外蒙本有其独立建国之自由，自不能强其隶属我国。故与其坚持宗主权之虚名，不如由政府开诚布公，批准其独立，则两国可互订通商条约，在外蒙之重要地点，设置领事。这样则我侨商之生命财产，尚可保存，我国在外蒙数年来之经济基础，不至摧残殆尽，而商民营业，货物运输，竟可受条约之保护。

此中虽易引起苏俄之纠纷，然以数年来外蒙痛受苏俄压迫之苦，需要于中国内地货物之切，自不难得到外蒙内向，至少亦可与苏俄立于平等之地位；对于外蒙，因有宗主国批准其独立，亦可侪于国际之列，而与任可〔何〕国家订约通商，不致完全仰望苏俄之保护。至其已失权利，容可逐渐收回。此种办法，对于侨商利益甚大，假使我国将来实力充足，则外蒙以经济、宗教之关系，将来或有再行合并之希望。

再按宗主权之主张来说：我国之对于外蒙，可以自由领地之原则，准其设立独立政府，行使其政治、军事上之自治权，制定宪法，及对外订约，均须经我国之批准与管辖。其自治法之要旨，应有左列数点：

一、外蒙应采用单行自治法：因与内地之地方人情、风俗、习惯各不相同，故其自治法，亦不能与内地完全相同。

二、中央政府应与外蒙以限制内之军事权：外蒙地处边陲，距内地甚远，地方政府若无相当之军事权，地方秩序，便有不靖之处，而地方自治亦虽奏迅速之效，惟关于驻军之配置及调遣，得以中央政府之命令施行。

三、国际间订约应由中央处理：为保持中央统治权之完整，对外订约权应属之中央，惟外交问题之涉及外蒙者，应由外蒙政府参加意见。

四、内部行政应由外蒙制定施行：外蒙设置自治政府后，与内地各省在中央政统率之下，受同等之待遇，其内部行政，除不背国体外，由外蒙政府自行规定，中央不得干涉。惟重要官吏之任免，得由中央之命令行之。

至将来召开国民大会时，准其选派代表参加，如此外蒙可不放宗主权，彼亦得行其充分之自治权，而有所保障，当然为公平之办法。然进行方法与实力，必须政府主持，事先与外蒙有相当之联络，然后进行商榷。

以上两种办法实行之途径，必须先由中苏会议，根据《中俄》、《奉俄》两协定，早日提出讨论，以合法之手续，谋正当之解决，时势上应当如此，条约上亦必须如此。如果置俄国于不顾，而采取直接之进行，不但俄国实际上不允许，而外蒙政府处于淫威之下亦有所不敢！至苏俄长此仍存观望，有意迟延，则我国为民族计，为生命财产〈计〉，亦应早作准备，毅然处理，否则迟延愈久，苏俄势力日愈稳固，则祸水牵延，吾恐将来赤俄之祸尚不仅属于外蒙也。

结论

由外蒙问题之日趋严重，而对外蒙问题之注意者亦渐多。此次国民会议关于外蒙问题，曾通过提案数件：第一，由中央指拨专款，并奖励兴办蒙古教育及各项文化事业案，已决定由国民政府根据约法所定之教育方针，斟酌当地情形，妥定办法，务期蒙藏之文化得以迅速发展。第二，通告国内外特许外蒙自治，以期早日完成统一案。决定关于蒙古之地方制度，约法第十条已经规定，得就地方情形，另以法律定之。第三，保障蒙古盟旗及蒙民生计案。张学良曾以代表资格发言，谓汉蒙之间，因言语不通，致多隔阂，应即设法沟通。并阐明蒙古地方亟待开发，国内有志之士，不应眼光狭窄，在内争斗，应放开眼光，向外发展，如能移民蒙古，则国家地方均有裨益。其决识〔议〕：查关于蒙古盟旗制度，业经第二百七十一次中央政治会议决定原则，交立法院迅速制定法律在案。本案应送国民政府交立法院作制定该项法律时之参考，并望国民政府，令立法院迅速制定。关于蒙民生计，应由国〈民〉政府参酌本提案妥筹办法。

观此足代表全国国民对外蒙之态度。盖现在国民政府，本民族平等，对于外蒙，当然与从前政府之视为藩属完全不同，同时外蒙人民，对于中国主权之承认，虽在苏俄极端压迫之下，犹时有表示。故我国与外蒙间，除受苏俄从中作梗外，可断言其绝无不能合作之理由。惟目前所殷殷期望者，是在国议通过之各提案，中央应即日着手实行，使各个议案即具体化实际化，使数年来呻吟屈伏于赤俄铁蹄下之蒙民，了解祖国政府之态度，促其早日翻然领悟，惠然肯来；边疆外侵之祸，或可从此相安！同时西北各省之商民，平、津两埠之贸易，必因此恢复旧观，焕然而兴矣。

一九三一，六，塞外

《新绥远》（月刊）
国民党绥远省执行委员会宣传科
1931 年 4 期
（李红权　整理）

绥远省党务指导委员会工作总报告（自十八年九月至二十年九月）

——九月二十三日在第一次全省代表大会第一次会议

潘秀仁等　撰

本会工作可分作三期报告：自十八年九月九日开始工作之日起，至十九年三月被反动军阀阎逆锡山查封、本会停止工作之日为第一期，自十九年四月本会工作同志被逼离绥赴津秘密工作，至二十年二月为第二期，自二十年二月恢复工作之日起，至九月为第三期。除各部工作由各该部分别报告外，兹将各期工作概况依次分别报告于后。

第一期

十八年七月二十二日，中央委派潘秀仁、赵伟民、赵允义、陈国英、纪守光、王靖国、徐永昌七人为本省党务指导委员，徐永昌委员因调任河北省政府主席，未能就职外，秀仁等在中央宣誓后，九月二日回省，开谈话会两次，讨论接收前指委会保管档案及其他各项计划，并推定潘秀仁、赵允义、陈国英、纪守光四同志分别接收。九日开始工作，开指导委员会第一次会议，分配各委员职务。经决议推定潘秀仁、赵伟民、王靖国三同志为常务委员，赵允义同志为组织部部长，陈国英同志为宣传部部长，纪守光同志为训练部部长，并通令各县市党部一律停止活动，静候本会派员考查。十日第一次会议决议任用各部、处工作人员，十五日举行就职典礼并王靖国委员补行宣誓，十七日第四次会议决议推纪守光同志接收察西四县（丰镇、集宁、兴和、凉城）县党部，推陈国英、赵允义二同志开始考查归绥市、归绥县、萨县、包头四县市党务。十月一日至十一日第六、七、九次会议先后决议派员分赴托县、和林、武川、清水河、五原、丰镇、集宁、兴和、凉城等县考查各该县党务，以便根据事实，决定整理办法，并将绥远党报改为《绥远民国日报》，加以扩充。十一月二十六日至十二月十七日第二十一、二十二、廿三、廿五、二十七次会议，根据考查结果，各县市党部除包头、集宁两县执监委员工作努力，各下级党部尚属健全，无须改组外，其余各县市执监委员思想幼稚，能力薄弱，工作懈怠，先后决议一律撤职，另行分别派员整理，计成立县整理委员会者有归绥、武川、托县、萨县、和林、凉城、丰镇等八县，市整理委员会有归绥市，直属区整理委员会有五原、清水河两县。十九年二月十一日第四十一次会议决议派员指导组织直属陶林县区分部。在此数月内，秀仁等对各县市党务积极筹划进行，未敢稍有疏懈，各县市工作同志多能身体斯意，努力迈进，成绩斐然。不意反动军阀阎逆锡山勾结冯逆玉祥割据华北，背叛中央，逞兵横乱，破坏统一，本省党务，因受反动军阀之摧残，本会工作同志，先后离散，各县市工作同志，在此黑暗环境中，与恶势力相搏战，此种奋斗精神，实有未可磨灭者。

第二期

阎、冯倡乱，摧残党务，华北各省市党部相继封闭，本会亦于三月三十一日被逼不能在绥工作，遂于四月秘密移津，设立干部，各县市党部，仍在各该县市秘密工作，于省设一各县市代表机关，为沟通津、绥声气，以收臂指之效。在此秘密时期中，各地工作，均分交通、情报、宣传、活动四股，每股设负责委员一人，干事数人。在津同志，虽时遭敌探搜索，一夕数惊，然犹能聚精会神，荩筹劈划，以与各地同志作相互之援应。同时在省同志，虽处境至危，亦多能努力工作，益显其奋斗精神，百折不挠，勇往迈进，与反动势力相搏击。而间有少数党员，因认识不清，意志薄弱，误入歧途，以致不克自拔，此固毋庸讳言也。

在津十一个月，其工作较可述者，厥为破获共党大案。本年一月间，据本会工作同志密报，称华北共党首领麇集津市，图谋扰乱华北各省，遂于二月十一日会同天津公安局，及英、日、法三国租借〔界〕当局，大举缉捕，当将华北三特别区政治委员会主席韩麟符，北方军事委员会主席曾丕烈等男女二十四人，先后缉获，解归公安局讯办。若此案不得破获，则华北各省值兹萑苻遍地，反动迭起之时，难保不为湘、赣各省之续，盖亦幸矣。

第三期

去岁九月，阎、冯诸逆溃败，冀、察、平、津各省市党部遂得恢复工作。本会因晋绥问题迟迟未能解决，故不得不留津，直至今春二月始奉中央令速恢复工作，负责同志除王靖国委员被中央撤职外，其余遵即遄返绥远，从事整理。本会以恢复工作较晚，而国民会议开幕又迫在眉睫，故甫经返绥，即于二十五日开始工作，积极进行，于三月六日第五十四次会议决议委派各县市人民团体指导员，办理组织及改组人民团体事宜，并于次日第五十五次会议决议委派各县市党员审查员，办理审查党员事宜。

本会办理审查，秉承中央意旨，一以宽大为怀，苟其反动情节轻微而非无悔悟之望者，无不予以自新之路，冀其仍为本党有用之党员，惟情节重大，确无悔悟之望者，则非根本铲除不可，如焦守显、于存灏、李显、杜宣德、郭怀山等廿一人，势不得不忍痛呈请中央开除党籍，以期本党纪律得以整饬，而革命势力得以巩固。依照本省《党务整理工作实施计划大纲》之规定，各县市党员审查期间以二十日为限，爰于三月二十日第五十九次会议决议改派各县市党员审查员为各该县市党务筹备员，限四月十五日以前成立各该县市所属区分部，并依据中央颁发之《察绥冀平津党务整理办法》之规定，推定赵伟民同志留会处理日常会务，并就近视察归绥县、归绥市党务，潘秀仁同志视察武川、陶林两县党务，赵允义同志视察托县、和林、清水河三县党务，纪守光同志视察集宁、丰镇、凉城、兴和四县党务，陈国英同志视察萨县、包头、五原三县党务，以便指导督促各县市筹备员积极工作，俾早日成立正式党部。

四月下旬，本省国民会议代表选举宣布结果，赵伟民同志为党员代表，潘秀仁同志为教育会代表，于四月三十日偕同其余代表首途晋京，本会常务由组织部长赵允义同志负责代理。

自六月中旬迄现在止，各县市党务筹备员工作渐次告竣，计已成立正式党部者有归绥、包头、武川、和林四县党部，归绥市党部，集宁、萨县、托县、兴和、凉城、五原六直属区党部，及丰镇、清水河、固阳、陶林、临河五直属区分部，并派员筹备组织直属安北区分部。

查中央颁布之《察绥冀平津党务整理办法》第二项对于本省有五个县党部成立即可成立正式省党部之规定，爰于八月十八日第七十八次会议决议呈请中央准予九月二十一日开本省第一次全省代表大会。

在此时期尚有一事足述者。本省僻处西北，毗连外蒙，赤俄侵略，在在堪虞，加以蒙汉杂居，匪氛遍地，“赤匪”夤缘时会，随处潜伏，稍有疏忽，即蹈湘、赣诸省之覆辙，秀仁等念责任之艰巨，时虞覆竦，怀邦国之危亡，益加惕励，对于赤俄侵略，“赤匪”暴动，无间时日，妥筹防止之策。乃于六月下旬，中央“剿赤”进展之际，华北石逆酝酿叛变之时，有“赤匪”重要分子赵鹏九、刘子安、李利春等，受“赤匪”驻晋机关密派来绥，假倡办实业之名，勾搭绥省流氓、土匪，企图造成“赤色恐怖”，该“匪”等于六月二十三日散贴沙基惨案传单时，即被本会同志发觉，于七月一日，先后捕获要犯十二名，并搜得重要机密文件多种，经审讯后，函请省政府依照中央颁布法令，组织临时军法会审机关，旋准函覆，先由党政军法组织共犯临时侦查委员会，随将拘押之“赤匪”要犯赵鹏九等十二名，先后解送该会，从严讯办。继由萨县、武川，亦先后解来“赤匪”要犯二名，现尚在审讯中。值兹湘、赣“赤匪”渐就灭绝之际，深望全省同志有以注意及之，毋使流毒绥省。自十九年九月九日开始工作之日起，至本年九月大会开幕之前一日止，秀仁等备任省党务指导委员已及两年，中间叠经反动分子捣乱，军阀之摧残，本省党务基础，不绝如缕，幸赖全省同志精诚团结，努力奋斗，卒使反动势力，根本扑灭，青白曙光，于焉再见。秀仁等自顾材轻，对诸同志牺牲奋斗之精神，弥深无穷之钦佩，兹值全省代表大会开会时，用将过去二年来工作状况，简略报告，希大会鉴核。

《新绥远》(月刊)
国民党绥远省执行委员会宣传科
1931年4期
(李红权　整理)

中国国民党绥远省第一次全省代表大会宣言

作者不详

本省僻处荒遐，文化晚开，民元以前，虽间有一二特出之士，曾为革命之呼号；而有党部组织之萌芽，则自民十四年始。尔时革命潮流，既震荡全国，本省热血青年，遂亦闻风兴起，党员之数量，既以诱导而日增，活动之力量，亦以集中而愈显。惟时“共逆”方混迹本党，日作其挂羊头卖狗肉之勾当，以图实现篡夺之阴谋，本省同志，不忍坐视党之沦亡，遂毅然起而清党。清党以后，党基固已奠定，乃以一部分同志，私见未除，共信不立，卒使完整之党务，复演成支离破碎之局面。自十八年秋，中央重行委派指导委员后，工作数月，整理粗有头绪，不料封建军阀又疾党如仇，封闭党部，逮捕党员，而使本省党务，不能公开活动者，又及一年。综计本省党务自萌芽以至今日，盖无日不在风雨飘摇之中，而今日全省代表大会，竟得顺利开成，未始非吾全省同志，精诚团结，努力奋斗有以致之，此则大会固引为深慰，而亦可告慰于邦人者也。

顾本省党务基础，虽已粗定。而本省党务前途，犹具无限之艰巨，本党建国程序，业已进至训政时期，而本省训政工作，有待于吾同志之完成者实多。吾同志过去因“共逆”之捣乱，军阀之摧残，大半精力皆消磨于与反动势力苦战恶斗之中，而于训政工作，则未暇顾及；须知革命过程中最困难而最重要者，即为训政工作，训政工作若不能循序进行，则军事之成就不难毁灭，而宪政之开始，将漫无定期。大会于此，爰就客观的事实，用冷静之头脑，对于本省党务政治决定方案如左：

一、党务方面　本省党务，前已言之，尚在基础粗定之时期，此后欲求党务之进展，惟有于组织、训练、宣传三项特别注意。组织的形式，必须普遍，并须运用党的组织，以为社会活动的核心；至于训练，必须以事实为材料，以训其所不知，而练其所未能，始不至流于浮泛与空洞；至于宣传，必须使之实体化，务将本党主义，溶化于事事物物之中，使人久而久之受主义之淘溶，若鱼之相忘于江湖而不自知其所以。上所云云，虽不免抽象，然我同志，苟能从此着力，沉毅奋进，则以之推行地方自治，地方自治必能及早完成；以之训导人民行使四权，全民政治必能依期实现。此则大有造于我党者也。

二、政治方面　本省自经阎逆锡山割据后，政治设施，无不以虚伪掩饰为能事，设立晋绥财政整理处，以把持税收，剥削人民；设立禁烟稽查处，以公卖鸦片，抽收军饷；即其办理村范，亦不过供招兵支应之用；设置政治实察所，仅足为排斥异己位置私人之工具。凡此巧立名目，阴图殃民，均为阎逆得意之作。今阎逆虽已灭亡，而阎逆之秕政秽迹，犹遗留本省，若不及早一举而廓清之，则本省政治，必无刷新之望。此虽消极工作，然为打破革命之障碍计，我同志对之绝不容忽视也！至积极方面，本省文化落后，民智未开，必须增设国民学校及成年补习学校，以普及教育；萑苻遍地，闾阎骚扰，必须改进保卫团制度，充实人民自卫力量，以维地方治安；余如筑路、开渠、造林、牧畜、垦荒、采矿诸大端，大会均认为实际开发本省之重要方案，而必须于最短期间，一一举办者也。

大会对于党务、政治之主张，已如上述，乃当大会开会之际，正值日帝国主义者发挥兽性出兵东省之时，大会于椎心泣血之余，有不得不再向全省同志、同胞一告者：今日日本帝国主义者，蹂躏我领土，残杀我军民，焚毁我官署，劫夺我财富，其施于我中华民族之耻辱，可谓至极而无以复加矣！然非我民族发奋为雄，力图振作，则此奇耻大辱，终不得洗刷也。同胞乎！独不观事变至今，以扶助弱小民族号召之第三国际，正狞笑于旁，而以维护世界和平号召之国际联盟，则又束手无法制裁，盖任何国家民族，未有自己不能发愤图存，而人能存之者，亦未有自己不求速亡，而人能亡之者，存亡所在，唯视民族自己之努力如何耳。今后我同志同胞，惟有卧薪尝胆，以御外侮！忍辱负重，以赴国难！我同胞同志共勉之！谨此宣言。

民国二十年，九月，二十六日

《新绥远》（月刊）
国民党绥远省执行委员会宣传科
1931 年 4 期
（李红权　整理）

喇嘛教之兴革问题

王泽寰　撰

弥漫东亚大陆，支配社会群众之心理，补道德、法律之不足，辅政治、教育所不逮，智愚无异，贵贱不二，不因地域而阻滞，不以时代而陵替，震古铄今，含元入细，微佛教孰能语斯。

喇嘛教即佛教也，不过或有广狭之别，殊无同异之辩。佛教兴于印度，而风靡一世。其由印度传入西藏，由西藏而蒙古而内地，其传教之信徒，多为喇嘛，故以喇嘛教称之，取其通俗耳。稽夫佛教自唐时而入中国，一时译经之巨材，布教之法师，相继杰出，迨至元代，更发扬光大，经元室大国师帕克斯巴圣僧，宏宣教旨，广播佛音，化被寰宇，声溢东西，于是教主世为帝王之师，僧徒居社会高尚优越之地位，肇群众起信之路，开政教相辅之局，喇嘛之踪迹，遍于大江南北，是为喇嘛教在中国最鼎盛之时期。有清崛起，入主华夏，彼时抗衡一隅，与之为敌者，惟有蒙古，是以林丹汗、噶尔丹诸役，蒙古人之死，无虑数十万，败衄之惨，创痛之深，实蒙族旷古所未曾有也！蒙古降矣，清鼎定矣，杀僇惨矣，怨毒深矣，蒙古人者固亦含识负气之伦，故〔固〕是好勇善战之俦也，众情未服，何以导之，人心不甘，何以慰之，骁悍成俗，何以化之，边患世炽，何以弭之，彼雄主谋臣，相与熟筹审虑之下，计非喇嘛教，无能胜斯任者，于是崇信有加，尊礼备至，金碧辉煌之寺庙，触目惊人之建筑，遍于大漠南北，是为喇嘛教在中国最光荣之时期。

上述两时期，现已成为过去，笼络耶，羁縻耶，利用耶，愚民政策耶，亦皆随专制之毒焰，封建之残垒，现已成为过去，吾人静言思之，亘有清二百余年，措蒙地于磐石之安，使蒙人享太平之福，放牛牧马，饱歌醉舞，尔疆我界，相守勿犯，无征发遣调之烦，无烽火刀兵之苦，无形中消泯几许之同室操戈，消泯几许之自相残杀，此岂非喇嘛教陶冶鼓铸之力耶，其入人之深，感化之效，可以征矣。惟是蒙人受麻醉剂之注射，受恬嬉状态之催眠，无识无虑，沉沉睡去者，固亦在此时期，然此自是专制时代愚民政策之流毒，非宗教之罪也。佛以慈悲为心，博爱为怀，救济三途之苦恼，免除众生之灾祸。此与唤醒同胞，亲爱团结，御侮悍患之旨，正自相副。而蒙人竟为环境所征服，隐忍萎靡，罔自振拔者，此自专制时代钳制政策之流毒，非宗教之罪也。

今日者时代变矣，党国新矣，本党主义，在于扶植国内弱小民族，使之能自决自治，在于同心努力，以期共存共荣，此相见以诚、相期以忠之时，非古昔以仁义为号召，而以愚弄为志、吞并为心之时也。本党同志奔走呼号，宣传督促，冀以唤醒同胞，唤起民众者，固已无所不至，为蒙人者，此正揉开睡眼，走上光明之路，抖擞精神，发愤图强之日也。然而回顾蒙人现时之状态如何，环顾蒙地之情况又何如乎，生计困窘，琐尾流离，耕耘则非其所习，牧场则侵侵日蹙，或者嗒然坐床头，长叹太息，空虑灭亡之无日，或者爬地焚香，长跪祈祷，以冀消灭十灾大难于无形，此苟延残喘，束手待毙之状态也。恶势力三面包围，各认定势力范围以进攻，一则已揭开假面具，狰狞之态毕露，一则柔态甘言，满布赤色之网罗，大施诈骗煽惑之技，大好山河，业已半壁沦胥，相连之茫茫原野，且复岌岌可危，此人人皆可想像之蒙地情况也。

国难亟矣，寇患深矣，于此时也，欲借最大之信仰，作有效之宣传，发言则如响似应，治病则着手成春，使蒙人自上而下，言听计从，信而不疑，吾人熟筹审虑之下，亦曰计非喇嘛教无能胜斯任者。盖为山必因丘陵而易成，疏河必缘沟洨而易壑，对于半开化之民族之蒙古，灌输本党主义而唤醒之，则凭借宗教固有之信仰，当然有事半功倍之效，故曰计非喇嘛教无能胜斯任者。

惟是现在之时代，与畴昔既不同，党国之主义，与畴昔又不同，且喇嘛教之本身，亦有每况愈下之概，则喇嘛教之一切制度，与夫布教之方法，自有应兴应革之处甚多，故喇嘛教之兴革问题，吾认为有研究之必要也。

现在一部分智识阶级之蒙人，对于喇嘛教，持反对之态度者，固亦有之，考其所持之理由，不外下列两说，曰“喇嘛教为前清愚民政策之一，足以软化蒙古人勇敢有为之民族性，足以减少蒙古民族之生殖率”。夫使蒙人日趋庸懦，自是愚民政策之流毒，其责任不能归之于宗教，固已言之矣。不然同一喇嘛教也，在元代而蒙人不失其精强，入清代而即变为庸懦，其故何欤？至于生殖率之减低，原因颇为复杂，喇嘛教不过占微末之成分，如谓社会中，一有僧道毗缁，生殖率即能减低，有是理乎，且现世无论任何文明国家，尚未有无宗教者，蒙人稍有新智矣，即欲排宗教而去之，摈斥之，于理既有所不可，于势恐亦有所不能也。故对于喇嘛教，出而为耶教之马丁路德也可，为黄教之宗喀巴也可，如为毁五帝，罪三王，訾五霸之田巴也不可。

喇嘛教之于社会，固有其相当之弱点，此无庸讳言者。而其嘉美之优点，正自甚多，现在蒙旗社会之情形，有需要于喇嘛教者，亦自正多。何以故？现在蒙古各盟旗政令纷歧，教育幼稚，邪说异端，最易乘隙而入，则于人心之维系，精神之统率，胥有类〔赖〕于喇嘛教矣。更有要者，大凡一个民族，所以能自决自治者，必须具有高尚之道德，以为共〔公〕众之信条夫而后公共之事业可举，公共之利益可图，团体之运动可成，革命之大业可就，此定而不易之理也。蒙人仁爱浑厚，根于天性，直诚毋欺出于自然，然为环境所逼迫，社会罪恶所摧残，现在道德之表现，极形薄弱，甚或不能有道德之可能性。何以故？蒙人沦于穷而又贫，贫而且贱之地位，故实际上不能守道德，不许有道德也。仓廪实而知礼义，衣食足而知荣辱，知礼义荣辱，均有待于衣食之丰足，况道德乎？总理有言，中国现受外力之压迫欺凌，沦于次殖民地。蒙旗现受外力之压迫欺凌，较之内地，何止倍蓰，然则论到蒙旗之地位，当何如乎？蒙民由来处于奴隶之地位，其对手则为封建势力，现外力之压迫凭陵，固又驾乎封建势力之上而奴隶之，然则蒙古人之地位，当何如乎？是以蒙人现受层层之压迫欺凌，为层层之奴隶，穷而又贫，贫而且贱矣。处如斯之地位，处如斯之生活，其能有道德之可言乎？于此将何依以补救之，则有类〔赖〕于喇嘛教矣！

惟是现在蒙人对喇嘛教之信仰力虽坚，而于教旨教义，多不明了，致成一种附和盲从之迷信。喇嘛教徒，亦惟习于唪经祈祷，失去传教之真谛，因而发生不良之影响，此即喇嘛教之弱点也。今后必当改变方针，极力从事于阐明教旨，宣扬禅义，使人人均有深切之领悟与认识，并且一跃而为最适宜之新喇嘛教，打开向上发展之新途径，以收救国救民救世界之实效。是于布教之方法，与一切制度，亟应斟酌而兴革之，此吾所深以为望者。盖喇嘛教在元在清，固已经过最兴盛最光荣之时期，而今而后，当划为最昌明之时期也。

夫宗教在未开化之社会，有极大之势力，固其然矣，然在文明进步之社会，其相需又益殷，何则？文明愈进步，民智愈进化，则人欲益张，人心益险，杀机亦益烈，故于维系人心之宗教，其相需又益殷。今欧西各国，科学进步矣，文明进化矣，于是一般先知先觉者，苦于人心之不可收拾，群起而研究我国老庄之学，冀以有所补救，此东方哲学，所以见重于西欧也。佛教固东方一大哲学也，吾人将昌而明之，宣而扬之，研究其旨趣，沉潜其义蕴，不惟使蒙古人发生深切之领悟，更由蒙古推而及于全中国，更推而及于全世界。庶我佛慈悲博爱之怀，好生戒杀之旨，普遍的深入于全世界之人心，则彼专以恃强凌弱之徒，专以浸〔侵〕略他人之辈，均受良心之制裁，正义之陶镕，发现正确之觉悟，深刻之忏悔，行将于世界和平运动，不特有极大之贡献，而全人类精神上、物质上，均蒙不可思议之嘉惠也。

《大国师章嘉呼图克图驻京办事处月刊》
南京大国师章嘉呼图克图驻京办事处
1931 年 5 期
（李红权　整理）

中央宣化蒙旗之我见

许培兰　撰

疮疥可以为患，一发足系全身，他人之阴谋日亟，我不先事防闲，呼号提挈，有以唤醒同胞，则弱肉强食之惨剧，版图变色之事端，大有可以顾虑者。按蒙古地处中国北部，连接强邻，自外蒙受赤俄之煽惑，脱中国之版图，内蒙则已改定区分，施行省制，本五族为一家，历史上之关系至切，共存共荣，要未可稍事漠视也。溯自满州〔洲〕事变以还，中央鉴于帝国主义者之侵略诱惑，大有不可终日之势，故宣化蒙旗一举，正为今日之急务。更因蒙古民族，世代相沿，皆惟一崇信黄教首领，是以特派黄教掌印大国师章嘉呼图克图，承乏使命，寓宣导于宗教之中，以道德济政治之美。而一面兼可免蒙旗民众猜忌之心理也。夫以满蒙之地位，实唇齿之相依，今满州〔洲〕既被侵占，伏尸白山，喋血黑水，四百万方里之土地，竟非我国之国土，数千万亲爱之同胞，将长为亡国之人民，黑白混淆，是非倒置，满洲如此，恢复方难，则唇亡齿寒之蒙旗各地，自属益加重要，倘防闲稍有未周，溃决深虞延及，滋蔓难图，能不早加注意，此中央之宣化蒙旗，所以亟亟从事也。且也，蒙旗为我国北部之屏障，蒙旗之存亡，亦即中国之存亡，中国既不能使蒙旗脱离而不顾，蒙旗亦不能脱离中国而图存，我见如是，质诸我蒙地同胞，当必亦以为然。

《大国师章嘉呼图克图驻京办事处月刊》
大国师章嘉呼图克图驻京办事处
1931 年 5 期
（朱宪　整理）

暴日侵蒙伎俩已穷

作者不详

达尔罕王潜赴平

北平电：著名蒙古领袖达尔汗由沈阳冒险行抵北平。九月十九日事变发生时，达适在沈阳，为日兵所拘，严加监视，欲其宣布蒙古独立，并允供以军械子弹，又促其召集蒙古四十八旗首领至沈阳会议建设自治蒙古政府事。据达谓渠后设法脱离日兵，逃避某外友之宅，乔装一农夫，于昨日混于避难苦力群中登火车，入三等车箱，幸未为人识破，当火车驶过日兵哨线时，渠即与眷属乘头等车来平云。

包善一被逐出境

本社十二日北平专电：蒙古阿亲王部下帮统业喜达狭，真（十一日）电平称，本旗大统领包善一，勾结日人，运来枪三千，弹六十万，炮十余尊，勒本旗官兵图不轨，幸经发觉，包携眷及同党四百余、日人十余奔通辽。此事有关本旗生命，谨电闻，请转国府。

恭王觉悟作傀儡

据吉林旅京同乡接长春消息，吉伪主席熙洽，已委任前清肃清〔亲〕王之子金东璧〔璧东〕为吉长路局长，兼吉敦路局长、长春市政筹备主任。又前清恭亲王，已于十月七日上午十时，由日人挟持到沈阳。恭亲王原不允去，经日人利诱，每月给以二万元之薪金，专供其作傀儡，该王拟乘机有脱离羁绊之意云。

呼伦覆电称安谧

海拉尔专电：海拉尔蒙旗，一致表示拥护中央，地方安堵。又据蒙委会顷接呼伦贝尔都统公署覆电到京。略称：鱼电敬悉，兴安区并无蒙兵举动之事，现在呼伦地方安谧如常，请纾锦注等语。又据呼伦贝尔驻京代表、上月请假回旗之孟定亚来电，亦如前情云。

增加军费派视察

日政府派高桥等十二名出发赴满、蒙、朝鲜及台湾等地视察。又陆军省特别预算增加赴满军费一百三十八万四千六百余元。

又用学生来宣传

大阪一带日本学生，开始作关于满蒙之常识运动，俾日本全国国民均知道满蒙与日本有密切关系，并到各地小学校及青年团发散三十页之小册子。

日探员五路出发

（北平电）本年三月，满铁召集善蒙语之日浪人数十名，并以重金聘蒙古贫民为向导，秘密潜入蒙古，窥视我国边疆，所谓中村大尉者，即日本所雇探员之一。探员分五路入蒙，第一路系由察哈尔入蒙，第二路系由热河入蒙，第三路系由洮南入蒙，第四路系由黑龙江入蒙，第五路系由俄境入蒙。探员分途测量及摄影。此项秘密工作，已进行数月，蒙古深处，殆被透探。自中村大尉事件发生后，日本探员，纷纷首途离蒙，未归者尚余廿七人之多。日本驻满军队，于本月十六日由郑家屯派出军用飞机一架，飞往蒙古觅视，结果于本月十七日在外蒙大平原，发现全体探员廿七人，全数无恙，即用飞机载十人回郑家屯，余十七人，将用飞机陆续载回。日人之垂涎蒙古，当可想见。又日本全国中学，本年添设华语课程，其目的不言而知。

捏造郭氏怀异志

海拉尔电：郭道甫在海拉尔吊其岳母丧，向呼伦贝尔警备司令苏炳文表示，决无异志，外传谋独立说，均是日方捏造。

《蒙藏旬刊》
中央宣传委员会蒙藏旬刊社
1931年6期
（李红菊　整理）

察省社会现状写真

作者不详

察省原属蒙人之根据地，近来移民日多，农业亦较发达。该省昔为特别区域，暨革命告成，遂改行省。辖县有平绥路北九县，继将河北省十县划入，现共十六县，面积之大，地域之广，可想而知。至农民生活，仍如十九世纪。兹将察省社会之情形，特录于后。

（一）交通　张北为察省交通最便利之区域，地当平绥路之中枢，通外蒙之要道，西连绥远，东达北平，而北于〔与〕外蒙库伦遥遥相对，为口外三大镇之一，商业亦因之发达。有汽车路二，一达多伦，一通库伦。本省除康保、宝昌、多伦、张北各县交通较便利外，其他各处均因山脉阻隔，交通不甚发达，文化亦遂低落。故建设交通，实为开发西北、注重边疆之要图也。

（二）商业和出产　张北有塞北商业第一重镇之称，先是留有外国商人约一千三百余名，内地茶、丝、布、棉、烟草、铜、瓷及稻米等，向由此输往，而蒙地所产牛、羊、皮毛、驼绒、金珠、宝石等，亦由此输出内地。惟自外蒙独立后，商业乃日见消沉，现在该地仅存小资本钱行六七家，并有几处经营皮毛者商店较为活动外，经营其他商业者，实寥寥无几。贩运皮毛之外国人，只有三十余人。而上堡西之西沙河岸有第二监狱，犯人二百余名，分制毛毯、炊臼、缝纫数组，所制驼绒之桌、椅、床、地各种呢毯，物美价廉，销售本地者颇多。总言，该省最著之出产，厥为牛、羊、皮毛、驼绒、麻菇、狗皮等，谷类为小麦、小米、黄豆、玉蜀黍、高〔粱〕、莜麦等。

（三）食粮与生活　人民食粮以小麦为大宗，占百分之九十五，食玉蜀黍与小米者，占百分之四，食大米、面粉者占百分之一二，故人民生活程度最低，以小麦、小药豆、胡麻油为终身之食物。小麦性凉、滑肠胃、少养分，惟本地人食之，颇觉适宜。马铃薯含淀粉极多，各处尽有，半充菜蔬，半作食粮，为该地唯一出产。胡麻油气味刺鼻，内地人不但不能食，稍一沾鼻即便呕吐。近年亢旱，农产品收获极歉，人民困苦情况，日趋紧张。现贫人为人作工而无顾主，并有预先言明每日食两顿饭，工资与饭费可相抵，如食三顿饭，工人得倒给顾主铜元五枚，谋生之难，可见一班〔斑〕。

（四）人民知识与习俗　察省因交通不便，故文化非常落伍，人民知识更属固蔽。近因平绥路告成，张垣一带，尚较开化，学校亦日渐增加，惟北部一带，仍复如故，毫无开化可言。今举例言之，该省以前各县，虽设有乡、村、镇等自治公所，息讼会等自治机关，但人民知识太低，畏惧官府，今年各县办理自治，调查户口，以备统计，而人民极力拒绝，恐贻害将来。次经双方解释，始能进行，但仍不肯实述，人口数与经济状况，实在数目，也不过十分之三四，问之，则曰怕拉夫、派捐耳。思想幼稚如此，所谓民权自治尚谈不到。因其知识固蔽，而风俗习惯多有古风。张北各僻县，风俗较厚，全境丧礼特重，一家有死人，凡亲戚、朋友、街邻，均穿孝服二三日，以示哀悼，此颇异于内地各省。惜数年来旱潦为灾，农产歉收，匪祸炽盛，民生极苦，鬻妻卖子，相习成风，当局亦如何设法挽救也。

《蒙藏旬刊》
中央宣传委员会蒙藏旬刊社
1931 年 7、8 期
（朱宪　整理）

从日本“对内外蒙古之积极政策”说到各王公应取之态度

奋生　撰

自九月十八日，日本不宣而战，占领我十三万方英里之土地，盘据我四十有余之名城，举国上下，咸认为奇耻大辱。国在累卵，蒙古同胞，相惊以大盗入室，祸燃眉睫，莫不积极筹谋对付方法，以恢复我主权土地。然此为火到燎原，所应采之救急与自卫态度也。然而吾人一展日木〔本〕田中内阁上奏天皇之“对侵略满蒙之积极政策”，不觉毛骨悚然，不寒而栗！而其中之“对内外蒙古之积极政策”一项，尤为灭我蒙古杀人不见血之一绝大阴谋！吾人特摘述其要点，说明其阴谋之毒辣，以为各王公告：

（一）先以美人政策勾结少数王公施其连络　据田中奏折关于“对内外蒙古之积极政策”上所载：“满蒙即为旧王公所有，我国（指日本）将来必须以旧王公为对手，方可以扶持其势力。依故福岛关东长官之长女，因献身为皇国起见，以金枝玉叶之质，而为未开民族之某某（名暂隐）王府之顾问，加之某某王之妃，乃肃亲王之侄女，因此关系，某某王府与我国颇为接近……”

（二）嗣以退伍军人收买土地等权亡我蒙古　又据载：“……现在某某（仍指前者）王府内之我国（指日本）退伍军人，共有十九人在矣，而向王府收买土地及羊毛特买权或矿权，均被我先取定其特权矣。其外接派多数退伍军人，密入其地……散在王府管内，实行垦殖、牧畜、羊毛收买等权……如内外蒙古之土地，多数被我收买之时，斯时也，是蒙古人之蒙古欤，抑或日本人之蒙古欤？使世人无可辩白，我则借国力以扶持我主权，而实行我积极政策也。……按本年（即在民国十六年）起，由陆军秘密费项下，抽出一百万元以内，急派官佐四百名，化装为教师或支那人，潜入内外蒙古，与各旧王公实行握手，收束其地之牧畜、矿山等权……"

吾人细察以上日人"对内外蒙古积极政策"之内容，可谓阴险狡诈之极！先之以美人政策，以勾结各王公，使之亲善接近，中其毒计而不自觉！继之以退伍军人，密布其地，收买我土地、牧畜等权，以为其经济之总操纵，以制我蒙族之死命，成所谓"日本人之蒙古"。按照其奏折所称：自民国十六年起，即派官佐四百名，潜入蒙地，然距今已五年于兹矣，以彼数推算，现在已潜入蒙地而化装为教师及中国人之日本人，至少亦不下二千余名。以此庞大之数目，在我心腹中而实行其有目的、有计划之工作，为推翻我内外蒙古之奸细，讵不可惧！然此确非虚语，则请一按此次东北事件导火线之"中村大尉事件"，何尝非为此类退伍军人潜入我边地实行其上项使命之铁证。在此种阴谋之计划为我人揭破证实下，若不急予打破，则吾蒙古之危亡的可能性，确有不堪思议者！于此吾人更愿向各王公一尽其一得之愚，而为对日人所应取之态度者如下：

各王公既为各蒙旗之领袖，则蒙古之存亡，即各王公之存亡，蒙古之荣辱，亦即各王公之荣辱。语云："皮之不存，毛将安附？"吾亦曰："蒙古既屋，王公何有？"是以凡有危害我蒙古之利益及覆灭我邦家之企图者，即认为不共戴天之仇敌。日人对蒙古之阴谋既如前，各王公即当下最大之警惕与最大之决心如后：

（一）凡属日人顾问及供其他职务之日人于各王府者，应不分男女，立刻辞退，即为妃媵，亦不惜摈弃，以示反日之决绝，而树立爱民族、爱国家之好榜样，庶为国民歌颂舆论称赞。

（二）凡日人之退伍军人乔装中服深入蒙地者，各王公须缜密查察，一旦发觉，即遣之出境，至少亦勿与往来，以断绝双方之关系，使计无得展。

（三）关于蒙古土地、矿山等权，更不许丝毫变卖于异族。盖中华民国领域内之土地，属于中华民国国民之全体，凡农、林、牧、渔、盐、矿等地，要塞及军备区域与领域边境之土，皆不得移转或租赁于外人，此土地法上已有明文之规定，故国内任何团体、任何个人皆不容轻易尝试，罪自我开。否则，一着办差，即贻民族、国家无穷之祸，“万宝山”事件之殷鉴不远，各王公对此幸特加注意！

（四）日人惯于利诱威胁之技俩，以勾结我满蒙领袖，如此次东北事件，日人曾勾结满洲不肖分子组织所谓中和国独立国，而以之作傀儡之领袖。然其结果不过昙花一现，身败名裂，徒为千古华胄之罪人！何取何从？诸王公不待烦言，必有以决之。

呜呼！南北满铁蹄之蹂躏正酷，卧榻侧岂容倭寇之酣睡？成吉斯汗大帝之英风未泯，三岛国之小丑岂容跳梁？望我蒙古王公，投袂兴起，驱此寇盗，歼此丑虏，以保我中华。切勿使星火燎原，以贻民族国家之大患也，记者不胜馨香祝祷之矣！

《蒙藏旬刊》
中央宣传委员会蒙藏旬刊社
1931年8期
（朱宪 整理）

蒙古政治概论

霍宝树　撰

蒙古问题，为我国历史上重要问题，尤为今日中俄国际间重要问题。欲于政治上求一彻底解决之方，则今昔各方对蒙古所取策略及蒙古自身递嬗情形，必先洞悉无遗。本篇于清初对蒙策略，清末及民国以来对蒙策略，俄国对蒙策略，与蒙古今昔之政治组织及社会情形，皆有说明。所以辨别其情势，而综论其得失也。民国十九年，中央召集蒙古会议，关于蒙古政治、经济、宗教、教育、交通、实业等各项决议案、条列办法，类可见诸实行，本篇不欲详为论列。惟研究解决蒙事方针，并及进行时所应注意之点而已。故以《蒙古政治概论》名篇。

一　蒙古问题为我国历史上重要问题

蒙古在我国本部之北，而西北、东北，亦被环绕，居高屋建瓴之势。有大沙漠横亘其间，别之为漠南、漠北二区，漠南为内蒙古，漠北为外蒙古。又有内属蒙古，为今察哈尔、绥远之一部。套西蒙古，隶今宁夏，青海蒙古，隶今青海，而今东三省与热河、察哈尔所辖蒙地以及外蒙车臣汗部，又有东部蒙古之称。

蒙古之名，宋末始著称于世。元人统一蒙古各部落，更征服夏、金，灭宋而奄有中国，并略及中亚细亚，西侵欧洲，深入俄罗斯国境，版图之大，为前所未有，实为蒙古民族及蒙古国家成立之原。元人以前，如周之猃狁、山戎，秦汉之匈奴，唐之突厥、回纥、契丹，皆蒙古之一部，曾为我国本部之大患。至五胡十六国所谓北汉、前赵、后赵、前燕、后燕、西燕、南燕、北燕、西秦诸国，浸假而成。北朝之北魏、北齐、北周各朝，与南朝相对峙，以及辽（契丹称辽始于唐季）、金、西夏与五代、南北宋相始终，则尤蒙古各部乘我国本部纷扰之际，南侵而及于黄河流域之陈迹也。元人以后，犹有帖木儿帝国代兴，以阿母河流域为根据地，平察哈台汗，灭伊儿汗，破钦察汗，略印度，摧土耳其，并吞西方各国，统一中亚细亚，与明代东西相峙。其形势与汉初之匈奴相似，而幅员之广过之。直至清代崛兴，蒙古归附，而我国本部与蒙古始能相安无事者，垂三百年。

综观蒙古在我国地势上之优越，与其一兴一替，而我国本部安危系之，其地位之重要从可知矣。

二　蒙古问题为今日中俄国际间重要问题

我国国境，东起图们江北岸，西迄帕米尔之乌仔别里山口，相去约一万里，皆与俄境毗连。清代迭与俄人订立界约，壤地损失，不知其若干方里。彼乃频频蚕食，益存得陇望蜀之心。蒙人既堕其术中，而我国当局亦复昏然罔觉，坐使蒙古一地，酿成多事之区，滋可痛也。

甲　清俄间之蒙事交涉

中俄关系，溯源甚远。就清代而论，康熙二十八年（即一六八九年）《尼布楚条约》，实为两国缔约之始，规定两国通商办法。其后雍正五年（即一七二七年）《恰克图条约》，划定中俄国界。

咸丰八年（即一八五八年）《瑷珲条约》，咸丰十年（即一八六〇年）《北京条约》，先后将东北之地，让于俄人者，东西约四千余里，南北约二千余里，并许俄人在库伦、张家口、喀什噶尔三处通商，得设置领事、无税贸易等待遇。西北则自同治三年（即一八六四年）《塔城条约》后，凡订条约十一次，又损失疆土达十余万方里。复有同治元年（即一八六二年）《陆路通商章程》，经同治八年（即一八六九年）、光绪七年（即一八八一年）两次修订，以及光绪七年（即一八八一年）《伊犁条约》，许俄人在蒙古各地，添设领事，并获得自购土地权，或由中国官厅划拨地基，以供建筑之用。其无税贸易权，亦扩而及于伊犁、乌鲁木齐等处，与天山南北两路，浸至新疆全省，均成免税之区。观彼之学者著书立说，与军事上之经营，罔不视蒙古为其外府。而我顾漠不关心，弃如敝屣，何也。

清之末叶，俄人因蒙人贫困，贷以资本而厚其利息，或令以财产、土地等作抵押品，已暗置蒙人于其经济势力之下。库伦一隅，俄商数达三千六百人，尚有往来队商，每年亦达七八千人。其余各地俄商及游历、探险队等，平均每年恒达五六万人。俄人在蒙势力，已骎骎乎驾我而上之。

乙 外蒙独立与中俄间交涉

清末厉行新政，派三多为库伦办事大臣，举动操切，失蒙人心。俄人遂利用时机，干涉清廷在蒙练兵、移民等事，以结好于蒙人。一面怂恿蒙古亲俄派杭达多尔济亲王借会盟为名，密议独立，一面出兵援助。及武昌起义，俄人益大肆播弄，喀尔喀四部，遂于宣统三年十月独立。而科布多、乌梁海实未与其事也。

民国元年，俄密派公使廓索维慈赴外蒙迭开会议，各汗、王公皆列席，遂成立《俄蒙协约》。其要旨为扶助蒙古自治，及编练蒙古国民军，不准中国驻兵蒙境并移民蒙境，俄国在蒙古得营一切商业。蒙古自后与中国或他国订约时，不经俄国允许不能违背或变更此协约内条件。同时又订立《俄蒙商务专条》及开矿、筑路、电线各约，俄在外蒙乃尽得各种政治、经济上特权，置外蒙于保护之下。

后我国向俄抗议，乃订成《中俄协约》六条，以易《俄蒙协约》。俄忽否认前议，另提出协约四条，卒于二年十一月由外交总长孙宝琦与俄使库明斯齐签订协约五条，并附声明四项，大致如俄人提出四条之旨。正文为俄国承认中国在外蒙之宗主权，声明文中，则俄国承认外蒙土地为中国领土之一部，而中国承认外蒙之自治权，并承认不驻兵外蒙、移民外蒙及俄国在外蒙之利益。以后外蒙政治、土地交涉事宜，中国政府允与俄国协商，外蒙亦得参与。所可骇者，则科布多、乌梁海竟与喀尔喀四部混为一谈也。三年，我国派全权代表毕桂芳、陈箓会同俄、蒙代表开中、俄、蒙会议于恰克图。至四年六月，始成立《中俄蒙协约》二十二条。其要旨为外蒙承认中国宗主权，中俄相互承认外蒙自治与其为中国领土之一部，外蒙无权与各国订立政治与土地关系之国际条约，其权由中国行使。若经济之条约，则外蒙有自由与外国订立之权。俄国在外蒙有领事裁判权，中国在外蒙有监视自治官府权。中俄入蒙货物，均不纳税。凡外蒙政治问题，中国须与俄国商酌办理。外蒙之博克多哲布尊丹巴呼图克图汗名号，受中国大总统册封。外蒙公文用中国年历，兼用蒙古干支纪年。自是外蒙由独立改为自治。

初外蒙犹欲合内蒙各旗，组织一蒙古大帝国。曾两次煽惑内蒙，经绥远将军张绍曾召集乌兰察布、伊克昭二盟札萨克会议，决议赞助共和，不承认《俄库协约》（即《俄蒙协约》，因不认喀尔喀四部代表全蒙故云），并请兵保护两盟要地，两盟既倾心内向，其他内蒙盟旗，亦遂倾向中央。政府乃就内蒙五盟（除哲里木盟）及内属蒙古，改置热河、察哈尔、绥远三特别区，盖亦亡羊补牢之计也。

丙　外蒙自治及撤消自治与中俄间交涉

外蒙既改自治，我国乃册封哲布尊丹巴，颁布外蒙官制，在库伦设办事大员，在乌里雅苏台、科布多各设佐理员，陈箓、陈毅先后充库伦办事大员，蒙情甚洽。在陈箓任时，我国派军剿匪，俄人以越界背约为词，提出抗议，卒以欧战而罢。后乃与日人订日俄共同支配蒙事之约，并密约攻守同盟，以制我之死命。科布多中俄军冲突事件，乃适于此时发生，情势又形恶劣，幸俄国革命爆发，蒙事方有转机。嗣更因白俄谢米诺夫在赤塔、满洲里一带，勾结内外蒙匪，议在海拉尔设立政府，统一全蒙，自立为国。外蒙惧受其荼毒，请陈毅求援于中央，中央乃特派徐树铮为西北筹边使，领兵进驻库伦。时日人及布里雅特人（俄属，与蒙人同族），复有煽动，势焰汹汹，益增蒙人反感，活佛乃召集全蒙王公会议，决定内向，初与陈毅议定撤治条款，继因徐树铮急进贪功，专用高压手段，乃径由活佛呈请撤治，办法统待后商，于是外蒙复归顺中央，时八年十一月也。同时，科布多投诚，即改隶于新疆，并将呼伦贝尔改隶于黑龙江。俄使虽提出抗议，卒因无实力而止。

丁　外蒙二次独立与中俄间交涉

外蒙撤治之时，徐树铮已失蒙人之心。撤治以后，蒙事竟委诸毫不知兵之李垣，驻军褚其祥、高在田又复互争雄长，各怀私见，及直皖战后，徐树铮逃，继任陈毅，久不赴任，而外蒙贰心又起。驻库俄领，遂乘机勾引活佛、王公，密派专员请求谢米诺夫援其独立。十年三月，外蒙乃二次独立，大权悉操诸谢党巴龙恩勤一人之手。所部一切需用，责成蒙人供给，并勒令喀尔喀四部，限日筹缴军费三百万两，蒙人不堪其虐，复请中央援救，赤俄亦声言中国如不出兵，彼当自由进兵，代驱白党。北京政府，皆置若罔闻，赤党乃攻陷恰克图、库伦，成立新蒙政府。嗣复利用蒙古一般青年，组织国民党，并于六月组织正式国民政府。十一月，缔《俄蒙修好协约》十二条，大致谓苏俄与蒙古，彼此互认为唯一合法政府，并互为军事上之帮助，缔约国人民互居于缔约国领土内，互享最惠国人民之权利并互尽其义务。而实则一切政权，均操于苏俄之手矣。迨十二年二月，活佛因怨望被拘，女佛（活佛之妻）额尔多尼，受青年胁持，俄人诱惑，以外蒙代表资格，在莫斯科与苏俄订结密约，将外蒙土地、森林、矿产，由国家给与蒙古贫民与俄国农民及实业家开发，并排斥中国势力，废除活佛王公尊号与实权。王公、活佛，复一致倾心内向，誓受中国保护，此后与俄国断绝关系。时张作霖已受命为蒙疆经略使，乃在奉天召集蒙古王公会议，议定宣抚办法。苏俄政府，亦因国内货物缺乏，拟与我继续进行商约，而以交还库、恰为交换条件。先已有优林、越飞，两度来华交涉，皆无成议，最后由我国王正廷、顾维钧先后与俄国加拉罕交涉，始于十三年五月签订《中俄解决悬案大纲》协定，并附声明书七件，其中关于外蒙者，摘录如次：

苏联政府承认外蒙为完全中华民国之一部及尊重该领土内中国之主权。

苏联政府声明，一俟有关撤退苏联政府驻外蒙军队之问题，即撤兵期限及彼此边界安宁办法，在本协定第二条所定会议中商定，即将苏联政府一切军队，由外蒙尽数撤退。

时活佛已于三月圆寂，苏俄仍与外蒙青年勾结，对于前缔之《俄蒙修好协约》，依旧维持。外蒙虽未尝否认中国之宗主权，惟对俄国交，丝毫不受中国之支配。故中、俄、蒙三者间之关系，法理上已多疑义，事实上则外蒙竟非我有矣。六月，外蒙遂以第三次独立闻，浸成今日“赤化”之局。国际早不讲信义，至苏俄外交出现，乃真毁灭无余。

三　清初对蒙策略及政治组织

蒙古属清二百六十年，能相安于无事，似清代对蒙策略，足资吾人考镜，然实不外愚民与怀柔二道，并非根本解决之方。其能收效一时者，固由其能深合蒙古之政治、社会情形，亦有时代之关系在。至清之末叶，已不能不改弦而更张之矣。

甲　因教以愚民

蒙古本信佛教，明季乃行喇嘛教，清初特加奖励，于是喇嘛教益盛。寺院林立，戒杀嗪经，而蒙古英武之风消灭净尽。其时蒙古诸部，虽奉喇嘛教，然政教亦未合一。因外蒙本议投俄，由活佛劝之事清，清廷德之，特封为大喇嘛，宠任备至。雍正时，更发国帑十万两，在库伦建大刹居之，使如达赖喇嘛治藏故事。活佛乃统一全蒙，其位置隐然在诸汗上。民俗为之一变，凡民家有二子者，必以一子为喇嘛僧。喇嘛例守孤独，于是蒙古人口亦日以减少，而人才益不出矣。终清之世，乃得相安。

乙　笼络喇嘛及贵族

蒙古社会组织，分三阶级，喇嘛、贵族、平民是也。喇嘛势力最大，已如前言。贵族皆元室嫡裔，或其重臣子孙曾受封爵者，政治实权，多为所握。平民则受阶级之桎梏，谓之奴才，奴才分宜操作，世世服役于王公。有不胜其苦者，则去而为喇嘛。清廷之尊崇喇嘛，既可驱民入教，而喇嘛亦被笼络，为计至巧。又对于蒙古王公，极尽优遇，王公归心，平民更不能为患。清代满蒙通婚，盛极一时，蒙古科尔沁部一旗，其妇女入为清室帝后者凡三人，清室公主下嫁于蒙旗王公者，为数之多，自可想见。所谓备指驸马者，又清廷对于蒙古怀柔之一法也。

丙　严防汉蒙接触

清廷既以愚民为首要政策，故对于汉蒙接触，防范綦严。汉人往蒙经商者，必得理藩院许可，给予院票，受种种检查手续，乃能前往。其居留期限，仅以一年为度，乌梁海更禁止汉商。其开垦蒙荒者，辄借口有碍蒙人生计，亦加禁止，并借以示惠蒙人。以及禁止汉蒙通婚，禁止蒙人用汉字姓名，诵习汉文，皆此意也。不宁唯是，即蒙旗间越界游牧与狩猎，亦有禁止之令，蒙旗之相互接触，亦加防焉。

丁　待蒙古如外藩

蒙古全部政令统属于理藩院，实际上则听蒙古自治，故深得蒙人欢心。其与中央之关系，不过视为中国之外藩而已。其详，参阅当时之政治组织自明。

当时政治上之组织，有旗、盟、部、爵、驻防大臣、库伦办事大臣等制。

甲　旗盟部　蒙古各部落之以旗称者，本袭满洲八旗之名，概以山河为界，无山河者，则以鄂博为准。旗置旗长，名曰扎萨克，统治一旗事务，有管辖旗众及治理裁判之权。旗长为世袭之酋长，下更有协理台吉、管旗章京、拜生达等官，帮同办理旗务。每年各旗旗长会盟，曰盟。盟之名，以会盟之地冠之。盟设盟长、副盟长，汇治盟内各旗事务，由各旗扎萨克互选之。无固定办事机关。又有所谓部者，亦统属各旗之称。部为蒙古旧制，部长以本部扎萨克中强盛者充之。盟为清代新制，设盟以后，部长仅有名义，而无实权。

乙　爵　蒙古王公之爵位，清廷别为六等，原有汗号免去。六等之称，一曰亲王；二曰郡王；三曰贝勒；四曰贝子；五曰镇国公；六曰辅国公。不入于六等中者，曰台吉，或曰塔布囊。爵多世袭罔替，所以补盟旗实官之不足，而尽其牢笼之术也。

丙　驻防大臣及库伦办事大臣　清廷所恃以制驭蒙古者，则有驻防大臣，分布乌里雅苏台、科布多、青海蒙古、内属蒙古等处。惟内蒙古与西套蒙古无驻防。又有库伦办事大臣，初仅监督恰克图等处与俄通商及交涉事宜，其后事权扩大，有处理外蒙一切政治全权，其权在驻防大臣之上。

四　清末及民国以来对蒙策略与现在之蒙古盟旗组织

清代对蒙，虽务为愚民政策，然承平日久，防闲终疏，燕晋贫民，赴蒙贸易、耕种者日众，清廷禁垦之令渐等具文，设治置官，势乃不能再缓。同时俄国势力南侵，清廷感受压迫，益知禁垦之不当，而注意殖边。自光绪二十八年至宣统三年，实行殖边政策，允许蒙古王公放荒招垦，并特派大臣督办开垦事务。改理藩院为理藩部，着手调查蒙古状况，规定牧政、垦务、矿产、森林、渔业、学校等调查纲领十四条。废止开垦蒙地禁令及汉蒙不得通婚之法。又准蒙人用汉文，奖励汉人赴蒙，而尤提倡携带妻子赴蒙者，及汉蒙杂居之局已成，遂于内蒙各地设置建平等县，又设洮南府及大赉等厅，实为清末对蒙最后之努力。今日东蒙之繁盛与绥远农业之兴，张家口、归绥、包头得成口外三大镇，与内蒙其他各地之得免于“赤祸”者，未始不基于此也。民国鼎兴，承此遗策，以外蒙古独立，乃就内蒙古及内属蒙古设热河、绥远、察哈尔三特别区，置三都统以管辖军政、民政及一切旗务，又将套西蒙古二旗改特别区，归宁夏护军使管辖。迨国民政府定都南京，复与青海蒙古一例改省。惟外蒙以变故迭生，不得不随机应付，仅以呼伦贝尔改隶于黑龙江省，一度将科布多改隶于新疆省而已。并改理藩部为蒙藏院，再改为蒙藏委员会，以办理蒙藏行政及计划蒙藏兴革事宜。

更就外蒙以观清末及民国以来之设施，三多则举办开垦、练兵、兴学、卫生、调查诸务；陈箓、陈毅则设立中国银行，以兴商务，开办张库汽车，以利交通；徐树铮则设立边业银行，注销外蒙旧债，弭政教之争，申待遇之令，大体未为非是。然犹引起外蒙一再独立者，何也？盖放垦实嫌太急，事前既未能剀切晓谕，使蒙人洞知其利，事后又未能妥慎处理，使蒙人尽释其疑。蒙人惟见牧地日狭，以为土地将尽入汉人之手，不免有所误会。以及三多、徐树铮操切用事，措置失宜，致招蒙人反感，政局又不安定，易启蒙人轻视之心。而俄人伺隙日久，复从而煽动之也。

至现在蒙古政治上之组织及其与中央之关系，除改省之区省行政可无具论外，请就蒙古会议盟旗组织法一案观其大要，颇能于蒙人之心理、蒙地之政治习惯以及将来蒙事之改进，均顾及之。

甲、总则　（一）蒙古各盟旗管辖治理权，概仍其旧。（二）蒙古各盟及各特别旗，仍直隶于中央。惟遇有关涉省之事件，应商承省政府办理。（三）蒙古各旗，仍直隶于现在所属之盟。惟遇有关涉县之事件，应与县政府会商办理。（四）蒙古地方之军事、外交及国家行政，均统一于中央。（五）蒙古地方所设之省县，遇有关涉盟旗之事件，应与盟旗官署妥商办理。

乙、关于盟之组织　（一）蒙古各盟盟长，总理盟务，监督所属职员及机关，蒙古各盟备兵札萨克，照旧设置。（二）蒙古各盟，各设一盟民代表会议。代表由本盟所属各旗旗民代表会议推选之，其名额，大旗三人，中旗二人，小旗一人。任期一年。（三）盟民代表会议之职权，为关于盟务之立法事项、设计事项、审议事项、监察事项及其他特别规定事项。

丙、关于旗之组织　（一）蒙古各旗扎萨克，总理旗务监督所属职员及机关。（二）各旗重要旗务，须由旗务会议决定之。旗务会议，以扎萨克旗务员组织之。各旗公文，以扎萨克旗务员之联署行之。（三）蒙古各旗，各设一旗民代表会议，由本旗所属各佐各推代表一人组织之。代表任期一年。（四）旗民代表会议之职权，为关于旗务之立法事项、设计事项、审议事项、监察事项及其他特别规定事项。

丁、附蒙旗保安队　（一）蒙古各旗原有之各项队伍，一律改编为蒙旗保安队，专任保卫地方治安之责。（二）蒙古各旗保安队，以每队三十人至五十人为一分队，置分队长一人；三分队至五分队为一中队，置中队长一人。至中队数目之多寡，应按各旗之需要及财力酌定之。

戊、附处理蒙古土地办法　（一）凡蒙旗不宜耕种之地，一律保留，永远作为各该蒙旗之牧场。其可耕之处，必须由各该蒙旗报垦，并先为蒙民留给优厚之生计地。（二）奖励蒙民自行开垦。（三）严定蒙旗佃田规约，保障蒙民地权。

五　俄国对蒙策略及外蒙现在之政治组织

俄国对蒙策略，不外乎侵略而已。兹分帝俄侵略方法及苏俄侵略方法，述告国人。

甲 帝俄侵略外蒙方法

帝俄侵略外蒙方法有二。一面与列强协约，朋分我国疆土，一面引诱外蒙脱离我国关系，而渐收于本国势力范围之内。前者无俟详言，后者之进行步骤，大抵先之以利益诱惑，继则因事而煽动之，再进则援助其独立，而袭取其权利，终则非将外蒙土地收入版图不止。处心积虑，以愚弄外蒙，蒙人焉得不堕其术中。第一次独立，职是故耳。

乙 苏俄侵略外蒙方法

苏俄侵略外蒙方法，一言以蔽之，则“赤化”外蒙耳。苏俄因采取共产主义，与世界各国不合，国际上已成孤立，遂假援助弱小民族之美名，而扰乱及于旧式社会。其施于外蒙者，利用一种强有力之组织，以行其严重监视，使之与己同化，而趋于共产之途。更煽动外蒙二次（外蒙二次独立，虽先与白俄勾结，未几遂听命于赤俄）、三次独立，与中国脱离关系，以便收取外蒙为苏联共和国之一邦。参阅外蒙现在之政治组织，即可得其梗概。

尤有应注意者，苏俄对于蒙事，已在实际上着着进行，民国十五年，报载俄国决拟敷设全蒙铁路消息，出资三千万卢布，先建筑由库伦至恰克图一段，与西伯利亚铁道相连。此外尚有库乌、库科、库桑、库萨军用轻便铁道四线。民国十六年，又载苏俄拟筑蒙古之路线共六条，长二千八百里，凡迪化、阿尔泰、乌梁海、科布多等处，均拟达到。民国十七年，世界新闻社又谓：赤塔经库伦至张家口之铁路，已在建筑，中亚知恩斯克经乌里雅苏台至库伦之铁路，将于年内动工，古利亚至买卖城之铁路，亦正在计划中。其实业之经营，实较政权之袭取，尤足注意。所谓中俄会议者，不过对我国虚与委蛇而已。

至外蒙现在政治上之组织，大抵仿自苏俄，其中央最高机关早已确立，地方制度亦早变更，更有党团之组织，军事之进行，规模已焕然一新，恐竟非吾人意想所能及矣。

甲 外蒙最高政治机关

外蒙现行政制，其最高主权，握于三大机关。一曰国务会议，由外蒙国民政府之国务总理及各部总长与其主事员或秘书组织而成，一切重大政务，悉经议决施行。二曰临时国会，由喀尔喀四部、科布多、达里干沙毕等处（乌梁海已自成一共和国）选派之代表组织而成。凡关于立法事件，悉经议决，咨由国民政府公布施行。三曰蒙古国民党中央执行委员会，所有大政方针与临时重大事项，均有讨论并指挥之权，虽经国务会议、临时国会议决之案，亦得否认。又有苏俄顾问，亦操政治实权，事之可否，常取决于顾问，直无异于外蒙国民政府之太上机关也。

乙 外蒙地方制度

地方制度，系采选举委员制，划分外蒙全部（除乌梁海）为八十六区，而以蒙古包一百五十顶为一地方行政单位。每区设一行政委员会，委员至少三人，至多七人。本区一切行政，悉经议决呈准施行。

丙 蒙古国民党与蒙古革命青年团

蒙古国民党，为蒙古革命中坚，初因平民缺少政治人才，故贵族及资产阶级亦有参加。其后厉行清党，将贵族及资产阶级逐出党外，甚者加以屠杀，如国民政府最初之国务总理和特、内务总长布克特尔、司法总长特夫特和，均以反革命罪处死，又国民党创立者之一，曾充国民军总司令登次，亦以与中国商人结纳图利之嫌疑处死。据一九二四年调查，党员出身之资格，平民占百分之八十八，贵族占百分之四，喇嘛占百分之八。至一九二五年再行清党，则党内悉为平民，而赤色更为浓厚矣。蒙古国民党领袖林基，为彻底共产主义者，国民党第三次大会，林基演说，谓："蒙古国民党最后之目的，在完成共产主义。"其发表政策，纯为布尔札维克政策。虽自其党纲观之，与中国国民党大略相同，亦以三民主义为口号，固未隶属于第三国际之下，然实质上则不啻第三国际之一分部也。

蒙古国民党外，复有蒙古革命青年团。其党纲与组织，概与国民党同。惟党员入党年龄，以二十五岁以下者为限，盖亦仿行俄国青年共产党制度也。而其使命则尤为重大，不受国民党指挥，直接与苏俄发生关系，专监视蒙古国民党及国民政府之右倾与腐化或有反俄之趋向，为外蒙之极左派，蒙古国民党两次清党，皆由青年团执行监视，活佛之撤废，亦青年团宣传之力。一九二五年团员达七八千人，乃举行团内清除，减至三千人，皆为贫民青年之彻底"赤化"者。

丁　附外蒙军事

外蒙现辖军队为骑兵，而炮队、机关枪队、飞机队、汽车队、骆驼队等，亦略具焉。常备兵额，现有一万六千余人，预备兵额，现有三万五千余人。已改行征兵制，凡满十八岁之男子，均须入伍训练，六个月后，遣回本旗为预备兵。其在训练期间，每兵每月发给津贴现银五钱。规定每年练兵一万，以期达到全蒙皆兵之目的。据最近调查，中路驻库伦及近郊之兵，计四千余人。南路驻达里干之兵，计七百余人；驻乌得之兵，亦七百余人。东路驻桑贝子旗之兵，计一千余人；驻塔木斯克寺之兵，亦一千余人。

西路驻乌里雅苏台之兵，计五百余人，驻科布多南境之兵，计七百余人。北路驻恰克图之兵，计二百余人。苏俄驻军，则皆与之衔接。据查赤塔驻一万余人，与外蒙东路驻军相距只二百余里，恰克图亦驻一万余人，与库伦相距七百里，已通长途汽车。其他散驻各地者，尚有五千余人。细观苏俄驻军及外蒙驻军地点，实对我国戒备，一遇战事，即能内外相维，随机援应，其用心可谓深矣。

戊　附外蒙劳动国民权宣言

外蒙经国民会议决议，有劳动国民权宣言。其要旨为，一、外蒙为独立国民共和国，其主权属于劳动国民，由国民会议选出之政府施行之。二、定外蒙之国是，灭除封建〈残〉余制，在民主制下树立新政府。三、政府定施行方针十余项，其重要者，则土地、森林为劳动国民之共产，撤废个人所有权。观此要旨，其“赤化”之表征，益行显著，与俄国赤党握苏维埃政治实权，无以异也。

六　解决蒙古问题之意见

凡清初、清末及民国以来，乃至帝俄、苏俄之对蒙策略，具如上述。蒙古政治组织，亦随之说明。即其社会情形，亦或附着于政治组织之后，或可于各方所取策略之对象中得之。蒙古自身递嬗情形既明，今昔各方对蒙策略之得失，亦约略可见，乃可进而论及解决此历史上、国际间重要之蒙古问题所应取之政治方针，本篇谨贡其个人意见，惟国人进而教之。

清初愚民政策，在今五族共和之下，国情既有不同，民族应谋互助，无论民不可愚，即蒙古之宗教、社会与前时亦已迥殊，其民亦不得而愚之矣。况苏俄“赤化”势力，侵入蒙古社会，其险恶程度，殆远过于帝俄侵略时期。而推原其故，实因蒙人经济之困与文化之低有以致之。则欲求因应之宜，似非努力实行清末及民国以来之殖边政策不可。而清初怀柔政策所以结民族之同情，而免除其隔阂者，亦宜师其意焉。

抑清末及民国以来之殖边政策，已引起蒙人误会，而有三次独立之不幸事件发生。今后更积极进行，则前途之困难当何如者，请即先述其困难，次及先决条件，再分别内蒙、外蒙而述所应注意之点如次。

甲　解决蒙古问题之困难

解决蒙古问题之困难，可分外蒙现状、内蒙现状、外交关系、蒙古地理、民情、汉蒙关系、农牧关系各方面言之。

一、外蒙经苏俄“赤化”，一切制度文物，悉改旧观，政府亦受共产党监督，失其自由，王公、喇嘛之实权尽被剥夺，更无论矣。自《劳动国民权宣言》以后，平民、奴隶，悉被解放，跃居社会上层，而王公、喇嘛，竟遭屏弃，益酿成新旧人物倒置之象。新者言论举动，日趋于新，旧者思想习惯，仍守其旧。较之内地之新旧派别，不可同年而语。一方既跋扈飞扬，志得意满，一方亦遂因愤嫉之念，而萌报复之端。其内部之不安，势所难免，而新者类皆有志之青年，旧者亦未遽失其历史地位，欲求应付之适当，益有难焉。

二、内蒙受外蒙影响，新者纵未必与之俱化，然其改进之念，则固不肯后人。旧者纵未必确乎不移，然其阶级之制，则犹依然故我，今虽尽改行省，而新旧调和问题尚费研究也。即如解放奴隶，为今日不可缓之事实，然我欲努力行之，亦非得王公、喇嘛同意，未可踌躇满志。借〔即〕曰解放，而筹办奴隶生计与其他一切有关之事，亦非可一蹴而几，益以改良旗务、教务及促进省行政效率诸端，其困难盖有十百倍于昔日者。

三、自第二次《日俄协约》成立，俄承认接壤于南满之东部内蒙为日之势力范围，而以外蒙全部为己国活动之地。于是日俄步骤，渐趋一致，其协以谋我之情，昭然若揭。俄方撤退外蒙驻兵之举，既不照约履行，外蒙独立问题，又成中俄间悬案，迄未得切实解决之方。外交方面，形势险恶，折冲樽俎之难，可以想见。

四、蒙地广漠无垠，中横沙漠，交通不便，种族各殊，因而有内外东西之分。加以各地政情不一，人民智识不同，在在足为解决蒙事之障碍。姑就发展交通一事言之，则路线之长，工程之巨，需费之大，已非咄嗟可办。气候之寒冷，复可影响工事之进行，而种族之殊不免有利害之异。人民智识之高下，其观察亦有不同，又皆非妥为宣释，难期了解也。

五、汉人往蒙经商者，因蒙人不工计算，往往恣其盘剥。其往蒙开垦者，更多狡黠之徒，倚势恃强，亦所难免。而招垦官吏舞弊营私，复有侵吞报垦价格情事。蒙旗未邀实惠，土地已非己有，故蒙人猜忌汉人之心，乃至不可究诘，亦遂苛待汉人，而引起汉人烦言。今欲使汉蒙杂处，欢若一家，其事亦非易易。

六、蒙人以游牧为生，汉人以农垦为生，农地日辟，则牧场日隘。如何而可使蒙人自垦其地，改牧为农，以维持其生计；如何而可使蒙人保守牧地，改良牧业，以繁殖其生产，非有通盘计划，必难见诸实行。蒙古会议关于此类决议案，均有见地。盖农牧之冲突，亦蒙古重要问题，不可不特加注意者也。

乙 解决蒙古问题之先决条件

外蒙自第三次独立后，几若脱我版图，而操纵于苏俄之手，情势至为岌岌，自应亟谋挽回。内蒙虽已改省，然众情待辑，今日亦不容少缓，必明本末终始之辨，而定先后缓急之谋，吾以为安辑内蒙，以收回外蒙，实为解决蒙古问题之先决条件也。盖内蒙、外蒙，本属一体，安危利害，呼吸相通，我能安辑内蒙，使人民咸得其所，则内蒙心悦诚服，可促进外蒙来归之念。我不能安辑内蒙，使人民不获宁处，则内蒙杌陧不安，随时皆可受外蒙之煽动也。顾有应说明者，此非置外蒙于不顾也，必以此为先决条件，而后可言其注意之点，各有不同耳。请即进而论之。

丙　解决内蒙问题应注意之点

解决内蒙问题所应注意者，约有四端：一、应以实心而行实政；二、应合蒙人环境而尤注意于其经济状况；三、应谋汉蒙两族之亲睦；四、应予蒙人以自治之权。请申言之。

一、蒙地交通、采矿及工商等事业，多未发达，我若导之经营，则有利于蒙人者甚大。移民开垦之事，近虽著有成绩，然农地多则牧地少，蒙人不习农垦，日蹙百里，仍未能夷然安之。我若一面移垦，一面教蒙人农事，而改进其游牧生活，则事业日兴，而舆情亦必日洽，凡所以振兴实业者，皆所谓实政也，而此实政尤必以实心行之。蒙人仍守其淳朴之风，我若举动虚浮，必至失蒙人信仰。故如政令之纷更，所切忌也；宣传之过当，所切忌也；计议讨论，全无实际，规章计划，悉等具文，皆所切忌也。此应注意者一也。

二、大凡民情有所习，民志有所趋，不循其习而顺其趋，则民不乐于从我，因其势而利导之，则事半而功倍。又当百政繁兴之际，领导人物之需要，虽文明国家，亦所不免，蒙地岂能独异。故凡为民众信仰之所归者，必使其领导民众以宏收效，此皆从积极方面言之也。消极方面亦有之，即如蒙人以游牧为生，素居毳幕，在农业未盛以前，必强之悉营瓦屋，则势有所不能也。而经济势力，尤为一切事业成败之原。蒙古会议议案，如解放蒙古奴隶办法，规定奴隶自解放后，与往日主人间如有相依为命情形，应以友谊或雇佣等合法手续维持其关系。又已经取得所有权之财产，往日主人不得借口解除关系而收回之；又不能生活者，应由该管之旗，速为妥筹生计，及关于蒙古土地之决议，有必须先为蒙民留给优厚生计地之文，已能洞见及此。若不顾一切，径情直行，而望其能推行尽利者，未之有也。此应注意者二也。

三、从前汉人赴蒙开垦经商者，与蒙人发生恶感，致影响于移民事业之进行，殊为不幸之事。现内蒙既改省治，自当力矫此病，以谋交欢。汉人所应知者，不可以蒙人智识之低而玩弄之，尤须注意于商业道德，蒙人亦不应永存歧视汉人之心。有人在蒙古会议提议，奖励汉蒙通婚，奖励蒙人习用汉字，而蒙人忌之，谓系汉族同化作用，则界域之见未泯也。盖汉族已非纯粹之族，每遇外族侵占，辄与同化。《中庸》言，同轨、同文、同伦；《春秋》言，夷狄进于中国则中国之，中国进于夷狄则夷狄之，皆纯以文化为主，而种族上无界域之分。若值此五族共和之世，界域之见，犹未悉泯，非所宜也。此应注意者三也。

四、清代统治蒙古，视为外藩，一切悉听其自治，故蒙情安之。现内蒙虽已改省，然与地方自治固可并行而不相悖也。总理手定国民政府《建国大纲》，既云中央与省之权限，采均权制度，凡事务有全国一致之性质者，划归中央，有因地制宜之性质者，划归地方，不偏于中央集权或地方分权。复有分县自治之规定，而于各县自治之一切条目备举无遗。将来中央与各省情形，自可明其大概。现蒙古盟旗组织，亦已注意于蒙人自治。吾人所欲言者，则望内蒙省县政府及盟旗官署，体中央治蒙之意，努力以求其实现而已。此应注意者四也。

丁 解决外蒙问题应注意之点

两蒙本属一体，惟今当外蒙独立时期，所应注意之点，自有不同，当分外交、军事、党务、人心、时机各方面言之。

一、外蒙问题，固为外交上不易解决之问题，惟苏俄对蒙政策，与帝俄时代不同，故不得各国同情，我为防止“赤化”，收回外蒙，必为各国所心许。况外蒙本为我国领土，俄虽狡猾，犹不能不加承认。我若抱百折不回之心，向俄交涉，义正词严，自可得公理援助。此应注意者一也。

二、外蒙军队，近已由苏俄训练指挥，苏俄又急急建筑外蒙铁路，以期与西伯利亚铁路相连。一旦外蒙有事，俄国军队，出而援助，朝发可以夕至，我于外蒙军事，亦必有相当准备，虽不必相见兵戎，而外交以武力为后盾，古之人不我欺也。此应注意者二也。

三、外蒙政治实权，操于蒙古国民党之手。国民党及国民政府，受监督于蒙古革命青年团，所谓青年团者，不啻苏俄共产党一支部也，我必致力于党务，使蒙人了解三民主义真谛，庶足以矫正共产党病态理论之非，此应注意者三也。

四、外蒙昧于情势，初受苏俄利诱，贸然独立，现因大权旁落，已渐恨俄人之相欺，王公喇嘛固久思内向，即一般人民向俄之心，据闻亦不如前，反抗之期，当不在远，观土耳其、阿富汗往事，则外蒙人心可推而知也，此应注意者四也。

五、外蒙虽甘受俄人欺骗，未必遂能恃俄人为后援，一旦苏俄有变，何来余力顾及外蒙，况外蒙人口稀少，地力未辟，物产不丰，又无海口交通，其势实万难独立成国。前此忽而独立，忽而自治，忽而撤治，忽而又独立，忽而又内向，忽而第三次独立，皆随苏俄情况为转移，时机之来，稍纵即逝，前事不忘，后事之师，此应注意者五也。

抑有愿为我外蒙同胞告者，蒙古问题，不仅为中国自身问题，不仅为中俄间国际问题，虽谓为世界问题，亦无不可。自其黑暗面言之，外蒙若不能自拔于苏俄之手，则星星之火，可以燎原，苏俄之“赤化”势力，固不以由蒙古而中国为止，其后患必及于世界，苏俄野心之大，固予世人以共见也。自其光明面言之，总理推阐五族联合之效力，谓中国地居温带，人口繁殖，物产富饶，实占天然之优越，加以人物聪秀，比白皙人种有过之无不及，但得五大民族，相爱相亲，如兄如弟，以同赴国家之事；主张和平，主张大同，则人类最大之幸福，不难由中国人保障之，最光荣之伟绩，不难由中国人建树之，不止维持一族一国之利益，并能维持全世界全人类之利益焉。外蒙尤当思所以自处也。

《建设》（季刊）
南京建设委员会
1931年12期
（李红权　整理）

蒙古之外交

刘熙 撰

一 日俄勾结之情况

蒙古以地理、政治上关系，分为内蒙、外蒙。内蒙与东三省毗连，日本既占朝鲜，遂出其经营余绪，而侵略东三省，得寸进尺，无可讳言，内蒙密迩三省，亦受其影响。外蒙界于俄之西伯利亚，俄故伸其臂而亟欲攫取之，鹰瞵虎视，已非朝夕。在昔，日、俄曾因满蒙利益，互起冲突，演出日俄之战争；近则以利益均沾为前提，日本在我南满之权利，得有保障，赤俄恢复日本邦交，得以致力于外蒙。于是白色帝国主义与赤色帝国主义，乃狼狈为奸，而有一九二五年一月二日之《日俄协定》。赤俄之代表为加拉罕，日本全权为芳泽谦吉，双方签订日俄基本协定一件、议定书两件、宣言书一件、换文二件、附文一件。其协以谋我之心，昭然若揭。协定中第二条云：

> 苏俄允许一九〇五年九月五日《扑资茅斯条约》，仍然有效外，在一九一七年十一月七日以前，日俄间所订各条约、协定，由两缔约国随后开会审查，依变更的情势，修正或废止之。

《朴资茅斯条约》，乃损害中国主权之条约，赤俄承认之，实蓄意破坏《中俄协定》第四条之精神。我国忍无可忍，遂于二月十一日正式向俄、日提出抗议。二月二十五日，赤俄大使加拉罕致覆牒云：

一九〇五年之《扑资茅斯条约》，中国于一九〇五年已经承认，且一九一四年又二次加以承认。该约之存在，并不抵触中国利益，亦不违背《中俄协定》之精神。

三月四日日本覆牒云：

日本依《扑资茅斯条约》，在满洲所得之权利，经中国于一九〇五年《中日条约》承认，不因中俄或日俄交涉而受影响。

于此可知，日俄此次之协定，即日俄之勾结，更可知日本之所谓“中日亲善”、赤俄之所谓“扶助弱小民族”，皆欺人之口头禅耳。

二　俄国与外蒙古之关系及其侵略

我国蒙古，与有关系之外国，厥为日俄；而利害之密切与重要，尤以俄为著。

（甲）关系之开始

西伯利亚，原为元时诸王之分地。元衰，俄乘机逐元裔，据为己有，骎骎有侵入黑龙江之势，是为接触之始。清顺治时，出师败之于黑龙江，俄使乃至北京，是为中俄通交之始。康熙时，屡歼其扰边之兵，其来归之众，合编为一佐领。至于交易，清时始禁，终允派员驻库伦监视，是为中俄互市之始。雍正时，又互市于恰克图，然定有市期，且不许俄越楚库河界。乾隆时，始设库伦办事大臣，禁止俄逾卡持械放牧，停止恰克图之互市，嗣复许之。封来归之土尔扈特乌巴锡，为汗王、台吉各有差。驻兵于俄蒙连界等处，为十二卡伦。嘉庆时，俄遣正使至边界，以所议不合而返，是为中俄分界之始。

（乙）侵略之开始

宣统时，俄公使柯罗斯脱威济，提议关于蒙古通商六条，促清政府之答覆。清以革命军起，力不遑顾，时库伦活佛宣言蒙古独立，俄乃乘机援助，一面向清政府提出左列之要求：

一、清国政府承认俄国人有由库伦至俄国边境之铁道敷设权。

二、清国政府与蒙古订约，须声明左记数项：

1. 清国不得驻兵外蒙古；

2. 清国不得殖民外蒙古；

3. 蒙古之自治，受办事大臣之管辖。

三、清国之治蒙主权，由办事大臣行之。

四、俄国命领事官协助保障蒙古人对清应尽之义务。

五、清国关于蒙古改革事项，须先与俄协商。

时清外务部对于此不正当之提议，作为无协商之余地，置之不问。寻清帝退位，民国政府成立。俄使忽去北京，突现于库伦，与活佛缔《俄蒙协约》四条及《俄蒙议定书》、《俄蒙协约专款总纲》。所谓《俄蒙协约》四条如左：

第一条　俄国政府扶助蒙古，保持现已成立之自治秩序及蒙古之编制国民军，否认中国军队之入蒙古境及中国人移殖蒙古等权利。

第二条　蒙古王及蒙古政府，许俄国人及俄国在蒙古享有协约规定之各权利及〈其〉他特权等，其他外国〈人〉在蒙古，不得享有俄国人享有权利以上之权利。

第三条　蒙古政府，若与中国或其他外国订约时，不拘如何性质，不得违背《俄蒙协约》及议定书。又不得变更条约。

第四条　此协约自签印日实施。

所谓《俄蒙协约专款总纲》如左：

大俄帝国政府委任之议约全权参议官柯罗斯脱威济，蒙古王及执政各蒙古王委任之议约全权蒙古总理大臣，黄教护持主赛立诺颜汗南那苏伦、内务大臣泌苏朱克图、亲王喇嘛策凌赤茂得、外务大臣兼汗号额尔德尼达泌、亲王杭达多尔济、陆军大臣额尔德尼达赖、郡王贡博苏伦、度支大臣土谢图郡王扎克都图扎布、司法大臣额尔德尼、郡王那木萨麦等，由本日签定协约第二条所规定议定各条，条内记载俄国人在蒙古享有之权利及特权，并载蒙古人在俄国享有之权利及特权。

第一条　俄国属下之人民，照从来享有之权利，凡在蒙古各地，得自由居住移动，并经营商务制造及其他事项，且各个人得与各商铺及俄国、蒙古、中国其他各国之公私处往来协定办理各事。

第二条　俄国属下之人民，照从来享有之权利，无论何时输出俄国、蒙古、中国及其他各国出产制作各货物，免除输出入各税，并有自由贸易之权，免除一切之课税。但中俄合办营业及俄属下人民伪称他人之物为己物者，不得采用比〔此〕例。

第三条　我〔俄〕国银行在蒙古开设支店，有与各个人、各衙门公司，办理各种银行行为之权。

第四条　俄国属下人民，得为现金买卖，或货物交换，及信用上之买卖。但蒙古各王旗及蒙古衙门，不得私人负担借款。

第五条　蒙古官吏，不得阻止蒙古人、中国人，向俄国属下人民办理往来约定之商业，并不得阻止其为俄国人或俄国人开设商务制作各处之服役。

在蒙古境内公私公司，或各厂所、各个人，皆有商务制作等专卖权。未至期限者，保存其权利。

第六条　俄国属下人民，在蒙古所有各城镇蒙旗，有定期租借，或购买土地建筑工业上之局所，或修筑家屋、店铺、仓库等权利，并得租借荒地，开垦耕种，或购买、租借土地，以供上记各项之用，但不得以是为谋利之举。

此等土地，须按照蒙古各地现有之规例，与蒙古政府妥商拨给。其属教场（练兵场）之地，不在此例。

第七条　俄国属下人民，得与蒙古政府协商关于所有之矿产、森林、渔业及其他各事项。

第八条　俄国政府，得于应设领事馆处，派设领事，有随时与蒙古协商之权利。

第九条　凡在俄国领事，与蒙古协商设立租界地，以便俄国属下人民，营业居住之用；是等租界地，专属俄国领事之管辖，无领事处，专归俄国各商务公司领袖之管辖。

第十条　俄国属下人民，得保存其仍以自费在蒙古各地至俄国边界各地段设立邮政，以便运送信件及货物之权利。此事须与蒙古协商办理。

若在各地设立邮政局，以至需要别建房屋时，均照本约第六条之规定办理。

第十一条　俄国驻蒙古领事，若为传递文书，派遣递送人及别项公事上必要时，得使用蒙古邮政局，但一个月内，所有马匹不过百匹，骆驼不过三匹时，不给使用费。俄国领事及办理公事之人员，亦得照蒙古邮局规定价格，给费使用。

俄国属下办理私事之人，亦有享用蒙古邮政局之权。但此等人须与蒙古商定支给费用。

第十二条　凡由蒙古境内流入俄国境内之河川及其支流沿岸，皆许俄国人之商船自由航行，与蒙古民贸易。

俄国政府帮助蒙古整理各河川船路，设置各项需用之标识等事。蒙古官吏，应遵照本协约第六条之规定，于此各河川沿岸，给与停船需用之土地，以为起货并仓库之建筑及柴水准备之用。

第十三条　俄国属下人民运送货物、兽畜时，有使用河川道路之权。

蒙古官吏，应商允俄国人自费建筑桥梁渡口，且许其向经过桥梁渡口之人，征收使用费。

第十四条　俄国人驱送其兽畜时，得停息牧养。

若停留多日时，地方应于牧畜经过之路径，及牧畜买卖之地点，择取牧用之地，给与牧场。

若使用牧场至三个月之久时，则应交纳使用费。

第十五条　俄国沿界居民，向在蒙古有渔猎、刈草之特权者，不得少有变更。

第十六条　俄国属下人民及其开设之工商局，取得与蒙古人、中国人以口头或书式为商业之契约。此等契约，应呈地方官厅检查。若经地方官检查时，发见有窒碍契约之处，应速通知俄国领事馆，与领事协商，去除误解。

兹应明白规定者，凡关于不动产之事件，必须呈出所定契约，受该管蒙古官吏及俄国领事检查批准。

关于天然物产之契约，必须经蒙古之批准。

无论口头契约，或文书契约，若有争议时，由双方推举中人和平解决。

若不能和平解决者，再由会审委员判决。

会审委员，分为常设、临时二种。

常设会审委员会，设置于俄国领事馆所在地，以领事或领事代表，及蒙古官吏之代表，有相当阶级者组织之。

临时会审委员会，在未设置领事之处，酌量其发生事件之紧要何如，始行设置，以俄国领事代表及被告居留地之代表，或所属蒙古六旗王之代表等组织之。

会审委员会，招请中国人、俄国人为会审委员会之鉴定人。

会审委员会之判决，关于俄国人者，即由俄国领事执行之。其关系中国人者，即由被告所属或居留地之蒙旗蒙王执行之。

第十七条　此协约自签印日实行。两全权制成俄蒙两国文字并用之约文二份，对照无错，签名盖章，互授为证。

附记：以上之总纲，为《俄蒙协约》之主旨，其后交涉结果，《俄蒙协约》成为《中俄协约》，遂削除此总纲。

民国政府，得俄蒙间缔结协约之报，即电令驻俄公使刘式训，向俄政府提出抗议如左：

蒙古为中国领土之一部，未经国民政府之许诺，蒙古随意与他国缔结之协约无效。

十一月七日，复向驻京之俄国公使克尔便斯基提出抗议。翌日，俄公使提示该协约四条于民国政府，且附言如左：

关于蒙古问题，前曾数次向贵政府交涉，均不得何等之答覆，故不得已与蒙古开始直接交涉，订结协约。

于是我国朝野之舆论沸腾。同月十二日，梁外交总长引咎辞职，陆征祥代之，而舆论益烈，各省都督频电中央，督促征蒙，或组织对蒙团、征蒙敢死队、敢死团等团体，或为排斥俄货运动，或为军费之义捐，实有不辞与俄一战之概。当时极力主战之副总统黎元洪，建言联合二十一行省对蒙十大策，如左：

一、蒙古之向背，关系民国大局之重大问题，应举大兵征服，使各省各出二师团之兵，一师团之兵数以万计，可得兵额四十万。

二、通告各省，各出枪千挺，弹药一万发，鄂、江两省有兵工厂，应先出枪五千挺、弹药五万发，以后每月出枪一千五百挺、弹药八十万发。

三、此次之《俄蒙协约》，为赛音诺颜部等少数所缔结，非全蒙之意见，应招抚其他诸王。

四、招还蓝天蔚及其他海外游历者，以备顾问。且应于奉天、吉林、齐齐哈尔、太原、西安、兰州、绥远、察哈尔各要隘，驻屯重兵。

五、阿尔泰城，为蒙回交界之要路，现向背未定，应速驻屯重兵。

六、应速招抚内蒙古，[之] 免其附加。

七、宣布蒙古之大逆无道及俄国之背约于天下，使发其敌忾同仇之心。

八、粮食皆由各省负担，不足之数，由中央拨给，倘再不足时，则补以借款及发行军用票。

九、以黄兴为总司令官，委任一切全权。

十、征蒙古军，分东、中、西三路。东路由朝阳进，西路由包头进，中路由伊林搭拉尔泰方面进，一举冲击库伦。

当时呈请出兵各省列左：

江苏　二师，预〈备〉粮食弹药

安徽　同上

江西　一师团，军需一切

湖南　同上

贵州　　二师团，军需一切

广东　　一师团半，军需一切

广西　　一师团，军需一切

山西　　一师（骑炮兵）

于是陆外交总长，先定对俄交涉方针：（一）要求《俄蒙协约》之破弃。（二）由我国提议条款，为《中俄协约》。（三）就俄国提议之条款，裁抑之为《中俄协约》。依此三项，与俄国公使交涉，俄国公使，顽强不听，反提出左列四条：

为将来对蒙古问题，解除两国之误解，并为确实〔定〕蒙古自治之基础计，兹提出条件如左：

一、中国保证毫不变更蒙古之历史及种族上行政制度，承认蒙古人民，在其领土内，自有防御及保护治安之特权，得为军队及警察之组织。不许外人在蒙古境内，有殖民之行为，中国人亦在此例。

二、俄国人保证尊重蒙古领土之完全，除领事馆之护卫兵外，非先与中国交涉，不得派遣军队。

三、中国欲恢复蒙古之旧状，须宣言许俄国为仲裁，以便规定中蒙交涉，及领土范围事宜，且以便发生蒙古自治之权利。

四、俄国人民商务上在蒙古享有之特权，当列入本约附件条款内。

我国对于上列俄国提出之条件，所疑惑者：一，漠然单称蒙古，系包括全蒙；二，派遣军队一言，隐有自由行动之意；三，殖民一节，禁我而弛彼；四，复禁我之用兵，而无蒙古取消独立之保证。有此四点，毋宁复活宣统时俄国所提出五款之为愈也。于是交涉七阅月，谈判二十余次，俄政府四易条件，我政府亦及五六回，始至协妥。其全案列后：

中俄两国，为避免对蒙古之现状所发生之误解起见，协定条约如左：

一、俄国承认蒙古完全为中国领土之部分，兹特保证此领土关系继续无断。又由此领土发生中国从来未享有之权利，俄国尊重保证之。

二、中国保证不变更蒙古之历史，及其自治制度，并保证蒙古人之蒙古，在其境内，因有防御及维持治安之责，得组织军备及警察，并有拒绝非蒙古籍人殖民其境内之权。

三、俄国除领事馆护卫兵外，保证不派遣兵于外蒙古。又俄国除代表俄国之领事官驻在彼地外，不使其他官吏驻在。

四、中国以和平解决之方针，施用其权于外蒙古，并听俄国之仲裁。中国照上记各条之宗旨，宣明定立外蒙古对待之办法大纲。并使外蒙古中央长官，自认与在中国所属部内之地方官吏，有同一之性质。

五、中国政府，应重视俄国之仲裁，在外蒙古地，与左记之商务利益于俄国人。(加入前记《俄蒙议定书》十七条)

六、俄国以后与外蒙古官吏协定关于变更该处制度之国际条件，必经中国政府直接商议，得中国政府之承诺，方为有效。

以上各项，两国当局者均无异议。我国政府遂提案付议国会，更附记参考资料如左：

参考第一　俄国承认并尊重我国之领土权、政权之关系，盖所以回复满清时代之旧状，于我决无所损。

参考第二　辛亥十一月（宣统二年）要求五款（俄国最初提出者）内第二节各项，关系至重，得以次之第三补之。

参考第三　补救前项，似不致有大流弊。

参考第四　中国不用兵库伦，而允听俄国为仲裁者，是地势、兵力上所不得已，恐以武力不能取销库伦独立，则暂利用他力。

参考第五　商务俄国倾注全力，决无相让之势。要之北蒙地方辽远，非我国现时之财力所能经营，姑允俄国之请，月〔日〕后别谋回复。

参考第六　此项虽似默认俄蒙订约之事，但事实如斯，无所掩饰。且有第六条，所以防止俄国他日再出自由行动也。

以上六条，较诸辛亥十一月之条件，不为无所差异。然推而上之，实少交涉之余地，可否议定，即候公决。

国会接受政府提案后，即由审查会委员开会审查，并请陆外交总长出席说明，修正议决如左：

一、本条约不以条约之形式，以中俄两国之交换公文缔结，或可得国会之同意。但此种公文之实质，认为与条约无异。

二、条件第一款，照原文同意。

三、条件第二款，照原文同意，但应附左之说明书：

甲　历来不变动地方自治制度，即《蒙古待遇条例》第二款所谓“蒙古王公原有之管辖，一律如旧”。

乙　对于组织军备，乃〔及〕警察之专有权，须为左之声明：此项军备、警察，依第一款之规定，当然按照前清之旧例，受中国政府之节制。

丙　对于非蒙古籍人，在蒙古境内，拒绝殖民，应声明“如第五款所指之商务利益，当然不在殖民之限”。

四、条件第三款，照原文同意。

五、条件第四款，删去“中央”二字，余照原文同意。

六、条件第五款正文，照原文同意。但于附带条件十七条协约中之蒙古之上，均加“外”之一字，以明为外蒙之事。

又应删去第十七条。

七、条件第六款，照原文同意。

右各项为充分审查最后之让步条件，若能修正，应再加左之修正，若不能修正，则以现议决者为标准：

一、第二款乙说明书“专有权”下，加书“但组织方法及经费，须经中央之认可”。

二、第六款削除“关于变更该处之制度”之句。

三、附件第八条“派设领事”之下，须加书“但须经中国政府之认可”。

审查委员会所修正之政府提案，提交大会议场，当时进步党议员赞成之，国民党议员则反对，盛行论驳，致惹起两党之轧轹，无若何之决议。俄国政府遂向我国政府发出自由行动之通牒，斯时政府极为狼狈。直至承认民国问题时，《中俄协约》始见成立。其内容如左：

中华民国对俄国政府所定关于外蒙古交涉之原则，全然表示同情，两国乃议定左之条项：

第一条　俄国承认外蒙古在中国主权之下。

第二条　俄国承认外蒙古之自治。

第三条　中国承认外蒙古人民之自治，解决关于通商、殖产问题之权利，不干涉此等事项，不派遣军队于外蒙古或设置文武诸官，且不许自国民之移住。但中国任命之大官，得驻在库伦，有幕僚、护卫兵。中国政府以护自国民利益之目的必要时，得准本协约第五条，置事务官于外蒙古之地方。俄国亦于领事馆外，不使军队驻屯于蒙古，不干涉此境内之政治，或殖民于该境内。

第四条　中国明定与外蒙古之关系，准据以上各款大纲，及一九一一年十月二十一日缔结《俄蒙商务条约》应受俄国之斡旋。

第五条 因外蒙古形势之推移，今后引起中俄两国之利权问题时，两国可更缔结协约。

两国全权，交换下记之通牒文：

第一条 俄国承认外蒙古为中国之领土。

第二条 凡关于外蒙古政治、土地交涉事宜，中国政府允与俄国政府协商，外蒙古亦得参与之。

第三条 正文第五款所载随后商订事宜，当由三方面酌定地点，派委代表接洽。

第四条 外蒙古自治区域，应以前清驻扎库伦大臣、乌里雅苏台将军及科布多参赞大臣所管辖之境为限。惟现在因无蒙古详细地图，而该各处行政区域，又未划清界限，是以确定外蒙古疆域及科布多、阿尔泰划界之处，应按照声明文件第五款所载，日后商定。

依此条约，俄国承认外蒙古为中国之领土者，仅承认其宗主权而已。其关于外蒙之内政与外交，皆无权以干涉之。此实造成今日赤俄势力膨涨于外蒙之原因，悔何及焉。

后经多日纷扰已极之中俄交涉，始渐告结束。至民国五年一月二十六日，《中俄蒙协约》正文二十二条，乃行签印，附笔之《中俄恰克图条约》亦行签印。（《中俄蒙协约》订立之际，为民国四年六月，《中俄蒙恰克图条约》，亦在民国四年六月由外交部发表。）

《中俄蒙协约》记之如左：

第一条 外蒙古承认民国二年十一月五日（一九一三年）之《中俄协约》及声明附件。

第二条 外蒙古承认中国之宗主权，中俄两国，承认外蒙古之自治及其为中国领土之一部分。

第三条 自治之外蒙古，无权与各外国缔结关系于政治、土地之国际条约。凡关于外蒙古之政治及土地问题，中国政府担任按照民国二年十一月五日《中俄声明附件》第二款办理。

第四条 外蒙古博克多哲布宗丹巴呼图克图汗之名号，由中华民国大总统册封之。外蒙古公事文件，用民国年历，亦得并用蒙古干支纪年。

第五条 中俄两国，承认外蒙自治官府，有办理一切内政及与各外国缔结关于工商事宜之国际条约之权。

第六条 按照《中俄协约》第三款，中俄两国，担任不干涉外蒙古现有自治内政之制度。

第七条 中国驻库伦之大员，其卫队不得过二百名。该大员之佐理专员，分驻于乌里雅苏台、科布多及恰克图各处者，每处卫队不得过五十名。若因外蒙自治官府之同意，于外蒙他处添设佐理专员时，每处卫队亦不得过五十名。

第八条 俄国驻库总领事之卫队，不得过一百五十名。其他处已设或将来添设之领署或副领署，每处卫队亦不得过五十名。

第九条 凡遇有典礼及其他正式集会，驻库伦之大员，应列最高地位，若必要时，该大员有独见哲布宗丹巴之权，俄国代表亦有独见权。

第十条 中国驻库大员及各地之佐理专员，得行使最高之监察权，俾外蒙自治官府及其属吏之行为，不敢违犯中国宗主各权利及中国国家与人民在外蒙古之各利益。

第十一条 自治外蒙古之区域，即以历来库伦办事大员、乌里雅苏台将军、科布多参赞大臣所管辖之区域为限。其与中国之界线，东以呼伦贝尔，南以内蒙古，西南以新疆省之戈壁，西以阿尔泰接界之各蒙旗为界。至于中国与自治外蒙古之正式划界，另由中俄两国及自治外蒙古之代表协同办理，并于本约调印后二年以内，即着手共同测量。

第十二条　中国商人运货入外蒙，无论何种产物，不课关税，惟须遵照自治外蒙官府所定境内货捐，一律纳付。外蒙商人运货至中国内地时，与中国商人一律看待，若系转运外国货物，则照一八八一年（光绪七年）《陆路通商条约》纳税。

第十三条　凡在自治外蒙古之中国人民民刑诉讼，由中国驻库大员及分驻各地之佐理专员审理判决。

第十四条　自治外蒙古人民与中国人民之民刑诉讼，概由中国驻蒙大员，或所派代表，或驻在各地之佐理专员，会同自治外蒙古官吏审理判决。被告若系华人或蒙人，则在中国官员处或蒙古官署，分别会同审理。犯罪者，各按自己之法律治罪。

第十五条　自治外蒙古人民与俄国人民之民刑诉讼，按照一九一二年（民国元年）十月二十一日《俄蒙商务专条》第十六款办理。

第十六条　在自治外蒙古内，中俄两国人民之民刑诉讼，如俄人为原告，中国人为被告，则俄领事或所派代表，得参加会审；若俄人为被告，中国人为原告，则中国驻库大员或代表或佐理员，亦得至俄国领事馆观审。两方官员，均负有执行判决之义务。

第十七条　恰克图、库伦、张家口间之电线，因在自治外蒙古境内，议定为自治外蒙古之所有物。

第十八条　库伦及恰克图之中国邮政局，仍由中国照旧管理之。

第十九条　自治外蒙古给与中国驻库大员及驻乌里雅苏台、恰克图佐理专员与卫队属员等必要之驻所，完全作为中国政府所有物。

第二十条　中国驻外蒙之各官员，使用蒙古台站时，可按照一九一二年十月二十一日《俄蒙商务专条》第十一款之规定办理。

第二十一条　一九一二年十一月五日之《中俄协约》，与声明附件及一九一二年十月二十一日之《俄蒙商务专条》，均继续有效。

第二十二条　本约用中、俄、蒙、法四文合缮，各三份，于签字日起，发生效力。四文校对无误，将来文字解释，以法文为准。

自此条约立后，我国无异承认蒙古之独立，而失去北方重要之屏藩，俄国侵略蒙古之野心，至此乃大告成功矣。《中俄蒙恰克图条约》与《中俄蒙协约》，毫无差别，故不赘录。

（丙）继续之侵略

呼伦贝尔，既以形势取销独立，由我国划为特别行政区域，以该地总管胜福为副都统，管辖其地。该地原为俄国势力范围，俄政府不忍遽然舍去，故与我国政府缔左列有利之条约，其野心之不死，于此可见：

一、呼伦贝尔为特别行政区域。

二、呼伦贝尔置都统一人，其下设二厅，官吏概由中国政府任命。

三、呼伦贝尔之收入，除关税、盐税二项，其余全部充作地方费。但于每年终，详细报告中国中央政府。

四、呼伦贝尔地方，若有事变时，应向中国中央政府，请派军队致讨，平定后，得要求撤回军队。

五、在呼伦贝尔地方，汉人可以自由居住及经营商业，但不得妨害蒙旗之生计。

六、呼伦贝尔为振兴农工而借款时，须先与俄国商议。

七、呼伦贝尔与俄国订结各条约，须经中国政府审查，始为有效。

追加条件：

一、呼伦贝尔之全部收入，除解送中国中央之关税、盐税外，概充自治经费。

二、俄国设领事一人于呼伦贝尔。

三、俄国于领事以外，使武官一名、兵二百人驻扎该处。

四、俄人在呼伦贝尔，得自由居住及营业。

五、呼伦贝尔经营农工其他各项实业，若资额不足时，不向他国借款，必先商俄国借款。

六、中国政府于呼伦贝尔地方有事变时，得派遣军队讨之，但须先照会俄国领事，且保护居留之俄人。

（丁）赤俄侵略之暴行

一九一七年，俄国共产党革命成功。中俄关系上，虽略有变化，惟对于外蒙古，仍不稍减其侵略之野心。民国八年十一月，外蒙忽取销独立，还政中央。而白俄党人谢米诺夫部将恩勤，突于民国十年二月二日攻陷库伦。赤俄党人乃借口自行进兵，攻取恰克图、买卖城，七月初，遂入库伦，至此外蒙统治权，由白俄之手，移入于赤俄之手矣。此为赤俄之擅夺库伦。

赤俄自革命以后，举凡欧亚之帝国主义者，莫不对之实行经济之绝交，赤俄为此种情势所迫，乃思利用我国以为援助，于一九一九年之第一次、第二次对华宣言，尽其巧妙之能事（其宣言不仅有关外蒙，故未赘录），然其侵略之心，终不可掩。一九二二年，遂有虐待我国居留赤塔侨民［云］消息，

〈云〉：当赤军占领库伦以后，即拘禁活佛，而拥戴其妻额尔多尼，以号召外蒙，实权乃完全操诸赤党手中。赤俄政府与外蒙代表，自由行动，在莫斯科缔结密约，其大旨如下：

一、外蒙当局，须宣告一切森林、矿产及土地，以后均归国有。凡无人占有之土地，均给蒙古贫民及苏俄农民居住耕种。

二、外蒙天然富源，禁止私有。一切矿区，许苏俄实业家雇用蒙人开采。

三、全蒙矿业，归苏俄工团及工会承办。

四、外蒙贵族享有之土地权，当即废止，而代以苏维埃自由交易财产制度。

五、外蒙须请苏俄实业家，开发富源，振兴工商业。

六、外蒙须请苏俄工会，参与创设劳工制度事宜，以便得完全保护工人。

七、外蒙政府，须聘苏俄之各专家为顾问，以资指导。

八、外蒙政府一切职权，均归人民政府之行政部施行，先设立一革命委员会及军事委员会，再召集会议，以便制宪。

九、苏俄军队，得驻扎于外蒙，协助蒙人保全领土，以御中国。

十、活佛及蒙古〈王〉公之头衔，一律废除，而以活佛为革命委员会委员长。

当时我国人民，闻此密约成立，纷纷通电反对，而赤俄又有巧妙之第三次宣言，其宣言颇娓娓动听，国内一部分之青年，竟为其所惑，而倾心于共产主义之传播，遗毒我国，至今未已，胥受此宣言之祸也。

迨至一九二四年（民国十三年）五月三十一日，大中华民国，大苏维埃社会主义联邦共和国，恢复彼此邦交，协定解决两国间悬案大纲，派全权代表，互相妥洽，签订《中俄悬案大纲协定》十五条。兹将当日协定之十五条中有关于外蒙之第五条，照录于后：

第五条　苏联政府，承认外蒙为完全中华民国之一部分，及尊重在外〈蒙〉领土内中国之主权。苏联政府声明，一俟有关撤退苏联政府驻外蒙军队之问题，即撤兵期限，及彼此边界安宁办法，在本协定第二条所定会议中商定，即将苏联政府一切军队，由外蒙尽数撤退。

平心以论，此协定之第五条，允于会议中商定撤退驻外蒙之一切军队，不可不谓其停止侵略之心。然彼既承认外蒙古为我国之一部分，即当将显然侵犯中国之主权，驻在外蒙之军队，立即撤退，不当留在中俄会议解决之。且此协定成立之后，外蒙撤兵问题，似石沉海，可见其侵略之野心，尚丝毫不肯放弃。此种巧妙言语，实益呈其侵略之暴行耳。

今日之外蒙之独立，换言之，实为苏俄占领。假使我国人民能知此为奇耻，努力以雪之，斯外蒙必有收回之一日；否则唇亡齿寒，又岂仅外蒙而已哉。

三　日本对于蒙古侵略

（甲）关系之开始

弘安之入寇，无关于蒙古之主权，可置勿论。

（乙）乘时之侵略

自日俄战争之结果，日本遂继承俄国享有今日之南满铁道，该线自昌图北至长春间，通过博王、达尔汉、南郭尔罗斯各旗之领土。其关系出现，渐成为重要矣。

一九〇七年七月三十日，第一次《日俄协约》成，约定保全清国领土，维持满洲现状。日俄两国间并划定势力范围，自图们江口之庆兴至秀水站、哈哩斯、海城、南郭尔旗、长春一带，划为一线，其北归俄，南归日本。至于蒙古方面，日俄两国皆不承认有该地域之特权。寻自美国提议满洲中立之后未几，第二次《日俄协约》成（一九一〇年七月四日），该协约非仅规定两国势力维持满洲之现状，且盟约协同防御现状之破坏者。所谓维持满洲现状之词句中，自然含有蒙古领土曾编入中国行政区，为东三省所辖诸县之地。此协约中，俄国承认接壤于南满洲之东部内蒙古，为日本之势力范围，外蒙古全部，为己国活动之地域，于是日俄两国之步调，渐称一致。

民国四年五月，日本大隈内阁与中国政府缔结条约。兹将其关于东部内蒙古者，摘录如左：

第四条　日本国臣民，在东部内蒙古，与中国人合办经营农业及附随工业时，中国政府当承认之。

第六条　中国政府为外国人之居住、贸易，务须自行开放东部内蒙古之适当诸都市。

四　今后我国之对付方法

我国近百年来之外交史，处处失败，已不可讳。现今之满、蒙、藏，莫不为日、俄、英之砧上肉，而尤以蒙古之事为最可痛最可耻。日俄挟其帝国主义，充其全国势力，以我蒙古为其目的地，进攻不已，或以外交为经济侵略之先声，或恃武力作外交要求之后盾，犹恐我之觉悟，日人则以“同宗”、“同文”、“亲善”

之名词，俄人则以扶助弱小民族之口头语，在国际外交上，以欺我诳我，并以欺诳世人，我国即知其为虚伪，亦无从拒绝之也。

日俄又恐彼此之间，由竞争而发生冲突，遂勾结一致，以宰割我国。且日本不惜与其日夕所嫉视、防制之共产国家互相携手，其原形已毕露于假面具之外矣。

日本欲拓地于大陆，不得不先占南满与内蒙，俄国欲伸臂于太平洋，不得不先取外蒙以作根据地，彼等各抱此不可告人之隐衷与大欲，苟以公理正义争之，是直向虎口攫肉耳。故日本之视内蒙，虽尚未若台湾，而俄国之视外蒙，已有若西伯利亚，特破外交之惯例，行其所欲为。而俄之帝国主义，由白色而赤色以赓续前进，于是中东铁路之事以起，虽一时未能逞其所欲，然其阴谋则已完全暴露于世界，设非其阴谋有牵掣世界之和平，盖已不堪设想矣。

我国今后之对付方法有二。

甲　全国人民团结一致，自动废除日俄关于蒙古之种种不平等条约。

乙　将日俄对于蒙古各抱之隐衷大欲，宣布于世界。

果能共同努力，奋斗不懈，必能得蒙古外交上最后之胜利也。

附言：近今外蒙甘受赤俄之嗾使，设立关卡，专事盘查内地人民，以自外于我国，能不痛心？如能早自觉悟，团结一致，以御外侮，所谓亡羊补牢，未为晚也。殷鉴不远，幸勿自误，以视全国，而噬脐莫及焉。

《建设》（季刊）
南京建设委员会
1931 年 12 期
（朱宪　整理）

日人口中的外蒙现状

作者不详

日人小岛岩太郎，在库伦行医九年，一九三〇年冬间，被逐出境，他对于外蒙现状，有左的谈话：

（一）苏俄在外蒙残暴的实状　现在库伦人口，约计三十万，其中的外国人约有五万。在一九二二年，苏俄积极的“赤化”外蒙，政治、经济组织，完全采用苏维埃制，自后亦不无多少变迁。前年十月间，外蒙议会开会的时候，外蒙民众，不堪苏俄压迫，反俄的气势颇盛，蒙古军队，有一致反俄的形势。当时苏俄即派军队来蒙，横加压迫，加反俄民众以反革命的罪名，将他们全部入狱，或枪毙。自此以后，外蒙政府，名存而实亡，亲俄派亦完全失却自主力，形成所谓苏维埃总监政治。在去年夏间，库伦所有蒙古人经营的商店，受苏俄极端压迫和干涉的结果，几完全破灭，所剩者，不过少数犹太人的商店而已。

（二）最近蒙人的生活状况　最近蒙人的生活，穷困已达极点，喇嘛所居的寺庙，几全被夺取，寺内所藏的宝物，亦被掠夺，在库伦作粗工的喇嘛，已达五千人以上。现在多数蒙人，仍从事于牧畜生活，然其所有的家畜，除极少数以外，多被所谓“苏维埃政府”掠夺以去。蒙人的生业，早濒绝境，加之由中国境内的输入完全断绝的结果，各项生活所必需的物品，更觉非常缺乏。

（三）外蒙的交通机关　现在只有威尔福勒与库伦间，每星期两次的定期飞行，可以搭载旅客。因蒙人反对建筑铁路，故至今尚未着手，前年苏俄曾派交通代表来库，欲筑威、库间铁路，当时受蒙人猛烈的反对，该代表卒被逐出境。

（四）蒙人的教育　自本年起规定男女八岁至四十岁，施以强制教育。教育制度，纯采苏俄式，并规定每年派多数学生，至苏俄留学。

总之外蒙现状，表面虽为自治形式，然实际不过苏俄的总监政治，可怜七十万的蒙人，呻吟于苏俄横暴压迫之下，正不知何日始能接受三民主义，实现他们独立自由的愿望。

《军事杂志》（月刊）
南京军事委员会军事杂志社
1931 年 31 期
（丁冉　整理）

热河平泉县公安局长之横征

作者不详

（北平通讯）卓盟喀喇沁右旗平泉县属各地，去岁因遭雨雹等灾，非常奇重，烟苗完全损毁，因此地方据情呈报省政府，请求豁免此项捐厘，嗣经禁烟局派员勘查，按灾情之轻重，酌量减轻征收，业经该省府明令照准，故去年所纳之捐，照原定数目，稍有出入。不意本年该县公安局局长单子明，竟假称政府命令，声称该县所属各蒙区，去岁烟捐，均未照章缴纳，积欠甚巨，勒令照章限期会交，一般蒙民，因曾经省政府明令豁免，并非故意拖欠隐漏可比，而该局长，竟将各地方官人暨富户，派警传带拘押，限期勒交，故一般蒙民，颇为不平云。

《蒙藏周报》

南京蒙藏委员会

1931 年 36 期

（丁冉　整理）

内蒙古之纪实

作者不详

政治概况　内蒙共分伊克昭、乌阑察布、锡林郭勒、昭乌达、卓索图、哲里木六盟，盟之下有旗，旗之数目，同〔视〕盟之大小而定。属于盟之外者，复有独立旗及特别旗，如阿拉善、西土迷特、俄极诺、士〔土〕而沪特、齐齐哈、伊克绵干、呼伦贝尔、索伦巴古等，均不归盟管辖。以盟为最高机关，各盟有盟长，其下有杂沙克，即旗之官职也，统辖所属之旗。盟长虽较杂沙克高一级，然彼并无政治权柄。司法亦有一定之法律规定，不如藏方之一任达赖喇嘛行使也。其现行法律，即照清廷理藩部所颁定之蒙古法律，而略加以改良。

军队组织　军队以“章京”为军事领袖，其职权如内地之都统焉。军队完全为骑兵，并无步、炮等种类。军队编制之数目亦多少不定，以旗之大小而定，旗之大者有军队两三千，小者仅一二百，内中亦有汉人充军官及士兵者。惟在锡林郭勒盟，则因地属游牧，汉人极稀，故军队中不见汉人踪迹矣。

农商交通　商业方面，除汉人之茶、皮毛等商外，蒙人并无何种商业可言。盖游牧生活之外，近来始渐有业农者，然为数甚少，亦不发达。至交通方面，仅伊克昭盟与乌阑察布盟较便，然较诸内地，则尤相差甚远。旅行除马、骆驼、牛车、骆驼车，以及由张北一带所去之轿车外，别无代步法。邮、电两项仅邮政略有设施，然亦多不完善。

宗教信仰　信仰上据内地传说，谓蒙人完全信仰佛教，其实蒙人之信仰，亦颇自由，如回教、耶稣教等，蒙人均有信仰者。现回教势力颇盛，以阿拉善、奇鲁两旗为多，耶教则势力极微。信佛教者，虽颇笃信喇嘛，然喇嘛在蒙，仍不能操纵政权也。

汉人情形　汉人之旅居内蒙古者，为数甚多，伊克昭、乌阑察布两盟为尤多，该两盟之蒙汉两种人比较，几成为二与八之比，以营农及商为主，蒙汉两方感情，亦颇融洽，农人较商为多。

《军事杂志》（月刊）
南京国民革命军军事杂志社
1931年41期
（丁冉　整理）

苏俄对满蒙之新攻具

造军舰警备乌、黑　编特军兼用布蒙

作者不详

（哲盟通讯）兹闻苏俄当局，为充实乌苏里、黑龙江两江之警备起见，特令伯力造船所，修造江防军舰三十艘，每舰配机关枪二三十架，大炮三门。据闻此种军舰，吃水极浅，行驶甚速；并一面积极训练海兵，以备军舰下江之需要，现正在积极修制中。又闻苏俄政府，近特编制蒙古布俩特别军，定名为远东特别军团，直辖于苏俄政府，亦在进行中。按苏俄处心积虑，以攫得三省为快，近数年来，努力宣传“赤化”，希图先夺北满，以为“赤化”中国之根据地，今又积极扩充武备，则其志不在小矣，望我国多加注意可也。

《蒙藏周报》

南京蒙藏委员会

1931 年 50 期

（朱宪　整理）

蒙地、蒙民之两特色

崇农　撰

拥有九零二二六零七万方里之土地、二百余万之人口如蒙古者，宜乎开发利源，人文进步，协助内地，共图富强，作为西北之宝库，消除强邻之侵略矣，而乃任其茫茫大漠，耕牧无术，文化落后，简陋浑朴，以致货弃于地，盗瞰其室，是诚历来当局所不能辞其咎者也。民国以来，政府虽表面注意经营，设官专司其事，然内容仍有名无实，利未见而弊已随之，国内人士亦鲜有为具体之研究，有力之援助，遂任其隔靴搔痒，治丝愈纷〔棼〕，而不知要领之所在，焉有成绩之可言哉。以治蒙之要领言，须在经营改良以前，熟悉蒙地之特产与蒙民之特性，二者俱能熟悉，然后因地制宜，因人设施，则百废俱举，措置裕如，无往而不利矣。蒙古之特产，即此旗与彼旗出产不同，为一旗特有之产业者是；蒙民之特性，即与内地人民性情迥异，亦特具优美之性质者是。兹试分别言之。

（一）蒙古之特产　东蒙哲盟之扎萨克图王旗洮儿、归流两河之渔业，索伦山之森林，开通、洮南之甘草，郭尔罗斯前旗之土碱，伊克明安旗蒙尤儿河南北两岸之牧厂，又卓盟喀喇沁三旗之土槽子银苗，老泥洼、鸡冠山、八里罕、梅伦窝铺金苗及金矿，与夫五十家子、龙头沟、冰沟煤矿，并有围场之大森林，土默特旗之煤矿，又昭盟敖汉左旗之碱业，奈曼旗之渔牧，巴林两旗、克什克腾旗、扎鲁特两旗、喀尔喀旗之垦牧，翁牛特石〔右〕旗之商务及矿产，又锡盟西乌珠穆沁旗与东浩奇特旗之达谟斯盐池，阿巴噶旗之土碱，达里冈崖及察哈尔正黄、镶蓝两旗之牧厂与野兽，正白旗察汗哈达山等处之水晶，镶红、镶蓝两旗之五色宝石，皆东四盟各旗之特产也。至西蒙乌盟四子王旗之毛绒，乌喇特三旗穆讷山、默克山之森林及渔业，喀尔喀左旗与茂明安旗之野兽，又伊盟鄂多克旗胡和诺尔之盐池，五盛旗、杭锦旗、扎萨克旗之碱池及甘草，归化城土默特旗广大之牧厂，申板〔板申〕气之石棉矿及其最富之煤矿，又阿拉善旗之吉蓝泰盐池，皆西二盟及阿拉善各旗之特产也。至于外蒙之车臣汉〔汗〕克鲁伦河之水产及东南一带之野兽，土谢图汉〔汗〕圣山之森林，土拉河之水产，色楞格河一带之农垦，额尔〈德〉尼王与马贝子两旗之金矿，三音诺颜汗塔顺呼都克附近之青狐，巴颜察罕山之森林，扎萨克图汗阔阔迭里苏一带之野兽，达尔拉山之森林，科布多乌兰布拉克之金矿，哈拉乌苏湖附近之野兽，唐努乌梁海境内之森林与矿产，皆外蒙之特产也。

（二）蒙民之特性　夫蒙人生长寒暑咸烈之区，居常追逐水草，食肉饮酪，饥渴久经，在在足以增加膂力，强健身体，内地人士安能比拟。元之席卷欧亚，目无今古，皆恃此体力。而目力最强，常处广漠之地，道路巨〔距〕离，标志远近，皆能辨之无讹，故其骑射擅长，枪法极精。又日出而作，从事放牧，择配孳生，助抚仔种，能于牧群之中，欲取何蓄〔畜〕，任何鸷性不驯，一经用骑追逐，以套马竿取之，无不俯首帖耳。广漠无涯，牧群何限，畜之所有权，未必属于一人，错综混杂，在所不免，即有标志，何能尽识，然蒙人施以标志之后，视察一周，即能永记不忘，无一或失。至于剪毛、选绒、编毯、造毡，利用骨革，调制食品，即内地长于手工技术之人，亦鲜能望其项背。且待人接物，和蔼异常，倘有旅行之人偶入其家，适馆授餐之雅，无不毅然任之，并无索酬之心。客有馈赠，又必表示万分感谢之意，相交既久，多能推心置腹，遇友临难之际，真能拔刀相助，有与共生死而不悔之概。皆蒙古同胞之特性也。

上述蒙地之特产，皆为内地物产之所无，蒙民之特性，亦为内地人民之所缺，苟能加以引伸而扩充之，予以奖励而鼓舞之，则今日特产之中，未必不出盖世物，今日特性之中，未必不出非凡人。夫物质之美，足以富国，人才之盛，又足以强国，胥可盼之于蒙古也。弃之而不顾，固足深惜，顾之而不得其要领，则不失之于敷衍，即失之于操切，不失之于操切，即失之于隔阂，似此顾犹不顾，亦足以深惜也。但惜吾国有蒙，不能利用，虽曰深惜，尚无后悔，倘一旦帝国主义者乘其隙，夺其产，而制其人，使我束手无策，任其所为，则悔之已晚矣。言念及此，诚令我不寒而栗，因亟叙此两特色，以贡国人。

《蒙藏周报》
南京蒙藏委员会
1931年51期
（李红权　整理）

绥西欢迎西藏旅行家

志在旅行东半球　由印赴欧现返亚
三人仅存哈吉姆　胆识兼全殊堪嘉

塞　撰

世界谈旅行者，咸认我国为最幼稚之民族，现有西藏人哈吉姆者，居然跋涉长途，旅行欧亚，诚为空前之壮举。闻该君出发时原有三人，徒步由藏地而达印度，西行偏〔遍〕及欧洲，然后绕还亚洲，结果三人一害于匪，一死雪窖，仅哈吉姆健在，因徒步旅行，所得谈科〔料〕甚富，随时编有藏文日记，然所历危险亦多。前者莅包头，各法团恭请讲演，闻者莫不赞其有胆有识，县政府及各法团，悉送路费。哈吉母转道而西，以达五原，全城欢迎，留数日。又西行，预游陕、甘、青海等地，归途回藏。若哈君者，开黄种旅行之前导，游欧亚各都各胜境，殊有纪录之价值云。

《蒙藏周报》
南京蒙藏委员会
1931年51期
（丁冉　整理）

开鲁民众拥戴侯县长

办赈务勤劳卓著　有功德普及灾黎
刻因物议令去职　公呈省府请保留

作者不详

昭盟通讯　开鲁侯县长，现因办理赈务，发生物议，并借他案撤差，于是本县民众，怀念该县长，夏间办理赈务，任劳任怨，有功于民，若因此获咎去职，未免令人灰心，特由王品三、邵西堂等出首，联名电请热河省政府准予保留，仍回原任，以示拥戴。其词略云：开鲁连年荒旱，民不聊生，今岁尤甚，五六月间，十室九空，民尽断食，于是贫民聚众分食富家商户，行将民变，故由绅商各界发起，呈请县署，转请拨给贷款二十万圆，或十五万圆，以资救济。经一再陈请，始蒙由兴业银行，贷款七万圆，由商、农两会担保归还。惟因灾区太广，饥民众多，杯水车薪，无济于事，乃由商、农两会，招集会议，组织救济会，公举正副会长，维持现状，当议决以兴业贷款赴平、津购米平粜以外，再发行期条十万圆，作为以贷代赈，期条均作现洋使用，三个月兑现。惟俟准办，则缓不济急，本县侯县长，因目睹惨状，特救民命起见，随不顾功过，就先行批准，一面呈请备案，一面派员协同绅商，分赴各区，秉公发放，丝毫无私，复由商务会长尹明远等，当众发表演说，以安人心。不意奸商利徒，希图破坏，期条则按八折行使，并高抬物价，任意垄断，一经举发罚办，即结为私仇，最可恨者，当运米出粜时，商米随亦落价，及平粜粮尽，商米则由二元八角，涨至六元六角，并将兴业贷款，由商会挪用七千元，以作渔利之图，当比凶荒之际，民何以堪。今更散布谣言，以诬蔑我大公无私之县长、会长等，致被撤差，民等良心难忍，为此公恳恩准保留，并派员来县彻查，以明真相，而免冤累云。

《蒙藏周报》
南京蒙藏委员会
1931年51期
（朱宪　整理）

伊希嘎瓦连呈蒙委会之三案

一为呈恳转请财部提前发给年俸，一请发给欠领甘珠尔瓦马卫队饷，一呈组织甘珠慈幼院简章请备案

作者不详

甘珠尔瓦呼图克图扎萨克喇嘛商卓特巴伊希嘎瓦，连呈蒙委会三案：一为呈恳转请财政部提前发给年俸，一为呈请恳予据情转请财政部发给欠领甘珠尔瓦马卫队饷项，该两案业经该会第六十八次常会修正通过，前者批令将年俸前案声叙明白再议，后者交总务处办理；一为呈送组织甘珠慈幼院简章请备案并乞分行一案，经该会第六十九次常会议决，批示准其自行筹办，俟有成绩，再行呈报查核备案。兹将该三案原文，依次分别录后：

（一）呈。为恳予转请财政部提前发给年俸事：窃自民国初建，僧师甘珠尔瓦呼图克图，首先倡导共和，以致全蒙响应，蒙录微劳，前政府待遇极厚，所有一切嘉奖，均与章嘉呼图克图等，每年俸给数目，亦属无异。前自北伐成功，僧师甘珠尔瓦呼图克图，以国家统一已成，欣庆之余，即致力于蒙疆，每于放〔释〕经讲道中，力倡三民主义，务期蒙众了然于以党治国之精义，并申述救我蒙疆舍此别无梯航各情形；一方对蒙众宣布首领合群爱国，以备抵御强邻之种种要点，所到之处，幸各旗蒙翕然乐从，不无效果。只以各方奔走，需费实繁，遇有用途，深感困难。查

僧师甘珠尔瓦呼图克图，年俸一项，蒙前政府拨发有案。现闻章嘉呼图克图年俸等项，俱蒙拨发承领，僧师与章嘉事同一律，或蒙同视之仁慈，由僧师委遣代表唐进宪晋京办公，为此备具印文，请求发给僧师年俸，以维急需。特兹呈恳钧会鉴察前情，俯予转请，提前拨发，以便承领回牧，济此急需，至感德便！谨呈蒙藏委员会。甘珠尔瓦呼图克图扎萨克喇嘛商卓特巴伊希嘎瓦。

（一）呈。为呈请恳予据情转请财政部发给欠领甘珠尔瓦马卫队饷项，以资维持，仰祈鉴核事：窃案查卑师甘珠尔瓦呼图克图马卫队薪饷，自民国三年，蒙经陆、财两部，会核呈准，列入察防预算，常年经费一万零七百元，平均每月应领洋八百九十一元六角六分六厘，案经察哈尔财政厅拟由台站经费项下拨发。嗣后台站恢复，往返咨商，定由财政部按月协济，每月由部发领洋五百六十九元四角四分四厘，其亏短之三百二十二元二角二厘，仍定由察哈尔财政厅按月发给等因，敝处遵由察省政府财政厅依照前案关领，自十八年度起迄至本年三月份，俱由省厅照领在案；其应由部领之款，当以道路不便，一再请求察省政府代为转恳汇给，迄未蒙准发下。现在敝处什兵困苦异常，当此边地土匪充斥，殊赖卫队保护，目下严寒已届，购置服装，至为万急。伏查此项马卫队薪饷，应行直接由部承领之数，计民国十八年全年度，共合洋六千八百三十三元三角三分，十九年应领十一个月份，计洋六千二百六十三元八角八分，二共合计应领洋一万三千零九十七元二角一分整。刻因敝处年荒岁馑，腾挪计穷，士卒哓呼，不能再缓，兹特派遣唐进宪持文赴京，恳请钧会俯赐据情转请财政部恩准，即将敝处马卫队应领十八、九两年薪饷，一并发交去员承领携回，以维现状，实为德便！谨呈蒙藏委员会。甘珠尔瓦呼图克图扎萨克喇嘛商卓特巴伊希嘎瓦。

（一）呈。为呈请组织甘珠慈幼院，以恤流亡，而固边圉，拟具简章，仰祈鉴核事：窃查我蒙边向以牧养为生，近数年来，旱灾时疫，牲畜大多倒毙，求生无路，致强壮者挺而走险，或被外人利诱，老弱者流于乞丐，或仰天待毙，抛弃孤儿，尤属可悯，每一思及，忧心如捣，昼夜彷徨，施救乏术。曾经招集属庙执事会议，佥以我蒙人素乏工艺技能，知识又为谫陋，以我蒙古之特产，纯属皮、毛两大宗，多半为洋商以贱价收买运走，而生货出熟货进，瞬息之间，获利甚厚。兹采〔拟〕就地设法制造，不但蒙边求生有路，抑且挽回利权外溢。卑师甘珠尔瓦呼图克图，本方外慈悲之怀，嘱筹相安济生之策，谨拟组织甘珠慈幼院，缮具简章，呈请钧会鉴核，俯予备案！并请呈明国民政府行政院，分行内政部，察、绥两省政府知照，至感德便！谨呈蒙藏委员会委员长马。附呈简章一扣。甘珠尔瓦呼图克图扎萨克喇嘛商卓特巴伊希嘎瓦。

谨将组织甘珠慈幼院拟具简章，呈请鉴核：

第一条　本院定名为甘珠慈幼院。

第二条　本院内设学校、工厂，以收纳蒙边失业孤儿，教授工艺教育，救济饥寒为宗旨。

第三条　本院地址设于察哈尔省多伦诺尔甘珠尔瓦佛仓，暂行试办，俟有成绩，普及绥远，推广全蒙。

第四条　本院采用委员制，设正副院长各一员，委员十员，并延聘专门委员四员，指导工艺教育各项事宜，院长一席，由甘珠尔瓦呼图克图担任，其委员由属庙推选之。

第五条　本院设总务处、文书股、会计股、庶务股、工艺组、教育组、采办组、售品组，各设主任一员，副主任二员，分门掌管各项事宜，以事务之繁简，得酌用雇员，施行细则另定之。

第六条　关于本院公文函件，概由正副院长名义行之。

第七条　本院经费除由院长尽量筹垫外，其不敷之款，得由本院募化各界各慈善家捐助之，但捐助巨额者，得呈请政府奖励，详则另定之。

第八条　本院正副院长，概不支薪，其专门委员、主任、副主任为常川经营之员，服务甚繁，得按月酌给薪工费。

第九条　本院内设小学校，以汉蒙两种文字书籍教授，设工艺厂一处，教以皮、毛两种制造技能，详则另定之。

第十条　本院以收纳无倚孤儿及失业者，在五岁以上十五岁以下者，宜审查儿童之姿〔资〕质、年龄，或送学校，或工艺厂，以四年级为毕业期，发给证书，详章另定之。

第十一条　本院工厂为造就完善儿童技能，得聘请专门技师教授之。

第十二条　本院儿童期满毕业后，愿在工厂服务者，月给工费，不愿者由本院名义往他厂介绍工作，详则另定之。

第十三条　本院工厂购置机器、材料等项，得呈请核免捐税，以示体恤，本院制造成品，运销境外，均得呈请酌免捐税，以资提倡国产，而便抵制外货。

第十四条　本院呈请核准后，即次第筹备成立。

第十五条　本院简章如有未尽事宜，得由本院委员会议决，呈请增删之。

《蒙藏周报》
南京蒙藏委员会
1931年51期
（朱宪　整理）

日人侵略满蒙野心

自本年三月至十月赴满蒙考察者竟达一万余人

作者不详

日人对满蒙素抱侵略野心，久为世人所深知。日本今年因不景气之影响，已实行一切紧缩政策，然关于今岁来满之团体，昨据某方统计，自本年三月至十月底止，其赴东北各地视察者，共为二百七十八团体，人数则达一万三千四百零四名，其处心积虑，可以概见。

《蒙藏周报》
南京蒙藏委员会
1931 年 52 期
（丁冉　整理）

绥省地方法院之成立

当局筹备苦心　令合四三审制

作者不详

绥省司法经费，困难达于极点，囚徒累累，几乎绝食，于监狱员司，全数欠薪未发，于此困难之中，尤能振奋精神，努力工作，本着司法的轨道，向前推进，力求完善，不让察省独美于前。考察哈尔省高等法院与地方法院，早已先后组成，惟绥远仅有高等法院，而无地方法院之设，其与四级三审制度，颇称不合，高等法院长，一再请办，直至今日，始观成立，院内设民庭、刑庭，及主席、检察官。兹于九月一日，正式成立，院址在新城高等法院之偏西，于该日上午十时，举行成立典礼，省垣各高级官长，到者甚众，其下各界参入典礼者亦盛。十时二十分开会，行礼如仪，主席致宣誓词，同时启用印信，省主席特致训词，以及来宾均有演说，直逾午正始散，典礼颇称隆重云。

《蒙藏周报》
南京蒙藏委员会
1931 年 52 期
（丁冉　整理）

统一后的蒙藏问题的希望

努力　撰

封建思想留存在我们中国人的脑海中，有四千多年的历史，所以封建势力的根蒂，在我们中国，是很深固的。总理在时，曾经集合了全国革命的优秀分子，努力革命有四十年之久，牺牲了多少热血和头颅，结果，封建势力还是旋灭旋起的在各地顽强作乱；足到今年，封建势力才土崩瓦解，渐渐的消灭快要完了；但是这种成功，并不是偶然的，是总理和许多革命同志牺牲的热血和头颅换得来的；所以这个时候，中央昭示我们的是："今日之环境，实空前所未有，则吾人竭智尽忠以求适应此伟大之新机运者，更宜如何有举国一致之努力，弛缓者紧张之，颓靡者振作之，散漫者齐一之，延缓者急起直追而补足之；戒慎恐〔戒〕惧，以自鞭策；乐观兴奋，以起〔全〕事功。"（参看四中全会宣言）。那么，蒙藏问题当然也是在我们应当努力的范围之内的了。所以我希望办理蒙藏事务的同志们，也应当紧张起来，振作起来；戒慎恐〔戒〕惧，兴奋乐观，以从事我们蒙藏问题的解决！

目前我对于蒙藏问题的希望，有两点：一是关于蒙古会议的，一是关于西藏会议的。关于蒙古会议的就是：蒙古会议闭幕，已经有这样久了，蒙古会议的一切决议案，应当一桩一桩的拿来实行，尤其是我们所大声疾呼〈的〉教育和交通各案，应当首先提前实行，因为蒙藏的文化是这样的落后，交通是这样的梗阻，所以要是蒙藏教育没有相当的发展，交通没有相当的建筑，要希望蒙藏有其他的改进，那就简直是爬在树上去捉鱼，使三岁小孩去负千钧之重任了，我们的希望，岂不是要等于零吗？关于西藏会议的，可以分两方面来说：一方面是西藏会议的延期，已经有这么久了，应当急速筹备，在最短期内开成才好；一方面是西藏的当局和民众，应当赶紧多多选派代表来京出席这次的西藏会议，把西藏民众疾苦，外人侵略西藏的状况，和西藏当局对于治理西藏、改革西藏、建设西藏的意见和计划，都开诚布公，详详细细确确实实的贡献给中央，以备中央之采择和挽救。还有西藏的当局和民众，应当彻底觉悟和知道，现在国民党的努力，是要把全国的汉、满、蒙、回、藏五大民族在平等的一直线上联合起来，坚固我们的堡垒，严密我们的组织，以抵抗侵略我们、压迫我们的共同敌人——帝国主义者，以维持我们在世界上的生存，以实现我们在国际间的自由平等，然后再援助世界上的一切被压迫民族，使他们也脱离帝国主义者的压迫，同上自由平等的道路；换一句话说，就是国民党的主义和政策，是要联合和扶助蒙古、西藏民族的，不是要侵略和压迫蒙古、西藏民族的；是要把蒙古、西藏当成两个共存共荣、祸福与共的好兄弟，不是要把蒙古、西藏，像从前专制时代一样，当成属国和屏藩，所以我盼望西藏的当局和西藏的民众，应当急速起来，同汉、蒙、满、回四族联合，不要怀疑不决，不要踌躇不前。

《蒙藏周报》
南京蒙藏委员会
1931 年 53 期
（丁冉　整理）

蒙委会总务处报告查核伊希嘎瓦呈请案之经过

常会决议咨财政部查案核办

作者不详

甘珠尔瓦商卓特巴伊希嘎瓦，前呈请蒙委会转请财政部发给欠领甘珠尔瓦马卫队饷项及年俸两案，本报已经志载。蒙委会当时将该两案，交总务处查核办理。兹悉该处已经查核完毕，将所查情形，具报七十一次常会核议，并经议决咨财政部查案核办。兹将该两报告原文，摘录于后：

（一）为报告事：窃据甘珠尔瓦商卓特巴伊希嘎瓦呈恳转请财政部发给欠领甘珠尔瓦马卫队饷项一案，前经钧会第六十八次常会决议：交总务处查案核办等因。查原呈内称：马卫队薪饷，民国三年经财、陆两部会核呈准常年经费一万零七百元，平均每月应领洋八百九十一元六角六分六厘，每月由部发领洋五百六十九元四角四分四厘，其亏短之三百二十二元二角二分二厘，由察哈尔财政厅按月发给等语。调查旧卷，虽陆、财两部会核呈准之案未能检得，但有民国七年四月财政部咨文一件，可以证明所呈应行直接由部承领之数，尚属相符。兹据请领十八年全年薪饷洋六千八百三十三元三角三分，又十九年十一个月薪饷洋六千二百六十三元八角八分，合计洋一万三千零九十七元二角一分，是否据情呈覆行政院，请令饬部拨发之处，谨检同新案二件，旧案一件，请求钧会核议施行。附卷三件。总务处。

（一）为报告事：窃据甘珠尔瓦商卓特巴伊希嘎瓦，呈恳转请财政部提前发给年俸一案，前经钧会第六十八次常会决议：批令将年俸前案声叙明白再议。当即批饬遵办。兹据甘珠尔瓦呼图克图代表唐进宪呈称：民元二月前世呼图克图首先翊赞共和，前政府嵇〔稽〕勋嘉奖，优予年俸银一万元。讵料民元秋间库匪犯境，前世呼图克图被戕，转世呼图克图尚未迎请来蒙，年俸因之未领。窃查章嘉公文所载年俸为一万二千元，故念同等，据以为例等情前来。调查旧卷，仅有甘珠尔瓦商卓特巴阿噶旺彦林丕勤〔勒〕请发年俸，及伊希嘎瓦恳请筹拨年俸两案，前政府优予年俸一万元之案，迄未检出。究应如何办理，谨检同新旧案五件，请求钧会核议施行。附新案三件、旧案二件。总务处。

《蒙藏周报》
南京蒙藏委员会
1931 年 53 期
（刘哲　整理）

热河吐默特右旗自治将见萌芽

筹办民团　购置枪械　防患未然　严密警备

作者不详

（卓盟通讯）卓盟吐默特右旗，遭土匪之扰已有六七年之久，农民之被抢掠者，屈指难数。迨十月间，各村农民联合招集会议，谋防匪患，兹将其议决计划分志于下：

（一）“筹办民团”　查本旗境内连年匪患，为害实烈，现在驻军又移，急应筹办民团，以期根本肃清，而遏乱萌。拟订百家为村，设村长一人，十村为乡，设乡长一人，村长、乡长，均由人民选举之，以专责成而免杂散。

（一）“购置枪械”　查本旗联庄业已涣散，今重加规定，农户、商户，须一律购置枪械，农户之种地五十亩者，须备大枪一枝，种地一百亩者，须备大枪两枝，种地二百亩者，须备大枪两枝、手枪一枝，商户因无地亩，按其基金多寡核定，有一千元基金者，备大枪一枝，有二千元基金者，备大枪一枝、手枪一枝，每枝枪须有子弹二百粒。各户枪械须用铁印印成号码，并给与枪证，以便查验而免借充。

（一）“防患未然”　查地方土匪，乃各村之游民变相，村中如有无业游民，该村长负有劝导、规戒、监视之责，如村中住有抢掠昭彰之土匪，该村长须率众严捕，送县惩办，并逐其全家出境，以防酝酿后患，而免拘〔勾〕引奸恶。

（一）“严密警备”　查土匪之抢掠财物、勒绑肉票，恒在孤野村庄或要隘道路，凡四无居人之孤村，及要阸之区，须设守望，由村民轮流守备，不论日夜，以杜土匪之乘机而免孤村农民、行路旅客之被害。

以上四项系该旗农民之计划，倘能再于教育上、卫生上加以良好计划，则该旗自治不难达到完美地步矣。

《蒙藏周报》
南京蒙藏委员会
1931 年 53 期
（李红权　整理）

日本最近图蒙之工作

调查风土人情　测验蕴藏矿产
只求便于工作　甘愿放牧牛羊

作者不详

（哲盟通讯）日人来我东北考查者，每年不下二百余人，而以青年学子及团体为多。近则团体较少，个人受日政府或各机关之派遣者增多。彼辈均以游历为名，实为调查风土人情，绘画地势，测验矿产，甚至联络土豪劣绅，贩运违禁物品。地方官员不察，竟本有求必应之宗旨，滥发旅行护照，致来者日见其多。如最近由哈埠归来者云：日人在八月中到驻哈外交特派员处领取护照者，有南里顺生等八十余人；到长春外交员处领取护照者，有三埔顺治等二十余人，至一二人一伙者，更不计其数。其游历地点，十之八九系在东三省暨内外蒙古各地。日期至少则六个月，多则十三个月。在此极长期中，非特可作详细调查，且护照上并无标定日期与地点，难免有转借他人之事。凡经其考察之地，日后即有大批韩民移殖，闻近六个月中韩日人入东蒙者，有三百七十余起，每起一二人或数十人不等；并未见多数归还。据东蒙来平人云：来蒙之日人，皆通蒙语、华语，竟有在各旗牧牛羊者，有散居各地者，其行动诡密，吾人不可不注意也。

《蒙藏周报》
南京蒙藏委员会
1931 年 53 期
（丁冉　整理）

章嘉呼图克图致函蒙委会委员长马福祥并派代表二人面陈一切

倡导蒙古赞成共和爱党爱国不后于人
专志清修未遑察核用人办事容有失当
贵会诸公疑以藐躬自大未解本党主义
实因华文不熟移译行文隔阂以之渐生

作者不详

管理雍和宫办事处常务委员伯云和什克等，以指摘章嘉呼图克图数事，呈请蒙藏委员会处理，蒙委会以职责所在，其后亦略有相当表示，旋该呼图克图驻京办事处处长李长励复畏馁潜行，其始终详情，已分志本报。兹悉章嘉呼图克图，以其个人平时专志清修，对用人办事，未遑察核，致酿成控案之端，深抱疚悔！遂致函蒙藏委员会委员长马福祥氏，备陈衷曲，请其谅解，并派有代表二人，来京面陈一切，以期详尽。兹以该案曾引起蒙藏人士注意，特亟录原函，以饷阅者：

径启者：章嘉本系方外之人，蒙国家恩宠，世受荣施。惟以近两年来，多驻辖寺等处清修，致于内地情形，不免隔阂。然自民国肇建，总理在大总统任内，曾奉内命倡导蒙古，赞成共和，不及月余，朔北从风，国基底定，嗣是以降，革命思想，远播蒙疆，翕然沛然，景从党化，虽不足以言章嘉功绩，自维爱党爱国之心，不后于人。迨我政府定鼎南京，立即派员请觐，以表效忠眷眷之忱。慨自三载以来，外交不振，帝国主义者，垂涎蒙土，何止一日？又况蒙境，北临强俄，东近日本，彼等野心既远，在在堪虞！章嘉屡以宗教上之勠力，潜消无形之患，更迭以防止大计，入告中央，察其拱卫之勤，始终如一，则可证忠诚在念，何至骤改初衷？惟是平时专志清修，未遑察核，用人办事，容有失当，遂酿成控案之端。风闻贵会诸公，疑以为藐躬自大，有未能了解本党教义之说，反躬自省，惶悚莫名！顾思章嘉本唐古忒人，对于华汉文义，不尽畅解，对外文件，无非以移译行之，隔阂渐生，曷胜自疚！切盼贵会曲为谅解，力予维持，倘荷周全，所有国家优待诸典，定当体念，以仰副我政府怀徕柔远之至意。除派札萨克达喇嘛巴彦济尔噶勒、顾问李鸿远晋京面陈一切外，相应函述颠末，惟希谅察为幸！此致蒙藏委员会委员长马。章嘉呼图克图。

《蒙藏周报》
南京蒙藏委员会
1931年53期
（丁冉　整理）

蒙藏人士庆祝新年声中应有之认识与努力

奋生　撰

光阴荏苒，日月如梭，中华民国成立二十年纪念，转瞬又届。吾人于庆祝之前，不禁感念中华民国成立前后之历史，使吾人懔其缔造之艰难，与其生长过程中之不易，因以振臂奋发，而继承此中华民国万世于不替。

夫满清入主中华，挟种族之偏见，施高压之雄威，民族间不平之气，弥漫全土。适以外来之帝国主义，将长城内老大封建帝国冲破，而庸懦之满清，由排外一变而媚外，于是国际帝国主义，群施其三大侵略——政治、经济、文化，中华民族处此两重压迫之下，遂陷入较殖民地底下一等之次殖民地地位。总理孙中山先生，以其先知先觉之明，奋袂而起，倡导革命，志士仁人，复风起影从，尽瘁国事，因此崭然于世界之新中华民国，方得呱呱以产生。不幸此新生之小儿——中华民国，未久失保姆之怀抱，封建军阀，大肆暴戾，自袁世凯叛国以下，接踵效尤者，历历可数。总计此十余年来中华民国之历史，因军阀及帝国主义之勾结逞凶，为人民血迹泪痕所染成之杜鹃红而已！

幸我总理以数十年如一日之救国救民精神，领导国民革命，与反动势力始终搏斗。总理逝后，秉承其遗志之中央，辗转戡乱，直至今日，方将此波方灭、彼波又兴之循环式之变乱，作一最后之总解决，训政大道，得由荆棘而坦途，此吾蒙藏人士，于庆祝二十年元旦，所引为较前此一年一届之十九次元旦之破涕为笑之庆祝而为愉快者也！

但吾人在此除旧换新一岁开始之时，必如戴季陶先生所云："……这种种切要的革命工作，都要在这一年这一天做个起点……"因此，我蒙藏人士，应有其认识与努力者在。

吾人应有之认识：最要者为国民党民族主义之意义，即合汉、满、蒙、回、藏诸族为一家，不以汉族之优势以代替满族之专横，而以一民族之专横宰制过渡于诸民族之平等结合，使四百兆同胞，一律平等，各得独立自由之新生命以构成整个的中华民族；其次民主共和政体之开始，总理及先烈之丰功伟绩，总理遗教之伟大渊深，均须有深切之体认。

吾人应有之努力：除拥护中央，切实普用国历，与全体同胞一体无异外，其关于蒙藏本身者如下：

（甲）蒙古会议决议案之实施。蒙古会议为全蒙民众代表之总合体，其决议案为全蒙民众创造新蒙古之总意思，故新蒙古能创造与否，全视该议案之能否实施。如决议自决议，则如不兑现之纸票，同样的丧失其价值。蒙古会议闭幕半载矣，其决议案尚未施行其什一者，固因环境之牵制，未可以旦夕成功者语之；然而今者国家统一，建设肇端，应从今年今天起，蒙藏主管及地方当局，要下一决心，将此蒙古决议案，循序的见诸事实；蒙地民众，要下一决心，竭诚拥护及接受此决议案，勿固拘勿守旧，上下一心，以观厥成。兹再不惮烦琐，认为廿年前，期在必行者，抽象其大端，与我蒙藏人士共勉：

（一）教育之振兴：教育为民族文化发达之张本，蒙藏两地学校，寥若晨星，若不急起直追，文盲之痛苦难减，文化之进展无期。吾人最低限度所要求二十年前实现者，即如《蒙藏教育实施计划》中之《实施普通教育办法》第一条之规定："蒙古各旗，西藏各宗，及等于宗的地方，按其学龄儿童的多少，酌设小学若干所，在民国二十年以前，至少〈各〉须成立一处，以后逐渐推广。”切实履行。他若在首都、康定二处，各设一国立蒙藏学校，亦望于今年具备雏形，勿托空言。

（二）交通建设：蒙藏交通建设之急迫，夫人而知，虽蒙古决议案规划綦详，吾人此时非敢奢望；所馨香祝祷者，如邮电、公路、汽车路，均须有相当程度之建筑，或提前修复清末固有之驿站，以利行旅。

（三）奴隶之解放：蒙古奴隶为属丁黑奴，而家奴灶丁，尤为奴隶之奴隶，违反人道殊甚，更为现在潮流所不许，切望蒙委会于二十年前呈请国府，明令解放，使王公世爵、喇嘛寺庙等，切实奉行，如有阳事阴违，予以严办。

（四）消极的如风水迷信之改除，磕头跪拜之废弃，税制之改善，乌拉及阿拉巴等种种不平的差徭之废除；积极的如实业之开发，卫生之讲求，提倡毛织物之制造，皆须同时力行。

（乙）西藏会议之召集。西藏与内地之隔阂素甚，前中央定期召集西藏会议，因环境关系，一再延缓，今者统一复现，四方宁静，切盼蒙藏当局，积极筹备，务期于最近数月中举行，以树建设新西藏之宏谟，与蒙古双管齐进。

凡上诸端，虽为无足新奇，特提于新年中，为我蒙藏人士努力之起点，相勖相勉之方针，成效如何，试观明年今日！

《蒙藏周报》
南京蒙藏委员会
1931年54期
（李红权　整理）

宾图王旗札萨克印务

东北政委会咨请蒙委会转请任命已经常会通过并咨覆东北政委会

作者不详

东北政务委员会咨请蒙藏委员会转请任命协理乌宝代理宾图王旗札萨克印务，该会准此，已提经七十二次常会决议照准呈请任命外，并咨覆东北政委会查照。兹将原咨录后：

为咨请事：案据宾图王旗民众代表郎子祥等，以该旗代理札萨克萨嘎拉，废弛旗政，贪赃窝匪，卖地吞款，残害蒙民等情，胪列三条，呈控到会，当经令行辽宁省府，彻查具报去后。旋据该省府覆称：遵令派员查明，并核议办法，报请鉴核等情，原文另录。据此，当经敝会照会哲里木盟盟长，另拣资望相孚之妥员，咨由敝会转请接代在案。兹准该盟长咨覆内开：查有该旗协理乌宝，人极忠诚，熟习旗政，任职以来，对于旗务领〔懋〕著勤劳，在前任和硕亲王丹巴达尔济长子苏德诺木旺楚克及年管理札萨克职务以前，拟请以该协理乌宝代理该旗札萨克印务，以资整顿等因，原文另录。准此，查该协理乌宝资望既属相符，应准转请，除照覆外，相应照抄原文二件，咨请贵会查照，希即转请任命代理，以专责成，而资整顿，是为公便！此咨蒙藏委员会。附抄件二件。张学良。

《蒙藏周报》
南京蒙藏委员会
1931年54期
（朱宪　整理）

蒙委会民国二十年第一期行政计划

内分民政、财政、交通、宗教、军事等九类进行目别有调查、宣传、筹备、实施四项

作者不详

蒙委会于第七十二次常会讨论编造民国二十年行政计划一案，经决议公推王副委员长、格委员、萨委员暨三处长、参事会同起草，兹经王副委员长等编造完竣，提请七十三次常会核议公决，当经修正通过。亟将原计划录后，以饷读者。

蒙藏委员会民国二十年第一期行政计划表：

民政

调查事项（一）调查蒙藏地方长官之服务状况。（二）调查奴隶现况。（三）调查蒙藏人民年来因水旱灾匪所受之疾苦。

宣传事项（一）宣传革新蒙藏行政制度之重要。（二）宣传地方自治之意义。

筹备事项（一）筹备于最近期内开西藏会议。（二）筹备设立蒙藏地方自治人员养成所。（三）筹备分别训练现任蒙藏行政人员。

实施事项（一）于蒙藏各重要区令该行政长官试行户口调查。

（二）厘定蒙藏行政人员任用标准。

财政

调查事项（一）调查蒙藏各地收支状况。

实施事项（一）严令禁止蒙藏各地长官私借外债。

交通

调查事项（一）调查蒙藏各地设置邮局之适宜地点。（二）调查蒙藏各地方急待修筑之路线。（三）调查蒙藏各地安置无线电台适宜地点。

筹备事项（一）筹备整顿赴西藏各站道及通行路线。

实施事项（一）通令蒙藏地方官署筹划自行修筑公路。

宗教

调查事项（一）调查蒙藏各地寺庙之僧众数目及其生活状况。

筹备事项（一）于各大寺庙内设补习学校，令青年喇嘛肄业并教授党义。

实施事项（一）通令取缔未成年者充当喇嘛。

军事

调查事项（一）调查蒙藏地方现有之军额及其驻防各地情形。

实施事项（一）规定蒙藏青年入中央军校肄业办法。

实业

调查事项（一）调查蒙藏垦牧现状。（二）调查外人在蒙藏兴办之垦牧事业。（三）调查外人在蒙藏经营工商业。（四）调查水利情况。（五）调查蒙藏矿业情况。（六）调查蒙藏地方工商出产品及其销售状况。（七）调查蒙藏土质及耕作情况。

宣传事项（一）编译关于垦牧宣传品。（二）编译关于农林各种宣传品。

外交

调查事项（一）调查外人用政治、军事、文化、宗教侵略蒙藏之情况。

教育

调查事项（一）调查蒙藏各地各级学校之现况及学生总数。（二）调查留学内地及国外之蒙藏学生总数及其现况。（三）调查蒙藏地方原有教育经费。

筹备事项（一）筹备首都及康定设立蒙藏学校进行程序。（二）筹备扩充北平蒙藏学校并整顿其内容。

实施事项（一）奖励捐资兴学。（二）饬令蒙藏地方官署所在地至少须设立国民学校一所。（三）协助教育部编审蒙藏各级学校应用之教科书籍。（四）编译党义之宣传品。（五）奖励编译蒙藏文书籍。（六）咨教部实施第二次全国教育会议对于蒙藏留学生名额及办法之决议案。

司法

调查事项（一）调查蒙藏现行司法情况。

宣传事项（一）编译蒙藏文人民对于司法应有之常识。

筹备事项（一）通令各盟旗酌设民事调解处。

本会此项重要工作，应着重蒙藏考察团之组织，西藏会议之筹备，筹设首都及康定蒙藏学校；在最近期间，于可能范围内，促成蒙古会议决议各案之实施，编译各种宣传品。

《蒙藏周报》

南京蒙藏委员会

1931年54期

（朱宪　整理）

以协理乌宝代理宾旗扎萨克

作者不详

宾旗蒙民呈控代理扎萨克，经东北政委会训令辽省府查覆具报来会后，该会遂咨请哲盟盟长另简妥员，以接替此因过撤职之代理扎萨克，该盟长遂简拔协理乌宝，咨覆该会转请任命。兹将原咨探录如后：

哲里木盟长兼本盟兵备扎萨克、郭尔罗斯扎萨克、和硕亲王齐默特色木丕勒，为资覆事：承准贵会照会内开：据辽宁省政府呈：为本府前派调查员赵骏第，会同盟委查明宾旗蒙民郎子祥等与代理扎萨克互控各情，并核议办法请示等情。该扎萨克既有不职情事，应即撤换，相应照请另拣妥员接替等因。承准此，查该省府委员查明呈报情节，核与敝盟委员查覆情形完全一致，并所议办法，如对该旗出卖地亩，误将蒙民生计地包套一节，既经赎回，多半退还蒙民，不足之地，应饬旗迅由他处拨补，以安众心；案内旗兵队长窝匪一事，在逃之王队长，应由旗协力严为查缉，高队长一名，既由康平县获案，仍应详加质讯，自能得其真情；蒙员高玉山，擅权营私，应即由旗斥革，以儆奸贪！唯该旗协理萨格拉代理扎萨克职务，至为重要，对于窝匪重案，事前既漫无察觉，事后又轻信左右蒙蔽，实难卸责，应请撤消代理扎萨克印务之职，另简妥员以资接替各节，悉属允当。该代理扎萨克萨格拉，既经查明有不职情事，自应将其代理扎萨克之职撤消，另简能员接替，以重旗务。兹经按照我蒙古盟旗向制，拣选暂行代理扎萨克印务合格人员，查有该旗协理乌宝，人极忠诚，熟悉旗政，任职以来，对于旗务颇著勤劳，在前任和硕亲王丹巴达尔斋长子苏德诺木旺楚克及年管理扎萨职务以前，拟请即以该协理乌宝代理该旗扎萨克印务，以便管理旗政而资整顿。相应咨请贵会察核，俯赐转请迅予照准，俾资负责有人，借息再滋纷争，实为至幸！此咨东北政务委员会。

《蒙藏周报》
南京蒙藏委员会
1931年54期
（刘哲　整理）

今年对于蒙藏青年之希望

崇农　撰

军阀溃亡，统一告成，百政并举，气象更新。值此岁首之际，全国民众，固莫不欢欣鼓舞，谓从此我国建设之无阻碍也，岂独蒙藏，又岂独蒙藏之青年。区区因服务于本社，故仅就本社之范围立言，又因蒙藏青年，朴实耐劳，素所心折，故希望极殷，当此献岁之际，敬献一得之愚，以当颂祝。夫国基既能稳固，竭力经营，富强可立而待，瞻顾西北，启发刻不容缓。但一切设施，端赖人才，中原之学彦干城，本无忧乎缺乏，而蒙藏济济青年，尚在训练之中，以备造福地方，巩固国防，为蒙藏之柱石，其关系如何重大，此希望之所以綦切也。在此民国二十年度中，亦不敢有最奢之希望，徒托空谈，亦〔故〕择其简而易行，裨益于蒙藏，而普及于通国者言之，谅为蒙藏青年所乐俯采也。

坚定远大志趣　志不坚定，易为环境动摇，终归无成，当为天地立心，为生民立命，为往圣继绝学，为万世开太平，虽不能至，一心向往。外观世界大势，内察地方急需，不惧不怠，打破专慕虚荣之心，奋发有为，任重致远，诚〔诚〕非立志坚定不可。此本年度，对于蒙藏青年之希望一也。

努力宣传党义　三民主义，为中国之救星，奉行不力，即趋沦亡，蒙藏两地，岂能外此。中原文化先进，边徼风俗浑朴，推行之时，适用于内部者，未必畅行于蒙藏，非存心歧视，乃宣传之未周，或未尽善也。故蒙藏青年，亟宜深密讨论，共同努力，如何使其克期普遍，早收成效。此本年度，对于蒙藏青年之希望二也。

发扬固有文化　一族之生存世界，必赖固有文化维系其间，力量雄厚，绝非强暴所能颠扑，况具有久远历史如蒙藏者，一曾入主中原，统一欧亚，集各国之所长，建强盛之国家；一曾交通内地，姻娅相亲，有无互易，观摩不间，现除不合世界潮流者一律搁置外，其固有文化，为世所称者，宜尽量发扬之，俾夫学术、实业，尽量阐明，勿稍遗留，则蒙藏蕴蓄之精英毕露矣。此本年度，对于蒙藏青年之希望三也。

抵制强邻侵略　日俄之于蒙古，英国之于西藏，如虎狼环伺，欲乘机攫食，其侵略之手段，或以政治，或以经济，无所不用其极，中央戡定内乱，年年用兵，遂无暇顾及边疆，一任其暴力之威胁，金融之压迫，无从抵制。斯时我青年，亟宜划地分区，巡回讲演，近则不辞舌敝唇焦，远则不惮以笔代口，俾民众明了强邻侵略之种种毒计，则抵制效力自速矣。此本年度，对于蒙藏青年之希望四也。

上列数端，亦为国人希望蒙藏青年所具之同情，区区特代表国人述之耳。我蒙藏青年见之，幸勿谓以企冀之殷而责望之大。或者曰，今仅有此最低限度之希望，早为吾等所已行，此无乃目光太小，语落陈腐乎？余曰，不然，国人之对于蒙藏青年，与其责难远大，不易躬践之事，勿宁就已行者，希望今年，更加努力，使所行者，既周且实，则收效自速而真矣。语云：庸言易行，窃愿随蒙藏诸青年后，共取斯言而勉之。

《蒙藏周报》
南京蒙藏委员会
1931年55期
（朱宪　整理）

捷国伯爵赴蒙狩猎之保护

兰山齐赴蒙狩猎，绥政府通饬保护，令勿入剿匪区域

寒 撰

绥远省府，前准北平市政府函，以捷克司拉夫国人兰山齐伯爵，拟由绥远前往蒙古狩猎，并携带枪弹等件，请饬属保护，并附津海关发给枪枝、弹、护照清单一纸，省府昨已照抄原件，行知民政厅查照，转饬所属各县局，暨归、包两市公安局一体遵照，俟该伯爵入境时，妥为保护，并加注意，如在剿匪区域，应即腕〔婉〕言劝阻，勿令前往，以免发生意外云。

《蒙藏周报》
南京蒙藏委员会
1931年55期
（丁冉　整理）

赤俄侵蒙之日亟

侵略多方，近以文化　拟将蒙字，拼同拉丁

作者不详

（北平通讯）年来赤俄之侵略我外蒙，再接再厉，俨然视外蒙为其国之所有领土，谋“赤化”我蒙古同胞，不遗余力。我国虽屡经交涉，讵俄竟一味悍然而不顾，且最近见其“赤化”力之不足，复拟施行文化侵略，将蒙古文字，改为俄文拼法。其今之施于蒙古者，正如前俄旧帝国时代施于波兰、芬兰等国者，如出一辙，意在使其人民忘却祖国文字，忘却祖国之国粹。简言之，即意在使我蒙人思想，尽化为俄国思想而后已。噫！赤色帝国主义之侵略实较白色帝国主义险毒十倍也。兹将莫斯科十七日苏联电讯照录如次：全联邦新文字中央委员会，现在莫斯科召集一全联邦代表大会，讨论蒙古文字问题，大会定于本月二十七日举行。预料到会者有布拉特蒙古共和国、加尔木克自治邦、自然科学研究院及其他科学研究院等之代表。讨论项目，为蒙古文字拉丁化，优美文字之提倡，拼音及术语等问题云。

《蒙藏周报》
南京蒙藏委员会
1931 年 55 期
（丁冉　整理）

戴季陶欢宴旅京蒙藏人士

席间建议在京设立蒙藏会馆，内分教育、佛教、实业等四协会

作者不详

二十八日举行蒙藏会馆临时预备会一次

十二月二十六日戴院长欢宴蒙藏委员会委员长马福祥、蒙古克兴额、萨穆端隆鲁普、巴达喇嘛（章嘉佛代表）、戴清廉、陈效蕃、巴文峻、西藏朱福南、萧必达、青海杨质夫、西康格桑泽仁、诺那呼图克图、刘曼卿、刘家驹等约十七人，席设戴氏公馆，并请邵元冲等作陪。席间戴院长略谓：今天备具粗饭，请各位光临，实觉快慰。同时我有一点意见要贡献给在座的蒙藏先生，就是现在国内统一，百政维新，中央对于蒙藏一切事务，积极筹备进行。但是你们自己，亦当起来接受这种使命，辅助政府来施行一切计划，才容易成功。近来蒙藏的同志，到内地求学服务的，日渐加多，因此，必定要有一个归宿的地方，和介绍入学及指导游历的机关，方为合适，也是很需要的事情。我国旧有的会馆制度，是很好的，我希望你们自动发启一个蒙藏会馆，来团结已来和未来的蒙藏人士，好替桑梓谋利益。会馆建筑的方式，中间修一个大

礼堂，作蒙藏人士开会及举行一切典礼的使用，礼堂后面建筑一间佛堂，供俸〔奉〕释迦佛，以便蒙藏人士礼拜念经，左面再修一间图书馆，购置各种书籍经文，使青年的人可以来研究新的科学，老点的可以来阅读佛经，再修一间俱乐部，预备些游戏器具，使大家可以借此活泼身心。至于会馆的组织，分四个协会：1. 蒙藏教育协会；2. 蒙藏佛教协会；3. 蒙古实业协会；4. 西藏实业协会。将新的科学，旧的宗教，兼容并包，使一切事业，日渐发展，后来的同志，也有宾至如归的兴趣。首都虽有蒙藏委员会，但它是属于行政机关，民间的一切事件，不能随便去找，民间的事，应该由民众自己负责来办。这会馆的地址，我已托人代访。至于经费，蒙藏地方应该量力捐输，要政府援助的地方，政府也一定会允许的，至于我个人更愿尽力帮助。如果各位先生认为这事是要办的，就希望在短期内进行云。

继后马福祥、克兴额、格桑泽仁、朱福南等，代表全体致谢盛意，并表示十二分接受此项荐〔建〕议。定二十八日在太平街蒙古各盟旗联合办事处开筹备会。九钟摄影散席，戴氏又分赠照片一幅，以资纪念云。

举行蒙藏会馆临时预备会

赴考试院长宴会之蒙藏诸人士，经院长席间建议在京设立蒙藏会馆，莫不竭诚接受。遂于十二月廿八日，在太平街蒙古各盟旗联合办事处，举行蒙藏会馆临时预备会。出席者，克兴额、格桑泽仁等廿五人，主席克兴额，除报告戴院长建议设立蒙藏会馆详情外，并略谓：蒙藏会馆成立，所有在京蒙藏人士，得聚首一堂，联络感情，交换智识。为蒙藏地方着想，大家可以得到为乡梓贡献幸福之机会。为政府着想，在首都得有代表蒙藏的团体源源产生，亦可以沟通中央与蒙藏之意见，这是极好的现象云云。次经议决通过：（一）名称：蒙藏会馆临时筹备会。（二）地点：暂借班禅办公处。（三）筹备员六人，朱福南、戴清廉、格桑泽仁、克兴额、丁培衡、巴文峻，负责起草蒙藏会馆简章，并定期召集会员大会。

《蒙藏周报》
南京蒙藏委员会
1931年55期
（李晓晶　整理）

卓盟各旗民众之运动

组织农民协会，办理公共事业
举行巡回讲演，痛陈日俄侵略

作者不详

（卓盟通讯）卓盟各旗一般脑筋清晰之青年，暨心思开启之知识阶级，近感当政人员压迫，贪官污吏剥削，颇为不平，在北平成立民众联合会后，即回各盟旗进行工作。现在有喀左旗民众领袖数人首先发起，联络青年，所有成立之团体，一为农民协会；二为内蒙民众联合会分会；三为喀左励志会。此三种团体，内容虽属不一，然不过大同小异。大概均以提倡民众运动，联络有为青年，养成革命之精神，互助之真谛；暨谋桑梓应尽之义务，改善全蒙为宗旨。会址设于东仓高校附近，每周必开会一次，讨论一切应兴应革事宜，如遇重要事项发生时，更招集临时会议，以资设法解决。工作方面，可谓积极之甚。并到乡下人烟辐辏之地，游行讲演，痛陈日俄侵略之阴谋，阐扬三民主义之真蕴，诠释科学原理，说明风云雷雨之成因，详解迷信之错误。由此振臂一呼，浑浑噩噩之农民，始恍然觉悟，如梦初醒，既见所未见，更闻所未闻，均赞该会人等，学识优越，见解高超，不枉求学一回云云。该会人等更不避艰辛，风尘劳碌，白昼因农民耘田垄亩，不好聚众讲演，则于夜晚初更之时，人烟丛集之地，详为道及以上之题目。每逢集日，必发行宣言。经这翻〔番〕之努力，农民脑筋，为之一新，瞻望共和实现，不欲皇帝再出矣。至右旗、中旗，亦有同志数人，进行工作，斯时虽无甚成绩，将来亦必与左旗并驾齐驱。当此盛行地方自治之时，此种运动，殊不可少，希望党国诸公，加以援助，予以指导，鼓励前进可也。

《蒙藏周报》
南京蒙藏委员会
1931 年 57 期
（朱宪　整理）

蒙藏会馆筹备处第一次筹备会议纪闻

作者不详

（一）时期：一月十九日。

（二）地点：蒙藏委员会会议厅。

（三）到会筹备员：格桑泽仁、克兴额、巴文峻、戴清廉、诺那呼图克图、陈效蕃、棍却仲尼、刘家驹等八人；吴鹤龄、巴秀峰、罗桑坚赞等三人各派代表出席。

（四）主席：格桑泽仁。

（五）讨论事项：

（1）首都蒙藏会馆筹备处办事细则草案（修正通过）。

（2）首都蒙藏会馆筹备处会议规则草案（修正通过）。

（六）推定职员：

（1）文书：格桑泽仁。

（2）会计：朱海山。

（3）事务：巴文峻。

（4）监工：克兴额、陈效蕃。

（七）筹备处址：暂假绒庄街蒙藏周报社。

附录首都蒙藏会馆筹备处简章如次：

第一条　本处定名为首都蒙藏会馆筹备处。

第二条　本处设筹备员九人至十三人，由旅京蒙藏同乡大会公选之。

第三条　本处假绒庄街三十一号为办公地址。

第四条　本处筹备事项如左：

一、征求蒙藏会馆发起人及赞助人；

二、草拟蒙藏会馆一切规章；

三、募集蒙藏会馆经费；

四、购置蒙藏会馆地址；

五、建筑蒙藏会馆；

六、召集旅京蒙藏同乡大会；

七、其他应行筹备事项。

第五条　本处设左列三干事，由筹备员选任之：

一、会计干事　掌管经费出纳、购置及设备等事项；

二、文书干事　掌管一切文书之撰拟、收发、保管及宣传等事项；

三、事务干事　掌管一切交际及不属于其他各干事及监工所属事项。

第六条　本处设监工二人，由筹备员中选任，专门监理制图、招标、建筑等事项。

第七条　本处每周召集筹备会议一次，由全体筹备员出席组成之，遇必要时，得召集临时会议。

第八条　本处各干事、监工，得酌支舆马费，其数量由筹备会议规定之。

第九条　本处为办理事务便利起见，得酌用雇员。

第十条　本处经费，由会计干事保管，凡十元以上之款，须交银行保存，支取时，须经三干事会同签名盖章。

第十一条　凡经费十元以上之用款，须经筹备会议通过，十元以下者，由各干事签名盖章。

第十二条　本处会议规则及办事细则另定之。

第十三条　本简章如有未尽事宜，得提出旅京蒙藏同乡大会修改之。

第十四条　本简章自通过日施行。

《蒙藏周报》
南京蒙藏委员会
1931年59期
（李红菊　整理）

首都将建筑规模宏大之蒙藏会馆

内设蒙藏教育、实业、宗教等协会，馆址在逸仙桥附近

作者不详

南京自国民政府成立，组织蒙藏委员会以来，僻处边陲之蒙藏人士，不辞万里，梯山航海，接踵来京。或代表地方，或在京工作，尤以在本京党军政各学校求学者为多数，统计目下蒙藏旅京人士（包括青海、西康之蒙藏人）约共有二百数十人，实为空前所未有。惜尚无如何组织，俾得聚会一堂。考试院长戴季陶氏，向极注意蒙藏，对于培植蒙藏青年，尤为热心，深以旅京蒙藏人士，有团结组织之必要，故于去岁年底，特于私宅备餐，邀请蒙藏旅京人士三十余人，及蒙藏会委员长马福祥，席次戴氏建议在首都组织一大规模之蒙藏会馆，内设蒙藏教育、实业、宗教等协会，除旅京人士得联络感情，统一意志，并予新到京蒙藏之同乡，以种种便利外，尚可作协助政府开发蒙藏之有力机关，盖蒙藏事务，虽经政府积极办理，尚须蒙藏人起来去做，以补助政府之不足云云。当时与宴各人，均极表赞成。嗣于本月十八日，假蒙委会礼堂，召集蒙藏旅京全体同乡大会，到会者约有一百十余人，一致赞成在首都建设蒙藏会馆。并即票选棍却仲尼、恩克巴图、格桑泽仁、克兴额、罗桑坚赞、吴鹤龄、朱海山、戴清廉、陈效

蕃、诺那呼图克图、巴秀峰、巴文峻、刘家驹等十三人为筹备委员，并公推格桑泽仁兼文书干事，巴文峻兼事务干事，朱海山兼会计干事，克兴额、陈效蕃兼监工，已在绒庄街三十一号正式成立筹备处办公。会馆地址，决定在逸仙桥建委会背后，曾委托市府收买旗地三十余亩，至地价及建筑经费，所需甚巨，闻除由蒙藏地方及旅京人士捐输外，其余拟请政府拨助，并向京内外各名人、各机关捐募。此事戴季陶院长已与蒋主席说明，蒋主席颇表赞同，并允由政府拨款资助。至蒙藏委员会委员长马福祥氏，亦极端赞助一切云。

《蒙藏周报》
南京蒙藏委员会
1931年59期
（朱宪　整理）

绥省人民盼解苦痛之情殷

灾情严重，金融紊乱　土匪骚扰，军饷不足

翰　撰

（乌盟通讯）绥省地处偏僻，消息阻隔，自民国十六年以来，天灾迭至，即如前年水患，又为空前之所未有，山洪暴发，屋舍变为泽国，沿黑河一带之地尽为水冲，省赈务会与华义会以及省外各界善士，多所猛力施助，仍未能拯救于万一，故老幼饿毙，少壮为匪，妇女出境者约十五六万名，前三年统计共有二百二十余万人，至十八年之统计全省人口则仅有一百八十余万人，其灾情之惨，亦可想见。至于绥省之金融，与山西同患无办法之病，其紊乱之甚，笔难尽述，约计其现在流行之纸币，共有四种：

（一）平市官钱票，发出之额数，共有六百余万元，其基金据省府报告仅一百六十余万元；

（二）善后流通券，亦有一万余未收回；

（三）丰业银行钞票，现流通市面者七余万元；

（四）商会票，共发生四十余万元。

凡此数端，人民影响最巨，生活问题，几至无法维持。其为害地方惨而且大者，土匪是也，自去岁十二月八日匪首汤候、小马、火牛、康有良、袁占鳌掳去妇女三百余，商民拷烧死二百余，全县捐〔损〕失四百余万。驻军虽多，饷糈不足，于剿匪一层，又无可如何，徒视全省人民坐于水火之中，挽救乏术，亦惟希望当

局对于绥民之痛苦，从速设法救济可耳。

《蒙藏周报》
南京蒙藏委员会
1931年60期
（李红权 整理）

留平蒙人请增加国民会议代表

通电各方详述理由，呈请国府增加人数

作者不详

北平通讯　旅平蒙古各界人士，以及各盟旗代表，并驻平王公，对此次之国民会议额定蒙古代表十二人，以蒙地广大，情形特殊，恐代表名额太少，致全蒙民意有不能充分表现之虞，曾开会数次，详加讨论，结果议定请增定名额，至少为每盟三人，每特别旗一人，特通电各方详述理由，并呈请国府增加人数。兹将原电录于后：

（电文）南京中央政治会议，国民政府，行政院，蒙藏委员会钧鉴，蒙古各盟旗联合驻京办事处鉴：报载国民会议蒙古代表名额，仅十二名，其选举团体另定之等语。查蒙地广大，情形特殊，故第一届国会议员，蒙古每盟四人，每特别旗二人，第二届国会议员，蒙古每盟二人，每特别旗一人，即前政府召集之国民会议，蒙古名额，每盟二人，每特别旗一人。此次国民会议，关系重大，中央方以扶植蒙古为急务，似不宜减少蒙古代表名额，致全蒙民意有不能充分表现之虞。况全蒙十八盟部，四特别旗区，十二名额，将如何分配。再蒙古各项法定团体，为数尚少，务请即以盟旗为选举团体，并予增定名额，至少为每盟三人，每特别旗一人，共五十八名，除外蒙六盟部恐难推选外，实际上不过四十名，国家、地方俱有裨益，想我中央当不惜此区区也。务祈洞察事实，

准如所请，并请蒙联处负责转陈办理，期在必成，并盼电覆。旅平哲盟图旗札萨克业喜海顺，博旗札萨克和希格，卓盟喀中旗札萨克汉罗札布，昭盟帮办盟务阿拉玛斯图呼，锡盟乌左旗协理托胡托胡，伊盟准旗协理奇子俊，呼伦贝尔额鲁特总管凌陞，察哈尔总管呢玛鄂特索尔，暨旅平蒙人阿拉担瓦齐尔，博音德勒格尔，罗布桑车珠尔等八百六十七人同叩。

《蒙藏周报》
南京蒙藏委员会
1931年60期
（刘哲 整理）

蒙会驻平处长就职纪盛

特派监誓委员，来宾济济一堂
典礼颇为隆重，各有恳切演说

作者不详

（北平通讯）一月十二日上午十一时，为蒙委会驻平办事处长李芳春就职之期，是日在该处礼堂，举行宣誓典礼。蒙委会特派委员孙绳武来平监誓，各界来宾皆纷纷到场观礼，由该处副处长卓特巴札普及科长萧桐年、鄂奇光、刘荣熙分别招待，计到者有外交部档案保管处长祁大鹏、卫戍部代表陶国栋，市府、公安局、社会局均派有代表，班禅驻平办公处长罗桑楚臣亲到，蒙委会委员萨穆端隆鲁普、马邻翼、包悦卿及各王公约百余人。于十二时三十分举行典礼，监誓委员、宣誓员及来宾依次入席，孙绳武主席，行礼如仪，主席授印中立，李氏接印，向主席一鞠躬，退回原位，李氏举右手宣誓，礼毕。

中央对蒙藏之政策

监誓员致训词，略谓：今日兄弟参与盛典，至为荣幸，承马委员长委托监誓，不妨将蒙藏问题报告几句，现将重要四点，详述于下：

（一）为中央对蒙藏之政策。在前清时代，以蒙藏为屏障，以隔绝外患，采取怀柔政策，故二百年来蒙藏地不但无进，反有退化，以致引起野心家之野心，图谋脱离政府，甘受列强压迫。自国民政府成立后，秉总理遗教，建设新中国，对蒙藏事特别注意，因于行政院下设蒙藏委员会，专理其事，以扶持之，使与内地人民，同样进展，使其教育普及，交通便利，开壁〔辟〕利源，保持其固有之精神，成为三民主义化，则外人自不敢侵略，此不仅蒙藏人民之福利，亦全国人民之幸福也。

（二）办理蒙藏行政人员应取之方针，首应依照中央政策，慎重努力进行，打破已往恶习，则前途自可光明矣。

（三）办理边务人员，应本总理亲爱精诚之精神，前去工作，万勿因西北人民诚实可欺，而行欺诈，此乃边事日非之重大原因，凡吾同志，其共勉之。

（四）藏〔蒙〕委会驻平办事处之重要。盖自国都南迁，各部虽有因档案一时无法南移而设保管处者，但只负保管之责，而对外不办事，惟本处则因地势重要，而设处长，且为简任职。本会组织分三处，平处亦有三科，无异为蒙委会之缩影，其重要可知矣。李处长在蒙藏院多年，对本会裨益当甚多，此所深表庆幸者。

蒙藏情况改进较难

次由李芳春致答词，谓：芳春奉国府命，任蒙委会驻平办事处长职，今日宣誓，承监誓委员训话，慰勉有加，并承各界来宾踊跃参加，实深感激。本处之重要，孙委员已详言之矣，但改进蒙藏一层，极为困难，因地处边陲，列强虎视，而蒙委会又远在中央，故平办事处，实居枢纽地位。孙委员训话，谓办事人员，慎重而不因循，要努力而勿操切，诚属切要。惟如何能使政策则于边疆，使边地同志共起而努力国事，此乃平处之职责，芳春深恐力不胜任，所幸马委员长及各委员，均十分洞委边疆情形，芳春供职蒙藏院十余年，此后追随从事，或亦不至有所陨越。今承各来宾光临，芳春除表感谢外，尚祈时赐指导云。

继由各来宾演说，最后仍由李芳春报告该处工作计划，谓原有经费七千余元，现改为三千余元，现拟就原有《蒙文周刊》后，加办一季刊，介绍蒙藏情况于国人，并从事翻译英、俄、日之关于蒙藏书籍，以引起国人研究之兴趣。至一点三十分礼成，合摄一影而散会。

《蒙藏周报》
南京蒙藏委员会
1931 年 60 期
（李红权　整理）

蒙古民族应改良的事项

明远 撰

考人类的进化，由渔猎而游牧，由游牧而稼穑，是递嬗演进的；又由建设而破坏，由破坏而建设，是循环不已的。可是，于我们人类有益的，可以仍旧保存；于我们有害的，当然使之淘汰。若是有一个民族，一味泥古，毫不维新，那么不但不能和文明民族并驾齐驱，就是望尘也赶不上的。我们蒙古民族，大多数是游牧生活的；以语言、文字、风俗、习惯的关系，所以一切的情形，都和内地不同。又加上墨守旧章，不知维新的原故，所以他们的文化益形落后。要知道天下的事物，都是改变的，没有固定的，至风俗、习惯更是这样了。若是风俗、习惯，于我们人类有益的，自然加以保存；反之，于我们人类有害的，就应当改良。论我们蒙古的事情，可以保存的固属甚多，但是应当改良的亦复不少。应保存的姑不必说，今将应改良的几点述之于次：

（一）游牧——游牧为蒙古民族的唯一事业，舍游牧即不能生活，现在要说改良是什么意思呢？试看人类进化，是由渔猎而游牧，而稼穑，上段已经说过了。可是蒙古民族尚没有脱离游牧生活，逐水草而生，家庭没有定所，怎能够谈到其他的事业呢？有人说：蒙古地方，近于寒带，不适耕种，舍游牧便无他法。这种话实在太不明白蒙地情形了。论我们蒙古地方，除去戈壁沙漠不适耕种外，余者全是水草丰美，适耕适种，如谷、麦、豆等皆能成熟，又怎么不可舍游牧而耕耘呢？至于不可耕种的地方，自然仍旧游牧，但是方法还须改良，这是蒙古当局们应当极力提倡的第一点。

（二）宗教——宗教是人民易于信仰，能使民族增加团结力，固然不可没有，可是蒙古民族，过于迷信了。凡事赖之于天，或托之于佛。所以他们的智识简陋，也是文化落后的第一原因。凡蒙古民族，有两个儿子的，必有一个当喇嘛，这是蒙古人口减少的原因，也是蒙古经济支绌的原因。为什么缘故呢？蒙古民族既有百分之四十充当喇嘛，差不多的一半男子是喇嘛了。不生不育，变成唯一的耗费者，人口怎能够增加呢？经济怎能够充足呢？吾们人类，生于世上，天赋以五官四肢，本应当都有职业，自食其力，对于社会有点贡献，若是对于社会毫不尽责，坐吃山空，岂不辜负人的一生吗？但是迷信宗教的人们，就是这个样子，你想影响于社会有多们〔么〕大啊！所以这是应当改良的第二点。

（三）政治——政治是国家的要素，也是国家作事的标准，所以一个国家，必有一种政治；国家的文野，看他的政治好坏，就可以知道了。政治好的国家，其文化必高；反转过来说，文化高的国家，其政治必好。进一步来说，政治好的国家，其民族必有文化；有文化的民族，其政治也决不能不好。再进一步来说，要想政治好，必须民族有文化；要想民族有文化，必须先要政治好。从这一点就看出来政治的重要了。我们蒙古民族的政治，向来是简单的。既然没有正式的法规，又没有相当的标准，作事全凭口头，遇难总是独断，不是敷衍塞责，就是因循延宕；所以弄得旗政紊乱，事事支离，像这样的政治，人民焉能进步？要想开发人民文化，不可不先改良政治，这是蒙古当局应当注意的第三点。

（四）阶级——吾们人类，在法律范围的里头，个人有个人的主权，不容有第三者之干涉，这是正当的。现在我们民国是自由平等的，可是蒙古民族阶级之制度未改，蓄奴的风俗仍行。阶级制度，是中古时代盛行的；当这个二十世纪，是决不容存在的了。且阶级制度，上下隔阂，于联络上，感情上，发展上，创造上，均受莫大的影响。要想民族智识发达，必须上下免去隔阂，要想免去隔阂，必先联络感情，要是感情融洽了，于发展上，创造上，必能得着便利了。我看印度亡国，未必不是阶级太严的原故。所以阶级是应当改良的第四点。

（五）旗限——我所说的旗限，不是此旗和彼旗的边界；是此旗和彼旗各自为政，不相联属的界限。论我们蒙旗，同为蒙族，本应互相帮助，互相提挈，何必尔为尔，我为我，痛痒不相关联？夫我蒙古地方，土地瘠硗，人口稀少，出产不丰，所以经济困难，对于教育、实业等等均不能发展。若是合数旗而办一学校，则必能办到；合数旗而兴一种实业，也必能兴创。可是各自为政，不此之图，甚者此旗的人，若是迁到彼旗，则以为他是外旗的人，就异样看待他，这是多们〔么〕可憾的事啊！所以这是应当打破的第五点。

（六）恶习——吾们人类当避免习惯驱使，而不当作他的奴隶。盖人类为理性的动物，万物之灵。凡对像有利于我们的，就可以实行，反过来说有害于我们的，就应当避免。可用客观的态度，来考查他的是非，不可一味盲从。论起我们蒙古来，思考力是薄弱的。凡一切事物，几于全是盲从，更加泥古而不知维新。这个害处有多们〔么〕大啊！像送亲，怠惰，喝酒，吸烟等等恶习，就都是为习惯所驱使了。这是不可不改良的第六点。

以上所说的，不过说了几件较重要的，若是详细的说起来，何止于此呢。因为我是蒙古人，所以知道的比较详细，我也不客气的敢说；因为这是自己的过失，是想着改过，必先知道自己的过，要想知道自己的过，必先能纳过，要想纳过，必先乐于闻过。当这个二十世纪，人类竞进之时，物质文明之秋，各帝国主义者的国家，都有人满之患。而我们蒙古，以偌大之土地，仅仅有数百万之人民，而且文化落后，能不启外人的唾〔垂〕涎吗？既然是不可能，就得想出方法去改良啊。

《蒙藏周报》
南京蒙藏委员会
1931 年 63 期
（李红权　整理）

赤俄侵略外蒙之铁证

更改地名，专以利诱；操纵教育，垄断贸易

选　撰

（北平通讯）某君新由外蒙到平，深悉蒙古情形，记者往访，据称外蒙民众强悍异常，而性情忠厚，无尔欺我诈之俗，与其交接来往，概无客气之陋习，与其谈话时，常露有亲中之意，但因交通阻隔，消息不通，对于中国情形，一无所悉，不知中国是否认蒙古为领属，又深惧受中国之武力压迫，故严拒内地人民之入蒙。而俄以笼络手段施行侵略，凡境内之俄人，其行动悉迎合蒙人之心理，以发展其势力，以巨款供给蒙人，作筑路建设之资，并将哈〔恰〕克图以北贝加尔湖一带，划为蒙古共和国区域，以示宽大，利诱蒙人之心向俄。自蒙古各旗王公制度取消后，各旗及各城镇亦多数更改名称，均以各盟旗之著名山水为名，如库伦一旗改称为汉山，库伦改称为乌兰巴图尔城（意即红勇城），恰克图改称为阿喇坦卜拉克（意为金泉），诸如此种更改之名称甚多，其意欲更变蒙人之观念。并且俄国所印之《世界分析地图》，将我国外蒙之地形上所涂之色，与俄国地图之色相同，意谓外蒙为其领属。其文化及经济之侵略，更难属目，查蒙人日所必需之物，悉由俄国输入，而蒙境内之大商户、大公司，多数为俄人所把握，其每年派员若干，收买蒙人之羊毛、驼绒、皮革等原料，蒙人则以无几之价出售，其输入者而价格又最昂，故每年利源之外溢甚

巨。近来一般蒙古青年，鉴于利源外溢之甚巨，屡欲提倡工业，但因技师缺乏，至今未得实现。论外蒙之文化，不为落伍，每年流〔留〕学他国者达百余名，则以莫斯科大学者为多数，而蒙境内之各学校亦颇良善，但各校之教师多系俄人，校内一切情形悉仿俄国，恐久亦被俄化，其文化之侵略更为可惧。我国当局若不急加注意，长此以往，即再欲启发，恐亦无从着手矣。现在欲使蒙人内向，须先安蒙人之心，使不受外人之蛊惑，外利之引诱，然后再徐图民智之启发，则自易改革云。

《蒙藏周报》
南京蒙藏委员会
1931年64期
（李红权　整理）

喀喇沁左旗首领到辽观光

为谋旗政改善　亲来辽宁观光
各处考察所得　归即次第设施

炫　撰

（辽宁通讯）卓盟喀喇沁左旗扎萨克默尔庚格，见于旗政之腐败，实由缺乏经验所致，兹为旗政之改善计，特于二月七日，亲与旗务协理乌香圃到辽观光，从事考察。到辽后，下榻于茂林宾馆，由蒙旗处派员招待。即于次日进谒张副司令及东北各要人，结果均十分美满，逗遛数日，遍往各处考察，大有所获，于十三日，始乘六号专车旋归。想默扎萨克此次回旗后，对于旗政，定有一番整顿云云。

《蒙藏周报》
南京蒙藏委员会
1931年64期
（丁冉　整理）